Bishop of Ephesus John

Die Kirchengeschichte des Joannes von Ephesus

Aus dem Syrischen übersetzt

Bishop of Ephesus John

Die Kirchengeschichte des Joannes von Ephesus
Aus dem Syrischen übersetzt

ISBN/EAN: 9783742863638

Hergestellt in Europa, USA, Kanada, Australien, Japan

Cover: Foto ©Lupo / pixelio.de

Bishop of Ephesus John

Die Kirchengeschichte des Joannes von Ephesus

Die
Kirchen-Geschichte

des

Johannes von Ephesus.

Aus dem Syrischen übersetzt.

Mit einer Abhandlung über die Tritheiten

München 1862.
Verlag der J. J. Lentner'schen Buchhandlung.
(E. Stahl.)

HERAUSGEGEBEN MIT UNTERSTÜTZUNG

SEINER MAYESTÄT DES KÖNIGS VON BAYERN

MAXIMILIAN II.

Einleitung.

In der zweiten Hälfte des J. 1853 erhielten wir durch den in der Gelehrten-Welt rühmlichst bekannten Cureton den dritten Theil der Kirchengeschichte des syrischen Monophysiten Johannes, Bischofs von Ephesus oder Asia, im Original. Der gelehrte Herausgeber schickte dem Text eine kurze Einleitung voraus, worin er auf die große Wichtigkeit dieses Schriftstellers, besonders für die Kirchengeschichte des Orients und für das Patriarchat von Konstantinopel, hinwies und zugleich eine Uebersetzung versprach.

Seitdem sind mehr als acht Jahre verflossen, ohne daß er sein Versprechen erfüllt hat. Ein junger protestantischer Gelehrter, Dr. Land (gegenwärtig in London), unternahm es, „einleitende Studien" zu diesem Werke zu schreiben und veröffentlichte 1856 eine Schrift unter dem Titel: „Johannes, Bischof von Ephesus, der erste syrische Kirchenhistoriker" — eine sehr verdienstvolle Arbeit. Der Verfasser bespricht darin zuerst die allgemeinen Verhältnisse der syrischen Literatur und die Leistungen der syrischen Geschichtschreibung insbesondere; dann den Johannes selbst: seine Person und Schicksale, seine Auffassung und Behandlung der Kirchengeschichte und endlich die Kirchengeschichte des Johannes Eph. nach ihrem Inhalte. Ein Anhang bringt eine Abhandlung „über die Anfänge der nubischen Kirche" und eine chronologische Uebersicht schließt das Werkchen ab. —

Ich wagte mich, der Aufforderung hoher Gönner gehorchend, nochmals an diesen interessanten Schriftsteller und beehrte mich bereits im Jahre 1859, der hochwürdigen theologischen Fakultät der Hochschule München eine vollständige Uebersetzung dieses Werkes in deutscher Sprache mit einer Dissertation „über die Tritheïten" behufs der Zulassung zu den rigorosen Prüfungen zur Erlangung des theologischen Doktorgrades vorzulegen.

Wer die unzähligen Schwierigkeiten kennt, mit denen ein solcher Versuch zu kämpfen hat; wer weiß, wie man in sprachlicher Hinsicht sowohl, wie in sachlicher — fortwährend nur Hindernissen begegnet: Der dürfte dieser Arbeit einige Gerechtigkeit widerfahren lassen. Zudem hat ja gerade die syrische Sprache, in welcher dies Werk geschrieben ist, den traurigen Vorzug, mehr als jede andere unter den orientalischen in der Neuzeit vernachlässigt worden zu sein, — und hat daher auch hier noch das Meiste, namentlich in lexikographischer Hinsicht, zu geschehen. Allein Dies hat seine großen Schwierigkeiten. — Wir besitzen nur sehr wenige Werke gedruckt, die Handschriften sind auch im Allgemeinen weit seltener, als die arabischen, und so wird man es kaum in Bälde auch nur zu einiger Vollständigkeit bringen können. — Wohl hat Bernstein mit der Herausgabe eines solchen Lexikons begonnen und wirklich ein Heft erscheinen lassen, worin auch die Benützung unsres Johannes versprochen ist; allein hier ist nur ein Buchstabe, und der noch nicht zur Hälfte vollendet. Seitdem hat der Tod auch diesen tüchtigen Gelehrten der Wissenschaft entrissen, und ich glaube nicht, daß wir einer baldigen Fortsetzung und Vollendung dieser Arbeit entgegensehen dürfen. So kann man sich also immer nur des Castell'schen Lexikons bedienen, das — wie bekannt — nirgends ausreicht. —

Daher war es nicht zu vermeiden, manches Zweifelhafte in die Uebersetzung hereinzunehmen, — ohne einen Vorwurf zu fürchten; ja ich that Dies um so lieber und eher, um Kenner der Sprache zu veranlassen, hier ergänzend und verbessernd einzutreten. Es wird hier immer Corrigenda geben und vieles Irrige nur durch Spezialstudien zu beseitigen sein, wie sich beim Lesen der Uebersetzung herausstellen wird; ist es mir ja gelungen, Herrn Land mehrfach zu dementiren, und zieht er ja selbst

einmal seine Meinung zurück, die aus lauter Begeisterung für die nitri=
schen Codices des britischen Museums aus einem Silentiar — sal nitrium
gemacht hatte!

Unser Schriftsteller war schon durch J. S. Affemani bekannt
geworden, der ihn im zweiten Bande seiner orientalischen Bibliothek un=
ter den syrischen Monophysiten in einem eigenen Abschnitt aufgeführt
hatte. H. Land hält mit Cureton die Identität des Verfassers vor=
liegender „Ἐκκλησιαστική" mit dem affeman'schen mit Recht fest und
führt alle Nachrichten über dessen Person und Schicksale vollständig auf,
so daß ich einfach auf seine Schrift verweisen kann. — Gregorius Abul-
Pharag hat ihn nach seiner eigenen Angabe (Chron. Praef.) benützt.
In welcher Weise? — Das ist eine der interessantesten Beobachtungen,
die wir während des Studiums dieses Autors gemacht haben. —

Wohl wurde von uns schon in der Uebersetzung selbst, namentlich
des VI. Buches, durch einzelne Bemerkungen darauf hingedeutet, daß
diese Benützung des Johannes von Seite des Bar-Hebraeus eine
ganz eigenthümliche sei; allein es freut uns doch, die folgenden Wahr=
nehmungen darbieten zu können, die bei einer zweiten Ausgabe desselben,
wie sie der verstorbene Tullberg vorbereitet hatte, zu berücksichtigen wä=
ren. Leider! liegt uns auch von der Chronik des Bar-Hebraeus nur
der dritte Theil vor, die politische Geschichte in zehn Dynastieen be=
handelnd, während Johannes E. uns kirchliche Geschichten bieten
will, sodaß uns das Vergnügen nicht vergönnt ist, diesen Zweig der Ge=
schichte bei Beiden zu vergleichen. Allein da Johannes sich doch
nicht enthalten kann, auch die „weltlichen Geschichten" einfließen zu las=
sen, so sind wir wenigstens einigermaßen im Stande, nach dieser Bezieh=
ung den Bar-Hebraeus mit ihm zusammenzuhalten.

Da die Geschichtserzählung des Johannes beiläufig die 50 Jahre
von 536 — 586 n. Chr. berührt, so trifft sie nur mit einem Theile der
VIII. und einem ebensolchen der IX. Dynastie Abulpharag's zusam=
men. Beide verglichen, lassen erkennen, daß die Hauptquelle des
Letzteren für diese Zeit Johannes E. sei, daß er seine Worte
nur kürzer wiedergibt, daß er viele Nachrichten nur aus

VIII

ihm hat und daher manche Schwierigkeiten bei ihm sich
nur durch den Ersteren beseitigen lassen. —

Den Beweis können wir dadurch herstellen, daß wir zuvörderst zei=
gen, daß alle politischen Ereignisse in dieser kurzen Periode, die Bar=
Hebräus aufzählt, in der Kirchengeschichte des Johannes sich finden.
Da nun der Letztere besonders in seinem VI. Buche der weltlichen Ge=
schichten gedenkt und sie als nothwendigen Anhang (ܩܣܐ) zu den kirch=
lichen betrachtet, d. h. „die Kriege, die Verheerung und das Blutvergie=
ßen, das in seinen Tagen stattfand,"[*] so werden wir hier zumal die
nöthigen Aufschlüsse suchen müssen. Während andere Ereignisse, z. B.
der Abfall der Persarmenier wegen seiner [nach Beiden] religiösen Ver=
anlassung mitten in die Kirchengeschichten hineingezogen werden und unter
diesen auch die Berichte über die Kaiser Justinus II., Tiberius und
Mauricius — aber hauptsächlich nur wegen ihrer Beziehung zur Mo=
nophysiten=Kirche figuriren, — finden wir in diesem Buche dieselben Er=
eignisse, in derselben Zeit und Ordnung erzählt, wie bei Barhebräus.
Insoferne müssen wir mit der VIII. Dynastie beginnen. —

Der Krieg des Patricius Marcianus[**]. Marcian, ein
Verwandter (ܣܒܝܐ) K. Justin II. (nach Bar=H. Schwestersohn —
ܒܣܚܐ) belagert Nisibis. Er errichtet Vorwerke (propugnacula —
ܡܚܩܕܡܐ), Maschinen (μηχανήματα, ܬܚܒܝܣܡܐ — Joh. — Bar.=H.
ܡܚܬܠܐ) und hohe Thürme (ܡܓܕܠܐ ܪܡܐ): Beide. — Der Kaiser zürnt
auf Marcian aus einem Grunde, den Beide später angeben wollen,
und schickte den Acacius, „einen wilden Mann" (ܓܒܪܐ ܚܕܐ), um
ihn abzusetzen. — Die Perser bemerken die darauf folgende Flucht der
Römer, machen einen Ausfall und nehmen die von den Römern zurück=
gelassenen Belagerungs=Werkzeuge hinweg, die μηχανήματα und μάγγανα.
Sie schaffen dieselben fort und belagern Dara. Cosroë schickt nach
langer, vergeblicher Belagerung einen Dolmetsch, Namens Comes oder
Cometes (ܩܡܨܐ bei Abulpharag — puerulus s. u.): man solle ihm
fünf Talente geben, und er wolle von der Stadt abziehen. Derselbe

---

[*] L. VI. cp. 1.
[**] Bar-Hebr. Chron. Dyn. VIII. p. 87. Johann. Eph. L. VI. cp. 2.

richtet den Auftrag nicht aus. Der persische König nimmt zuletzt die Stadt und erhält 200 Talente Goldes als Beute. Da der König diese Masse Goldes sieht, macht er den römischen Befehlshabern Vorwürfe, daß sie sich nicht seinem Antrage folgend losgekauft hätten. Sie entschuldigen sich mit dem Schwur, er sei ihnen nicht entrichtet worden; der Dolmetsch wird geblendet. — (Joh. E. l. VI. cp. 5; B.=H. Chron. p. 88.) Beide. —

Der Grund des Zornes des K. Justinus auf Marcian. (Joh. E. l. VI. cp. 3; — B.=H. Chron. p. 90.) Es ist Mundar Bar=Haret, König der römischen Araber. Er schlägt einen Angriff der persischen Araber (unter Kabûs بوس‎, Cobosus — nach B.=H. l. c. auch Cambyses — مصمص‎) siegreich zurück und verlangt zuletzt Geld vom Kaiser, um seine Truppen zu bezahlen. Das ärgert den Kaiser. Marcian erhält den Befehl, Mundar hinterlistig zu tödten. Die Briefe an Beide werden verwechselt und Mundar entkommt. Er läßt nun die persischen Tejenser (Araber) frei schalten, die mit Feuer und Schwert bis Antiochien vordringen. Der Kaiser zürnte also deßhalb, weil Mundar durchgekommen, auf Marcian und erließ obigen Befehl. So die Beiden. —

Die Einnahme von Apamea durch die Perser. (B.=H. Chron. p. 88; Joh. E. l. VI. cp. 6.) —

Die Geschichte von den 2000 Jungfrauen. Cosrün wählt aus den Gefangenen 2000 Jungfrauen, um sie geschmückt den Barbaren innerhalb seines Reiches (nach B.=H. den Türken) zu schicken. Fünf Parasangen von deren Land entfernt ertränken sie sich in einem großen Fluß, indem sie ihre Wächter unter dem Vorwande, baden zu wollen, entfernen. — Beide stimmen ganz überein.

Cosrün fällt in Armenien ein und zieht gegen Cäsarea in Cappadocien. Die Römer treffen mit den Persern auf dem Gebirge zusammen. S. u.! Beide. — Joh. E. l. VI. cp. 8; — B.=H. Chron. p. 89. —

Er verbrennt Sebaste, dessen Einwohner geflohen sind. — Die Römer überfallen ihn nochmal; sein Lager und das zum Feuerdienste dienende Zelt fällt in ihre Hände. S. u.! —

Cosroë verbrennt Melitene. Die Römer holen ihn und sein Heer am Euphrat ein; mehr als die Hälfte desselben ertrinkt. Die Römer werfen ihm seine unedle Mordbrennerei vor. Er erläßt das Gesetz, kein persischer König solle je wieder persönlich zum Kampfe ausziehen, außer gegen einen anderen König. — Beide.

Die Römer entlassen sorglos ihre Pferde auf die Weide. Plötzlich kommen Kundschafter, (s. u.) welche melden, [Tam=] Cosrän komme mit seinem Heere. Die Römer werden überfallen und fliehen; die Perser finden alle Rüstungen und Waffen zurückgelassen. Joh. E. l. VI. cp. 10; — B.=H. l. c. — Cf. Evagr. V, 14.

K. Cosrän stirbt; sein Sohn Hormisdas, ein hochmüthiger Mensch, folgt ihm nach. Er schickt nicht nach königlicher Sitte das Sym= bol (ܣܘܡܟܐ, Beide) der Regierung den Römern, da doch Tiberius es dem Cosroë geschickt. Joh. E. l. VI. cp. 22 B.=H. Chron. Dyn. IX. p. 91. —

Neuer Krieg der Römer mit den Persern in Armenien unter dem Feldherrn Cyrus (ܩܘܪܣ; bei Evagr. „Curs"; bei Joh. Kuris). Er überfällt den Perser bei Tagesanbruch — „wie ein Feuer, das man im Walde gelassen (Beide: ܟܢܘܪܐ ܕܫܒܩܘܗܝ ܒܥܒܐ ܐܝܟ
ܐܪ ܕܢܐ ܒܥܒܐ ܕܢܥܡܪ ܐܪܥܐ".) — Joh. E. l. VI. cp. 28; — B.=H. p. 92.

Ein persischer Betrüger gibt sich für den Sohn des Cosrän aus. Er erzählt, er sei, als die Heere (nach Joh. E. der Senat) seinen jüngern Bruder zur Herrschaft bestimmten, von seinem Va= ter mit einem Viatikum versehen (Beide: ܙܘܕܐ) und fortgeschickt worden, damit er nicht umkomme. — Jener kommt also zu den Römern nach Armenien und verlangt von denselben ein Heer zur Bekämpfung der Perser. Man schreibt es dem K. Tiberius, der voll der Freude Gold und königliche Gewänder schickt und ihm einen herrlichen Einzug in die Hauptstadt anbefiehlt. Als er in Chalcedon angekommen, schickt der Kai= ser einen Spathar (s. u.) des persischen Königs hin, um die Wahrheit seiner Angaben zu prüfen. Dieser erkennt den Betrüger, packt ihn bei den Haaren und zieht ihn vom Throne mit den Worten herunter: „Du Betrüger (oder Verbrecher) sitzest auf erhabenem Thron, und die Vor=

nehmen stehen vor Dir!" — **Beide wörtlich:** Joh. E. l. VI. cp. 19;
B.-H. p. 94. —

Fügen wir zu diesen Auszügen noch die ferneren bei.

Mundar Bar-Haret wird (Joh. E. l. III. cp. 41) beim K.
Tiberius vom Cäsar **Mauricius** verklagt; **Magnus,** syrischer Feld=
herr (oder Kurator) und dessen Freund, erbietet sich, ihn gefesselt nach
Ctp. zu bringen. Er ladet also den **Mundar** schriftlich mit den Wor=
ten zu sich: „Ich würde dich begrüßt haben, um dich gesund zu sehen,
wenn ich nicht von der Reise so ermüdet wäre; komm' also du zu mir!"
— Die List gelingt und **Magnus** bringt den **Mundar** gefesselt nach
der Hauptstadt. — **Beide.**

Ueber das weitere Verfahren der Söhne des Gefangenen, nament=
lich des ältesten, **Noamän,** haben wir nur die übereinstimmende Nach=
richt: Die vier Söhne des **Mundar** verheeren das römische Gebiet,
doch ohne Mord und Brand. **Mundar** wird in die Verbannung ge=
schickt. Dies in den allein noch erhaltenen Titeln von cp. 54 und 56
bei Joh. E. sowie auch cp. 42 des III. Buches; B.-H. Chron. p. 93.

Ebenso augenscheinlich drängt diese Beobachtung in der Erzählung
vom K. Tiber. und Mauricius sich auf — außer der bestimmten
Angabe des B.-H., wo er Johannes E. von den Erfolgen seiner
Mission zu den Heiden in Asien, Phrygien, Karien und Lydien sprechen
läßt. —

Wohl mögen gleichzeitige und spätere Schriftsteller Vieles, was bei
Johannes nur kurz berührt ist, ausführlich vortragen: in solcher Weise
erzählt Keiner; ein so inniges Verhältniß, wie zwischen ihm und B.-H.,
läßt sich nirgends nachweisen. Abulpharag selbst kennt keinen späteren
Geschichtschreiber nach Johannes E., als die beiden Syrer, den Dio=
nysius Telmaharensis und den Patriarchen Michael, der nach
seiner eigenen Angabe 80 Jahre vor ihm geschrieben. —

So bleibt denn das Ergebniß für uns sicher: Für diesen Zeitraum
ist Johannes E. die Haupt=, ja einzige Quelle des B.-H. Doch wir
sind noch zum Beweise für den zweiten Theil unserer obigen Behauptung
verpflichtet, zu welchem Behufe wir bereits in der Uebersetzung einige
Momente hervorgehoben haben. Wir bemerken nämlich die auffallende

Erſcheinung, daß gerade bei unſrem Johannes ſich ſolche fremde Worte finden, die bei Barhebräus bei Erzählung der nämlichen That=ſachen geleſen werden: die aber der Ueberſetzer auch nicht richtig gegeben hat, und deren Erklärung uns vergönnt war. Dies iſt das einzige, ge=ringe Verdienſt, das wir in Anſpruch zu nehmen geſonnen ſind. — Dieſe ſind:

ܡܥܕܐ (B.=H. Chron. Dyn. VIII. p. 88.) — Bruns hat dies mit puerulus gegeben. Alſo ein Kind, das in der Wiege und in Windeln liegt, — denn das iſt die eigentliche Bedeutung des Wortes, (puerulus, infans, qui in fasciis jacet. Castell. p. 804) ſoll da die Botſchaft des Perſerkönigs an die Einwohner von Dara übermitteln! Nun, bemerkten wir, findet ſich daſſelbe Wort in derſelben Geſchichte bei Johannes C. I. VI. cp. 5 als N. Pr. — Hier iſt es freilich kein puerulus oder infans, ſondern „ein angeſehener und berühmter Mann", ein Dolmetſch διερμη-νευτής — ܡܥܕܝܐ[?]), der Komes oder Kometes hieß (ܩܡܣ? ܩܡܣ? ܡܩܡܣܐ*). —

ibid. p. 89 ܓܪܒܐ. — Bei Bar=Heb. iſt dies Wort Eigenname — (mons) Bagrava. Nämlich auf dem Zuge des K. Cosroë nach Cäſarea in Cappadocien werfen ſich die Römer den Perſern entgegen und erreichen ſie auf dem „Berge B." — ſagt der Ueberſetzer, nach dem Texte des B.=H.: ܕܥܡܪܐ ܐܕܪܟܘ ܗܢܘܢ ܒܛܘܪ ܓܪܒܐ. — Wir haben daſſelbe Wort bei Joh. C. I. VI. cp. 8 zweimal in derſelben Erzählung — als Zeitwort ܓܪܒ. Das eine Mal heißt es von den Römern (cp. 8 p. 364): ܗܠܝܢ ܕܥܕ ܓܪܒܘ ܘܐܬܛܝܒܘ ܠܩܪܒܐ ܥܡܗ.

„Als dieſe ihn ...... und ſich zum Kampfe mit ihm rüſteten, — gerieth er in Beſtürzung u. ſ. w." Wir haben in unſerer Ueberſetzung nach dem Zuſammenhang „Einholen, erreichen" als muthmaßliche Be=deutung dieſes Zeitwortes angenommen. —

Das and're Mal, — und das iſt die von B.=H. mißverſtandene Stelle, — erzählt Joh. von den Römern: „Sie ſtellten ſich den Perſern

_____

*) So ſchreibt Johannes, nicht ohne Vav — ܡܩܡܣܘ, wie B.=H. —

entgegen und ...... ihn in den Bergen Cappadociens (ܘܢܦܩܘ ܠܘܩܒܠܗ ܘܩܪܒܘܗܝ ܒܛܘܪ̈ܐ ܕܩܦܘܕܩܝܐ) — und hielten ihn auf und ließen ihn nicht hinüberziehen ꝛc." Auch hier muß man ein Zeitwort, wie „erreichen" einschalten. Ein Zeitwort muß ܩܪܒ nothwendig sein. Denn

a) ܗܘܢ — ist im Syrischen nie Endung eines N. Pr.; ܗܝ mag es sein, wie im „gesegneten ܐܘܪܗܝ (Edessa);

b) dann fordert die Verbindung mit anderen Zeitwörtern durch ܘ ein solches, und

c) endlich weiß das ganze Alterthum Nichts von einem Mons Bagrava in dieser Gegend, im cappadocischen Gebirge. Man sieht hier deutlich, wie die Worte des Joh. bei B.-H. (ob von ihm selbst, will ich nicht sagen) verstellt wurden, worauf ich in der Uebersetzung schon hingewiesen habe. —

Cosroë mußte bei seiner weiteren Flucht, erzählen Beide, sein Lager und besonders auch sein Zelt zurücklassen. Hier haben Johannes und Gregor Bar-Heb. dasselbe fremde Wort — ܦܦܠܝܘܢܐ, B.-H.: ܐܦܦܠܝܘܢܐ, und erklären es durch „Zelt — ܡܫܟܢܐ ܕܝܢ ܩܘܒܐ". Ich habe es in der Uebersetzung mit *Παπυλεών* — Pavillon gegeben. — Joh. E. l. VI. cp. 8; — B.-H. Chron. p. 89.

Ebendaselbst heißt es, daß Cosroë Sebaste verbrannt, jedoch keine Beute und Gefangenen dort gemacht habe, — diesen Mittelsatz müssen wir bei B.-H. einschalten, um das Folgende zu verstehen, — „weil alle Einwohner vor ihm sich zurückgezogen hatten (oder weggeführt worden waren)" ܟܠܗ ܕܝܬܒܐ ܐܬܢܛܠ ܗܘܐ ܡܢ ܩܕܡܘܗܝ B.-H. — ܐܬܢܛܠ ܕܟܠܗ ܐܬܪܐ ܐܬܢܛܠ ܗܘܐ ܡܢ ܩܕܡܘܗܝ Joh. E. p. 365. — Hier haben Beide dasselbe sonst im Syrischen wenig gebräuchliche Wort ܢܛܠ. Castellus erklärt es mit dem arabischen ارفع; die IV. Form von رفع, die Freytag nicht hat, mögen wir nach Bruns mit ablatum esse geben, da diese Bedeutung der Erzählung von der Wegführung dieser Leute nach der Insel Cypern nicht widerspricht. —

Johannes E. und Bar-Hebräus berichten von der endlichen Sorglosigkeit der Römer nach ihrem Siege in Persarmenien. Nachdem

fie ihre Pferde auf die Weide entlaſſen hatten ......, 'da kamen plötzlich
die Wachen und meldeten die Ankunft der Perſer unter dem Marzban
Tam = Cosrûn. Dieſe Wachen werden bei Beiden mit demſelben grie=
chiſchen Namen genannt. — Joh. E. ſchreibt ܩܘܣܛܪܐ, — der Singular
σκούλκη, die Wache; Abulph. hat den Plural ܩܘܣܛܪܐ aus ܩܘܣܛܪܐ
entſtanden. Beide erklären es durch ܓܫܘܫܐ, Epione. — Bruns hatte
bemerkt: Vox graeca, respondere videtur σκοποί. — Joh. E. l. VI.
cp. 10; B.=H. l. c. —

Unter der Beute, welche die Perſer bei dieſem Ueberfall machten,
befinden ſich bei Beiden — ܐܙܒܐ oder ܐܙܒܐ. In unſerer Ueberſetzung
haben wir die Unrichtigkeit der Ueberſetzung und Bemerkung des Heraus=
gebers des B.=H. gezeigt: „ܐܙܒܐ nisi sit Graecum σεβας, res sacra,
vox corrupta est, quam cum Chald.: זְבַּיִן — merx, quae venditur
(v. Cast.) comparavi.“ Daher überſetzte Bruns „merces“. Das
Wort iſt aber das griechiſche ζάβας — von ζάβα, lorica. —

Derjenige Perſer, der den angeblichen Sohn des Cosros entlarvt,
wird von beiden Schriftſtellern ܐܣܦܘܡ? ܓܠܐܚܐ? ܐܣܦܘܡ? genannt. Auch
hier konnte ich Bruns und Kirſch verbeſſern. Der Erſte interpretirte
aus dem Chaldäiſchen, wo אֵסְטַדְרִין gladiatores bedeutet (Cast. col. 185.).
— Der Zweite, Kirſch, machte die Bemerkung: Villose scriptum esse
conjicio pro ܐܣܦܘܟܠܛܐ. Admodum enim frequens speculatorum
mentio in regum atque principum famulitio. — Ich gab es in der
Ueberſetzung mit Spatharius — Σπαθάριος — Armiger Du C.
Gloss. s. h. v. Inſoferne ſtimmt die Ueberſetzung freilich mit Bruns
überein (Spatha - ensis, gladius); allein man muß hier auf das
Griechiſche zurückgehen, woher das Chaldäiſche ſelbſt wieder genommen
iſt. — Johannes E. l. VI. cp. 29; — Bar=Heb. Chron. Dyn. IX.
p. 94. —

Betrachtet man dieſe Erſcheinung, ſo iſt zu ihrer Erklärung nur eine
doppelte Annahme möglich: Entweder ſchöpfen B.=H. und Joh. E. aus
einer gemeinſamen früheren Quelle, von der wir nicht wüßten, Wer es ſei:
— oder, und das iſt nach dem Bisherigen die allein richtige Annahme, —
Johannes iſt für ſeinen Glaubensgenoſſen hinſichtlich dieſer Periode

in der Weise maßgebend gewesen, daß Vieles bei dem Letzteren nur aus ihm stammt, daß aber auch Vieles nur durch ihn sich erklären läßt, weil er ihn blos in verkürzter Gestalt wiedergegeben. — Menander und Prokop, und besonders Evagrius haben wohl mehrere der hier besprochenen Ereignisse auch erzählt: Keiner in der Weise und in der Folge, wie wir sie bei Joh. und B.=H. bemerkten.

Dies Resultat habe ich deßhalb für wichtig gehalten, weil es in der unten folgenden Abhandlung von den Tritheïten nicht ohne Einfluß sein wird. Wenn nämlich B.=H. in diesem Betreff selbst auf den Johannes Asiä sich beruft, wir aber Das, was er aus ihm citirt, nicht im III. Theile seiner Kirchengeschichte vor uns haben, so ist dennoch die Richtigkeit dieser Angabe nicht zu bezweifeln, weil Joh. ja ausdrücklich auf frühere Berichte über die Häresie seiner Zeit nach ihren beiden Zweigen hinweist. Insoferne ist die Nachricht, welche den Grammatiker Johannes Ascosnaghes zu Ctp. als deren Patriarchen erscheinen läßt, dem Johannes von Ephesus zuzuschreiben. —

Der Grund, warum ich über die Verhältnisse der arabischen Stämme, ihre Beziehungen zum byzantinischen Kaiserthum, sowie zu den Persern, über die Monophysiten und deren vielfache Streitigkeiten in den Patriarchaten Antiochien und Alexandria nicht Mehreres beigefügt habe, liegt einmal darin, daß über Letzteres die Schrift des Dr. Land hinlänglich Auskunft gibt; sowie ferner darin, daß eine eigene Abhandlung über das Erstere von dem hochwürdigsten Herrn Abt Haneberg zu erwarten ist, der ich natürlich nicht vorgreifen wollte. Zudem erschien 1860 eine Uebersetzung unseres Werkes von dem englischen Gelehrten Herrn Payne-Smith, welche über diese Verhältnisse einige kurze Abhandlungen enthält. Ich habe von derselben im Ganzen wenig Gebrauch gemacht — und, wo es doch geschehen, auf dieselbe in Anmerkungen hingewiesen.

So möge denn diese Schrift von allen Kennern und Gönnern syrischer Literatur mit Schonung aufgenommen werden! — Sie gedenkt keine weiteren Ansprüche zu machen, keiner anderen Forderung Anerkennung verschaffen zu wollen, als der: daß unter den achtenswerthen

Zeugen der Geschichte des sechsten Jahrhunderts auch Johannes von
Asien, der syrische Monophysit und Bischof von Ephesus, zu nennen
sei. — Und damit wollen wir von dem liebgewordenen Schriftsteller
scheiden, nachdem wir diese Arbeit „mit vieler Mühe langer Zeit vollendet," (Joh. E. l. I. cp. 3) — fernere Ausbeute desselben durch Andere sehnlich erwartend.

Bamberg im August 1861.

Der Verfasser.

Kirchengeschichte

des

Mar Johannes, Bischofs der Stadt Ephesus.

———

Erstes Buch.

(Die zwei ersten Kapitel und der Anfang des dritten, die Einleitung zur Erzählung von der nunmehrigen Verfolgung der Monophysiten enthaltend, fehlen.)

Capitel III.

. . . . wurde der Zorn [ܐ . . . dürfte zu ergänzen sein] Gottes erweckt, nämlich alle jene Spaltungen, Zwiste und Uneinigkeiten — nebst jenen häufigen und heftigen Verfolgungen, harten Gefängniß= und Kerkerstrafen, was, wie wir sehen, Alles zu dem letzten Verderben gehört. Denn auch unser Heiland hat ja (ܗ) darüber gelehrt und gesagt:*) „Thuet Buße, genaht hat sich euch das Himmelreich!" — Wiederum hat er deutliche Beweise gegeben, indem er öffentlich sagte:**) „Wenn ihr das Alles geschehen seht, so wisset, daß es zur Thüre gekommen." — Auch über Das, was jetzt unter uns geschieht, hat er vorher seine Schüler belehrt und unterrichtet, nicht blos die hehre Versammlung des Aposto= lates, sondern auch alle Schüler nach ihnen und bis auf den heutigen Tag, indem er also sprach:***) „Hütet euch vor den Menschen: denn sie werden euch in das Richthaus überliefern und in ihren Synagogen euch geißeln; vor Statthalter (ἡγεμόνες, ܗܓܡܘܢܐ) und Könige euch führen um meinetwillen, ihnen und den Heiden (e. Völker, gentes, ܚܢܦܐ) zum Zeugniß. Wenn man euch aber überliefert, seid nicht ängstlich, wie oder was ihr sprechen sollt, denn in jener Stunde wird euch gegeben werden, was ihr sprechen sollt; denn nicht ihr seid es, die sprecht, sondern der Geist eures Vaters spricht in euch. Es wird aber ein Bruder den an= deren zum Tode überliefern, der Vater den Sohn, und es werden Kin-

---

*) Diese Citate stimmen fast ganz mit der Pschito überein. Matth. III. 2.
**) Matth. XXIV. 33.
***) Matth. X. 17.

1*

der gegen ihre Eltern aufstehn und werden sie tödten, und ihr werdet Jedermann verhaßt sein meines Namens wegen." — Dies sehen wir ja deutlich auch jetzt über alle Glieder der Kirche kommen und in Erfüllung gehen, indem wir jene Kämpfe und Uebel nicht von Fremden und Heiden erdulden, sondern von Solchen, die auch für Christen gelten, aber Werke des Heidenthums an Christen, ihren Nächsten, ungescheut und ohne die Zügel der Gottesfurcht und ohne Erbarmen in ihrer Unmenschlichkeit und Grausamkeit ungehindert ansüben.

*) Wegen all dieser Dinge nun, nachdem wir die erste Beschreibung in zwei Theilen früher mit vieler Mühe langer Zeit vollendet, — Geschichten der Kirche, wie wir es vermochten, in zwölf Büchern, in welchen alle unterschiedliche Hauptstücke zu erkennen sind, indem wir von den Zeiten Julius Cäsars und der übrigen ersten römischen Kaiser begannen und dann allmählich die kirchlichen Ereignisse sammelten und ordneten bis zum sechsten Regierungsjahre Justins II., des Schwestersohnes Justinian's; auch vom Eifer und der Sorgfalt des K. Justin für die Einigung der Kirche vom Beginne seiner Regierung und bis zu dessen sechsten Jahre eifrig und fleißig erzählten, indem wir der Wahrheit anhiengen in den Thatsachen, die wir vormals erzählten, — jetzt aber wieder plötzlich einen mächtigen und gewaltigen Sturm sich erheben sehen, mit Heftigkeit seine zahlreichen Wogen gegen das feste Schiff der ganzen Kirche der Rechtgläubigen der Sünden wegen entsendend: — so fühlten auch wir dadurch uns angeregt zur Aufzeichnung der Erinnerungen — sei's auch nur Weniges davon zu bringen, wenn auch die Zeit von allen Seiten uns vielfach hindert und abhält, nach Möglichkeit — wenn auch nur in kurzen Zügen — auf die Erzählung kirchlicher Geschichten einzugehen. — Das geschieht auch jetzt wieder, indem wir auch hievon nur Weniges von Vielem in die „Erinnerungen" aufnehmen, und in dieser dritten Beschreibung zur Kenntniß der Nachkommen bringen, obgleich es mir nicht entgeht, daß die Zeiten der Welt schon dahinschwinden und abnehmen, damit es allen Uebrigen nach uns deutlich und offenkundig sei. Wenn Dies nun gleichwohl in der kurzen Zeit, welche dieser unseligen Welt noch übrig ist, geschah, so haben wir es (dennoch) in kurzen „Erinnerungen" aufgezeichnet — zur Kenntniß der Nachwelt.

---

*) Ein Muster syrischer Weitläufigkeit — sagen wir mit Land. Absichtlich ließen wir hie und da dergleichen Stellen stehen, ohne uns zu bemühen, sie besser zu verdeutschen, um die Färbung des syrischen Originals durchschrinen zu lassen.

Capitel IV.

Aus den Schriften der Propheten über die Drangsal, welche in dieser Zeit die Kirche Gottes traf.

Zum Anfange der Erzählungen dieser Schrift hätten sich die seufzenden Stimmen der Klagelieder des leiderfüllten Propheten Jeremias wohl geeignet, die damals Jerusalem und seinem Volke galten, das durch das Schwert gefallen war — trauernd und weinend, damit auch wir jetzt also weinen und trauern über das, was zu dieser Zeit wegen der Gottlosigkeit und der vielen Sünden die Kirche Gottes betraf. — Ferner hat auch der berühmteste (ـقيش) unter den Propheten, Isaias, aus (voller) Kehle gerufen, hat ohne Schonung seine Stimme wie eine Trompete erhoben und da er die schwere Heimsuchung sah, welche die Kirche Gottes traf, hinzugefügt und wiederholt gesagt:*) „Das ganze Haupt ist schmerzerfüllt, krank ist das Herz. Von der Fußsohle bis zum Scheitel ist keine heile Stelle an ihm, sondern [nur] Wunden, Striemen und hohe Beulen, nicht verbunden, noch geheilt, noch durch Oel gelindert." — Und er wiederholt voll der Leiden und spricht: „(Es klagt und sitzt in Trauer die Erde; es jammert und sitzt mit Trauer erfüllt der Erdkreis: es trauert die Höhe des Landes —: das Land ist ähnlich geworden seinen Bewohnern." — Solchen Heiligen nun wäre es geziemend, seufzend mit uns Leid zu tragen über das große Zorngericht, welches der Sünden wegen ganz plötzlich über Gottes Kirche geschickt wurde, wie damals über Jerusalem. — Wegen der plötzlichen, furchtbaren Erdbeben versetzte man**) in Trauer, (e. aufstöhnen machen) Unruhe und Verwirrung das ganze Volk der Gläubigen, ***) welche des Friedens und der Ruhe sich erfreuend schon seit langer Zeit in der Hauptstadt und allen ihren Umgebungen wohnten — bis zum sechsten Regierungsjahre des siegreichen Justinus. Da traf ganz plötzlich das Unwetter des Zornes alle Gemeinden der Kirche der Orthodoxen, zerstörte und zerstreute sie in alle Winde, wovon ich [aber nur] kurze Zeit schreiben und aufzählen kann.

---

*) Isa. I. 5 ff.

**) d. h. die Katholischen — Dyophysiten, Synoriten genannt; Justinian galt lange als Synodit.

***) d. h. die Monophysiten. Sie nennen sich überall die „Gläubigen, Rechtgläubigen, Orthodoxen".

Capitel V.

Vom bittern Leiden der plötzlichen Flucht (viell. ܒ. ܚܒܝܫܐ zu lesen) aller Gemeinden der Kirche der Gläubigen in der Hauptstadt.

Die lange Zeit von mehr als 40 Jahren hatten alle Gemeinden der ganzen Kirche der Orthodoxen in Ruhe und Frieden in dieser großen Hauptstadt und allen ihren Umgebungen gewohnt. Mit vieler Freiheit (παῤῥησία, ܦܪܗܣܝܐ) und furchtlos versammelten sich stark und mächtig allerorts die sämmtlichen Gemeinden der Gläubigen und vollzogen alle „Geheimnisse" und kirchlichen Anordnungen (τάξεις, ܛܟܣܐ). Plötzlich in den heiligen Tagen der Quadragesimal=Faste, am Palm= (Osanna=) Sonntag, (ܥܡܣܐ ܒܗܝ ܡܢ ܚܕ ܒܫܒܐ ܕܐܘܫܥܢܐ. Vergl. diese Phrase Matth. XXVIII, 1; XXI., 9.) wurde durch den Eifer und die schreckliche Bosheit dessen, der die Kirche der Hauptstadt beherrschte und vielfach die ganze Parthei der Rechtgläubigen verläumdete, nämlich des Johannes aus Sarmin, einer Stadt Syrien's, der siegreiche Justinus zu heftigem Zorne entflammt. Er ließ in der Hitze des Zornes alle Versammlungsorte der sämmtlichen Gläubigen schließen, alle Altäre darin zerstören, alle ihre Priester und Bischöfe (ܟܗ̈ܢܐ ܘܐ̈ܦܣܩܦܐ) ergreifen und ins Gefängniß werfen und alle Diejenigen ausweisen und verbannen, die mit ihnen versammelt waren, damit sie sich nimmer versammelten — und Anderes dgl., was von ihm im heftigsten Zorne befohlen und beschlossen wurde. Da sc.*) wurden sie, die schon längst bis damals friedlich und ruhig in der ganzen .... sc. Hauptstadt gewohnt hatten, sehr — geängstet und schickten an den Eparchen einen Abgeordneten ....
„Diejenigen, die mich zu dir geschickt haben. Was regierest (ܣܐ) du als Christ und richtest die Diener Gottes nach heidnischer Weise? Du sollst nicht unter den Lebenden sein, „wenn du nicht sogleich mich schwachen Greis verbrennst und gebraten issest." **) — Als dies der Präfekt (Eparch) hörte, ließ er ihn aus Scheu vor seinem hohen Alter aus seinem Angesichte schaffen und zum Bischofe hinbringen. Jener aber ließ ihn in seinem Zorne zu Heracleia, einer Stadt Thraciens, gefangen setzen, woselbst er zwei Jahre lang war, ohne daß man ihm gestattete, Einen seiner Bekannten zu sehen. Als man ihm einen Wechsel seiner Kleidung nicht gestattete und er unaufhörlich von Mücken (s. Cast. z. d. W. ܩܡܨܐ) gequält wurde, so gieng einer seiner Schüler hinaus und ver=

---

*) Die Stelle ist defekt.
**) Häufige Verwünschungsformel; sie kommt bei Joh. auch sonst noch vor.

schaffte ihm einen Wechsel. In der Folge aber ließ man nie mehr, selbst nicht durch einen Anderen, ihm einen solchen geben. Darnach wurde er tödtlich krank und sprach Flüche aus, wenn er von den Synoditen begraben werden sollte, oder wenn Einer aus ihnen über ihn (ܚܣܝܐ) ein Gebet ministriren oder verrichten werde (ܢܨܚܕ ܐ ܕܚܣ). Daher brachte ihn das Heer der dort befindlichen orthodoxen Römer hinaus und bestattete ihn „mit vielen Kerzen und Räucherwerk." Wie einen großen Martyr begruben und feierten sie seinen Leichnam, aber klagend und schmähend wegen der Verfolgung solcher Männer. Einige aber von den Gläubigen in der Stadt wurden ausersehen, um hinauszugehen und den Leichnam des Heiligen zu holen.

(Cap. VI—IX. incl. fehlen.)

Capitel X.
Von Dem, was in den Manns- und Frauenklöstern im Ungestüm der Verfolgung geschah.

Die Manns= und Frauenklöster betreffend, die in der Hauptstadt und allen ihren Umgebungen und Grenzen sind, so erreichte diejenigen von ihnen, die stark bevölkert waren, und besonders die der Frauen, welche von Anfang an aus Antiochien, Isaurien, Cilicien und Cappadocien und den übrigen Provinzen, wo sie von der seligen K. Theodora versammelt worden, vertrieben wurden, — von denen einige mehr als 300 Schwestern zählten, — plötzlich das Ungewitter und der Sturm der Verfolgung, und „es bedeckte sie die Rauchwolke und der trübe Nebel der Verfolgung." Es wurden nämlich Kleriker nebst Laien, Commentarii, (ܩܘܡܢܛܪܣ) und Schergen (ταξεώτης — ܛܟܣܐ) und Domestiken (ܕܘܡܣܛܝܩܘ) des Stadt=Präfekten (Eparchen — ܗܘܦܪܟܐ) über sie geschickt. In wilder Hast zogen sie in den Klöstern umher und wie eine Schaar von Wölfen, die da kommen und über einen Schafstall herfallen, kamen auch sie zum Verderben für jedes von jenen Klöstern und stürzten auf die Schäflein Christi los. Die Kleriker trugen ihre Eucharistie (ܡܘܕܝܥܢܘ) mit sich herum und schleppten Jene umher, damit sie kämen und von ihnen kommunizirten. Sie alle aber flohen wie Sperlinge vor Habichten und verbargen sich in Winkeln und sagten: „Wir können von der Synode von Calcedon nicht kommuniziren, welche Christum unseren Gott in zwei Naturen nach der Vereinigung theilt*) und eine Quaternität statt der heiligen Trinität lehrt." Daher wurden sie theil=

---
*) S. d. f. Cap.

weise durch Schelt= und Schmeichelworte herbeigezogen, um zu kommuni=
ziren. Da sc. schlugen sie — die Hände über dem Haupte — zusammen,
klagten und ließen sich an den Händen herbeiführen. Sie schrieen laut
mit klagender und jammernder Stimme und flohen. Deßhalb legte man
mit Gewalt die Eucharistie in ihren Mund. Vieles wurde da von ihnen
mit Wehklagen gesprochen. Einige von denselben aber warfen sich mit
dem Angesichte auf die Erde und verwünschten Alle, die sie zwängen,
wider Willen zu kommuniziren. So bewältigte man Etliche aus ihnen;
alle aber, die sich widersetzten und ihnen nicht gehorchten, sonderte man
ab, schleppte sie umher und entfernte sie aus ihren Klöstern, man über=
gab sie den Händen der römischen Soldaten, von welchen sie hin und
hergetrieben wurden. Man führte sie nach der Stadt, vertheilte sie in
die Häuser und in verschiedene Gefängnisse, worin von Vielen, wie man
sagt, wie von unbändigen, geilen Pferden gehandelt wurde. Doch Dies
soll von uns mit Stillschweigen bedeckt werden, da ja ihr Gericht dem
gerechten Richter aufbewahrt ist, der sie richten und ihnen ihr Recht ver=
schaffen wird. — Und so, nach dieser grausamen und barbarischen Weise,
wurde in allen Manns= und Frauenklöstern verfahren.

Capitel XI.

**Von Johannes, dem Bischofe der „Stadt", und Dem, was durch seinen
gottlosen Eifer geschah.**

Alle diese Uebel veranlaßte, vermehrte und setzte ins Werk Johannes,
der wie gesagt an der Spitze der Kirche „der Stadt" stand. Derselbe
ging in seiner übergroßen Bosheit hin zum Kaiser, brachte seine Be=
schuldigungen vor und reizte ihn zum Zorne über die ganze Parthei der
Gläubigen. Nachdem er die Vollmacht über sie erhalten, ging er hin=
weg und goß durch Gleichgesinnte (ﺤﻨﻒ ﺻﺤﺐ) alles Unheil seiner Bos=
heit über sämmtliche Schaaren der Gläubigen von allen Orten aus, nicht
blos in seiner Stadt und seinem Sprengel, sondern er schrieb auch nach
anderen Provinzen und erregte Unruhen, Verfolgungen und Mißhand=
lungen. Er zog nun persönlich aus, ging in allen Manns= und Frauen=
klöstern, ja sogar in den Häusern umher, nöthigte und zwang, zur Ge=
meinschaft mit ihm zu kommen. Diejenigen aber, die sich ihm wider=
setzten, mochten es nun Männer oder Frauen, Mönche oder Kleriker oder
Nonnen sein, ließ er in der Wuth des Zorns Alle, Einen nach dem
Anderen, in Klöster einsperren und fällte über sie das harte Todesurtheil.
Es gelang ihm, sogar die siegreichen*) Kaiser zu hintergehen, sie anzu=

---

*) S. d. Anf. d. V. B.

eifern und zu bewegen, daß auch sie sich dazu hergaben und nach einan=
der in den Klöstern umherzogen. Zuvor aber ging er selbst mit seinen
Klerikern hin, hielt in den Klöstern Versammlungen und nahm Consekra=
tionen (ﬡﻮ‎) vor. Er verkündete in ihnen die*) „spaltende Synode"
(ﻣﻤ‎), heftete in ihnen ihre Bildnisse an und stellte Kleriker
darin auf, um alle Sonn= und Festtage, sowie an allen Gedächtnißtagen
(ﻟ‎) das „Opfer darzubringen." Des anderen Tags darauf zog der
Kaiser persönlich in den Klöstern umher, sowie auch am folgenden Tage die
Kaiserin. Sie gaben auch Geschenke und setzten als Mönche diejenigen
ein (= beließen sie), die sich ruhig verhielten und ihnen gehorchten; die
Widerspenstigen aber schickten sie in die Verbannung oder in enge Haft,
oder übergaben sie unbarmherzig zur Folter in den Prätorien (ﻮﺮﺑ‎).
Auch zur Geißelung und zu noch härteren Qualen überlieferte man sie
in der Hitze des Zornes.

· Capitel XII.

**Vom Priesterthum der Orthodoxen, wovon jener Johannes ohne Fug und
Recht und wider die Kanonen entsetzte, und sie wieder weihte mit dem
Priesterthume der Synoditen d. h. der Dyophysiten.**

Dieser Bischof nämlich war vom Geiste der Eifersucht und Feind=
seligkeit erfüllt und ließ sich von seinem Ungestüme und Ingrimm leiten.
Nach Art Desjenigen, dessen Angenlicht verdunkelt ist, war seine Seele
durch die Leidenschaft der Feindschaft verdunkelt und er tappte wie ein
Trunkener umher. — Nachdem er viele Priester aus den Orthodoxen
durch allerlei unmenschliche Grausamkeit und Noth überwältigt und sie
gewaltsam zu seiner Gemeinschaft gebracht hatte, und sie von ihm kom=
munizirt und aufgenommen worden waren nach der Stufe (ﻟﺤﺪ‎) ihrer
Weihe (e. Priesterthum. — ﻮﺴﻤﻛ‎), d. h. die Priester als Priester von
ihm waren aufgenommen worden und „in der ganzen Ordnung" (ﻤﻛ
ﻟﻛ‎) mit seinen Priestern kommunizirten und der Reihe nach mit ihnen
im ἱερατεῖον (ﻮﺴﻟﺒ‎) saßen, — und ebenso auch die Diakonen alle
Ordnung des Diakonats mit den Seinigen vollbrachten, — und zwar
nicht ein= oder zweimal, sondern gegen 36 Mal bei allen Festversamm=
lungen (σύναξεις, ﻮﺴﺤﻤﺑ‎) — und nachdem sie mit ihm nach der
Stufe ihres Priesterthums gedient (ﻤﺨ‎) und alle Funktionen des Priester=
thums ausgeübt hatten: — dann erst stieg in ihm ein entsetzlicher Ge=

---

*) S. d. vorherg. Cap.

banke auf. Wie wenn er noch ein Knabe gewesen wäre, erließ er —
stolz und aufgeblasen und trunken vor Herrschsucht und Hochmuth fol=
genden Befehl: „Alle diejenigen unserer Gegner, welche sich uns ergeben
haben, sollen ihres früheren Priesterthumes entsetzt und durch uns wieder
zu Priestern (geweiht) werden." — Und so entsetzte er sie nun auch Alle,
nachdem sie mit und vor ihm 36 Mal in ihrem früheren Priesterthum,
das sie von den Orthodoxen hatten, fungirt hatten (مناصب), und weihte
Alle vom Neuen, welche mit ihm in Gemeinschaft getreten waren. Da
geriethen sie in Unruhe und Bestürzung und verwünschten und schmäh=
ten ihn und sein ungesetzliches Priesterthum. Als er nun Einige unter
den Klerus seiner Kirche aufnahm, so beklagten sich sogar einige seiner
Anhänger über Das, was durch ihn gegen Gesetz und außer aller kano=
nischen Ordnung Schlimmes und Grausames geschehen war. Doch
ihm genügte das Unheil nicht, das er selbst gethan und vollbracht hatte,
sondern er schrieb auch nach den Provinzen und reizte die Bischöfe, auch
nach seinem Bild und Gleichniß zu verfahren. Er that Dies schlau in
der Absicht, um nicht allein wegen dessen angeschuldigt und getadelt zu
werden, was durch ihn wider Gesetz und Ordnung geschehen war, son=
dern damit auch Andere sich unter der Anklage und Beschuldigung mit
ihm beschlossen fänden.

Capitel XIII.

**Von dem nächtlichen Gesichte, welches einem tugendhaften Mönche zur Offenbar=
ung über Das zu Theil wurde, was alsbald offenkundig und thatsächlich geschah.**

Einem tugendhaften Mönche wurde nämlich zuvor in einem nächt=
lichen Gesichte Das enthüllt, was alsbald und unverzüglich sich in der
Kirche Gottes in der That ereignete. (Er sah nämlich Folgendes: Es
war ein großer Berg von beträchtlicher Ausdehnung. Auf der Südseite
desselben war eine große Pflanzung (e. stolo, غرس) vieler Kirchen, welche
der Reihe nach, eine an der anderen, erbaut waren und einen großen
Raum einnahmen. Es waren deren Viele, alle zierlich und schön. Plötz=
lich sah er Johannes, Bischof der Hauptstadt, mit dem Klerus und vie=
lem Volke kommen, und auf sie ungestüm losstürzen. Und er fing an,
alle jene Kirchen zu zerstören und niederzureißen und alle ihre Altäre
umzustürzen und zu zertrümmern, bis er mit ihnen fertig war (هدم التي).—
Sogleich, wenige Tage nach diesem Gesichte gieng das thatsächlich in Er=
füllung, indem er hingieng und all die zahlreichen kirchlichen Versammlungs=
Orte der Gläubigen in der Stadt und allen ihren Umgebungen zerstörte
und niederriß. Wie die Offenbarung und das Gesicht, welches vor=

her geoffenbart wurde, gewesen, so wurde es alsbald deutlich zur That (ححضرا بعم). —

Capitel XIV.

Vom assanischen (ححسا) Bischof Paulus.

Dieser Paulus, dessen wir auch vor Kurzem oben in der Erzähl=
ung gedachten, daß er aus der Provinz Carien gewesen, und zum Bischof
von Aphrodisias, der Metropole Cariens, geweiht und ernannt wor=
den war, war ein aufrichtiger und einfältiger Greis. Da er nun ruhig
in seinem Kloster lebte, wie wir vorher erzählt haben, schickte der Patriarch
Johannes hin, ließ ihn ergreifen, in Fesseln legen und in seinem bischöf=
lichen Pallaste einkerkern. Und als er ihn heftig drängte, brachte er ihn
zu seiner Gemeinschaft. Hierauf schickte er ihn hinaus in die Provinz,
schrieb und befahl Dem, der in der Stadt war, ihn seines Episkopats
zu entsetzen und wieder zu weihen zum Bischof der Stadt Antiochia in
Carien. Das wurde denn auch in der That vollzogen. Er entließ ihn,
und nachdem er ihn, wie man meinte, seines Priesterthumes entsetzt hatte,
weihte er den Einfältigen wieder. Daher wurde er Diesen und Jenen
zum Gelächter und Gespötte, und seine Kleriker nannten ihn nur den
Wiedergetauften.

Capitel XV.

Vom Bischof Elisäus.

Auch diesen alten Bischof Elisäus ließ er aus dem Kloster, wo
er „eingeschlossen" war, dem sogen. Diustempel*) (ححد ؟بوح) herführen
und schloß auch ihn in seinem bischöflichen Pallaste ein. Durch viele Miß=
handlungen brachte er ihn dazu, daß er sich aus Zwang seiner Gemein=
schaft unterzog. Darnach aber suchte er sich aus seinen Händen, sei's
auch in solcher Weise zu befreien. Doch er wollte ihn nach Sardes,
der Metropole von Lydien, schicken. Da er ihn aber seines Episkopats
entsetzen und auch ihn wieder weihen wollte, so widersetzte er sich ihm
und sagte: Ich bin, obgleich unwürdig, von den Orthodoxen zum Bischof
geweiht worden, und du sollst mich gewiß nicht wiederweihen. Wenn
du aber doch meinst, Das sei die Ordnung, daß du mich entsetzest und
wieder weihest, so benimm mir zuvor auch meine Taufe, mit der ich

---

*) Dios=Kloster. Ein solches gab es in Ctp., worin Akoimeten=Mönche waren.
Cat. Christ. I IV. p. 123 (in der Pariser Ausgabe der Byzantiner).

getauft bin, und dann verrichte sie zum zweiten Male. — Da erwiederte er listig: Ich will dir bloß das Humerale (χίδαρις, ‎ مِئزَر‎) umlegen. Als er sich aber durchaus nicht fügte und nachgab und seine Worte nicht annahm, so wurde er zornig über ihn und ließ ihn in einem anderen Kloster, dem sogen. Haus Abrahams *), einsperren. Es ergieng ein hartes Urtheil über ihn und er war dort lange Zeit in Noth. Daher fiel er in eine schwere Krankheit, und verlangte, in ein warmes Bad zu geben; man entließ ihn aber nur in Begleitung von Wächtern.

Capitel XVI.
Vom Bischofe Stephanus, den Johannes ebenfalls entsetzen und wieder weihen wollte.

Da nämlich Johannes in seinem Hochmuth und seiner Aufgeblasenheit sich erdreistete, alle kirchlichen Verordnungen zu übertreten und zu verletzen, so schickte er nach einer Insel, die Plataia (‎ مجلط‎. S. Land, Joh. v. Eph. S. 114) heißt, wohin von ihm Bischof Stephanus verwiesen worden war, Einen von denjenigen, die ihn vor Kurzem wegen der Aufhebung der Chirotonie kräftig angegriffen hatten. Zu diesem schickte er Kleriker und Schergen (‎ اسكريبون‎ exenbitores) und befahl ihnen, ihn zum ‎ امفيالو‎ **) ... zu machen, bis er Blut vergösse (e. breche), wenn er sich nicht ihrer Gemeinschaft unterzöge. Daher wurde er von 12 Erkubitoren zum ‎ امفيالو‎ gemacht, bis er zwischen ihnen hinsank und verstummte, und fast gestorben wäre. Als sie nun sahen, daß er hinsank, verstummte und dem Tode nahe war, liefen sie eilig fort, holten vier Krüge Wasser und gossen es über ihn aus. Hierauf kam er, doch erst nach langer Zeit, wieder zu sich und lebte wie von den Todten wieder auf. Und so unterzog er sich gezwungen ihrer Gemeinschaft und besonders, da es bekannt wurde, daß einige der Gläubigen, die ihm das Nothwendige schickten, ergriffen und eingesperrt wurden, und man Anstalten traf, sie zu überfallen und auszuplündern. Daher nahmen sie ihn mit sich in die Stadt und er machte nach vielen stürmischen Auftritten gezwungen mit ihnen Gemeinschaft. Darnach aber wollte Johannes ihn entsetzen und wieder weihen zum Bischof für die Insel Cypern. Er aber stritt mit ihm, widersetzte sich ihm, erregte einen Aufstand (στάσις,

---

*) l. c. s. u.

**) Auch Land konnte von diesem anscheinend griechischen Worte keine Uebersetzung geben. l. c. Welche körperliche Züchtigung damit gemeint sei, läßt sich aus der Beschreibung nicht erschließen.

ܡܠܟܐ) und rief: „Wehe dir, wenn du mich vom Priesterthum der
Orthodoxen entsetzen und mich vom Neuen weihen willst! Benimm mir
zuvor die Taufe und taufe mich wieder, und dann entsetze mich des
Priesterthum's und weihe mich wiederum zum Priester! Denn sowahr
Gott der Herr lebt! wenn du mich nicht wieder tauf'st, nehme ich [das]
in alle Ewigkeit nicht an." — Deßhalb entstand unter ihnen ein großer
Tumult in der Kirche und es sammelten sich Viele. Stephanus aber
lief hastig hin zum Kaiser, beunruhigte ihn und rief auch über ihn Wehe!
und sagte: Zu Grunde gegangen ist das Christenthum, vernichtet ist alle
Ordnung der christlichen Kirche. Alle Regeln und Kanonen der Kirche
Gottes sind in Frage gestellt, mit Füßen getreten und vernichtet. —
Welche Gottlosigkeit ist doch Dies, daß das Priesterthum der orthodoxen
Christen wider das Gesetz denen benommen wird, die es bis jetzt gehabt
haben, und ein anderes dafür ertheilt wird? Denn siehe! 20 Jahre sind
es, seit ich Unwürdiger von den Orthodoxen auf kanonische Weise zum
Bischof geweiht worden bin auf Befehl des Patriarchen Theodosius
von Alexandrien. Und jetzt, wo ich mich euch ergeben und gefügt habe,
will dieser Ruchlose, wie er schon Vielen gethan, auch mich des Priester=
thumes der Orthodoxen entsetzen und mit dem seinigen auf's Neue weihen.
Er soll angeben, aus welchen Kanonen er Dies gelernt hat. Entweder
kennt und versteht er die kirchlichen Kanonen nicht, oder er weiß sie zwar,
verletzt und übertritt sie aber in seinem hochmüthigen Dünkel und seiner
Verkehrtheit. — Wenn aber dieser Befehl von dir ist und er Dies mit
deinem Wissen gethan hat, so „wisse Jedermann, daß du wissen sollst",
daß er die Anklagen und Beschuldigungen der Kanonen [auf dich] wäl=
zen will und dich mit sich einzuschließen (d. h. dich zu seinem Mitschul=
digen) sucht. Entsetzt er aber mit deinem Wissen und Willen vom Priester=
thume und ertheilt ein anderes, so befiehl ihm doch, auch die Taufe zu
lösen und wieder zu verrichten, und dann soll er die Priester wiederum
weihen. Denn auch der 19. Kanon der 318 Väter befiehlt bezüglich der
verderblichen Sekte des Paul von Samosata *) und der Uebrigen
dergl., sie wieder zu taufen und dann sollen die Würdigen darunter
wiederum Priester werden. Und dies doch nur wegen der Bösartigkeit
ihrer Sekte. **) Jetzt aber soll Dieser zuvor angeben, aus welcher Ur=
sache er dazu gekommen ist und sich in seinem Hochmuth erdreistet hat,

---

*) Vrgl. diesen Kanon des Nicänums bei Hefele, Conc.-Gesch. Bd. I. p. 411 u. 412.
**) d. h. weil die Paulianisten gegen die Trinitätslehre irrten und so die Anwendung
der rechten Taufform, mithin die Gültigkeit der von ihnen ertheilten Taufe selbst in
Frage stand.

14

uns zu entsetzen und wiederum zu weihen. — Als dies der Kaiser hörte
und einsah, daß Stephanus mit Recht sich beklage und „kanonisch"
wider ihn streite, so erwachte er „wie aus einem tiefen Wahnsinn" und
tadelte und verabscheute selbst auch diese That und sagte: Das ist wirk=
lich gegen Recht und Gesetz und wider alle kirchliche Ordnung, daß das
Priesterthum aufgehoben und wiedertheilt wird. Thorheit ist Dies und
allen kirchlichen Ordnungen ganz fremd. Darauf befahl er, daß Dies nie
wieder in der Kirche Gottes geschehen solle, und erließ sogleich auch einen
τύπος πραγματικός (‎ﺲﻮﻤ‎ ‎ﺲﻮﻣﻰﻄﯿﺐ‎): „Niemanden solle es gestattet
sein, sich einer Aufhebung des Priesterthum's zu unterfangen, außer wenn
es Häresieen beträfe, bei denen es die Kanonen befehlen. Wenn es sich
aber findet, daß Bischöfe Dies thun, so sollen sie abgesetzt und in die
Verbannung geschickt werden." — Als Das geschehen war und Johan=
nes einsah, daß der Befehl ernstlich gemeint sei, so gab er und seine
Anhänger schlau ein Geschenk, damit der dadurch entstandene Typus weg=
genommen und nicht mehr gesehen würde. Große Feindschaft aber
bestand aus diesem Grunde zwischen Johannes und Stephanus all
ihr Leben lang.

Capitel XVII.

**Davon, daß man die Bischöfe aus den Klöstern und Orten, worin sie
eingesperrt waren, entließ und berief.**

In trügerischer Absicht und hinterlistiger Falschheit; — wie die Er=
fahrung zuletzt lehrte —, ließ Johannes nebst allen seinen Vertrauten
die Bischöfe kommen, die von ihm in Klöster und andere Orte verbannt
worden waren. Sie wollten dieselben glauben machen, sie hätten sie
kommen lassen, um sich mit ihnen wegen der Einigung der Kirche zu
besprechen. Zuerst ließ er den Patriarchen Paulus aus dem Kloster*)
der Akoimeten (‎ﺲﻮﻤﯿﻂﻗﻰ‎?) holen und sperrte ihn in seinem bischöflichen
Pallaste ein. Ebenso ließ er auch die Uebrigen, Einen nach dem Andern,
kommen und sperrte sie bei sich ein, nämlich den Paulus, den Johan=
nes, den Stephanus und den Elisäus. Schlau beriethen sie sich
zuvor und schickten ihnen eine Urkunde (charta, ‎ﺎﻄﺮﺧ‎), worin von der
Einigung, die zwischen Cyrillus von Alexandria und Joannes
von Antiochia zu Stande kam,**) geschrieben stand. Sie ließen ihnen

---

*) „Dieses Klosters geschieht bei den alten Kirchen=Schriftstellern häufig Erwähnung"
— Ctp. Christ. l. IV. p. 151. — Warum sie „die Schlaflosen" hießen, s. ebend.
**) Im J. 433 zu Antiochien.

in ihr Gefängniß entbieten: „Auch ihr müßt euch (ܠܟܘܢ ܐܦ) gerade so mit uns vereinigen, wie diese Einigung [war], die zwischen Cyrillus und Johannes erfolgte." — Als Dies Jene hörten und bei sich erwogen hatten, spotteten sie über ihre Befangenheit (ܦܣܝܩܘܬܐ) und ließen ihnen sagen: „Ihr habt euch vortrefflich berathen; wenn wir aber nun thun und ausführen, was Cyrillus gethan hat, so verbannen, verwerfen und verweisen wir auch aus der Kirche Gottes die Synode von Chalcedon, wie auch Cyrillus den gottlosen Nestorius. Wegen des Uebrigen aber, was zwischen uns und euch liegt, streiten wir nicht mit euch, sondern vereinigen uns unverzüglich mit euch. Wenn es euch aber nicht gut dünkt, daß Das, was Cyrillus gethan, von uns geschehe: wie und auf welche Weise wohl (ἄρα, ܟܝ) sucht ihr von uns die „Einigung" des Johannes zu erzwingen, die zuletzt stattfand (ܚܘܝܕܐ ܐܚܪܝܐ), da die erste, die des Cyrillus, nicht verwirklicht wurde (ܐܬܚܙܝ ܠܐ ܗܘܐ)?"

Capitel XVIII.

Vom Tadel und der Beschuldigung, die Johannes von den Bischöfen, die er versammelt und eingesperrt hatte, erfuhr: wegen der Aufhebung der Chirotonie und Wiederweihe — gegen Gesetz und alle Bestimmungen und Regeln der Kirche Gottes.

Darnach aber wurde Johannes von den Bischöfen, die er in seinem bischöflichen Pallaste eingesperrt hatte, zur Disputation über den Glauben, über das „Verderben der Synode von Chalcedon" und das durch sie Geschehene aufgefordert. Alle Tage kamen sie mit ihm zusammen und begannen ihn gar kräftig anzugreifen, und mit ihm zu rechten und ihm heftige Vorwürfe zu machen. Sie bestürmten ihn mit Fragen und sagten ihm: „Gieb uns doch kund, o Meister und Oberhaupt der Kirche! aus welchem Kanon und welcher kirchlichen Regel du gelernt und überkommen hast, das „Priesterthum" der orthodoxen Bischöfe und übrigen Priester, die länger im Priesterthum stehen, als selbst dein Vater, aufzuheben und sie zu entsetzen und wiederzuweihen mit dem Priesterthum der Dyophysiten, „„welche eine Quaternität predigen und lehren statt der geheimnißvollen, heiligen Trinität?"" — In welcher kirchlichen Regel hast du Das gefunden und dich dazu hergegeben, das Priesterthum der wahren Orthodoxen zu lösen und dafür ein anderes, das der Synoditen, zu ertheilen? Wegen welcher Ursache oder wegen welcher Anklage, oder wegen welcher Häresieen, — wie die Kanonen gebieten, hast du es unternommen, Jene zu entsetzen, welche dich der Häresie „der zwei Naturen" beschuldigen und vor deiner Gemeinschaft fliehen, sowie der Lästerungen der Synode und des Tomos (ܛܘܡܣ) des Leon,[*] die eine Quaternität statt der heiligen Trinität verkünden und lehren. Ihr aber könnt sie einer Häresie keineswegs anklagen und überführen, und darnach deren Entsetzung vom Priesterthum vornehmen. — Wenn es aber doch so sein sollte, und du Etwas gegen Jene hast, die du ungesetzlich des Priesterthum's entsetzt hast, so mach' es jetzt uns kund, und wir werden mit dem Rechten und der Anklage darüber aufhören. Denn wenn ihr euch gegen alle Regeln und Kanonen der Kirche ein solches Verfahren erlaubtet, nämlich wahre Priester zu entsetzen und wiederzuweihen, so hättet ihr folgerichtig (ܘܟܐ) auch ihre Taufe lösen und sie wiedertaufen sollen, wie es der Inhalt (oder: „Sinn" — tenor, vis ܠܡܐ) der Befehle der Kanonen ist. Denn es befiehlt ja der 16.[**] Kanon der 318 bezüglich der verderblichen Sekte des Anhanges (ܐܠܡ) des Paul von Samosata, zuvor wiederzutaufen, und dann sollen Diejenigen, die würdig scheinen, wiederum zu Priestern geweiht werden. Wenn ihr nun bei euch meint, Diejenigen aus einer Häresie aufgenommen zu haben, welche ihr gewaltsam in Gefangenschaft gebracht und wiedergeweiht habt, so habt ihr das Eine vollzogen, das Erstere aber habt ihr vernachläßigt."

Johannes aber hörte dies Alles ruhig an und erkannte, daß es verschuldet sei. Er konnte keine Entschuldigung dafür vorbringen. Endlich aber gab er zur Antwort und sagte: Weil ich sah, daß ihr an der Chirotonie Anstoß und Aergerniß genommen, hörte ich all Das stillschweigend von euch an; wenn nämlich jene Verbesserung, welche an der Chirotonie geschieht, wenn auch vergeblich, euch genügt, dann sind wir mit euch geeinigt. — Sie aber sagten zu ihm: Welche Verbesserung könnt ihr doch noch vornehmen nach all dem Unheil, Verderben und der ungesetzlichen That, die ihr gethan habt, da Dies nicht allein hier durch euch geschehen ist, und ihr den Trieb eures Zornes und Hasses nicht zurückgehalten, sondern sogar nach anderen Gegenden hin diese Gesetzesübertretung und Feindseligkeit gegen alle kirchlichen Regeln und Kanonen verbreitet habt? Entweder sind sie euch nicht bekannt, und ihr habt sie deßhalb verletzt und übertreten, oder ihr habt euch erlaubt, sie zu verwerfen und zu verachten; und habt alle diese Gesetzesübertretung euch zu Schulden kommen lassen und wollt [jetzt] euch davon machen. Es soll euch aber nicht entgehen, daß wir euch, — sei's wann nur immer, — entweder bei euren Lebzeiten oder nach eurem Tode zur vollständigen Er-

---

[*] So heißen die Monophysiten die epistola dogmatica des P. Leo X. an den B. Flavian von Cp. gegen den Stifter des Monophysismus, Eutyches.

[**] Offenbar verdruckt. Es ist der 19. Kanon. S. o. Cap. 16.

forschung und kanonischen Untersuchung aller dieser Dinge rufen werden, solange die Welt besteht und die Kirche Gottes. — Auch das Andere ist der Verwunderung und des Ausklatschens werth und eignet sich zu Parabel und Fabel, was ihr zuletzt gethan habt, sei es auch, daß es in der Hitze des Zornes oder Hasses oder der Herrschsucht oder in welcher Absicht immer von euch geschah. Urtheilet nun und erwägt bei euch, ob es nach Recht und richtiger Untersuchung durch euch geschehen, nachdem ihr gleichsam bei Denjenigen in Gefangenschaft gerathen seid, welche ihr „haufenweise" gefangen genommen, eingekerkert und zur Gemeinschaft mit euch gezwungen habt. Nach 36 Consekrationen (ﻗﺪﺳﻲ) und Liturgieen (ﺟﺪﺳﻴﻪ), welche sie während des ganzen Osterfestes (e. der Azyma, ﺧﺒﺰ ﻓﻄﻴﺮ) und auch nachher mit euch gehalten haben, habt ihr sie je nach ihrem früheren Priesterthum aufgenommen, und habt die Priester mit euren Priestern alle jene soeben genannten „Tage der Liebe" hindurch im Hierateion sitzen lassen. Ebenso habt ihr auch die Diakonen nach der Ordnung ihres Diakonat's mit den übrigen Diakonen aufgenommen und auf ihre Stufe gestellt. — Dann endlich, nach all diesen Vorgängen, habt ihr euch unvernünftig und mit äußerster Ruchlosigkeit zur Lösung ihres früheren Priesterthums herbeigelassen. Wir stellen Dies jetzt eurem eigenen Urtheil und eurer vernünftigen Untersuchung anheim, einzusehen, weßhalb ihr sie des Priesterthums entsetzen und wiederum hättet weihen sollen. Ist es wohl euch zur Ehre, also wider kirchliche Regeln und Kanonen verfahren zu sein? Bevor ihr sie zum Dienste des Heiligthum's mit euch aufgenommen habt, konntet ihr also thun; aber nicht nach allen jenen Liturgieen, die sie mit euch gehalten, und nachdem sie je nach ihrem früheren Ordo zur Gemeinschaft gelassen worden, euch umkehren und sie entsetzen und vom Neuen weihen. — Nachdem so beiderseits Vieles gesprochen worden, was wir wegen des großen Umfangs der Erzählung davon übergehen, erkannte der Angeklagte, daß er der Verurtheilung nahe und von der Schuld nicht freizusprechen sei, wenn er Das untersuche, was er gethan und besonders was zuletzt von ihm bei der Entsetzung Jener, die von ihm zum Dienste (ministerium) waren aufgenommen worden, vollbracht worden war. Daher änderte er seinen Vorsatz und entließ sie. Da er durch sein Schweigen zu erkennen gab, daß er sich innerlich schuldig fühle, so konnte er sich Jenen gegenüber nur schwacher, kraftloser und unzusammenhängender (ﺿﻌﻴﻒ V?) Worte bedienen.

Capitel XIX.

Von dem Edikte, das der siegreiche K. Justinus erließ.

Als nämlich die Synoditen sahen, daß sie gegen Diejenigen, welchen sie nachgestellt hatten, bereits im Nachtheil waren, kam der siegreiche K. Justin dazu, ein Edikt zu erlassen (امضهي), um dadurch, wie er meinte, die Vereinigung herzustellen. Er ließ dasselbe fleißig abschreiben und schickte es sogleich den Bischöfen, die im bischöflichen Palaste gefangen saßen, durch einen gewißen Zacharias zu, einen Sophisten und*) kaiserlichen Leibarzt (Archiatros Palatii), der von der „römischen Mauer" (oder Burg — arx, murus, ـهيـ ـهـ) herstammte und wie man meinte vorher ein Orthodoxer gewesen war. Dieser also wurde vom Kaiser zu ihnen mit einem Exemplare (ـهـ) des Ediktes, welches man abgeschrieben hatte, gesandt und sagte zu ihnen: Dies Edikt schickt euch der gnädige Kaiser, der es euretwegen hat abschreiben lassen, damit ihr dadurch mit allen zu eurer Parthei Gehörigen euch vereiniget. Er erlaubt und befiehlt euch aber auch Dies, daß ihr, wenn ihr es gelesen habt, Alles, was ihr darin Mangelhaftes und der Verbesserung Bedürftiges sehet, verbessert, und wenn etwas zum rechten Bekenntniß Gehöriges fehlen sollte, was ihr darin enthalten wünscht, ungescheut hinzufügt. Als die Bischöfe diesen Befehl vernahmen, nahmen und lasen sie es und sahen, daß es nicht vollständig [so] war, und wenn auch Einzelnes darin stand, was der Synode von Chalcedon zuwiderlief, so fand sich doch auch von dem Ihrigen und für sie [Sprechendes] darin. Weil man es ihnen aber befohlen hatte, so verfaßten sie Capitel (ـهـ) d. i. Verbesserungen, mit deren Aufnahme in dasselbe von Seite der Gegner es als „Einigung ohne Trennung" wirkend erfunden werden solle. Der Ueberbringer nahm aber die Verbesserungen mit sich und zeigte sie seinem Vertrauten und Rathgeber Johannes und den Uebrigen ihres ganzen Synedrium's (ـهـلمـ). — Als sie nun die Verbesserungen hörten, so geriethen sie in Furcht und Bestürzung, und ein großer Schrecken befiel sie. Würden sie dieselben angenommen haben, so hätten sie die ganze „Häresie der zwei Naturen" mit ihren Wurzeln ausgerottet. — Es geriethen aber auch in Unruhe und Bestürzung, und zwar noch mehr als die Seminestorianer (ـهـ ـهـ) die eigentlichen Nestorianer (ـهـ ـهـ),

---

*) Cf. l. VI. cap. 26.

und diese erregten Verwirrung und Streit in der ganzen Kirche, indem sie umherliefen, Klerus und Volk aufreizten und sagten: Wenn wir diese Zusätze annehmen, kommt Unruhe und Zerstörung über die ganze Kirche.

Daher versammelte sich zuletzt ihre ganze Schaar zumal und sie gingen hin zum Kaiser, um ihn zu bitten, daß diese Verbesserungen in sein Edikt nicht aufgenommen würden. Auch die vom Palaste gingen sie an, unter welchen Viele auch nicht rechtschaffene Christen waren und besonders der Quästor, der nebstdem, daß er Heide, auch noch Samaritan war, Namens Anastasius aus Palästina. — Da sie nun hin vor den Kaiser kamen, und man ihm diese Verbesserungen vorlas, so gefielen sie ihm und er lobte sie sehr und befahl, daß sie in das Edikt aufgenommen *) und in's Reine ($\varkappa\alpha\vartheta\alpha\varrho\acute{o}\varsigma$, ‎ܡܨ) geschrieben würden. Da erhoben sich Alle, die gekommen waren, Kleriker, Laien und die Uebrigen vom Senate wider ihn und sagten: Wenn du, Herr! diese Kapitel in dein Edikt setzest und sie in die Kirche kommen, so wird sie sogleich verkehrt und zerstört; und während du einige Wenige zuführen und erhalten willst, scheiden große Massen aus der Kirche. — Als nun Einige von ihnen ihn plagten, so wurde er unwillig, kehrte sich ihnen zu und sagte: Diese Kapitel ($\varkappa\varepsilon\varphi\acute{\alpha}\lambda\alpha\iota\alpha$, ‎ܠܐܒ) sind recht; von euch aber weiß ich, daß ihr allesammt Nestorianer seid, kranken Gewissens, und euch keineswegs des rechten Glaubens erfreuet. Wenn ihr aber nicht ruhig seid, so lasse ich die Bischöfe losgehen (‎ܢܦܩ ‎ܚܣܦܐ) und lasse sie über euch her, die euch wie Wölfe anfallen und zerreißen, und nicht besteht ihr vor ihnen. Darauf befahl er dem Quästor und sagte: Wenn du mir nicht sogleich noch vor Abend 20 Abschriften ($\check{\iota}\sigma\alpha$, ‎ܚܬܐ) des Ediktes bringst, in denen diese Verbesserungen stehen, so lasse ich dich enthaupten.

So gerieth nun der ganze Schwarm der Nestorianer und Seminestorianer in Bestürzung und sie summten wie Wespenschwärme. — Auf diese Weise gelang es ihnen, ihn zu erbitten und durch die [Vorstellung einer] Beunruhigung der Kirche in Unruhe zu versetzen; und da sie ihn sehr drängten, so gab er ihnen nach und überließ die Ausführung ihrem Gutdünken. Sie ließen nun nur einiges Wenige von jenen Verbesserungen aufnehmen, indem sie häretisch (‎ܗܪܣܝܐܝܬ) von dem Ihrigen an den Schluß des Ediktes setzten, daß nämlich die kirchlichen Gewohnheiten bezüglich der Synode beobachtet werden, daß sie dieselbe wie gewöhnlich verkündigen sollten. — Das nahmen sie schlau und listig darin auf, damit keine Vereinigung zu Stande käme und „das Rad sich zu ihnen, den Nestorianern, hindrehe".

---

*) H. Land läßt das Edikt in ein „Heft zu 20 Exemplaren" schreiben; s. d. Tit. b. cap. 20!

2*

Capitel XX.

Nachdem das Edikt in 20 Exemplaren in's Reine geschrieben, schickte Er, der es zuerst unterschrieben, dasselbe den Verhafteten zu.

Nachdem nämlich, wie der Kaiser befohlen, das Edikt in's Reine (ܟܬܒܐ) geschrieben war, schickte er es sogleich den Bischöfen, die im bischöflichen Palaste waren, zu und ließ ihnen entbieten: Wir haben nun die Einigung, wie ihr wünscht, vollzogen und schicken euch hiemit das Edikt. Jetzt aber habt ihr keinen Grund mehr, euch der Einigung mit uns zu widersetzen. Denn euretwegen habe ich ja dieses Edikt verfaßt. Als die Bischöfe aber das Edikt lasen und sahen, daß die Verbesser=ungen, welche sie verfaßt hatten, nicht darin ständen, sondern bloß einige Bruchstücke *) davon nach dem Wunsche derer, die sie zerstückelt (b. zu=gestutzt) hatten, aufgenommen waren, so verschmähten sie es, weil es die Gegner nach ihrer Willkür verdorben und entstellt hatten. Aber aus Furcht vor dem Kaiser wagten sie es nicht, Dasjenige [die Verbesserungen] hinwegzunehmen, was bezüglich der zwei Naturen [darin] stand, sondern sie suchten von dem Ihrigen hineinzubringen. — Es schien der Synode zu widerstreiten aber auch wieder für sie zu kämpfen, und aus ihr selbst und dem Ihrigen schien es zu enthalten. Die Bischöfe aber gaben den Ueberbringern zur Antwort und sagten: Wenn nur der Grund des Aerger=nisses und der Verwirrung der Kirche hinweggeräumt wird, nämlich die Synode von Chalcedon, dann bedarf die Kirche dessen nicht. Wenn aber auch sie in der Kirche verkündet wird, dann besteht unsererseits keine Einigung, und wenn auch ein Tausend solcher [Edikte] an allen Ecken und Enden angeheftet werden, und die Spaltung besteht noch an deren Stelle. Denn dieses scheint wider und für die Synode zu streiten, und Zweierlei ist darin zu erkennen.

Capitel XXI.

Davon, daß Johannes die Bischöfe beschuldigte (ܡܣܟܠܝܢ) und sagte: Seht nun, daß ihr Diejenigen seid, welche die Einigung der Kirche verhindern.

Alle Tage aber beschuldigten Johannes, nebst den aus der Umgeb=ung (ܬܘܪܣܝܐ) des Kaisers Abgesandten, die Bischöfe und sagten: Seht doch, daß ihr eigentlich die Einigung der Kirche Gottes hinausschiebt

---

*) cf. l. v. cap. 10.

und hindert. Denn 50 Jahre besteht sie ja schon; ihr aber verschmäht, verhindert und verzögert sie jetzt, und wollt euch nicht vereinigen. — Sie aber gaben ihnen zur Antwort und sagten: Wie verhindern denn wir die Einigung, da ihr euch derselben nicht „Finger breit" nähert, außer mit äußerlichen, schlauen Worten, damit die Leute euch dafür ansehen und meinen, ihr wollet wirklich die Vereinigung, während ihr schlau es einzurichten sucht, daß die ganze Schuld von Jedermann auf uns ge= schoben werde? Welche Vereinigung (ἕνωσις, ‏اتحاد‎) wollt ihr doch bewirken; oder wie wollt ihr denn, daß wir uns mit euch vereinigen? da ihr die Synode festhaltet, welche die ganze Kirche Gottes zerstört und beunruhigt, sie verkündet und liebt? Wenn ihr aber doch wirklich eine Vereinigung herbeizuführen wünscht, so nehmt den Fallstrick und den Grund des Anstoßes hinweg aus dem ebenen Pfade des Glaubens und entfernt ihn aus der Kirche Gottes, damit so nicht allein wir, sondern auch alle Gläubigen freudig und frei von Aergerniß mit euch vereinigt werden. — Und Vieles dergleichen, was wir nicht einmal bei großem Um= fange der Blätter (‏جرائد‎?) aufzuzeichnen vermöchten, — was da tag= täglich zwischen ihnen im Wechselgange (‏مفاوضة‎) der Disputation darüber gesprochen wurde. Wir übergehen Das aber wegen der Menge der Reden und des Umfanges des Aufgeschriebenen, damit es nicht von Denen als Nachtheil erachtet werde, die darauf stoßen.

Capitel XXII.

Davon, daß die Bischöfe auch von etlichen vornehmen Orthodoxen getadelt und gescholten wurden — wegen ihrer Hartnäckigkeit und Unnachgiebigkeit betreffs der Vereinigung.

Nämlich vor dieser Zeit der Verfolgungen, Prüfungen, Trangsale und Einkerkerungen von Seiten der Verfolger wurden die Bischöfe nebst= dem auch von den übrigen Orthodoxen beschuldigt. Man stritt mit ihnen und sagte: Warum doch besteht ihr so sehr auf eurer Hartnäckigkeit und Halsstärrigkeit und wollt euch nicht mäßigen und nachgeben, auf daß Einigung werde in der Kirche Gottes; sondern besteht hartnäckig darauf und streitet mit Denen, die euch ergriffen haben (c. gefangen halten). Aber es ist nicht edel von euch, uns, das Unsrige, unsere Häuser, unsere Kin= der und unser Vermögen zu Grunde richten zu wollen. Und was hilft es euch, daß wir eiligst zu Grunde gehen und Bettler werden? — Als Dies von den Orthodoxen vorlängst unter heftigen Beschuldigungen zu ihnen gesagt wurde, indem dieselben wegen ihres Reichthums in Besorg=

niß waren, nebſt Demjenigen, was von den Synoditen täglich ihnen vorgehalten wurde, nämlich: „Ihr verhindert es, daß die Vereinigung zu Stande kommt", ſo wurden ſie [dadurch] darüber betrübt und weinten bitterlich bei Tag und Nacht. Sie ſaßen da, weinten und jammerten ſeufzend einander zu, und ſagten mit klagender Stimme: Was ſollen wir nun thun, da wir von beiden Seiten beſchuldigt werden, und man Vor= würfe und Anklagen wider uns häuft? Wir ſind ja nun in enger Haft, und man geſtattet uns nicht, Einen aus unſeren Bekannten zu ſehen. Unſere Gegner aber ſprechen beſonders mit den Vornehmeren und Be= kannteren aus uns und ſagen und machen aller Welt vor, daß ſie die Einigung wollen. Daher legt man alle Schmähungen wegen Hinter= treibung der Vereinigung auf uns, da Jedermann meint, ihre Worte ſeien wahr. Wir aber ſind jetzt zwiſchen beide Partheien in die Mitte geſtellt, entweder uns zu ergeben und den hinterliſtigen Verſprechungen und lügenhaften Schwüren der Gegner zu vertrauen, von denen wir wiſſen, daß Wahrheit nicht bei ihnen ſei und daß ſie unvermögend ſeien, daß die Einheit durch ſie hergeſtellt werde, — oder wieder im Kampfe gegen ſie aufzuſtehen. Denn von beiden Partheien werden wir ja auf ewige Zeiten anathematiſirt, als die Einigung der Kirche Gottes ver= zögernd und verhindernd; und als die wahre Meinung von ihren heim= tückiſchen Verſprechen und lügenhaften Worten bringen ſie bei: nämlich als ob ſie bereit ſeien, die Vereinigung zu vollziehen, wir aber die Einig= ung von der Kirche ferne hielten. — Und Vieles dergl., was unter ihnen mit bitterlichen Thränen viele Tage hindurch geſprochen wurde und deſſen Wahrheit wir wie vor Gott bezeugen, da wir ja nahe dabei und Augen= zeuge Alles deſſen geweſen ſind.

Capitel XXIII.
Von der Disputation und der Noth der Biſchöfe und ihrer Leute.

33 Tage brachten ſie mit heftiger Disputation gegen einander zu, — die Synoditen, welche die Macht hatten, und die Gegner der Synode, welche von Dieſen eingekerkert worden waren und bitterlich bedrängt wurden. So oft man nach ihnen ſchickte, entließ man ſie, und ſie giengen hinaus aus ihrem Gefängniße und kamen in das Sekretum *) (مِصْبَر) des Patriarchen, ſetzten ſich und disputirten, ſo lange es

---

*) „S. apud Scriptores Byzantinos pro foro seu loco in quo judicia exercentur vulgo accipiuntur." Ctp. Chr. l. II. p. 159. (Edit. Paris.)

Diejenigen wollten, welche die Herren waren. Wenn sie nun entweder von ihnen besiegt wurden, oder es ihnen beliebte, giengen sie, die Bischöfe, mit ihren Wächtern hinweg und wurden hinter einer dreifachen Wache eingeschlossen, einer bischöflichen, einer von Erkubitoren und einer äußeren (لِصَف) von ύστεροι — exteri?? (لِجَمِلَة). Ein jeder Einzelne von ihnen wurde von allen Seiten, — nicht blos Kleriker, Mönche und die übrigen Freien aus ihrer Umgebung, sondern auch alle ihre Sklaven, — in den dunklen und elenden Gefängnissen, die überall im bischöflichen Palaste sind, eingeschlossen. Sie wurden Alle bewacht, und nicht blos Das, sondern auch ausgeplündert von den Leuten des Bischofs (لِصُمَصُمَل) und den Dekanen *) (لِقَمَظ?), wie von Räubern. Hatten sie Kleider an, so wurden sie abgezogen bis auf ein abgenütztes, das ihnen nicht taugte, oder wenn sie Schuhe, Gürtel, Sandalen oder sonst etwas Brauchbares **) bei Einem von ihnen fanden, oder sonst etwas Anderes, so wurde es ihm abgenommen. Was man bei ihnen fand wurde genommen und auf die Erde geworfen; ja sogar Nahrungsmittel nahmen sie weg und erpreßten sie. Den Leuten aber wurde durchaus nicht gestattet, sie zu sehen oder ihnen oder den Bischöfen etwas darzureichen. — Alle jene Uebel, Trübsale und Prüfungen erduldeten und ertrugen sie und Alle, die bei ihnen waren, wegen des Versprechens der Vereinigung und besonders, weil sie ihre Peiniger offen anklagten.

Capitel XXIV.

Von der letzten Disputation und den Schwüren voll Lug und Trug.

Nach all diesen Dingen wurden die Bischöfe zuletzt wieder aus ihrem Gefängniß entlassen und hingeführt, und nun stellte man sich ihnen hartnäckig und anmaßend entgegen. Der Präsident (لِصَمَص صَ) Johannes, und noch mehr als er — die vom Kaiser Abgesandten, welche seine Person vertraten — sagten: „Wie lange wohl verschmäht und verhindert ihr noch die Einigung der Kirche Gottes, die der Kaiser, unser Herr, und wir zu bewirken suchen, und haltet Tag für Tag dieses Gut auf und weist es zurück, und zeigt euch nicht offen allen Leuten, daß ihr es seid, die hindernd im Wege stehen, und niemand Anderer? Jetzt

---

*) = Lictores, ῥαβδοῦχοι; oder „decanus recensetur ex cod. Allatiano inter Ecclesiae minores Officiales, in Choro sinistro" etc. — Du-Cange, Gloss. s. h. v.

**) لِصَمَص t. ratio, supputatio — Schätzbares?

also vereinigt euch entweder in Bälde, oder gesteht offen ein, daß ihr
die Unruhstifter seid, welche die Einigung der Kirche zurückweisen und
verhindern." — Die Bischöfe aber antworteten mit schmerzlicher Trauer:
Wenn die Dinge gerecht und richtigen Sinnes beurtheilt werden, so er=
schweren nicht wir die Vereinigung, sondern ihr, deren Innerstes voll
ist vom Verderben der chalcedonischen Feindseligkeit und Spaltung. Wir
unsererseits wollen euch als die Verhindernden darstellen, da ihr nicht
einmal einen Schatten von Vereinigung in euch aufgenommen und kund=
gegeben habt, sondern vielmehr voll der Tücke ($\mu\tilde{\alpha}\lambda\lambda\sigma\nu$, ܝܬܝܪ) uns zwin=
gen wollt, uns mit all der chalcedonischen Lüge zu vereinigen, aber keine
wahre Einigung der Kirche nach Recht und Gerechtigkeit herzustellen sucht.
Jetzt aber, wie wir schon von Anfang an sagten, wenn ihr wirklich
eine Einigung wollt und nicht hinterlistige Täuschung und böse Tücke
ins Werk zu setzen gedenkt, so nehmet vorerst den Grund der Trennung
hinweg, und siehe! dann steht die Einigung an ihrem Platze, und ver=
fahret nicht mit List gegen uns. — Und wenn euch Dies jetzt gar nicht
in den Sinn gekommen ist, warum plagt und quält ihr uns tagtäglich
und füget Schmerz zu den Mißhandlungen, der engen Haft und den
übrigen Drangsalen hinzu, welche wir so gottlos durch euch erdulden?
Alle Tage peinigt ihr uns durch eure Reden, stoßt uns einen Dorn in
die Narben und fürchtet euch nicht vor Gott, die ihr sehet, daß unser
Leben bereits dahinschwindet und vergeht wegen der Bedrängnisse, die
uns von allen Seiten umgeben! Wenn ihr also euren äußerlichen Reden
nach die Einigung herzustellen gedenkt, so gebt die Synode von Chalcedon
auf, die die Kirche in Verwirrung gesetzt, getheilt und gespalten hat,
wie auch ihr nicht leugnen könnt, und so besteht dann Einigung ohne
Trennung in der ganzen Kirche Gottes. —

Darauf erwiederten Johannes und die Seinigen: „Auch Dies, daß
die Synode, wie ihr sagt, [aus der Kirche] hinauskomme, verhindert ihr;
denn wenn ihr euch vereinigt, so kommt sogleich auch die Synode hinaus
und es besteht vollkommene Einigung."

Die Bischöfe: „Wie uns scheint, sucht ihr es dahin zu bringen, daß
wir uns eurer Synode vereinigen. Es soll aber euch und Anderen nicht
entgehen, daß bis zu unser Aller letztem Athemzuge das Anathema über
die Synode und den Tomus des Leo, die zusammen (ܐܟܚܕ) „„unseren
Herrn, Gott und Erlöser Jesus Christus in zwei Naturen nach der
Einigung trennen"", nicht aus unserem Munde schwinden wird."

Johannes und die Seinigen: „Wie wir schon oftmals euch sagten,
geben wir und die Kaiser, unsere Herren, euch Wort und Eidschwur,
wie vor Gott, daß mit eurer Einigung sogleich die Synode aufgehoben

wird und daß Das, was über unsere Lippen gekommen, nicht geändert werden soll."

Die Bischöfe: „Wenn ihr Alles (ὅλος, ܟܠ) und zwar euren Schwüren gemäß zu thun bereit seid, warum thut ihr es nicht sogleich, damit nicht allein wir, sondern auch Jedermann ohne Anstoß sich vereinige? Aber ihr wollt vielmehr uns hintergehen, damit wir uns mit der Häresie der zwei Naturen vereinigen, und ihr hinterher euch umkehrt und uns verspottet. Wenn ihr Das meint, so betrügt und täuscht ihr euch selbst; denn wir wissen, daß euer Dichten und Trachten nicht nach Vereinigung geht, weßhalb ihr auch nicht einmal die Wahrheit zu sprechen scheint, wenn ihr auch mit Worten euch zur Vollziehung bereit zeigt, damit Jedermann meine, wir hinderten die Vereinigung, und wir, wie von euch, so von Allen, als die Hindernden verwünscht würden, obgleich wir uns für die Vereinigung hinopfern. Wenn wir nun euren Worten und Verheißungen vertrauen, nämlich daß jetzt die Synode anathematisirt und aufgegeben wird, und unaufhörlich ihr Anathema in unserem Munde mit euch Gemeinschaft machen: wenn nun Dies ein, oder zwei, oder höchstens drei Mal stattfände, vor dem Bann und dem Aufgeben der Synode, so hätten wir kein Theil und keine Gemeinschaft [mehr] mit euch in alle Ewigkeit. Wir wissen aber, daß ihr die Wahrheit eurer Worte nicht bestätiget. Damit es aber Allen offenbar und bekannt werde, daß ihr nicht Willens seid, die Einigung zu vollziehen, sondern meint, uns und Alle zu hintergehen: siehe! so geben wir jetzt unsere Seelen hin zur Einigung mit euch, und sogar zwei Mal [wenn es nöthig wäre]."

Dieses und unendlich viel Anderes wurde gesprochen und vorgebracht unter ihnen. So ergaben sich denn nun die Bischöfe und sagten: „Wegen der Bedrängnisse, welche durch die Synoditen über uns kommen, ergeben wir uns, damit man weiß, daß nicht wir es sind, die im Wege stehen." — Denn Alle schmähten über sie — von beiden Seiten — und sagten: Siehe! die Kaiser und der Patriarch begehren und streben nach Vereinigung und sind bereit sie zu vollziehen; jene Eingesperrten aber halten sie auf und verhindern sie daran. Wegen all dieser Dinge also ergaben sie sich mit großer Trauer und unterzogen sich, die Synode von Chalcedon mit lauter Stimme anathematisirend, ihrer Gemeinschaft zwei Mal, wie sie versprochen und erinnert hatten. Da sie nun wegen des in der Bestimmung der vielen Schwüre [Enthaltenen] an allen den 33 Tagen das Anathem und Aufgeben der Synode eifrig vom Kaiser und Patriarchen forderten, so fiengen Jene an ihre Worte zu verdrehen und sagten, sie mit Vorwänden zurückweisend: Wir schreiben nur an den

Papſt zu Rom (ܩܠܝܡܐ ܒܪ), und wenn er es zugiebt, geben wir die
Synode auf; denn euretwegen können wir uns nicht von Rom trennen. — Darauf antworteten die Biſchöfe alſo: Nun iſt es auch für
uns Zeit, das Wort des Propheten Jonas*) zu wiederholen: „„Das
iſt nicht mein Wort geweſen, da ich [noch] in meinem Lande war.““ —
Und ſo wurde es Allen offenbar und kund, daß nicht Diejenigen, die in
der Haft ſaßen und bittere Bedrängniſſe erduldeten, die Einigung verhinderten, ſondern ſogar ihr Leben für ſie hingaben, vielmehr Diejenigen,
welche die Oberhand hatten und ſie bedrückten, ihre Verheißungen und
Schwüre ableugneten, indem ſie alle Entrüſtung nicht blos der Zeit-
genoſſen, ſondern auch der kommenden Geſchlechter auf die Biſchöfe ſchie-
ben wollten, als ob Dieſe die Einigung der Kirche Gottes verzögerten
und verhinderten und nicht ihr Leben fruchtlos für ſie hingeopfert hätten.

Capitel XXV.

Von dem Schmerze und der Entmuthigung, welche die Biſchöfe befiel, daß ſie ſich unterworfen und in die Gemeinſchaft des Johannes und ſeiner übrigen Dyophyſiten geeinigt hatten.

Doch wer wäre im Stande, die Bedrängniſſe, die Trauer, den Jammer und die Entmuthigung zu beſchreiben und zu erzählen, welche Diejenigen befiel, die in die Gemeinſchaft derer gerathen waren, die ſie
betrogen und geeinigt hatten, indem ſie ſich [in der Wirklichkeit] durchaus
nicht geeinigt hatten? Sie ſiechten und ſchwanden nun dahin, und ihre
Augen waren entzündet und verdunkelt vom wechſelſeitigen Weinen und
Klagen bei Nacht und Tag. Ein geringes Beiſpiel von Schmerz iſt der
eines Weibes**) über den Mann [Herrn] ihrer Jugend, der mit ihrer
Trauer verglichen werden könnte. Sie enthielten ſich nun auch ihrer
gewohnten Speiſe und wollten ohne Nahrung und Troſt bleiben, und
vergoſſen ohne Aufhören oder Abnahme Thränen. Alle bedeckten ihr Angeſicht, ſaßen da und klagten bitterlich ſeufzend einander zu — beſonders
deßhalb, daß ſie nach allen jenen Kämpfen, Gefängnißſtrafen und Mißhandlungen ſich ſo durch trügeriſche Liſt hatten hintergehen und täuſchen
laſſen und gefallen waren, indem die Vereinigung zwar der Annahme
nach (ܡܩܒܠܘ) beſtand, aber zur Ausführung, wie ſie verſprochen hat-

---

*) Jon. IV, 2. — Der hebr. Text ſagt gerade das Gegentheil aus. Vgl. Land S. 118.
**) Vrgl. Joel I, 8: בַּעַל נְעוּרִים — maritus, cui juveni nupsit conjux. Die Bul-
gata giebt — vir pubertatis suae. Land erklärt es durch „Erſtgeborner“.

ten, nicht gekommen war. — Da nun Jene, die sie hintergangen hatten, sahen, daß sie bereits dahinsiechten und dem Verderben zueilten, sagten sie zu ihnen: „Warum tödtet ihr eure Seelen mit euren Leibern, als ob ihr den Gözen geopfert hättet? Warum doch beschließt ihr über euch Solches und beharret bei all dem Weinen und Klagen und quält euch beständig fort? Nehmet Nahrung und Trost an, lebet und sterbet nicht!" nebst Vielem, was von ihren Gegnern gesagt wurde. Sie aber blieben untröstlich. Daher saßen sie nun nur noch mehr in Trauer und Thränen da und härmten sich viele Tage hindurch ab. Auch nachdem sie aus dem Gefängniß entlassen worden und hinweggegangen waren, kehrten sie zurück und erhoben sich männlich, indem sie nunmehr mit besonderem Freimuthe mit ihnen stritten, sie anklagten und Lügner und Betrüger schalten. Daher wurden sie wiederum zur Haft und zu Mißhandlungen, härter als die früheren, übergeben und darnach im heftigsten Zorne einzeln nach verschiedenen Verbannungsorten verwiesen.

Capitel XXVI.

Davon, daß als der Kaiser Dies erfuhr, er sie zum Palaste führen ließ und sie tröstete.

Als nämlich die Kaiser *) von alle diesem heftigen Schmerze und bitteren Leiden erfuhren, schickten sie hin, ließen die Bischöfe zum Palaste bringen, trösteten sie und sagten: Warum doch seid ihr in all diese traurige Noth gekommen, so daß ihr schwach und wie Todte geworden seid? Fasset Muth und seid getrost; denn wir hoffen zu Gott, euch Ruhe zu verschaffen, und einigen uns euch mit vollkommener Einigung. Fürchtet euch nicht! — Da sie nun bei ihm sehr über Dasjenige klagten, was unter ihnen gesprochen und gelogen worden, aber nicht zur Ausführung gekommen war, sagte er zu ihnen: Weil wir im Begriffe stehen, in's Bad zu reisen, so wartet auf mich 20 oder 30 Tage und wisset, daß wir euretwegen sogleich umkehren, mit euch in diesem Betreffe sprechen und euch Ruhe verschaffen werden; und die ganze Kirche soll eins werden und uns Alle vereinigen. — So wurden sie von ihm entlassen, nachdem sie viele Klagen bei ihm vorgebracht hatten.

---

*) D. h. der K. Justin und der Cäsar Tiberius.

Capitel XXVII.

Von Dem, was nach der Rückkehr des Kaisers aus dem Bade geschehen, sowie vom Verzeichniß, das geschickt wurde.

Nach 30 Tagen kehrte der Kaiser versprochenermassen aus dem Bade zurück. — Da er die Stadt noch nicht betreten hatte, sondern noch dies=seits von Chalcedon sich befand, ging ihm Johannes mit seinen Ver=trauten entgegen und brachte, wie es schien, neue Anklagen über die in Haft Befindlichen vor und sagte: Diese haben sich von uns losgesagt und ganz von der Kirche abgekehrt. Darauf beriethen sie sich, wie sie ihr Begehren ausfindig machen und sie wiederum hintergehen könnten. Sie verfertigten ein Verzeichniß (ـمـلمـ, γνῶσις) von ansehnlichen Städten und schickten es ihnen durch einen Quästor zu, der ihnen ent=böte: Weil uns eure Ruhe am Herzen liegt, und wir euch ehren und euch eine Mitherrschaft (συγκράτησις, ـمـلـمـاومـ) gestatten wollen, so schicken wir euch dies Verzeichniß berühmter Städte, bezüglich derer wir nicht aus uns bestimmt haben, in welcher Stadt ein Jeder von euch sein soll, sondern haben Dies eurer Willkür überlassen, damit jeder sich eine Stadt wähle, die ihm gefällt. — Es nahm aber der löbliche Quästor das Verzeichniß, ging hin in die Stadt und ließ die Bischöfe rufen, um ihnen das Verzeichniß zu geben, indem er ihnen das Alles nebst vielem Ande=ren im Namen des Kaisers entrichtete. Sie aber sahen das Verzeichniß nicht an und wollten es von ihm nicht annehmen, indem sie sagten: Wir opfern nicht, um Bischöfe in Städten zu werden, unsere Seelen hin, — sage dem siegreichen Kaiser; sondern wegen der Hoffnung auf die Einigungsversprechungen; — denn Bischöfe sind wir, wenn auch unwürdig: außer wenn an uns die Verheißungen von Vereinigung und die Schwüre erfüllt werden, die uns im Verlaufe vieler Tage geworden sind, und derentwegen wir, sowie um nicht die Anklagen zu verstärken, nämlich daß wir die Einigung hinderten, uns der Gemeinschaft Derer, die uns betrogen, ergeben haben, und die meinten uns hintergangen zu haben, aber nicht einsahen, daß sie sich selbst, und nicht uns, betrogen hatten. Wenn also jetzt den Verheißungen und Schwüren gemäß die Synode nicht aufgegeben wird und die Vereinigung geschieht, so sei es für ewige Zeiten uns ferne, wieder mit Denen Gemeinschaft zu haben, die ihren Namen in Erinnerung bringen (eigentl. das kirchl. Commemoriren).

Da sie sich also so entschieden lossagten und es nicht annehmen

wollten, wurde der Quästor zornig, ging hin und meldete es dem Kaiser. Da wurde auch er sehr zornig und stieß heftige Drohungen gegen
sie aus, die er zuletzt auch ausführte.

Capitel XXVIII.

Davon, daß als der Kaiser es erfuhr, er alle Vornehmen in seinem Zorne
kommen ließ und befahl, daß die Bischöfe im bischöflichen Palaste gerichtet
würden.

Voll des Zornes ließ der Kaiser den Patriarchen der Stadt rufen,
begegnete ihm hart mit heftigem Schmähen und sagte: Du hast die
Bischöfe umgestimmt, die mit vieler Mühe (e. Schweiß) so einsichtig geworden waren, sich mit uns zu vereinigen. Und jetzt hast du sie von
uns abwendig gemacht! — Daher ließ er in der Aufregung den Senat im
bischöflichen Palaste zusammenkommen, damit Das, was unter ihnen
vorgefallen war, gerichtet würde. Auch Er solle gerichtet, und wenn
man ihn überführen könne, verurtheilt werden.

Capitel XXIX.

Davon, daß man sich wie befohlen im bischöflichen Palaste versammelte,
und die Bischöfe vor Gericht geladen wurden.

Dem Befehle gemäß kamen am folgenden Tag der Senat mit dem
Quästor in den bischöflichen Pallast, und die Bischöfe wurden vor Gericht geladen. Auf den Befehl hin verlangte man von ihnen, daß sie
bei der Gemeinschaft verbleiben, sich ruhig verhalten und nichts Anderes
fordern sollten. — Da erhoben sie sich aber und kämpften einen mächtigen und gewaltigen Kampf. Furchtlos klagten sie über alle trügerischen
Verheißungen und erlogenen Schwüre; über die Wahrheit, daß sie verachtet und mit Füßen getreten werde, und dergl. Indem gebrauchten sie
offen vor dem Senat das Anathem der ganzen Häresie der zwei Naturen
mit vielem Freimuthe. Wie beim Beginne und in der Mitte, so bedienten sie sich dessen auch zuletzt mit allen Kräften, und sagten sich wiederum
vollständig los und fielen für immer von ihrer Gemeinschaft ab, nebst
vielem Anderen, was im Verlaufe des heftigen Streites und Kampfes
daselbst gesagt und gethan ward, so daß endlich die Senatoren und der
Patriarch über sie, die Bischöfe, in Zorn geriethen. Sie befahlen nun,
daß sie ihnen unverweilt aus dem Angesichte gehen, von einander ge-

trennt und in das Exil geschickt werden sollten. — Das geschah denn
auch sogleich. Sie giengen hinaus, wurden von einander getrennt und
sahen sich nie wieder; sie wurden nun verbannt, die Einen in Klöster,
Andere auf Inseln des Meeres, Andre wieder zu enger, schwerer Haft
in den Hospitälern (Xenodochien). Es wurde beschlossen, daß sie ein=
gesperrt werden sollten und keinem von ihnen erlaubt werden solle, einen
der Ihrigen oder einen Anderen zu sehen; und viel Anderes wurde un=
menschlich hart und ohne Erbarmen im heftigsten Zorne und mit Unrecht
über sie, wie über Mörder, verhängt.

Capitel XXX.

Von der Entschuldigung des Verfassers bei Solchen, die in eine eitle Meinung von ihm verfallen könnten.

Vielleicht aber glaubt man von uns, Alles, was da gesagt und ge=
schrieben worden für Diejenigen, welche in hoher Weisheit unterrichtet
und durchdringenden Verstandes sind, um diese Dinge (Worte) scharf=
sinnig beurtheilen zu können, sei von dem Verfasser gleichsam zum Ueber=
fluß und zur Ausschmückung der Rede gesagt und geschrieben worden.
Wenn Dem aber nicht so, woher weiß er Alles, was zwischen den bei=
den Partheien gesprochen wurde, so geordnet (مَحَاذِيّ مَصْرُوم) zu erzählen,
zu beschreiben und in Schriften das Alles zu überliefern? — Ferner scheint
es, er halte zu der einen Parthei in seiner Erzählung, schieße gegen die
eine Pfeile ab, kämpfe aber für die andere.

Nun aber sollen dies Alle, welche in dieser Meinung befangen sind,
wissen, daß der Verfasser alles Dessen keineswegs dem Kampfe fremd
und ferne vom Streite war, so daß er Dies etwa aus der Ferne durchs
Hörensagen und durch Andere erfahren, beschrieben und in seiner Schrift
niedergelegt hätte, sondern er war wirklich Einer von den in den Kampf
Gestellten. Er hat bei dem großen Streite mit den Uebrigen oder noch
mehr als sie die Leiden standhaft erduldet und die Bedrängnisse der Ver=
folgungen und der Gefängnisse ertragen. Von ihm und den Uebrigen
wurde gesprochen und disputirt vor dem Kaiser und dem Patriarchen:
nicht blos diese kurzen Erinnerungen, die er in dieser Schrift niedergelegt,
sondern hundertmal mehr. Wegen des großen Umfangs der Erzähl=
ung aber und wegen der unendlichen Menge der Worte hat er das Meiste
davon übergangen und nur Weniges angeführt. — Wenn er ferner auch
auf der dem Theophysism feindseligen Parthei stand, so theilt er doch
auch dessen Wort mit, nämlich die Ordnung der Erzählung beobachtend,

ohne Abweichung oder Entstellung und Verletzung der einen ihm feind=
lichen Parthei, etwa um die seinige zu heben; vielmehr, wie er schon
am Anfange dieses Buches seiner Beschreibung, oder auch vorher schon
versprochen, so ließ er die Wahrheit siegen und bewahrte den Stempel
der Wahrheit beiden Partheien in Dem, was er gesprochen, verfaßt und
behandelt, wenn er auch nur Weniges daraus angeführt, ja nicht ein=
mal den hundertsten Theil Dessen, was gesprochen und gethan ward,
zur Genüge hat aufzeichnen können.

Capitel XXXI.
Von Conon, dem Haupte der Häresie der Tritheiten.

Zu der Zeit wurde auch Conon ergriffen, das Haupt der Häresie
Derjenigen, welche es wagten, „Naturen, Substanzen, Gottheiten und
Götter in der heiligen und wesensgleichen Trinität" zu zählen. Derselbe
nun wurde ergriffen und gleichfalls im bischöflichen Palast eine Zeit lang
mit den Uebrigen eingesperrt. Man verlangte aber von ihm, einen Libell
zu verfassen — als Häretiker (ܠܒܠܐ ܘܪܕ ܕܓܒܠ ܚܣܕܠ). Er aber wider=
setzte sich Dem und that es nicht. — Als Dies der siegreiche Kaiser erfuhr,
schwur er bei der Mutter Gottes und sagte: Auch wenn er bittet und
kommt und in der Kirche kommunizirt, ohne einen libellus poenitentiae
(ܚܣܕܠ ܕܝܘܒܕ) verfaßt zu haben, so gehe ich nicht hin und kommu=
nizire nicht in ihr. Daher wurde C. (er) als Häretiker und Gotteslästerer,
da gerade zu der Zeit Photius, der Stiefsohn des Belisarius, in
die Hauptstadt gekommen war, diesem übergeben. Er nahm ihn mit sich
nach Palästina und kerkerte ihn im sogenannten „neuen Kloster" ein.
Darin war er 3 Jahre lang, worauf er entlassen wurde und nach der
Provinz Cilicien reiste.

Capitel XXXII.
Von Photius und seiner That.

Dieser Photius war der Sohn des Weibes des Belisarius
(= der Stiefsohn), Namens Antonina. Da Derselbe im Heere sich
befand und mit Belisar zu Kriegen ausgezogen war, so ging er zuletzt
aus irgend einem Grunde hinweg, schor sich das Haar und zog das
Mönchsgewand an. Zur Lebensweise [eines M.] aber war er nicht zu
bringen, sondern trug das Mönchsgewand. nur dem Namen nach. Nach
kurzer Zeit aber, da er seine Wildheit durch die Religion nicht zu bezäh-

men vermochte, eilte er hin zum Kaiser. Dieser also war, obschon mit der Mönchsstole (ܐܣܟܡܐ) dem Aeußeren nach bekleidet, wegen der empör-ten Samaritaner in die Provinzen von Syrien geschickt worden.*) Da er nun den Menschen gefallen, Gott seinen Schöpfer aber beleidigen wollte, und auch schmutzigen Gewinn unter [verschiedenen] Vorwänden erstrebte, so verlegte er sich auf Plünderung, Beraubung und Erpressung, auf Zerstörung und das Verderben der Leute, wie von barbarischen Ge-fangenen aller Provinzen des Orients, der größeren wie der kleineren, so daß selbst die Bischöfe und Kleriker aller Städte vor ihm flohen. Aber auch Alle, wer es nun immer war, sei's in der Stadt oder sei's auf dem Lande (χώρα, ܐܬܪܐ), von denen er erfuhr, daß sie Brod auf einen Tag besaßen, ergriff er, plünderte sie aus, kerkerte sie ein, hieng sie auf und folterte sie. Er verlangte von ihnen die Summe von einem Pfunde Gold für seinen Theil, mochte es [der Betreffende] nun besitzen oder nicht; ja wenn er sogar sich selbst, seine Kinder, sein Haus und seinen Besitz hätte verkaufen müssen, so wäre es unmöglich gewesen, das Wort seines Mundes zu ändern. Er nahm nämlich seinen Theil und sagte: Gieb viele Pfunde; der Kaiser bedarf des Geldes zu seinen Kriegen. Auf solche Weise sammelte er die Talente an und schickte sie fort, damit er dadurch die Befugniß erhielte, zu thun, was er nur immer wolle, und die Leute sich nicht gegen ihn erheben könnten. Denn auch an die Bischöfe stellte er solche hohe Forderungen, und wenn Einer Schwierigkeiten machte, so ließ er ihn ohneweiters aufhängen — entweder mit dem Kopfe oder an beiden Armen oder auch nur an einem. So legte er, wie man sagt, dem Bischofe von Ascalon drei Talente auf, und da er klagte und um Schonung flehte, da er es ja nicht habe, so ließ er ihn an einem Stricke aufhängen, ließ ihn so hängen und entfernte sich. Er befahl, wenn er auch drei Tage hänge, solle er vom Stricke nicht herunterkommen, bis die Talente kämen. Und so kam er denn auch vom Stricke nicht herunter, bis die drei Talente kamen. So machte er es auch vielen Anderen, bis sich endlich das Land gegen ihn erhob und alle Archonten und Statthalter (Hegemones) und übrigen Obrigkeiten. Da nun Viele sich bei dem Kaiser beklagten, so schrieb er ihm: Es ist eine Sünde, daß du uns vom Raube schickest. Er aber schrieb ihm zurück: Du, o Herr! fürchte dich nicht vor einer Sünde wegen des Geldes, das ich schicke. Diese Sünde sei auf seinem Haupte. — Es war aber bei ihm ein Haufe von Mönchen, welche dazu paßten, sowie auch Despo-

---

*) 574 erließ K. Justin gegen diese oft genannten Häretiker ein Strafedikt, weil sie die syrischen Katholiken bedrängten. **Baron. Ann. Eccl. ad a. 574.**

tici *) (ܠܡܕܥܬܐ?), Domestici **) (ܠܡܕܝܬ?), Spatharii ***) (ܟܠܐܡܝ)
und auch eine römische Mannschaft. — Nachdem er nun in dieser schänd=
lichen „Ordnung" des Verderbens, der Grausamkeit und Unmenschlichkeit
12 Jahre zugebracht hatte, erreichte ihn sein Ende und nahm ihn seine
Grube auf nach einem schlimmen Ende und zu fluchwürdigem Andenken.
Nach ihm aber stand ein anderer Abt (ܠܒ? ܐܒ) dieses Klosters auf,
des sg. „neuen", in Jerusalem, Namens Abraham.

Capitel XXXIII.

Von den Sophisten, Scholastikern und Schiffsbefehlshabern (ναυκλῆροι,
ܕܒܥܕܒ) u. s. w., die inmitten der Verfolgung aus Alexandria berufen
wurden und heraufkamen.

Inmitten der Verfolgung schrieb und schickte man nach Alexandrien,
und es kamen Sophisten, Scholastiker, Schiffspatrone und viele Andere
herauf, zwar in der verborgenen Absicht, um von ihnen die Communion
mit der Synode zu verlangen, dem äußeren Anscheine nach aber auch
wegen der Vereinigung, wie sie denn auch Beides in der That bei ihnen
versuchten. Da sie aber zuletzt verlangten, sie sollten kommuniziren, so
widersetzten sie sich und disputirten mit ihnen viele Tage, ungefähr ein
ganzes Jahr lang standhaft, indem sie durchaus nicht nachgaben oder
sich unterwarfen. Endlich aber entließ man einige von ihnen, weil sich
die Machthaber scheuten, sie mit Gewalt dahin zu bringen und wegen
des Aufsteigens der Getreidepreise, das von dort nach der Hauptstadt
geschickt wurde. Andere wurden gegen drei Jahre festgehalten, ohne
daß ihnen Etwas geschah. — Und so wurden sie [zuletzt] Alle entlassen.

Capitel XXXIV.

Von allen Häuptern des Clerus der Orthodoxen, die darnach ergriffen und
nach der Hauptstadt geschickt wurden.

Darnach aber wurde dem Kaiser geschrieben, die orthodoxen Bischöfe
hätten statt des seligen Theodosius nicht blos einen, sondern zwei Bi=
schöfe geweiht. Da gerieth er in heftigen Zorn und befahl, alle Häupter

---

*) The δεσποτικοί vere members of the imperial family. „Die D. waren Glieder
der kaiserlichen Familie, (d. h. des kaiserlichen Gesindes). Die späteren Kaiser
nannten sich oft „Despoten" auf ihren Münzen." — Payne Smith, p. 68.
**) Domestici — eine Art kaiserl. Leibwache.
***) S. L. VI. cp. 29.

Kirchengeschichte des Mar Johannes.   3

des Klerus zu ergreifen und hinzusenden, was auch geschah. Sie wurden ergriffen und kamen herauf bis nach dem Tode des Patriarchen Johannes. Dann wurde es Eutychius, der es [schon] vor ihm gewesen war. Er kam nach seinem Tode hin und entließ sie nach einem Jahre.

Capitel XXXV.

Von den ägyptischen Mönchen, die gleichfalls nach der Hauptstadt berufen wurden, um die Zukunft vorherzusagen.

Oftmals wurde auch nach Aegypten geschickt und es wurden viele Einsiedler berufen und kamen, von denen man meinte, sie wüßten Verborgenes und hätten Kenntniß von der Zukunft, um anzugeben wie viele Jahre der Kaiser und die Kaiserin leben würden, was während seiner Regierung sich zutragen würde, und dgl. — Die Einen entschuldigten sich, als man sie darüber fragte, indem sie gestanden, sie wüßten Nichts. Dagegen sprachen sie von Ermahnung, vom Gerichte und der Gerechtigkeit; geschähe dies, so werde es Gott versöhnen und uns ihm nahe bringen. — Da man aber dies nicht annahm und sie sich nicht herbeiließen, eine dem Verlangen entsprechende Antwort zu geben, so wurden sie sogleich entlassen und aus der Stadt gejagt, um wieder heimzureisen. — Andere aber ließen sich den Leuten zu Gefallen zur Nachgiebigkeit herbei, was zuletzt getadelt wurde. Und diese wurden ehrenvoll aufgenommen und lebten lange Zeit in Ergötzlichkeiten und in Ueberfluß an Speisen. Das geschah öfters.

Capitel XXXVI.

Von den Klöstern der Männer und Frauen, welche, nachdem sie gewaltsam weggeführt worden waren und Wenige von ihnen sich ergeben hatten, auch zuletzt wieder umkehrten.

Alle jene obengenannten Klöster waren gewaltsam und gesetzwidrig behandelt worden, und nur wenige der in ihnen Befindlichen waren in Gemeinschaft getreten. Die Uebrigen waren in andere Klöster verwiesen und überall Klerifer aufgestellt worden, um in jedem derselben die Eucharistie darzubringen und Denen, welche sich ergäben, zu reichen, und den Namen der Synode aufzuschreiben und zu verkündigen. Johannes hatte die Bildnisse aller orthodoxen Väter herabnehmen und seine Bildnisse überall anheften lassen. — Das wurde ihm von Gott nach seinen Werken vergolten, nach seinem bittern und qualvollen Tode und der Ankunft des Eutychius, der sein Vorgänger gewesen war und wiederum sein Nachfolger wurde nach seinem Tode. Die Bildnisse desselben wurden zerstört und statt ihrer die des Eutychius in den Kirchen angeheftet; und alle jene Frauenklöster kehrten der Mehrzahl (ihrer Mitglieder) nach zurück und wurden orthodox. — Einige wenige Jüngere aber blieben und gingen täglich hin, um mit der Synode zu kommuniziren. Sie legten das Klostergewand an und kommunizirten von den Klerikern. Jene aber sagten sich offen los und es kommunizirte auch nicht eine Einzige von ihnen, besonders nach dem Tode des Johannes.

Capitel XXXVII.

Davon, daß Johannes vor seinem Tode vom Christus liebenden Cäsar wegen der Orthodoxen befragt wurde.

Johannes also, trunken von der Verfolgung der Christen im Eifer des Zornes und gierig wie ein Wolf nach dem Blute der Lämmer, ging vor seinem Tode noch hin zum friedlichen und ruhigen Cäsar Tiberius, indem er auch ihn nach seinem Beispiele in Zorneseifer zu versetzen suchte. Da er nun bei ihm Vieles über die Gläubigen vorgebracht hatte, so fragte er ihn und sagte: Ich will, daß du mir die Wahrheit sagest bezüglich dessen, was ich dich frage. Sind Diejenigen Heiden, zu deren Verfolgung du mich anreizest? Er aber konnte nicht lügen und sagte: Heiden sind sie nicht. — Da sagte er: Oder sind sie Häretiker? — Er: Auch Häretiker sind sie nicht, o Herr! T. Du bezeugst also von ihnen, daß sie Christen seien? — J. Wohl sind sie Christen. — T. Wenn sie also nach deinem eigenen Zeugniß Christen sind, warum reizest du mich auf, ein Christenverfolger zu werden, wie Diocletianus (‏ܕܝܘܩܠܛܝܢܘܣ‎) und die übrigen heidnischen Kaiser? — Gehe, setze dich in deine Kirche und sei ruhig, und belästige mich nimmer damit! So wurde seine ungestüme Grausamkeit gebrochen, bis ihn der Zorn des Himmels erreichte und er aus dem dießseitigen Leben schied, wie wir oben erzählt haben. Nach ihm kam wiederum, wie wir oben mitgetheilt, Eutychius. Auch ihn begannen jene an Raub und Plünderung gewöhnten Kleriker aufzureizen, und so stieg denn auch er hinab und begab sich zum friedlichen Cäsar Tiberius Constantinus und sagte ihm Vieles über die ganze Parthei der Gläubigen. Aber auch ihm gab er zur Antwort: Es genügen uns die Kriege mit den Barbaren, die uns von allen Seiten umgeben. Wir können nicht auch noch einen anderen Krieg gegen die Christen erregen. Geht also hin und bleibt ruhig. Solltest du sie aber durch dein Wort oder durch Unterricht überzeugen können, so thue es; wenn aber

nicht, so lasse es sein und verfolge sie und plage uns nicht, die wir ohne=
dies den Heimsuchungen der Kriege von allen Seiten ausgesetzt sind. —
Auf diese Weise gab auch er sogleich nach und ruhte.

Capitel XXXVIII.

Davon, daß auch noch bei Lebzeiten des Johannes die Gemeinden der Orthodoxen zuletzt sich widersetzten und aufstanden.

Alle Kirchen der Orthodoxen, die von Johannes von Sarmin
(ﺳﺮﻣﻴﻦ) zerstört und geschlossen worden waren, fingen, da Gott über ihn
die Züchtigung heftigen Zornes vom Himmel sandte, an, sich zu ver=
stärken und zu öffnen. Schon zuvor, da er noch lebte, wurden sie in
Furcht und in der Stille und ganz allmählig vergrößert und erweitert,
besonders als er mit der Geißel des Zornes geschlagen worden war. Er
gewann nun seinen Verstand wieder mit dem Feuer des Todes, das sein
Herz ergriffen hatte und in seinen Eingeweiden brannte. Da kamen zu=
letzt seine Gefährten, die Diener seiner Bosheit, und sagten: Siehe! die
Feinde der Kirche und der Synode haben ihre Kirchen wieder geöffnet
und sie noch größer gemacht, als zuvor: sie freuen sich über deine Krank=
heit und wünschen deinen Tod. Wenn du aber befiehlst, so wollen wir
sie noch mehr quälen und ihnen noch mehr Uebel zufügen, als vormals.
Er aber entgegnete ihnen zornig und mit lauter Stimme und sagte: Geht
hinweg von mir, ihr Mörder, und ersättigt euch an meinem Unglücke,
denn vorzüglich ihr habt mich in dieses Elend und Unglück gebracht. Es
genügen die Flüche, die vom Himmel über mich geschickt und gekommen
sind. Geht mir aus dem Angesichte, und niemehr soll mir Jemand diese
Sache vorbringen! — Daher gingen sie von ihm hinweg und gehorchten.
Vor seinem Tode aber, wie wir sagten, und auch nach demselben — er
erfolgte alsbald — versammelte man sich in den Kirchen der Gläubigen
ganz ohne Furcht.

Capitel XXXIX.

Vom sogen. Katharerkloster*) in der Provinz Bithynien.

Dieses Katharerkloster wurde von Narses (ﻧﺮﺳﺲ) erbaut, da er
Chartularius (ﺧﺮﻃﻼﺭﻳ) des Kaisers im Pallaste war, bevor er nach

---

*) In Ctp. gab es auch ein Katharer=Kloster. — Ctp. Christ. l. IV. p. 154. B. P. —
Ein solches erwähnt auch Zach. Rhetor bei Ang. Maj. V. SS. Nov. Coll. T. X.
p. 344 (Monast: — „Cataraeorum!") — Ausdrücklich gedenkt desselben die Chro=
nographie des Theodosius Melitenus p. 95 ed. Tafel. ἐπὶ Ἰουστίνου Ναρσῆς κτίζει
τὴν τῶν Καθαρῶν ἐπιλεγομένην μονήν, ἐκκλησίαν περικαλλῆ κατασκευάσας.
Payne Smith p. 75.

Rom ging, da er gerade im Begriffe stand, sich aus dem Pallaste zu entfernen, hinzugehen, sein Haupt scheeren und sich taufen zu lassen. Er versetzte in dasselbe vertriebene Mönche aus Kappadocien, kaufte demselben nicht wenige Meierhöfe (ܠܚܘ̈ܐ), erbaute in ihm eine wunderschöne Kirche, errichtete ein Xenodochium und erwarb demselben nicht geringe Einkünfte (πρόσοδος-ܡܥܐܠܬܐ). So wurde er nach Rom geschickt und mit Gottes Hülfe, die ihn leitete, durch herrliche Siege in vielen Schlachten berühmt. — Dort in diesen Gegenden ging er auch aus der Welt und seine Gebeine wurden hergebracht und in dem Kloster beigesetzt,[*] indem die Kaiser [selbst] ihn trugen, darin beisetzten und „heiligten ꝛc." (ܩܕܫܘ). —

Capitel XL.
Von den Synoditen-Bischöfen, die zu Alexandria waren.

Nachdem Johannes im Bisthum von Alexandria, der es (Bischof) aus einem Patricius in der Hauptstadt geworden und dahin geschickt einige Jahre vollendet hatte und gestorben war, wurde nach ihm ein gewißer Eulogius, Xenodochar von Antiochien, berufen und wurde daselbst Papst (ܦܦܐ) im dritten Jahre des siegreichen Tiberius. — Auf Seite (μέρος cf. l. V. cp. 20. ܡܢܨܪܘ, oder ܡܢܨܪܘ) der Julianisten aber war Dorotheus, der seit vielen Jahren geweiht war und daselbst saß. Auf Seite der Theodosianer ward nach des Th. Tode zuerst ein Syrer, ein gewißer Theodorus, Gouverneur (ܢܨܪܘ̈ܒܐ)[**]. Als dies die Kleriker u. s. w. erfuhren, wandten sie sich von demselben ab und nahmen ihn wider die kanonische Regel nicht auf. Sie weihten zum Trotze einen Anderen, ihm gegenüber, Namens Petrus; und als dieser vollendet und mehr als 80 Bischöfe geweiht hatte, starb er und sie weihten einen Syrer, Namens Damianus, und verblieben in der Spaltung.

Capitel XLI.
Von den Bischöfen, die zu Antiochia seit Flavianus und Severus geweiht worden.

Zu Groß-Antiochia in Syrien war in den Tagen des K. Anastasius Flavianus, derselbe, der der Häresie der zwei Naturen überführt

---

[*] H. Smith übersetzt frei: „in Gegenwart des Kaisers und der Kaiserin, die an der Prozession, der Beisetzung seiner irdischen Ueberreste und der Canonisation (canonization) desselben als Gründer (as foundes) Theil nahmen." — p. 76 und 77.

[**] scil. eines Klosters, Smith p. 77.

und von seinem Sitze verdrängt wurde, nachdem er es einige Jahre ge=
wesen. Nach diesem wurde es Severus, ein Orthodoxer, der 6 Jahre
erreichte. Beim Beginne der Regierung Justin des Aelteren, des Er=
sten, verließ er seinen Sitz; und nachdem er einige Jahre in der ägyp=
tischen Wüste gewesen, starb er dort. Nachdem Antiochia ein Jahr lang
ohne Bischof gewesen, stieg endlich Paulus, ein Jude, hinab, der Küster*)
der seligen Euphemia in Chalcedon gewesen. Dieser ließ das Diptychon
(ܕܝܦܛܘܟܐ) herabnehmen, worin die orientalische Synode (ܣܘܢܗܕܘܣ ܡܕܢܚܝܬܐ)
geschrieben stand. Nachdem er beiläufig zwei Jahre erreicht hatte,
wurde es bekannt, daß er Nestorianer**) war; und so wurde auch er ver=
trieben und ging hinweg. — Nach diesem Euporus, ein Samaritaner.
In seinem 7. Jahre wurde Antiochia durch ein Erdbeben zerstört und er
starb dabei. — Sein Nachfolger wurde Ephräm aus Amida, Sohn des
Appianus, ein heftiger Verfolger ***), noch mehr als Paulus und
Euporus. Er lebte einige Jahre und starb. Nach diesem Domninus,
ein Römer. Darnach Anastasius, der Apokrisiar zu Alexandria ge=
wesen. Als man aber über ihn verschiedene Klagen bei Justinus dem
Aeltern vorbrachte, entfernte er ihn und statt seiner wurde der Vorsteher
eines Klosters auf dem Berge Sinai hingesandt, Namens Gregor. —
Aber auch diejenigen, die Gegner der Synode von Chalcedon waren,
weihten nach langer Zeit für den Severus — den Sergius, aus
Tela gebürtig (ܬܠܐ). Nachdem er 3 Jahre beiläufig erreicht, starb er
in der Hauptstadt, wo er auch geweiht worden war. — Nach einiger Zeit
folgte ihm der Alexandriner Paulus nach, Syncellus des Theodosius
von Alexandrien, der mit dessen Wissen und Willen geweiht worden war
in schlimmen Tagen. Durch die Spaltung, die zwischen ihm und dem
seligen Jakob entstand, wurde die Kirche der Gläubigen in zwei Theile
getrennt. Beide Partheien geriethen in unaufhörliche Streitigkeiten und
Kämpfe miteinander.****) — Die Gegner des Paulus aber stellten unge=

---

*) ܡܙܡܪܢܐ Küster, Kirchendiener. Bei dem Biographen des hl. Ephräm ܚܡܣ. Viel=
leicht προσμονάριος? S. Cast. Lex. p. 729 u. 730. Es ist synonym mit ܡܣܕܠ.

**) Deßhalb meint Smith, (p. 79:) sei unter der orientalischen Synode die ökumenische
vom J. 431 zu denken.

***) Ebner gedenkt Dionys. in s. Chron. ad a. Graec. 830. Er verfolgt die mono=
physistischen Bischöfe d. h. „in rebelles Ecclesiae Catholicae Episcopos latas sa=
crorum canonum poenas religiosissime exequutus est." Assem. Bibl. or. T.
II. p. 54.

****) Davon erzählt das IV. Buch unseres Autors.

ſetzlich nach dem Tode Jacobs einen anderen Patriarchen zu Antiochia auf, Namens Petrus, aus der Stadt Callinicus. — Das alſo geſchah allmählig bis jetzt, wo dies geſchrieben wird, im J. 892.*) —

Capitel XLII.

Von den Biſchöfen zu Conſtantinopel während der Regierung Juſtinians.

In Conſtantinopel wurde nach Epiphanius Anthimus zum Episkopate erhoben, der vorher Biſchof der Stadt Trapezunt geweſen und in die Hauptſtadt berufen worden war. Nachdem er es einige Jahre lang geweſen, wurde auf Befehl Juſtinian's Severus von Antiochien aus Aegypten berufen, um ſich mit ihm wegen der Vereinigung zu beſprechen. Und da Anthimus durch die Disputation des Severus von dem Verderben und der Verkehrtheit der Synode von Chalcedon und den Läſterungen des Leo in ſeinem Tomus erfuhr, verließ er den Thron der Hauptſtadt, ging hin und vereinigte ſich mit Severus und Theodoſius von Alexandria. Nach dieſem aber ſaß auf dem Thron der Hauptſtadt Mennas (ܡܐܢܐ), ein Alexandriner, der Vorſtand des Samſons-Hoſpizes geweſen war. Er ſchied nach einigen Jahren aus der Welt. Nach ihm ſtand ein junger Mönch auf, Apokriſiar von Amaſea**), Namens Eutychius. Da derſelbe 12 Jahre erreicht hatte, wurde er vertrieben und verließ ſeinen Sitz. Sein Nachfolger wurde der Syrer Johannes aus Sarmin (oder Sirimis) im Gebiete der Antiochener. Als dieſer geweiht worden war, nahm er die Abſetzung des Eutychius vor, und Eutychius die ſeine. Nachdem er 12½ Jahre erreicht, ſtarb er. Dann wurde Eutychius zurückberufen und kehrte zu ſeinem Sitze zurück.

---

*) 581 p. Chr.

**) ܐܡܘܣܝܐ. Der Biſchof von A. hatte ihn zur Synode (553) nach Ctp. geſchickt. — Baron. ad a. 55. 3.

Ende des I. Buches der Kirchengeſchichten, worin 42 Kapitel enthalten ſind.

Zweites Buch

der

Kirchengeschichten mit folgenden 52 Capiteln.

Capitel I.

Davon, daß die Bischöfe, als sie sahen, sie seien von ihnen belogen worden, sie sich lossagten und zurückkehrten aus der Gemeinschaft der Dyophysiten.

Wir wollen nun wieder zur Geschichte der Bischöfe, welche so viele Heimsuchungen, dreimaliges Gefängniß u. s. w. ertrugen, zurückkehren, worüber wir schon in unserm ersten Buche Weniges von Vielem mitge= theilt haben, wie es sich nach der „Regel der Anordnung" geziemte. Da Jene nun gleich anfänglich sahen, daß sie von ihnen belogen worden, und so viele Verheißungen und Schwüre, die ihnen wegen des Vollzugs der Vereinigung gemacht worden waren, übertreten wurden, nachdem sie zwei Mal listig Gemeinschaft gemacht hatten, so waren sie in unendli= chem „Schmerz, Trauer und Angst und in bitterem Jammer und Ge= seufze." — Zuletzt aber faßten sie den festen Entschluß, durchaus nie wieder Gemeinschaft mit den Synoditen zu haben in alle Ewigkeit, selbst wenn es sie zum Tode durch das Schwert oder Feuer führe. Deßhalb kam denn auch heftiger Zorn und große Entrüstung über sie, und sie wurden zum dritten Male verbannt, Jeder nach seiner Gegend, so daß sie nicht wenig von einander entfernt waren. Da ergingen sehr harte Beschlüsse über sie, und sie waren in bitterer Noth, abgeschnitten von ihren Bekannten und entfernt von ihren Verwandten, so daß sie dem Tode nahe waren. — .

Capitel II.
Vom Patriarchen Paulus und der Schrift, die er verfaßte und welche weggenommen wurde.

Nachdem nun die Bischöfe unter sich ein Bündniß errichtet und den festen Entschluß gefaßt hatten, gar niemehr mit den Synoditen Gemein= schaft zu haben, so widersetzten sie sich und erhoben sich standhaft wider die Uebermacht. Da wurde unendlich Vieles während des Kampfes und Streites gethan und gesagt, worauf dann im heftigsten Zorne über einen Jeden von ihnen unbarmherzig die Verbannung verhängt wurde. Zuerst wurde der Patriarch Paulus in das sog. Abrahams=Kloster*) geschickt und eingekerkert. Sowie er nun eingesperrt war und ein Plätzchen und etwas Licht in seinem Gefängniß fand, begann er über dasjenige zu schreiben, was sich in der Kirche durch Johannes von Sirimis zugetragen. Er wurde aber beobachtet und über dem Schreiben ange= troffen. Man nahm ihm nun die Schrift weg, da sie noch unvollendet war, und brachte sie dem Johannes, der sie im heftigsten Zorne nahm, hin zum Kaiser ging und sie ihm vorlas. Als derselbe nun hörte, was er über ihn und den Patriarchen, sowie über das, was man der Schaar der Orthodoxen angethan, geschrieben hatte, wurde auch er mit heftigem Zorn und Erbitterung über den Paulus erfüllt. Er befahl, man solle

---

*) Es wird erwähnt in: Ctp. Christ. l. IV. p. 117. E. Par.

die Schrift nehmen, hin zu ihm gehen, und von ihm das Geständniß verlangen, ob er sie geschrieben. Gestehe er es ein, so solle man von ihm verlangen, daß er unterzeichne: er habe sie geschrieben. Wenn er aber leugne und es nicht gestehe, solle man ihn bis auf den Tod schlagen, so lange bis er es gestehe und ihn im Gefängniß lassen. — Da Dies befohlen wurde, gingen sie im heftigen Grimme mit der Schrift hin zu ihm in das Kloster, zeigten sie ihm und verlangten von ihm, eigenhändig einzugestehen, ob er Das geschrieben. Er aber, um nicht auf einer Lüge betroffen zu werden, gestand, er habe es geschrieben. Da verlangten sie von ihm, es in der Schrift einzugestehen und zu unterzeichnen: Ich Paulus bekenne, daß ich eigenhändig Alles geschrieben habe, was in dieser Schrift steht. — So ließen sie ihn nun dort eingesperrt und begaben sich mit der Schrift zum Patriarchen und zum Kaiser. Von da an ergingen Todesdrohungen über ihn, da auch noch Anklagen Rom's dazu kamen (.ܡܚ ܠܘܐ ܐܟܚ ܐܡܚܘܡ؟ ܟܠܡܐܡ؟ ܘܗ ܘܐܘ ܐܡܟܡ؟, ud v. „da zu Dem auch noch Das, daß er Anklagen Rom's damit verband, kam"). Denn wie er selbst, so verzweifelten Alle an seinem Leben und meinten, er werde eines schlimmen Todes sterben und dies irdische Leben verlieren. —

Capitel III.

Vom Bischof Stephanus von Cyprus; von der Berufung und Ankunft des Paulus aus seinem Exile und seiner nachherigen Flucht.

Dieser Stephanus war Bischof: Derselbe, von dem ich schon erwähnt habe, daß ihn Johannes, Bischof der Hauptstadt, entsetzen und wiederweihen wollte. Er aber widersetzte sich ihm und erhob sich stark und kräftig wider ihn, und lief hin zum Kaiser, indem er an ihn deßhalb appellirte. Auch der Kaiser mißbilligte und tadelte Dies sehr und ließ einen pragmatischen Typus verfassen, daß es Niemand mehr wagen solle, diese gesetz- und gottlose That zu vollbringen. — Dieser also genoß beim Kaiser viele Freiheit: er bestimmte ihn dazu, als Bischof nach der Insel Cyprus zu gehen, ehrte ihn sehr und gewährte seinetwegen auch dieser Insel vielen Nachlaß (ܚܒܐܣ). Da er nun diese Freiheit genoß, so legte er Fürbitte für den Paulus ein, daß er ihm überlassen und aus der harten Drangsal, worin er sich befand, befreit werde. Wirklich nahm der Kaiser auf Stephanus Rücksicht und versprach es ihm, wenn er komme und mit ihm kommunizire, sollten ihm alle seine Missethaten vergeben sein. Er aber ging hin zu ihm und theilte ihm Dies mit; und aus Furcht vor dem Tode, worin er befangen war, ging er hin, kommunizirte aufs Neue und wurde in den bischöflichen Palast aufgenommen. Johannes aber, da er ihn vor Allen verhöhnen wollte, ließ Viele von den Senatoren und Alexandrinern sich versammeln, weil er seiner Abstammung nach zu den Alexandrinern gehörte, und ließ ihn da vor Allen wiederum aus seinen Händen die Eucharistie nehmen, damit, wie er meinte, auch wenn derselbe umkehren wollte, er es doch nicht mehr könne. — Und so empfing ihn nun der Kaiser alle Tage und besprach sich mit ihm über Vieles, weil er ein weiser und verständiger Mann und von vieler Belesenheit war. Deßhalb berieth ihn der Kaiser in Betreff der Geschäfte und verkehrte und besprach sich oftmals heimlich mit ihm, so daß Dies den Johannes nicht wenig beunruhigte, er möchte vielleicht ihn entfernen und statt seiner den Paulus berufen. Da Johannes deßhalb in einem heftigen Kampfe und in Unruhe sich befand, so begann er den Kaiser auszuforschen und sagte: Wenn Du, o Herr! befiehlst, so wollen wir den Vater (ܐܒܐ) Paulus als Bischof nach Jerusalem oder Thessalonike schicken, da beide Throne erledigt sind. Da der Kaiser aber seine Schlauheit kannte, so sagte er, um ihm Furcht einzujagen: Den Vater Paulus soll ich entlassen, da er uns hier vonnöthen ist? Das setzte ihn nur um so mehr in Unruhe, und er blieb wirklich in seiner Meinung bestärkt und war voll Besorgniß. Daher erlaubte er nun dem Paulus, zu gehen, wenn er wolle, und ließ ihn ohne Wache; und es kam zu ihm, wer wollte. Da dachte er, das sei für ihn eine Gelegenheit zur Flucht, was denn auch geschah: Paulus entfloh, und Johannes war dessen sehr froh. —

Capitel IV.
Von Johannes dem Heidenvorsteher*).

Da also Paulus durch Stephanus (bewogen) hinging und kommunizirte, und nun auch die Synoditen bei demselben in hohem Vertrauen standen, so wurde Stephanus auch zu Johannes, dem sog. Heidenvorsteher und Götzenstürmer vom Kaiser und Patriarchen nebst etlichen Senatoren u. s. w. in das sog. Xenodochion**) der εὔβουλοι (ܐܒܘܠܐ) gesandt, wo Johannes nach der zweiten Haft in bischöflichen Palaste und nachdem man Alle von einander getrennt hatte, im

---

*) „Superintendent" — Smith.

**) Der syr. Text scheint die Pluralpunkte fehlerhaft zu haben. — Es ist hier das Xen. des Eubulus nicht weit von der „großen Kirche" gemeint. Cf. Ctp. Christ. l. IV. p. 183. E. Par.

Zuchthause (= „Hause der Gezwungenen" — مصـبـحكـ‎) eingekerkert war, ohne daß sich Einer seiner Bekannten bei ihm sehen ließ. — Zu diesem also kamen jene Abgesandte und sagten: Unsere Herren, die siegreichen Kaiser und der Patriarch grüßen dich liebevollst und bitten dich aus dieser Noth dich zu befreien, zu deinen Brüdern, dem Herrn Patriarchen Paulus und dem Herrn Elisäus, hinzugehen und sie, und die gnädigen Kaiser und den heiligen Patriarchen zu erfreuen, und euch wieder über die Einigung zu besprechen. Als Johannes in der Bedrängniß und Noth schwerer Haft Dieses hörte, entbrannte er in Eifer, Denen, die zu ihm gekommen waren, recht heftig mit Bannflüchen, Schmähungen, Lästerungen und dgl. zu begegnen, was allzu viel zu sein scheint, um in Schriften aufgenommen zu werden. So gingen sie denn erbittert und ärgerlich hinweg. — Tags darauf wurden sie wieder zu ihm gesandt und baten ihn mit friedlicher Miene im Namen (حب‎) der Kaiser und des Patriarchen, indem sie sagten: Wegen der Vereinigung der Kirche ergib dich, komm' und bespreche dich, und bestehe nicht auf dem Zwiste wegen der Einigung. Da vernahmen sie wiederum und zwar noch Härteres von ihm, als das Frühere gewesen, indem er sagte: Ich habe vor Gott und den Menschen von dieser Vereinigung gesagt, sie sei besprochen worden und geschehen zur Zerstörung, Vernichtung und zum Ruine, nebst Vielem dgl. Da sie nun oftmals zu ihm hinkamen, er aber sich ihnen nicht unterwarf und gehorchte, sagten sie endlich zu ihm: Weil wir wissen, was dir bevorsteht, und das Todesurtheil über dich gehört haben, daß du keines gewöhnlichen Todes sterben sollst, uns aber um dich Leid ist, so sagen wir es, die wir unschuldig sind an den Uebeln, die du ertragen sollst. — Als er Das hörte, gerieth er in Eifer und verwünschte sie: „Esset mich doch gebraten, so will ich aus eurem Angesichte gehen und mich bitterem Tode überliefern!"*) Daher gingen sie alsbald von ihm hinweg. — Stephanus aber kam insgeheim allein zu ihm und theilte ihm von dem Todesurtheil mit, das über ihn gefällt worden war, und sagte zu ihm: Siehe! ich bin gekommen, um nicht die Uebel über dich kommen sehen zu müssen. Gib Acht auf dich! — Da nun Vieles geschehen und gesprochen worden, und er seinen Ungestüm nicht zu mindern vermochte, so verließ sie Stephanus und begab sich nach Cypern.

***

*) Cf. l. l. . 5.

Capitel V.
Von den Heimsuchungen, die den Johannes trafen.

Nachher kamen zur Bedrängniß seiner Gefangenschaft allerlei Unge=
ziefer hinzu, das ihn bei Nacht und Tag quälte. Denn da Johan=
nes in der harten, bitteren Noth der Einkerkerung sich befand, so gerieth
er noch in eine andere Bedrängniß heftigen Schmerzes an Füßen und
Händen durch die Gicht (Podagra ‎ܦܘܕܓܪܐ). Und nun war er wie ein
Todter und unvermögend, sich umzuwenden oder eine Hand oder einen
Fuß zu bewegen: aller menschlichen Pflege, besonders der seiner Bekann=
ten beraubt. — Nebstdem wurde er durch die Heimsuchung verschiedener
Insekten bei Nacht und Tag gequält, indem er unaufhörlich von Mü=
cken gepeinigt wurde, und zudem auch von einer Art von Flöhen (nach
B. B.), wovon die Zelle, worin er eingeschlossen, voll war, und die bei
Nacht und Tag ihn quälten. Dann sammelten sich auch alle Tage
Schwärme von Fliegen und Schnacken an ihm wegen des Geruches des
Spitales (‎ܒܝܬ ܟܪܝܗܐ); er aber konnte seine Hände gar nicht bewegen und
sie von sich verscheuchen, und hatte Niemanden, der ihm dies ge=
than hätte. — Eine andere, vierte Heimsuchung und die bitterste von
allen, die Nachts hinzukam, war die, daß Wanzen (‎ܦܫܦܫܐ) alle Nacht
hervorkamen und ihn und sein ganzes Lager, sein Angesicht und seine
Augen bedeckten, so daß sein Angesicht und seine Augen sich entzündeten
und anschwollen, ohne daß er sie verjagen konnte.— Dann eine andere
fünfte Plage war die von Stechfliegen (culex, Assem. ‎ܒܩܐ), die ihn
nebst jenen die ganze Nacht wie Feuer brannten, besonders im Gesichte
und überall, wo sie den Körper entblößt fanden. — Da weinte und
klagte er nun wegen all dieser Noth und des Brennens, das durch diese
fünf Plagen verursacht wurde und seinen Körper von innen und außen
umgab. Niemanden hatte er, der ihm zu Hülfe kam, weder bei Nachts
noch am Tage, während er durch die Qualen von diesen Insekten ver=
zehrt wurde. — Eine sechste Plage, die der Satan über ihn brachte,
war die, daß Mäuse heraufkamen und unter= seinem Kopfkissen ihr Nest
hinmachten; die ganze Nacht wühlten und lärmten sie unter seinem
Haupte. Alle diese Plagen kamen zu seiner Gefangenschaft und Krank=
heit hinzu, und er hatte Niemand, der ihm half. — Es traf sich nun,
daß sie ihm zu Hohn und Spott die Aufzeichnung dieser Erinnerungen
wegnahmen. Diejenigen also, die nicht in Versuchung gerathen und
darin gefallen sind, sollen nach dem Worte unsers Herrn; „wachen und
beten, daß sie nicht in Versuchung fallen!" —

Capitel VI.

Von dem Gesichte, nicht im Traume, sondern einem wirklichen, das Johannes in seiner Noth sah.

Durch all diese Uebel, die Entzündung des ganzen Körpers und die verschiedenen schmerzlichen Wunden, die ihn brannten, — kam besagter Johannes bei den bitteren Schmerzen, die ihn ebenfalls quälten, und dadurch, daß er „Einen erwartete, der mit ihm Mitleid habe, — und es war Keiner da; einen Tröster, und es fand sich keiner" — da kam er denn zu Kleinmuth durch die Noth dieser Heimsuchungen. Wie er nämlich zuletzt erzählte, hat er auch in vielen Briefen und auch in der Vertheidigung (Entschuldigung, Apologie, ﺤﺴﻤﻮﺬﺍ) an die orienta=lische Synode (ﺤﺪﺍﺴﻨﺪﻭﺱ ﻣﺪﻨﺤﻴﺎ) und alle Schaaren der Gläubi=gen — dies Alles beschrieben, sowie auch dieses Gesicht, das er sah, in=dem er sich vor Gott vertheidigte, daß er die Grenze der Wahrheit nicht überschritten und auch nicht ein Wort zu Dem, was er erduldet, hinzu=gefügt habe, oder zu dem Gesichte, das er so deutlich gesehen. Er sagte vor Allem also: „Als ich von allen diesen Heimsuchungen getroffen war, der Muth mir schwand und ich an meinem Leben verzweifelte, kam eines Tags ein Jüngling, holdseligen Anblicks, mit einem herrlichen weißen Ge=wande bekleidet, das noch reiner als der Schnee (ﺤﺼﻔﻨﺎ? ﺩﻣﺼﺎ)*) war, plötzlich zu mir hin, wie ich glaubte, einer von den Dienern (ὑπηρέτης, ﺤﺸﻤﺸﺎ) der Kranken. — Derselbe kam nach der Mittagmahlzeit, wo Alle schliefen, die Thüren verschlossen waren, und es von allen Seiten ruhig war, während ich durch die Noth so verschiedener Wunden und bitterer Schmerzen aufgerieben wurde, plötzlich zu mir hin, und sagte: Friede sei mit dir, Vater! Was betrübt dich? Wie befindest du dich? Fürchte dich nicht! Doch ich in meiner Niedergeschlagenheit, in der ich mich wegen so großen Elendes befand, sagte zu ihm: Was fragst du mich, mein Sohn! da du mich ja in all dieser Qual siehst? Der Jüngling aber ant=wortete mir: Fasse Muth, Vater! (Abbas, ﺍﺑﺎ) und sei ohne Sorge! Ich will dir kundgeben, daß Gott dich nicht verlassen hat; denn nicht entgeht ihm dein Elend. — Da sagte ich wiederum: Welche Ermunte=rung oder welchen Trost könnte es doch für mich geben? Siehe ich sterbe bitterlich, nicht bloß vor der Noth heftiger Schmerzen, die wie Sünden

---

*) „with fringes of spotless purity" — Smith, p. 94. Die Ableitung für Franßen aus ﺤﺼﻔﻨﺎ? ist mir unbekannt.

auf mich gelegt sind, sondern auch durch alle diese Insekten, die mich umgeben und aufreiben. Niemanden habe ich unter den Menschen, der sich meiner erinnerte, daß ich auch nur durch seinen Anblick mich trösten könnte. Darauf antwortete er mir: „Wir wissen, daß du bedrängt bist, daß Niemand sich um dich kümmert, und besonders daß du von Schmerz und Ungeziefer gequält wirst, deßhalb bin ich zu dir gekommen, um dich zu besuchen und zu trösten; und weil ich auch weiß, daß du dürstest und Niemand dir Wasser reicht, so bringe ich dir eine Mirtur (مختبر.) Gott hilft dir kräftig! Und gemäß all diesem Elende, worin du dich befindest, vermehrt Gott auch deinen Lohn. Darum sei ohne Trauer und Betrübniß! — Nachdem er Dies und vieles Andere gesagt, ging er hinaus und kam mit einem Gefäße voll Wundermirtur zurück, die wie Licht leuchtete. Er gab mir davon und ich trank lieblich und angenehm, und es erfreute sich mein Herz und pries Gott, und auch seinem Diener sagte ich Dank, indem ich zu ihm sprach: Gott wird sich deiner erbarmen, mein Sohn! daß du mir diese Wohlthat erwiesen, mich besucht, getröstet und ermuthigt hast. Da gab er mir vielen Trost und sagte: Morgen besuche ich dich wieder. Er gieng und es schwanden alle meine Schmerzen und Qualen. — Am folgenden Tag kam er wiederum zu der Zeit und fragte mich: Wie befindest du dich? Fasse Muth und sei ohne Kummer! Groß ist der Lohn, den du für alle diese Mühsal bei Gott erhalten wirst. Du wirst aus der Noth befreit werden, die Deinigen werden sich bei dir versammeln und Gott wird mit dir sein. Sei also unbekümmert! nebst vielem Anderen, was er mit mir sprach; und er ging wieder hinweg. Am dritten Tage aber, da meine Augen sich erhoben und seine Ankunft erwarteten, kam er nicht. Da wurde ich denn sehr traurig und betrübt. Am vierten Tage aber kam er wieder zu derselben Zeit und sagte: Ich weiß, daß du dich betrübtest, weil ich gestern nicht zu dir kam. Aber betrübe dich nicht, ich verlasse dich nicht. Nachdem er nun mich wieder in Vielem unterrichtet und ermuthigt hatte, ging er wieder von mir fort. So ging und kam er 8 Tage. Da wunderte ich mich doch über seine Schönheit und anmuthige Gestalt, über die Rede und Einsicht des holdseligen Jünglings. Nachdem er nun 8 Mal zu mir gekommen und wieder fortgegangen war, kam endlich der Syncellus (ܣܘܢܩܠܐ) des Patriarchen, um mich auszuforschen; und nachdem er Vieles vorgebracht hatte, antwortete ich ihm: Das paßt gerade zu dem Zwiespalt eures Glaubens, daß ihr wie Heiden verfahret, indem ihr eine heidnische That vollbringt. Denn ihr seht mich doch in all dieser Bedrängniß und fürchtet euch nicht vor Gott, daß ihr mir nicht einmal einen meiner Sklaven, die ihr eingesperrt habt, gebt, daß er vor mir stehe. — Nachdem er nun Vieles erzählt, was sie unter ſich.ſprachen, und ihn er heftig hergenommen und getadelt hatte, ging er im Zorne hinaus, brachte ihm einen ſeiner Sklaven und ſagte: Siehe! da iſt dein Sklave, der dich bedienen ſoll; aber verfluche uns nur nicht! Und zornig ging er weg. Seitdem nun ſein Sklave gekommen war, kam jener Jüngling nicht mehr zu ihm und ließ ſich nie wieder ſehen.

Da wunderte er ſich und ward traurig, und da er ihn für einen der Diener (ὑπηρέτης, ‍‍‍) hielt, ſagte er zu dem Miethſoldaten (‍‍‍)*), der ihn bewachte: Einer von euren jungen Dienern iſt zu mir gekommen, hat mich ermuthigt und beſucht. Aber nachdem dieſer mein Sklave zu mir gekommen, kam er nicht wieder. Wer alſo iſt er? Iſt er vielleicht krank? — Der Söldner aber forſchte ihn aus, welcher Art der Jüngling geweſen ſei. Da ſagte er zu ihm:. Er iſt jung, lieblich anzuſehen und ſehr wohl geſtaltet; ſein Angeſicht war glän= zend und weiß. Er war bekleidet mit einem prächtigen Gewande, reiner als **) . . . . und es hatte Räder? ***) . . . . . . oben und unten. Der Söldner ſagte darauf zu ihm: Solche Eigenſchaften (‍‍?) wie du ſie angegeben haſt, beſitzt gar keiner von den Dienern. Da er= wiederte er und ſagte: Ich weiß, daß er 8 Tage zu mir kam und wie= der ging, mich tröſtete und ermuthigte und mit mir ſehr verſtändig und anziehend ſprach. Der Söldner gab zur Antwort: Einen ſolchen Knaben, wie du ſagteſt, haben wir gar nicht. Darauf ging er hinaus, verſammelte alle „Knaben‟ (oder Diener, Sklaven), brachte ſie vor ihn hin und ſagte: Siehe! das ſind all unſere Diener und einen Anderen haben wir nicht. Sieh' alſo, ob es Einer von ihnen iſt. Er aber, nachdem er ſie alle gemuſtert, ſagte: auch nicht Einer von dieſen iſt es. Als dies der Söld= ner hörte, ſagte er: Ein Geſicht Gottes iſt dir erſchienen und hat dich heim= geſucht, Vater! (abbas) und Einer von den Engeln oder Heiligen wurde zu Dir geſandt, um dich zu ſtärken und zu ermuthigen. Denn hier iſt ein ſolcher Mann, wie du ſagſt, nicht. — Daher ſtaunte und wunderte ſich Johannes, dachte über die weiſen Reden und Antworten des hold= ſeligen Jünglings nach und ſagte: Ich ſah ihn für Einen von den Die= nern an; Gott aber weiß, was oder wer er geweſen iſt. Mich aber hat er gar ſehr unterſtützt und in einem Gefäße mir eine Mixtur gebracht, worüber ich mich auch wunderte, wie hell und wunderbar ſie war, und es vergingen alle meine Schmerzen. Auch über die weiſen und wohlge=

---

*) μισθάριος cf. L. VI. cp. 31. Payne-Smith: „officer‟, p. 97.

**) ‍‍‍?

***) Bilderkreiſe — ‍‍‍, alſo ein mit allerlei Zierrathen durchwebtes Gewand.

orbneten Reben, die aus seinem Munde hervorgingen, staunte ich, ob doch ein solcher Krankendiener (ܚܕܡܐ ܚܢܝܪ, die Uebersetzung des obigen ὑπηρέτης, ܐܡܝܪܐ oder ܡܫܡܫܢܐ) in eurem Hospize (Xenodocheion) wäre. Seitdem also wunderten wir uns über die Wohlthat, die uns erwiesen worden, die wir schuldig sind, Gott zu preisen, der da Alle mit seinen Erbarmungen heimsucht. Er kennt das Gesicht jenes Jünglings: wer es gewesen, der uns mit seinen eigenen Händen geheilt und in unseren Nö= then erquickt hat.

Capitel VII.
Von der Gefangenschaft und abermaligen Verbannung des Johannes.

Nachdem nun derselbe Johannes in dieser Haft 12 Monate und 9 Tage zugebracht — nach seiner früheren zweimaligen Gefangenschaft im bischöflichen Palaste, — und auch dies der Bosheit Johannes des Sirmiers noch nicht genügte, so ließ er ihn aus dem Hospize entfernen und auf eine Insel des Meeres bringen. Auch dort sperrte man ihn gar ängstlich ein, indem er befahl, daß es gar Niemanden von seinen Bekannten mehr gestattet sein solle, mit ihm zu sprechen. Als er nun auch auf dieser Insel 28 Monate zugebracht hatte, traf eine göttliche Züchtigung, fürchterlich und wunderbar heftig, beide Partheien. Daher ließ man ihn endlich auf Befehl des Cäsar Tiberius von dort holen und in die Stadt bringen. Und so „wohnte er in der Stadt"*) unter Be= wachung mehr als 3 Jahre, bis zum Ende des Verfolgers Johannes des Sirmiers. — All das findet sich auch in vielen Briefen an Ver= schiedene beschrieben, nebst der Erscheinung jenes Jünglings, der ihn be= suchte. Niemand aber, der auf das Eine oder Andere stößt, soll sich wundern, wenn er von einander Abweichendes, bald Abkürzungen, bald Zusätze finden sollte, weil er nur Weniges und auch nicht einmal Dies vorgebracht hat, zum Lobe Gottes. Vieles aber hat er wegen des großen Umfanges vernachläßigt und übergangen; indem er manchmal nur das Vorzüglichste, was davon erzählt wurde, angeführt hat, und besonders hinsichtlich des Gesichtes und des Uebrigen. Auch hier ist das nur in Kürze beschrieben, um zu einer kleinen Erinnerung zu dienen und keinen großen Raum der Geschichten hinwegzunehmen, da dies als ein großer Schaden für Diejenigen erachtet werden könnte, welche in der Folge dar= auf stoßen.

---

*) cf. l. V. cap. 1.

Capitel VIII.

Von der Flucht des Paulus aus dem bischöflichen Palaste.

Paulus von Antiochien schien nunmehr in der Denkweise der zwei Naturen befestigt. Der Patriarch Johannes aber ängstigte sich sehr ab wegen seiner und freute sich, daß ihm der Gedanke an die Flucht aufstieg. Er wurde nun nicht mehr bewacht. Da er nun einige Zeit im Episcopeion zugebracht hatte, stieg er einst Nachts unter das Volk hinab, entfloh und ging hin und verbarg sich in einer Ruine. Zu seiner Zeit suchte man nun nach ihm, fand ihn aber nicht. Da sich nun Johannes vor dem Kaiser fürchtete, so ging er sogleich hin und theilte ihm die Flucht des Paulus mit. Als derselbe dies hörte, wurde er von Staunen und Zorn ergriffen und ließ alle Uebergänge schließen, alle Schiffe, alle Häuser an der Grenze der ganzen Stadt, alle Vorstädte (ܠܐܦ̈ܐ, προάστεια) und Klöster untersuchen. Sogar die Gräber wurden geöffnet und im Innern der Stätten, die voll von Todten waren, suchte man seinetwegen. Endlich schrieb man auch eilig nach allen Provinzen und Städten, an die Bischöfe und Archonten, indem man auch sein Signalement mittheilte (ܐܣܟܡܐ), damit man ihn erkennen und ergreifen solle. Allein man fand ihn nicht. Zuletzt ergriff man seinen Bruder, der Schiffskomes war und er gerieth in große Bedrängniß. Er selbst aber hielt sich, wie man sagt, im Innern der Stadt, in einer Zelle, welche in einer Wand angebracht war, 9 Monate auf. Darnach aber ging er weg und begab sich in die Provinz Arabien mit Wissen der Familie des Mundar Bar-Haret — bis zur Zeit der fürchterlichen Heimsuchung, die oben besprochen worden ist.

Capitel IX.

Von dem löblichen Andreas, Cubicular und Sacellar der Kaiserin, und von den Kämpfen, die er bestand.

Zu der Zeit, da Jedermann von Furcht ergriffen war, ließen sich Viele durch die heftigen und fürchterlichen Drohungen des Kaisers bewegen und unterzogen sich der Gemeinschaft. Der Kaiser nämlich hatte an einem Festtage befohlen: Jeder, der nicht mit mir kommunizirt, soll mir den „Frieden" nicht geben. Dadurch ließen sich Viele bewegen und zu ihrer Gemeinschaft verführen, mit Ausnahme von nur Wenigen. Da man aber den Tod über sie verhängte, so ließen sich Viele einschüchtern. Der besagte Sacellar Andreas aber war ein Mann vom heftigsten Eifer für den Glauben, sorgfältig in Ausübung der Tugend von Jugend

4*

auf und im Faſten und Gebet beſtändig. Seit dem Beginne der
Verfolgung aber ließen ſich Viele der Kammerherren und Kammer=
frauen (ܡܗܝܡܢܐ und ܡܗܝܡܢܬܐ), durch Furcht ſogar der Präpoſitus
(ܦܪܝܦܘܣܝܛܐ) der Kaiſerin Namens Stephanus, die Alle orthodor ge=
weſen waren ſeit den Tagen der Kaiſerin Theodora, verführen und
unterzogen ſich der Gemeinſchaft der Synoditen mit dem Kaiſer. Er
allein aber widerſtand und erhob ſich in der Erwartung eines Kampfes
auf [Leben und] Tod. Da ſtellten ſich nun die Kaiſer*) nebſt allen
Kammerherren beider Partheien, die ihnen gefallen wollten, zum Streit
und zur Disputation mit ihm auf, doch er fürchtete ſich vor ihnen Allen
nicht und gab den Kampf mit ihnen Allen nicht auf, und ließ auch
nicht nach, ſo daß der Kaiſer fürchterlich harte Todesdrohungen zu
jeder Zeit gegen ihn ausſtieß. Er aber gab auch nicht ein Wort
zu und ſtimmte Keinem bei, und fürchtete ſich gar nicht vor ihm, ſo
daß er ihn einmal mit ſeinen Händen aus Entrüſtung darüber ſchlug,
daß er ihm ſo freimüthig und dreiſt widerſtand. Er ſprach mit ihm,
ließ ihn antworten (ܐܬܐ ܡܦܩ ܕܘܡ ܚܒܝܫ) und verlangte von ihm, von
Denjenigen zu kommuniziren, die an der Synode feſthalten. Er
aber widerſetzte ſich, erhob ſich wider ihn und ſagte: Ich bekenne,
daß ihr meine Herren ſeid und ich euer Knecht, daß ihr mit meinem
Leibe thun könnt, was ihr wollt; über meine Seele aber habt ihr keine
Gewalt, da ſie in Gottes Händen ſteht. Meinen Glauben ſollt weder
ihr, noch ein Anderer je ändern, „weil ich an Gott glaube" — nebſt vielem
Anderen, was alle Tage unter ihnen geſprochen wurde. Weil aber die
beiden Kaiſer ihn wegen ſeines Freimuthes und ſeiner Tugend, ſowie
auch wegen ſeines Verſtandes und ſeiner Einſicht lieb hatten, ſo ſuchten
ſie um ſo mehr ihn nachgiebig zu machen und entfernten ihn daher auch
nicht aus ihrem Palaſte. Angeſichts Vieler ſagte der Kaiſer: Was ſollen
wir doch dieſem Kühnen thun, der wider uns aufſteht und uns nicht ge=
horcht? Von ſeinem Verſtand und Talent (e. Hirn, ܚܟܡ) haben wir
keinen Anderen hier. Wir wollen ihn nicht entfernen, können ihn aber
auch unmöglich belaſſen, da er uns nicht gehorcht. Daher duldeten ſie
ihn lange Zeit in der Meinung ihn umzuſtimmen. Da er aber unbeug=
ſam blieb und nicht nachgab, ſo fällten ſie endlich das Urtheil über ihn
und ſagten: Entweder gehorche uns und nimm mit uns die Euchariſtie,
oder entferne dich aus unſerem Pallaſte! Sobald er das erſah, zog er
ſein Dienſtkleid (ܦܪܓܘܕܐ παραγαῦδις, Du-C. s. h. v.) ab, legte es vor
ſie hin und ſagte: Ihr hättet mir keine größere Gunſt erzeigen können,

---

*) Der Kaiſer und ſeine Gemahlin — Land. — „Their majesties" — Payne-Smith.

als diese, daß ihr mich aus dem Dienste der Menschen erlöst und bewirkt habt, daß ich nun im Dienste dessen, der mich geschaffen, für immer
stehen und ihm allein dienen kann. Und so entfernte er sich aus dem
Pallaste, ging hin und wurde enge eingekerkert im sogenannten Palaste
des Hormizdas.*) Nach vielen Tagen aber wurde ein Curator (مدبر)
des Kaisers zu ihm gesandt, um ihn zu bewegen und auch zu erschrecken,
und zu sehen, ob er nachgebe, mit ihnen zu kommuniziren und seine
Stelle nicht zu verlieren. Da derselbe nun hinging und Vieles bei ihm
anwendete, Ermahnungen, Schmeicheleien und Bitten, und sah, daß er
nicht nachgab, so begann er ihn zu bedrohen und zu erschrecken, indem
er sagte: Nimm doch Rücksicht auf dich, damit nicht etwa genöthigt
werde, dir zu thun, was mir befohlen worden. Er aber bot sogleich
seinen Nacken dar und streckte seinen Hals vor ihm aus und sagte: „Du
sollst Keiner von den Lebenden mehr sein und nicht nehme dich Gott in
Gnaden auf, „„wenn nicht dein Schwert mit dir gekommen ist!““ Siehe,
da ist mein Haupt; schlage es ab! Das aber soll weder dir, noch denen,
die dich geschickt haben, entgehen, daß ich nie mit Denjenigen, welche
unsern Herrn Jesus Christus in Zwei trennen, Gemeinschaft gehabt habe
noch haben werde. Da sei Gott vor! Und Gott soll euch nicht gnädig
sein, wenn ihr mich nicht sogleich enthauptet und mich erlöst aus diesem
elenden Leben!" — Als dies der Curator hörte, ging er hin und theilte
es den Kaisern mit. Da dieselben es vernahmen, bewunderten sie ihn,
wurden aber auch um ihn betrübt und befahlen noch immer in der Hoffnung, ihn zum Gehorsam zu bringen, daß er nach dem sogenannten
Kloster der Dalmatier **) (حبيس؟؟) sich begebe und dort eingekerkert werde,
welches über allen Klöstern in der Stadt und in allen ihren Umgebungen
steht. So brachten sie ihn denn am Tage Angesichts Aller, um Schrecken
einzujagen, daher. Er aber war fröhlich und heiter und pries Gott. —
Man ergriff ihn und brachte ihn herüber in die Stadt mitten durch
das Volk hindurch, damit er hingehe und eingekerkert werde für die
Wahrheit des Glaubens. Da lief nun eine große Menge (ὄχλος, اجمع)
hin, um den Sacellar der Kaiserin zu sehen, der da seine weltliche Macht
verließ und aufgab und in das Gefängniß geführt wurde für den wahren
Glauben. Daher bewunderten ihn Alle und Viele lobten Gott, der ihn
gestärkt, so die Welt zu verachten. Viele wurden im Glauben gestärkt,
die ihn so heiter und fröhlich sahen, und lobten Gott. Die Mönche aber
und die Anderen, welche ihn führten, hingen sich an die Kapuze (e. Turban)?

---

*) Cfp. Christiana bei den Byzantinern I. II. IV. 5.
**) „Coenobiorum omnium Byzantii celeberrimum." Theophan.

feines Mantels, damit er fein Haupt verhülle. Er aber enthüllte es und
fagte: Für mich ift es ein großer Ruhm, für die Wahrheit Chrifti zu
fterben, und Niemand foll mir meinen Ruhm vereiteln! Und fo ging
er hin und wurde in dem Klofter drei Jahre lang eingefchloffen. Zuletzt
aber nach jener Heimfuchung wurde er befreit und man beließ ihn
außer dem Palafte.

Capitel X.
Von der gnädigen Kaiferin Sophia, daß fie orthodox war.

Seit den Zeiten der feligen K. Theodora, ihrer Tante, nahm auch
fie, die gnädige K. Sophia, von Jugend auf und bis drei Jahre vor
ihrer Regierung mit den Orthodoxen die Euchariftie. Alle Gemeinfchaft
mit den Synoditen aber, d. i. den Dyophyfiten, floh fie gänzlich, was
Jedermann ganz deutlich wußte. Es ging auch ein Priefter, Namens
Andreas, hin und „opferte" in ihrem Haufe und reichte ihr und den
Ihrigen [die Euchariftie]. Jedesmal nun, wenn er die Oblation*) ein-
fammelte, fagte fie ihm, er folle eine „Perle" (الـلـؤلـة) im Kelche**)
zurücklaffen und unter das Velum legen. Da wußte es Niemand, wer
die „Perle" nehmen follte, die zurückblieb, außer der Patricia Sophia;
und dadurch bekamen Alle die Meinung, der gnädige Juftinus felbft
nehme fie heimlich, indem auch er die Gemeinfchaft der Dyophyfiten mied.
Wir können jedoch deffen Wahrheit nicht verbürgen, fondern haben dies
blos nach dem Hörenfagen der gewöhnlichen Meinung zur Aufzeichnung
gebracht.

Daß fie aber zur Gemeinfchaft der Dyophyfiten kam, gefchah ungefähr aus diefem Grunde: Man hatte Viele gebeten, den feligen Juftinianus zu überreden, daß er feinen Schwefterfohn Juftinus zum
Cäfar mache. Er jedoch war dazu abgeneigt und wies Jeden zurück.
Zuletzt aber ging der zum Bifchof in Cäfarea Geweihte hin zur K.
Theodora***) — Gott allein kennt den Richtfpruch, der über ihn wegen
feiner vielen Frevel ergehen wird — und fagte zu ihr: Wiffet, daß fchon
längft euer Oheim (θεῖος, الخـال), ohne Jemand zu hören, den Sohn
feiner Schwefter zum Cäfar gemacht hätte. Weil er fich aber über dich
ärgert, daß du wider ihn handelft und zudem wider ihn kommunizirft
und mit ihm nicht kommunizirft, wie hat er da einen Grund, euch zu fich

---

*) Brod und Wein zur Euchariftie.
**) Nach kirchlichem Sprachgebrauch die confekrirte Hoftie.
***) Offenbar verfchrieben für Sophia.

auf die Stufe der Herrschaft zu erheben? — Aber höre mich an, geh'
hin, kommunizire in der Kirche und versöhne den Kaiser, so wird auch
er sich mit euch versöhnen. So gehorchte sie demselben und kommunizirte
drei Jahre vor ihrer Regierung mit der Synode auf viele Jahre hinaus.

Capitel XI.

**Von drei Consularen (ὕπατοι, ⲁ̄ⲟ̄ⲃ̄), welche sich gleichfalls widersetzten
und standhaft und kräftig erhoben.**

Diese drei Consularen, Namens Johannes, Petrus und Eudämon, verachteten ihr fleischliches Leben wegen des geistigen Lebens
für den wahren Glauben an Christus, widersetzten und erhoben sich und
verkündeten, daß sie sich nicht in Gemeinschaft setzen würden mit Denen,
die Christum theilen. Daher kam tödtlicher Zorn und Abneigung über
sie. Da sie nun fortwährend eine Prüfung und Verlust ihres Vermögens, ihrer Häuser und all ihrer Habe erwarteten, und daher Alle ihrem
gänzlichen Verderben entgegensahen, so schützte sie Gott, der sah, daß sie
seines Namens wegen für „die Wahrheit des wahren Glaubens" an ihn
mit dem Tode kämpften. — Weil nemlich viele Senatoren, Kubikulare
und sonstige Vornehme aus Furcht sich in die Gemeinschaft der Chalce-
donier hatten aufnehmen lassen, und eine Klage wegen des Zwanges
und der Nöthigung, die Vielen geschehen war, dem Kaiser zu Ohren
kam, so sagte er zuletzt, er wolle zeigen, daß er Niemand gewaltsam dazu
gebracht habe, obgleich Jedermann von ihm durch sanften (e. nicht harten)
Zwang verführt worden war. Da gab ihm Gott in den Sinn, so zu
sagen: Wir haben Niemand durch Gewalt dazu verleitet und verleiten
auch die Ungehorsamen nicht dazu, daß sie mit uns kommuniziren. Wir
überlassen sie ihrem eigenen Willen. Dieser Gedanke und dies Wort erfreute Dieselben und sie kamen in keine Prüfung hinsichtlich des Glaubens, sondern sie gelangten zuletzt auch noch zu Prinzipaten und zu vieler Freiheit. Der löbliche Eudämon wurde κόμης τῶν πριβάτων.*)
Der löbliche Johannes, der aus dem Geschlechte des K. Anastasius
stammte und auch ein Tochtersohn der K. Theodora: — Diese und
Petrus, aus der Familie des Petrus, des Patriciers und Kurators der
Kaiserin, stammend, wurden zuletzt abgesandt, um einen Traktat (ⲗⲁⲟ̄ⲏ̄)
für den ganzen Staat (πολιτεία, ⲗⲁⲟ̄ⲥ) der Römer mit den Persern
abzuschließen. Sie hielten, wie anfänglich schon, an ihrer Wahrheit fest

---

*) Land p. 142. — Philostorgius besinnt es mit „ὁ τῆς βασιλικῆς οἰκίας προεστώς."

mit großem Freimuth. Der Patriarch Johannes aber nahm ihre Na=
men aus dem Diptychon, was ihnen große Freude machte, indem sie
sagten: Nun wissen wir, daß Gott an uns sein Wohlgefallen hat und
auf uns sah, damit wir nicht erwähnt (die kirchliche Commemoratio im
Kanon) würden bei dem Opfer Derjenigen, welche Christum in Zwei
theilen nach der wahren und untheilbaren Vereinigung (ܠܐ‎
‎).

Capitel XII.
Von zwei vornehmen Frauen, die sich auch widersetzten und männlich erhoben.

Gegen diese beiden angesehenen Frauen, sowie gegen viele andere
Patricierinen (ܡܛܪ‎) u. s. w. entstand ein heftiger Kampf von allen
Seiten durch harte Drohungen, „die Feuer schnaubten (ܚܡܬܐ‎)
und den Tod drohten.“ — Die Uebrigen ermüdeten im Kampfe durch
die Widerwärtigkeit und Bedrängniß der Verfolgung und ließen sich we=
gen ihrer Schätze, ihrer Häuser, ihrer Kinder und ihres Vermögens zu
einer bloß äußerlichen Gemeinschaft herbei; diese Beiden aber widerstan=
den bis zum Tode, indem sie sich zum Tode überlieferten und ihre Be=
sitzungen, ihre Kinder und Häuser verachteten. Die Eine von ihnen,
Namens Antipatra, war die Schwiegermutter des kurz vorher genann=
ten Consularen Johannes mit ihrer Tochter, die ebenfalls „Consularin“
(ὑπάτισσα, ܗܘܦܛܣܐ‎) und eifrig im Glauben war, Namens Georgia,
der Gattin des Johannes. — Die Andere aber, Namens Juliana,
war die Tochter des Consularen Magnus, der auch eine Zeit lang mit
seinen Söhnen in die Verbannung geschickt wurde, wo Juliana auch
bei ihm war. Derselbe stammte aus dem Geschlechte des K. Anasta=
sius. Sie aber war auch die Schwägerin des K. Justinus, die
Gattin seines Bruders. Sie also und die Antipatra steckte man alle
Beide nach einem großen Kampfe und heldenmüthigen Streite in Klöster
jenseits von Chalcedon. Es ergingen über sie harte Befehle und man
ließ in die Klöster, worin sie eingesperrt waren entbieten: wenn sie nicht
gehorchten und kommunizirten, solle man sie scheeren und mit dem
schwarzen Nonnenhabit bekleiden. Man solle sie zwingen, alle niedrigen
Dienste des Klosterlebens zu verrichten. Man legte ihnen auch diese
harte Forderung auf und verlangte von ihnen, das Kloster zu scheuern
und den Unrath hinauszuschaffen, ihre Kloaken zu fegen und zu kehren,
in der Küche zu dienen (μαγειρεῖον, ܡܛܒܚܐ‎), Leuchter und Schüsseln
zu reinigen u. dgl. Dinge, die man von ihnen mit Härte verlangte. —

Da sie alle diese Drangsale nicht ertragen und aushalten konnten, ließen auch sie sich zum Scheine zur chalcedonischen Gemeinschaft herbei, um entlassen zu werden und loszukommen aus der schweren Haft dieser Klöster, wenn man sie wohl Klöster nennen darf. Sie wurden also entlassen und kehrten nach Hause zurück und nahmen ihre frühere Stellung (ܠܡܐ) wieder ein. Es kam die Zeit der göttlichen Züchtigung über beide Partheien und so wurde diesen und Allen Erholung zu Theil.

Capitel XIII.

Von den Priestern Sergius und Sergius und ihren Kämpfen.

Dieser Sergius war Priester und Syncell des Verfassers nebst einem andern Priester Sergius, der gleichfalls sein Schüler war. Da nun Johannes im Xenodocheion der εὐπορλοι gefangen saß, so wurden auch sie zuletzt nach öfterem Kampfe ergriffen und eingekerkert durch den listigen Verrath Anderer, nämlich eines ihnen verwandten Mannes, der sich zum Scheine mit ihnen hatte einsperren lassen. Dieser Verräther nach Art des Judas wurde auch ergriffen und in das Episkopeion geschleppt. Da erhoben sie sich nun wider diejenigen, welche sie ergriffen hatten, stritten und disputirten mit ihnen sehr eifrig, machten ihnen Vorwürfe, verjagten und vertrieben sie Angesichts einer großen Menge. Sie schlugen sie heftig vor allen Leuten und konnten ihren Unmuth nicht zurückhalten; und so erhoben sie sich und kämpften kräftig und starkmüthig, so daß selbst ihre Verfolger sich über sie wunderten. Darauf aber nahm man sie und sperrte sie im Diaconicon*) (ܕܝܩܘܢܝܩܘܢ) nach der früheren zweimaligen Haft, der engen und harten im Episkopeion und einer einmaligen in jenem Kloster, welches Beth-Rabula **) heißt, nämlich jenes Sergius, der oben Syncell genannt worden. Dort waren sie 40 Tage lang in den kalten und frostigen Tagen des Februars. Da ließ der Patriarch Johannes den Syncellen Sergius holen, ermahnte, schmeichelte und bat ihn, bei ihm in seinem bischöflichen Palaste zu bleiben und sein „Kellermeister — Oekonom" (cellarius, κελλαρίτης ܡܗܝܡܢܐ) zu werden, indem er ihm schwur: Ich zwinge dich nicht, mit uns zu kommuniziren, sondern weil ich vernommen, daß du ein keuscher Mann und Mönch bist, bleibe bei uns, und sei, wie du willst. Wenn du dich

---

*) Cap. Christ. I. III. 68.

**) Rabulae monasterium exstruxit S. Rabula Epps Edessenus. Cap. Chr. I. IV. p. 161. Edit. Paris.

aber ergibst und mit uns kommunizirst, mache ich dich sogleich zum Bischof in jeder Stadt, die dir beliebt. Doch er kämpfte standhaft, und so konnte er ihn weder durch Verheißungen, noch durch Schmeicheleien von seiner Standhaftigkeit abbringen. Da er nun seinen Ungestüm und seine Unbeugsamkeit sah, schickte er hin und ließ ihn in dem Kloster, das Beth-Rabula heißt, einsperren, welches nicht schlimm im Glauben war, wie jene übrigen Klöster. Sie liebten nemlich die Synode von Chalcedon nicht und verkündigten sie auch gar nicht.

Capitel XIV.
Vom gefangenen Andreas.

Da nemlich auch dieser Andreas, ein Priester, außerhalb der Stadt in einem Thurme eingesperrt war, so schickte er Kleriker und Römer über ihn. Diese zerstörten sein Gefängniß, holten ihn heraus, trieben und schleppten ihn umher und führten ihn hin in die Mitte der Stadt. Da ihn nun eine große Menge sah, so fing er an zu rufen: „Wehe! Wehe! O ihr Leute! ich bin ein Christ und auch orthodox. Wenn aber diejenigen, die mich dahertreiben, keine Heiden wären, sondern Christen, wie sie sagen: warum machen sie Verfolger und Mörder an Christen und warum schleppen sie mich her unter euch? Ihr aber habt euren Eifer für Christus aufgegeben"— nebst vielem Anderen dergleichen, was er da ausrief, so daß sich eine große Menge sammelte und gegen Diejenigen, die ihn festhielten, in heftigen Eifer entbrannte und sie tödten wollte. Als dieselben aber den Zorn und den Eifer der ganzen Menge gegen sich sahen, flohen sie und verbargen sich. So befreite man den frommen Andreas. Zuletzt aber ergriffen sie ihn wieder und sperrten ihn im Akoi eten=Kloster ein. Nachdem er hier eine Zeitlang gewesen, entfloh er uch daraus. Darnach aber beobachteten und ergriffen sie ihn nochmals 'nd sperrten ihn im Episkopeion ein; und nach einer langen Untersuchung entfloh er auch von da.

Capitel XV.
Von der Diakonie Derjenigen, welche die Kranken wuschen, die man auf die Straßen der Stadt geworfen hatte.

Verschiedene Diakonieen nämlich von Männern und Frauen kann man in dieser großen Hauptstadt sehen. Zwei sind darunter die vornehmsten und bekanntesten, und diese beiden gehörten den Orthodoxen an. Die Eine davon, die erste und größte, wurde von dem „göttlichen"

Paulus von Antiochien errichtet, der mit vielem Eifer auch in ansehnlichen und berühmten Städten des Morgen- und Abendlandes Diakonieen
herstellte und errichtete, in welchen man das Wort unsers Herrn erfüllen
sieht: Das ist meine Erquickung, die Geschlagenen zu erquicken. Diese-
nigen aber, welche die Synode von Chalcedon anerkannten, wurden in
eine derselben durchaus nicht aufgenommen. Da nun die Zeit der Verfolgung kam, stand an der Spitze der Einen ein großer, berühmter und
angesehener Mann, Namens Thallus (ܬܠܘܣ)*), der diesen Dienst noch
durch viel Geistiges und Göttliches erweiterte und verherrlichte, was zu
viel ist, um erzählt und beschrieben zu werden. Da diese auch noch bis
jetzt berühmt war, wurde sie durch den Neid des Teufels vor dem Kaiser
und Bischof verklagt, daß Alle darin gegen die Synode von Chalcedon
seien, Mönche und viele Kleriker mit ihnen vermischt, und daß viele
Versammlungen, Zusammenkünfte und Agapen (ܐܓܦܐ) in ihnen statt-
fänden. Dadurch wurde der gottselige Thallus genöthigt, um den
Hassern des Guten keinen Anlaß zu geben, alle seine Kleriker und Mönche
zu entfernen, und es [daher] dienten die Laien allein in demselben. Als
dies den Machthabern bekannt wurde, ließen sie, um den Mann zu ehren,
da sie seinen Lebenswandel bewunderten, die ganze Zeit seines Lebens
von ihm ab. Das Lebensende desselben erfolgte jetzt, im J. 888. Nach
ihm stand ein Wechsler (ἀργυροπράτης, ܐܪܓܘܪܦܪܛܐ) auf, Namens Ro-
manus. —

Capitel XVI.

Von der anderen, der zweiten Diakonie.

Zu dieser Zeit stand an der Spitze der anderen, zweiten Diakonie
ein Kleriker, der auch Comes (ܩܘܡܣ) hieß, gleichfalls ein eifriger und
vortrefflicher Mann. Er war aber Kleriker an der Kirche**) unserer
Herrin Maria in den Blachernen (ܥܕܬܐ ܕܡܪܬܢ ܒܒܠܟܪܢܐ) gewesen
und war des Glaubens wegen mit Anderen fortgegangen, deren er Viele
um sich sammelte und von ihnen einen Lebenswandel nach der Regel
des Mönchthums verlangte, indem er all das Ihrige besorgte. Diesem
nun war durch Erbschaft ein großes Gebäude (Atrium) überlassen worden, damit darin eine Diakonie eingerichtet werde, was denn auch geschah. Es wurde darin, in diesem Gebäude (Halle) aller Armendienst
geübt. Zur Zeit der Verfolgung aber wurde auch er beschuldigt, Zu-

---

*) unten ܬܠܘܣ
**) Cod. Chr. l. IV. p. 83 sq.

sammenkünfte zu halten und man nahm ihm das Gebäude weg. Es
wurde ein kaiserlicher Befehl (ܣܩܪܐ, δεσποτικόν sc. κέλευσμα etc.)
darin an den Schwellen (ܐܣܩܦܬܐ für ܣܩܦܬܐ = βηλός, Schwelle) an-
geschlagen, die Diakonie dadurch aufgehoben (zerstört) und er auf eine
Meeresinsel verbannt. Alle die Seinigen wurden bis auf Einige zerstreut, wovon Wenige nur aushielten, hingingen und sich einen anderen
Platz wählten, der Regel nach dienten und die Armen wuschen.

Capitel XVII.
Davon, daß nunmehr überall die Verfolgung ausbrach.

Weil nun diese Verfolgung in der Hauptstadt ausgebrochen war
und so eifrig, gewaltig und unaufhörlich betrieben wurde, brach nun auch
in allen römischen Provinzen eine heftige Verfolgung aus. Ueberall, wo sich
Orthodoxe fanden, wurde diese Verfolgung angestiftet durch ein Schreiben
des Patriarchen Johannes und der Uebrigen. Sie erhob sich nach Art
der Meereswogen, und wie der babylonische Ofen durch vieles Schüren,
so wurde diese zwar nicht durch Röhricht, Reisig u. dgl., sondern durch
Zorn und Begierde nach Verderben und Mord — fürchterlich heftig entflammt und entzündet, sowie Alles, was damit verbunden ist: nämlich
Plünderung der Schätze und der Reichthümer unter diesem Vorwande,
und zweitens: enge und schwere Haft, Foltern, Geißelung, Verbannung u. s. w. überall, in den Städten und auf dem Lande.

Capitel XVIII.
Von Dem, was vom Katholikus der Stadt Dovin in persisch Groß-Armenien und seinen übrigen Bischöfen in der Hauptstadt erzählt wurde.

Obschon wir versprochen haben, nur über Dasjenige, was wir selbst
gesehen haben, und die häufigen Heimsuchungen zu schreiben, denen wir
nahe gewesen, ja selbst in denselben die ganze Zeit, von der wir erzählten, gestanden sind, so hat es uns doch gut geschienen, jetzt Dasjenige
zur Aufzeichnung in den Erinnerungen zu bringen, was keineswegs von
einfältigen und geringen Leuten in unserer römischen Hauptstadt vor
Vielen erzählt wurde, daß es sich in den persischen Provinzen zugetragen
habe. Wir haben zwar dasselbe und seine Wahrheit nicht ersehen und
erkannt, und können daher — als vom Schauplatze entfernt — es nicht bezeugen, sondern [erzählen es nur], wie es vom Katholikos der Hauptstadt Dovin in Persisch-Armenien und den übrigen Bischöfen, die bei

ihm waren, vor Allen erzählt wurde, nachdem sie hieher geflohen waren, ihre Zuflucht zum christlichen Reiche genommen hatten und von den siegreichen Kaisern sehr ehrenvoll aufgenommen worden waren. Diese erzählten nun durch einen Schwur bekräftigend und Angesichts Vieler Folgendes: Da die Mager, die auch die Vornehmsten im Perserreiche sind, erfuhren, daß auf Befehl und Wunsch des römischen Kaisers man in allen Provinzen und Städten seiner Herrschaft von Allen in seinem ganzen Staate verlange, sich zu unterwerfen und zu seinem Glauben zu kommen, und daß er Alle, die sich widersetzen und seinem Befehle und Verlangen nicht gehorchen, verfolgen, einkerkern, ausplündern und zuletzt zum Tode überliefern lasse, und daß dies wirklich (لحج) in allen römischen Provinzen geschehe — so ziemt es auch uns, also in unseren Provinzen zu verfahren, und alle Religionen, die es in unserem Reiche gibt, zu unserer Religion zurück zu bringen.

Capitel XIX.

Von Dem, was von den Magern dem Cosrün, ihrem Könige, gesagt und gethan wurde.

Nachher nemlich versammelten sich alle Mager und sagten zu Cosrün,*) ihrem König: König! ewiges Leben! Siehe! Wir haben erfahren, daß der Cäsar (قيصر) der Römer Alle in seinem ganzen Reich zwingt, nöthigt und unterwirft, daß sie zu seiner Religion und zu seinem Glauben kommen. Viele hat er schon gezwungen, seinen Gott (يهوذا?) anzubeten; und Diejenigen die ihm nicht gehorchen, vertreibt und verfolgt er aus seinem ganzen Reiche. Es befehle also auch deine Gottheit (لحوصم), daß es auch in deinem Reiche so geschehe; daß alle Religionen zu Deiner Religion kommen, und Alle in Deinem Reich Deinen Gott anbeten. Diejenigen aber, welche es wagen, sich Deinem Befehle zu widersetzen, sollen nicht [länger] leben. — Als dies der König Cosrün von den Magern hörte, pflichtete er ihren Worten bei und nahm ihren Rath an. Sogleich begann auch er mit den Christen und ließ zuvörderst drei Bischöfe nebst der Mehrzahl des Klerus eines zahlreichen Volkes ergreifen und befahl ihnen, ihren Glauben zu verleugnen und mit ihm das Feuer, die Sonne und seine übrigen Götter anzubeten. Jene aber widersetzten sich ihm und erhoben sich männlich wider ihn, indem sie bekannten und sagten: Wir sind Christen, o König! und beten an und verehren Gott, den Schöpfer Himmels und der Erde und der Meere und

---

*) Nushirwan. Von ihm handelt vielfach das sechste Buch.

Deſſen, was in ihnen iſt. Ihn, den Schöpfer des All's verlaſſen wir nicht und beten die Geſchöpfe deſſelben an. Täuſche dich nicht, o König! denn unſeren Körpern kannſt du thun, was du willſt; unſere Seelen aber ſind in ſeinen Händen, und über ſie haſt du gar keine Gewalt. — Als der König dies und vieles Andere, was des Zeugniſſes der Biſchöfe würdig war, hörte, ließ er ſie ſogleich ſchinden, und ſie ſtarben; nebſt vielen anderen Uebeln, die er den Chriſten zufügte. Er zerſtörte viele Klöſter und Kirchen, ließ Viele feſſeln und einkerkern und es wurde ſtolz ſein Herz. Da läſterte er Chriſtum und ſagte: Wir wollen ſehen, was mir Chriſtus, der Gott der Chriſten anthut, von dem ich ja nicht weiß, Wer oder Was er iſt. Dieſes nebſt vielem dergleichen, erzählten jene Biſchöfe, ſei vom perſiſchen König geſprochen und gethan worden, bevor Armenien ſich den Römern ergab. Aus dieſem Grunde ließ er auch Feuer-Tempel in ganz Perſiſch-Armenien erbauen.

Capitel XX.

Vom Anfange der Gewaltmaßregeln des perſiſchen Königs gegen die Chriſten in Groß-Armenien u. ſ. w.

Nach allen dieſen Dingen, erzählte der Katholikos und die Seinen weiter, ſchickte er einen Präfekten mit 2000 bewaffneten Reitern in unſere Provinz. Derſelbe kam zuerſt zu uns in unſere Stadt mit dem Befehle, daſelbſt einen Feuertempel für die Gottheit des Königs zu erbauen. Da er nun, ſo erzählte und ſagte der Katholikos, mir und den Bewohnern der Stadt den Befehl zeigte, entbrannte ich in Eifer und erhob mich mit allen Einwohnern wider ihn und wir ſagten: Wir ſind zwar Knechte des „Königs der Könige" und entrichten ihm eine Abgabe (συντέλεια, ‏ܣܘܢܬܠܝܐ‏): aber wir ſind auch Chriſten und gehorchen in Sachen des Glaubens nicht, auch wenn wir für die Wahrheit unſeres Glaubens ſterben müßten. Denn auch zu den Zeiten Sapors, (‏ܫܒܘܪ‏) des „Königs der Könige", geſchah dies und er wollte, hier einen Tempel erbauen. Aber es verſammelten ſich die Einwohner der Provinz und es war 7 Jahre lang Krieg. Darauf aber gab er das Geſetz und ließ für uns den Befehl ergehen, daß nie mehr die Sache des Chriſtenthums unter-ſucht und erforſcht werden ſolle. Wir zeigten ihm auch eine Abſchrift (τίτλος, ‏ܛܝܛܠܘܣ‏) des Befehls. Er aber gab nicht nach, ſondern wie be-fohlen legte er gewaltſam Hand an, um den Baugrund abzuſtecken, zu graben und den Grundſtein zu legen, und begann zu bauen, indem er zum Kampfe und Kriege vollkommen ausgerüſtet war. Ich bat ihn zwar ſehr, allein er leiſtete mir nicht Folge und nahm auf mich gar keine

Rückſicht. Endlich aber ließ ich dies allen Bewohnern der Provinz überall hin entbieten. Als ſie das hörten, entbrannten ſie im Eifer für den Glauben an Chriſtus und verſammelten ſich Alle wie ein Mann. Ungefähr 10000 bewaffneten ſich zum Kriege, um entweder zu leben oder zu ſterben für Chriſtus, und keinen Tempel des Magers= und Heidenthums in ihrer Provinz erbauen zu laſſen. Da ſich nun alle Vornehmen und Häuptlinge der Provinz verſammelt hatten, gingen wir hin zum Präfecten an den Platz, wo er mit dem Baue des Feuertempels begonnen hatte, und ſagten zu ihm Vieles, indem wir uns wider ihn erhoben und ſprachen: Wir ſind Chriſten und Diener des „Königs der Könige;“ in Sachen des Glaubens aber können wir Menſchen nicht dienen und nehmen auf ſie keine Rückſicht, und wenn der König ſelbſt kommt, ſo ſoll doch in alle Ewigkeit kein Tempel des Heidenthums in unſrer Provinz gebaut werden, ehe wir Alle geſtorben ſind. Aber entferne dich ohne Krieg und ohne Schwertſtreich aus der Provinz, gehe hin zum König und theile ihm über die Billigkeit unſeres Verlangens mit bezüglich unſeres Glaubens. Er kann uns befehlen, zu thun, was er nur immer will; denn ſolange wir nicht Alle geſtorben ſind, laſſen wir keinen Tempel des Magerthums in unſerer Provinz erbauen. Nachdem ſie nun Vieles gegen einander vorgebracht hatten, ſchickte ſich der Präfekt ſeinem Befehle gemäß zum Baue an, ſtritt mit den Einwohnern der Provinz und ſtellte ihnen Folgendes vor: Sehet doch, daß ihr gegen den Befehl des „Königs der Könige“ euch erhebt und ihn beſchimpft. Er kann ſchlimmen Tod über euch befehlen; ſehet alſo zu, was ihr thut! Da aber der Präfekt ſie gegen ſich vollkommen gerüſtet ſah und ihre Ueberlegenheit erkannte, entfernte er ſich drohend und ſie zu Zeugen anrufend. Im größten Zorne ging er hin zum König und erzählte ihm das Alles. Als derſelbe es vernahm, gerieth er in den heftigſten Zorn und beſchloß den Tod über alle Einwohner der Provinz. Er ſchickte gegen ſie das Volk des Präfekten zum Kriege, 15000 Mann, und befahl, wenn ſie ſich ſeinem Befehle widerſetzten, ſollten ſie getödtet werden, und man ſolle einen Feuer=Tempel (ναός — ܒܝܬ) daſelbſt erbauen. Als dies aber die Bewohner der Provinz erfuhren, verſammelten ſie ſich zumal gegen 20000 Mann, zum Kampfe bereit, um für ihr Chriſtenthum bis auf den Tod zu kämpfen. Als nun Jene ankamen und ſich Alle zum Kampfe gegen ſie aufſtellten, riefen ſie den Namen Jeſu Chriſti an und gingen auf ſie los. Und Chriſtus zerbrach ſie vor den Einwohnern der Provinz und ſie tödteten ſie Alle wie einen Mann. Auch den Präfekten tödteten ſie, ſchlugen ſein Haupt ab und trugen es hin zum Patricius Juſtinianus, welcher zu der Zeit auf der Grenze, in Theodoſiopolis, wohnte. — Dies Al-

les und das Uebrige darnach geschah, wovon nun schon weitläufig gesprochen und erzählt worden ist.

Capitel XXI.

**Von Dem, was darnach durch Cosrûn in Persisch-Armenien geschehen;
daß die ganze Provinz von ihm abfiel und sich den Römern ergab.**

Da nun Dies geschah und die ganze Provinz Groß-Armenien sah,
daß gegen sie ein gewaltiger Krieg durch das gottlose Perserreich ausbrach, versammelte sich die ganze Provinz von ihren Grenzen her, nämlich die Christen, und sie eilten hin und suchten Hilfe im christlichen Reiche;
indem sie sagten: „Wir wollen von nun an Unterthanen des christlichen
Reiches sein und sind hierhergeeilt, um Hülfe zu finden im Römerreich,
damit es uns erlöse aus der Grausamkeit des Magerthums,“ — nebst vielem Anderen, was Angesichts unserer gnädigen Kaiser und des ganzen Senates der Katholikus und die übrigen Bischöfe erzählten, was wir
nur in kurzen Zügen angedeutet (c. gekrächzt) haben. — Nach diesem
Kriege und der großen Niederlage, die zu unseren Zeiten dort geschah,
erzählten sie, daß auch ferner die Heere an einander geriethen, daß die
Perser oftmals besiegt, und ihnen Elephanten abgenommen wurden. Wir
aber gehen darüber wegen der Menge dieser Dinge sogleich hinweg.

Capitel XXII.

Ueber Das, was vom Katholikos und seinen Begleitern erzählt wurde u. s. w.

Dies Alles also nebst vielem Anderen erzählte der Katholikos von
Dovin in der Provinz Persisch-Armenien in unserer römischen Hauptstadt, Er, die Bischöfe und viele Freie, die bei ihm waren, vor Vielen.
Als er, die übrigen Bischöfe und etliche Vornehme der Provinz Armenien kamen, wurden sie Alle mit ihm sehr ehrenvoll empfangen; erhielten kaiserliche Gaben und Ehrengeschenke; man gab ihnen Allen, die mit
ihm von dort gekommen waren, ansehnliche Prinzipate, prächtige Häuser
und geräumige kaiserliche Wohnungen. Viel Geld und viele Prinzipate
wurden Denjenigen geschickt, die in der Provinz waren und auch ein
Nachlaß auf drei Jahre wurde vom römischen Kaiser gewährt. Man befahl ihnen nur, die Römer zu unterstützen, die für sie und für die ganze
Provinz Armenien mit den Persern kämpften. Sie nahmen nun die
Provinz ein, was auch lange Zeit so blieb, und es erlag das Volk der
Mager oftmals vor den Christen, wenn sie sich gegen sie erhoben hatten.

Sie setzten diese Kriege 6 Jahre lang fort. — Ueber das Folgende aber werden wir seiner Zeit Weniges von Vielem erzählen. Der Katholikos aber starb nach 2 Jahren in der Hauptstadt, ohne wieder in seine Heimath zurückgekehrt zu sein.

Capitel XXIII.

Davon, daß die armenischen Bischöfe, als sie in die Hauptstadt kamen, anfänglich in ihrer Einfalt hingingen und in der Kirche von den Synoditen kommunizirten.

Anfänglich, nämlich bei der Ankunft des Katholikos von Armenien, der übrigen Bischöfe und Angesehenen mit ihm, als von Männern, die aus dem gottlosen und heidnischen Reiche der Mager entflohen und um Hilfe zu suchen im Reiche der Christen angekommen waren, wurden Dieselben, sobald sie gekommen waren, empfangen und gar sehr geehrt. Da gingen sie nun ohne zu fragen hin und kommunizirten ohne Untersuchung und Mißtrauen mit dem Patriarchen der Stadt, ohne sich um die Trennung und den Streit, welcher durch das Verderben der Synode von Chalcedon in allen Kirchen der römischen Provinzen besteht, zu kümmern. Als dies in ihrer Provinz bekannt wurde, erzürnten sich über sie sowohl die übrigen Bischöfe als die Einwohner der Provinz und schrieben ihnen Hartes, wovon die Zeit verlangt, daß es mit Stillschweigen bedeckt werde. Daher machten sie sich los und trennten sich und nun bildeten sie zusammen eine eigene Versammlung in einer der großen Hallen, welche von einem ihrer Vornehmen bewohnt wurde. Daselbst versammelte sich eine ansehnliche Gemeinde nach dem Tode ihres Katholikos.

Capitel XXIV.

Von Dem, was zuletzt geschah, da sich die Armenier ergaben, und davon, daß wir wegen der großen Menge dieser Ereignisse von einer Erzählung und Geschichte derselben absehen und abstehen.

Wir sehen nämlich ein, daß Vieles dasjenige ist, was zu unseren Zeiten und in unseren Tagen und besonders nun zuletzt sich ereignet hat, und daß es die Grenzen einer Schrift überschreitet, besonders was nach der Ergebung von Persisch-Armenien an die Römer, die im J. 880 des Alexander stattfand, geschah. — Es brachen dadurch beständige und häufige Kriege von allen Seiten aus und es entstand eine drohende Verheerung und ein großes Blutbad. Dann erhob sich wieder der Mager in seiner Schlauheit und griff die römischen Heere in Armenien an, um — wie er meinte — sie zu tödten und zu vernichten. Als er dieß nicht vermochte, beugte er von ihnen ab und ging hinüber nach Römisch-Armenien, indem er Cäsarea in Kappadocien zu bezwingen und zu erobern hoffte. Da aber die Heere ihn einschlossen und ihn auch von Kappadocien abhielten, darauf sich umwandten, ihn angriffen und seinen ganzen Ruhm völlig vernichteten, kehrte er beschämt um; und wenn die Anführer mit einander einig gewesen wären, wäre er auch nicht einmal mehr lebend heimgekehrt. Darauf bereicherte der römische Kaiser Armenien durch Gaben und Geschenke und durch ein Heer und brachte es wieder zu Ansehen. Ferner ergab sich wieder ganz Persisch-Armenien den Römern, wurde erobert und in Besitz genommen. Oftmals triumphirten sie, besiegten und bezwangen mächtige Völkerschaften. Endlich aber geriethen entweder durch die schlechte Leitung der Anführer oder weil sie Gott vielfach beleidigt hatten, — obschon sie der Zahl nach nicht weniger als 100000 Mann waren, vor einem einfältigen Präfekten, der nicht seine 30000 hatte, alle römischen Heere in Furcht und flohen, verloren ihre Waffen und Pferde und wurden so beschämt. Darnach erhob sich der Perser stolz, eroberte und bezwang ganz Armenien; und die ganze Provinz verlangte von ihm das Wort und er gab es ihr. So kehrte die ganze Provinz zurück und ergab sich ihm — diejenigen ausgenommen, welche sich zu Konstantinopel befanden seit 7 Jahren, wo sie sich gegen ihn empört und mit ihm gekämpft hatten. Dann wurden vornehme Gesandte beider Reiche abgeordnet, um das zwischen denselben Vorgefallene zu untersuchen und sich auch über den Frieden zu besprechen. Das geschah auch, und sie saßen mehr als ein Jahr einander gegenüber, sprachen, richteten und rechteten mit einander, ohne Etwas auszurichten. Zuerst nämlich verlangte der Perser Geld und wollte so Frieden schließen. Dagegen ereiferte sich der römische Kaiser heldenmüthig und sagte: Dieser verlangt von uns Geld, wie von Einem, der sich vor ihm fürchtet und sich ihm unterworfen hat. Er soll aber wissen, daß er bis jetzt auch noch kein einziges Pfund von uns erhalten hat und bei unsern Lebzeiten auch nicht erhalten soll. Wenn er aber nicht mit der des Reiches würdigen Ehre handelt, schließen wir mit ihm keinen Frieden. — Endlich ließ sich der Perser auch dazu herbei und es geschah Nichts: — nebst vielem Anderen dgl., zu dessen Erzählung viele Bücher nicht hinreichen würden, sowie zu der der übrigen Kämpfe der Welt und der Kirche, die wir ihrer Menge wegen außer Acht lassen.

Capitel XXV.

Von der fürchterlichen und schweren Heimsuchung des gerechten Gerichtes Gottes, welche mitten in der heftigsten Verfolgung alsbald beide Partheien auf gleiche Weise traf.

Zu dieser Zeit erschien der Sinn (Inhalt ܠܡ) und die Erfüllung des apostolischen Unterrichts verwirklicht worden zu seyn, der da sagt: Kund geworden ist der Zorn Gottes vom Himmel über alles Unrecht und alle Gottlosigkeit der Menschen, die da die Wahrheit mit der Ungerechtigkeit festhalten, u. s. w. — Weil nämlich Christen schwere und heftige Verfolgungen aus unbedeutenden Ursachen zu dieser Zeit über Christen so unbarmherzig und ohne alle Gottesfurcht erweckten, — grausam und barbarisch, aber nicht christlich — wie ein Löwe, der nach Raub brüllt, und wie das Junge eines Löwen, das im Verborgenen weilt, — deßwegen erhob sich der Herr wider sie und schlug sie, was vor Allen offenbar und bekannt wurde; Dasjenige nämlich, was sie in aller Schlauheit und Ungerechtigkeit thaten an ihrem eig'nen Fleische (ܚܣ ܕܡܣܪܚܘܢ) d. i. am ganzen Volke der Rechtgläubigen, [hatten sie] wohl im Eifer des Zornes, aber nicht in friedlicher Ordnung und nach christlicher Gerechtigkeit [gethan]. — Sie erweckten nämlich heftige und unbarmherzige Verfolgungen; schwere Haft und „enge Finsterniß" beschlossen sie über die Diener Gottes, alte, kranke, schwache und gebrechliche Leute. Sie verhängten unerträgliche Verbannung, ganz ohne alle Gottesfurcht, indem sie befahlen, durch Hunger und Durst und durch Entfernung von den Bekannten Diejenigen zu quälen, die von ihnen gefesselt und eingekerkert worden. Diejenigen aber, welche in den Hospizen waren, wohin sie diese Verbannten verwiesen hatten, hielten sie ab, damit sie unbarmherzig mit denselben verfahren sollten, indem sie Jene auf alle Weise durch heftige Drangsale und Heimsuchungen nöthigten, sich dem Verlangen der Dränger zu fügen. Andere aber nöthigten, bezwangen und unterwarfen sie nach Willkür, indem sie auch das Priesterthum, welches sie von den langen Zeiten der Orthodoxen her hatten, ungesetzlich und gegen alle Römische Ordnung lösten und sie auf's Neue zu Priestern und Bischöfen weihten, und Vieles noch, zu dessen Erzählung wir zu wenig Zeit haben. Es wurde aber auch kund, daß Gottes Gerechtigkeit dies nicht ertrug und duldete, sondern er beschloß sogleich ein Zorngericht vom Himmel über alle diese fluchwürdige Grausamkeit. Es wurde nämlich über Diejenigen, die ohne die Zügel der Gottesfurcht verfuhren, gesandt, d. i. über den Patriarchen Johannes und den Kaiser, der von ihm war aufge-

5 *

reizt worden und ihm Das auszuführen befohlen hatte. Sie Beide wurden durch einen Schlag des göttlichen Zornes getroffen und erhielten ein und dasselbe Urtheil der Uebergabe an die bösen Geister nebst den übrigen schrecklichen und schauderhaften Dingen, welche in der Mitte liegen, die aber von uns wegen der Ehre des Priesterthums und des Kaiserreiches mit Stillschweigen bedeckt werden sollen. Was aber von den Dämonen, denen ein Jeder von ihnen übergeben worden, in nicht kurzer Zeit geschah, verkündet und gesprochen wurde, leugnen wir, obgleich es sehr schwierig und furchtbar ist, nicht ab — als bezeugt von allen Zeitgenossen. —

Capitel XXVI.

Von der Krankheit und Qual, die Johannes den Sirmier befiel, nebstdem daß er die ganze Zeit seines Lebens von einem Dämon gequält wurde, d. i. aber Der, welcher die unbarmherzigen Verfolgungen veranlaßte.

Nach jener fürchterlichen Züchtigung, die über den Bischof und über den Kaiser geschickt wurde, war jener Johannes durch die Emsigkeit und den Eifer, der ihn von innen antrieb, nur noch mehr zur Verfolgung der Gläubigen bereit und mit grausamen und heftigen Drohungen gegen sie von allen Seiten her — ohne Verstand und ohne einen ordentlichen Gedanken — tagtäglich versehen. — Da wurde er von Zeit zu Zeit vom bösen Geiste sehr geplagt, so daß er das gerechte Gericht nur noch mehr erzürnte und auch ein innerliches Leiden, Leibschmerzen und heftige Podagraschmerzen sich zuzog. Da wurde er nun gequält, ohne daß man ihn heilen konnte und tagtäglich kam Schmerz zu Schmerz, und Leiden zu Leiden bei ihm hinzu. Es wurde ihm zwar ein großer Eifer von vielen Aerzten gewidmet, allein Erholung und Hülfe erschien bei ihm nicht, sondern wie die Zauberer vor Pharao eingestanden: Gottes Finger ist das! — so erkannte auch Dieser jetzt durch die Noth die Züchtigung, die vom Himmel über ihn geschickt worden war. Er fing nun an, mit Thränen und Seufzern zu den Aerzten zu sagen: Warum doch, meine Söhne! müßt ihr euch mit mir Unglücklichem ab, da ihr meine Leiden nicht heilen könnt, weil sie alle durch ein gerechtes Urtheil vom Himmel über mich wegen meiner Rachsucht geschickt worden sind, und Menschen dieselben nicht heilen können? — Denn jetzt sehe ich ein und erkenne, wie ich ohne Erbarmen so Viele schlug, so bin ich jetzt allein von jenem Einen geschlagen worden ohne Erbarmen. Vor der Zeit aber trennten sich von ihm die Aerzte, da er sie selbst abwies und auch nicht einmal mehr Nahrung zu sich nehmen konnte. Selbst wenn er Mirturen trinken sollte, gab er sie sogleich wieder von sich. Endlich aber schrumpften auch seine Eingeweide zusammen und senkten sich; und obschon seine Qual sehr heftig und hart war, war er doch geduldig. Er weinte über sich und sagte vor Vielen: Ich weiß es, o Herr! daß ich Böses vor Dir gethan, und die Flüche Deiner Diener, alter und ehrwürdiger Männer, haben mich getroffen und Deinen Zorn über mich erweckt, der ich ohne Mitleid gegen sie verfahren bin. Derselbe wurde also seit dem ersten Jahre seiner Verfolgung beständig gequalt und „erhob sein Haupt nicht." Doch auch so gab er seine Härte und seine Tücke nicht auf. Endlich aber, nachdem diese schwere Züchtigung und all diese heftige Pein ihn fast zwei Jahre gequält hatte, schied er aus dem dießseitigen Leben im 12. Regierungsjahre K. Justin's. Da er nun in seinen Krankheiten lag, fand er zwar hie und da Hülfe, wurde aber immer wieder gequält bis zum Tage seines Endes.

Capitel XXVII.

Davon, daß Johannes, als er verfolgte, alle Bildnisse der orthodoxen Väter von allen Klöstern herabnehmen ließ und zerstörte, und das seinige aufhing.

Wir haben zwar schon oben den Inhalt (n. die Erinnerung) dieses Capitels kurz berührt; allein jetzt ziemt es sich, den gerechten Urtheilsspruch Gottes anzugeben, der eine Vergeltung nach den Werken nicht blos im künftigen Gericht, sondern auch schon hier zeigt. — Johannes von der Hauptstadt nämlich, von dem schon oben gesprochen worden, war grausam, stolz und hochmüthig wie ein Knabe und umhergetrieben und trunken von Herrschsucht. Da er nun die Klöster und die Kirche der Orthodoxen verfolgte und bezwungen hatte, ließ er alle Bildnisse der orthodoxen Väter herabnehmen und zerstören, und hing und stellte die seinigen überall auf. Und als er nicht an's Sterben dachte, ereilte ihn plötzlich sein letztes Ende. — Eutychius wurde nun berufen und kam, der vor ihm vertrieben worden und an dessen Stelle er getreten war. Als nun Jener gestorben war und Dieser berufen wurde und ankam, so schwieg er von Allem, was vormals unter ihnen geschehen war, und ließ es ruhen auf die Bitte der Kaiser hin. Die Bildnisse des Johannes aber, deren es überall viele gab, zerstörte Eutychius und entfernte sie aus dem Episkopeion und aus allen Kirchen, bis auf einzelne, die hie und da vergessen und [später] gefunden wurden. Auch in allen Städten und Dörfern, da man das Begehren des Eutychius erfuhr, zerstörte man, um nicht verklagt zu werden, alle Bildnisse des Johannes auf

Gemälden (١٢٥٠,) und auf Tafeln (Säulen؟ لﯙ؟) und erhob und heftete, wie wir sagten, die Bildnisse des Eutychius an, bis auf wenige, die vereinzelt belassen wurden. „Es vergalt Gott dem Abimelech den Frevel, den er begangen hatte, indem er seine Brüder, siebenzig Mann, auf einem Steine tödtete (علﯘ٢ﯖ = ملﯔﭱ)." *) — So geschah dies zum Erstaunen und zur Verwunderung für alle Menschen, da Gott sogleich darnach dem Johannes vergalt. Wie er gethan, so geschah ihm; und es lenkte der Herr die Vergeltung (= die Strafe; der Hebräer hat הֵשִׁיב, die Bosheit) Nabals zurück auf sein [eigenes] Haupt." **) Und so wurde das Bildniß des Johannes nach seinem Tode zerstört, wie er es gewagt hatte, die Bildnisse der Heiligen herabzunehmen und das seinige zu erheben. Er saß aber auf seinem Stuhle ungefähr (مﭦ مﭦﭕ) 13 Jahre.

Capitel XXVIII.

Vom Diakon Theodulos, der auch einer der heftigsten Christenverfolger war, und von der Vergeltung des gerechten Gerichtes, die auch ihn erreichte, indem er durch eine Züchtigung gequält wurde.

Dieser Theodulos, Diakon der Kirche, schien von Jugend auf demüthig, sanftmüthig und friedliebend zu sein, so daß er bei Vielen für tugendhaft galt. Da Derselbe nun freien Zutritt beim K. Justinian bekam und dieser seine Demuth und Verschwiegenheit ersah, vertraute er ihm viel Geld an, um es an die Armen, Gefangenen und an die Klöster der Umgebung der Stadt und auf allen ihren Grenzen zu vertheilen. Selbst [ganze] Talente gab und schickte er ihm nach entfernten Provinzen, um sie zu vertheilen. Doch allmählich eignete er sich die Talente selbst an (عﭥﭕ). In dieser Weise vertraute ihm auch Justinus an. Da nun die Verfolgung ausbrach, fügte er als ein gläubiger Mann, um zu gefallen, mit Johannes und den Uebrigen der ganzen Parthei der Gläubigen viel Unheil zu. Er wurde nämlich zuerst in die Klöster geschickt und verführte Viele durch seine trügerischen Schwüre; zuletzt aber wurde er auf der Lüge ertappt. Daher nahm er noch mehr Zorneseifer für die Synode und die ganze Häresse der zwei Naturen an, als Johannes, und in seiner Vollmacht ergriff, kerkerte er ein und folterte er, wie er wollte. Auch beim Kaiser und beim Patriarchen verklagte (verläumdete) er alle [Recht=] Gläubigen, erweckte ihnen heftigen Zorn

---

*) Judd. IX. 56. 5.
**) I. Reg. XXV, 39.

und erhielt Befehle und Vollmachten, und verfuhr nun, wie er wollte. Selbst Johannes fürchtete und ängstigte sich nicht wenig vor ihm; denn er hatte auch Vollmacht über alle Arianer an allen Orten erhalten. — Da er sich nun erhob und der Verfolgung sich bediente, sandte Gott auch ihm heftige Leiden, so daß er nicht gerade einhergehen konnte. In seinem Grimme aber wurde er nur noch heftiger und gereizter zur Verfolgung, sowie auch seine und seines Weibes Verwandte, sein Notar u. f. w. — Als sie nun in einem Nachen (χαράβιον, ‏ڡربة‎) an das Ufer des Meeres kamen, sank derselbe unter und sie ertranken im Meere, indem nur 2 oder 3 sich retteten. Nach diesem Unfall und Schlag, der ihn getroffen, starb seine Gattin und auch Er fiel durch eine heftige Krankheit auf das Lager, indem er drei Jahre lang gequält wurde. Nun, in der Heimsuchung dieser heftigen Leiden, bekannte er mit bitteren Thränen und sagte: O ich Unglücklicher! Die Flüche der Verfolgten haben mich getroffen, und das Geschrei Derjenigen, die ich drückte, ist vor Gott gedrungen; all diese Strafe ist durch den göttlichen Zorn über mich geschickt worden. Kurze Zeit vorher hatte er aus irgend einem Grunde seinen Vestiar (vestiarius, ‏ܩܣܛܝܐ‎) *) geärgert, dem er Alles, was er hatte, hinweggenommen. Dieser ging insgeheim hin zum Kaiser und erzählte ihm von den Talenten Goldes, die er hatte, wie man sagte — wir wissen es aber nicht genau, 24 oder 23. Der Kaiser ließ dieselben heimlich holen, berief den Theodulos und sagte zu ihm: Weil wir, o Diakon! zum Feldzuge des Geldes benöthigt sind, so gib, wenn du zwei oder drei Talente hast, es uns und wir werden dir es wieder erstatten. — Er aber antwortete: Woher, o Herr! sollte ich Talente haben? — Der Kaiser: Bei meinem Leben und bei meiner Erlösung, hast du keine? — Er aber leugnete und schwur, daß er kein einziges Talent besitze. — Darauf ließ der Kaiser die Talente mit seinem Vestiar kommen und sagte zu ihm: Kennst du diese da? Und warum hast du geschworen und uns und Gott belogen? — Es genüge dir an deiner Beschämung. Geh' von hinnen! — So schämte er sich, wie ein Dieb, wenn er ertappt wird, ging hin und verbarg sich vor Scham; und er wurde allen Leuten zum Gespötte und Hohn. Auf diese Weise kam diese Beschämung zu all seinem Mißgeschicke hinzu und so wurde er gestürzt und gedemüthigt bis auf den heutigen Tag.

---

*) Eine Art Sakristan; du - Cange Gl. s. h. v.

72

Capitel XXIX.

Vom Quästor des Kaisers, Namens Anastasius.

Dieser kaiserliche Quästor stammte auch aus dem samaritanischen Gebiete.. Als nun die Samaritaner in Palästina durch Photius gerichtet wurden, nahm man ihn in Haft (ܡܣܬܟܠ ܟܬܐ ܦ —— κατασχεθῆναι) und es wurde eine Klage *) gegen ihn anhängig gemacht. Er kam zum Kaiser, lief da und dorthin, und gab Geschenke nach allen Seiten. So wurde die Klage unterdrückt und es fand keine Untersuchung über ihn statt. Auch er war ein Hasser und heftiger Feind aller Gläubigen. Er klagte sie und reizte jederzeit, wenn er die Stelle des abwesenden Patriarchen vertrat, [den Kaiser] wider sie auf; wenn er aber kam, so reizten sie Beide den Kaiser auf. Da nun der Kaiser nach ihnen schickte und ihre Worte vernahm, ergrimmte auch er und erließ schreckliche und harte Befehle über die ganze Parthei der Gläubigen. Er erhielt auch, wie Allen bekannt ist, zu jeder Zeit nicht wenig Geld von Johannes und war der Angeber und Anstifter aller Uebel, wie sein fluchwürdiger Lehrer **) Aetherius (ܐܬܝܪ), der sich rühmte, daß Dieser vorher sein Mitarbeiter (σύντονος oder σύμφωνος — ܣܘܢܩܠܘ) gewesen und in Allem in seine Fußstapfen tretend zur Empörung anreizte. Doch „die Gerechtigkeit" ertrug auch die Gottlosigkeit dieses Frevlers nicht, — der sich für einen Christen ausgab, die Christen aber aus Herrschsucht hinterrücks als Heiden und Samaritaner auf alle Weise und unter allen Vorwänden schlug und nebst den übrigen heimlichen Heiden „seines Geheimnisses (ܪܐܙ d. h. seiner Verbindung)" die Vereinigung der Kirche zu verhindern gezwungen war. Da nun Gott seine List und Tücke sah, und daß er meinte, Gott und Menschen zu hintergehen, offenbarte er seine Verstellung in all ihrer Fülle vor der ganzen Kirche. —

Als nämlich am Tage der Anbetung des heiligen Kreuzes unseres Erlösers dasselbe in der „großen Kirche" hervorgebracht und ausgestellt wurde, und der ganze Senat und die ganze Stadt von allen ihren Enden her sich zu seiner Anbetung versammelte, ging der Quästor mit dem Senate hin, um sich auch dem Scheine nach als Anbeter zu zeigen. Da sie sich nun in Reihen aufstellten und sich der Ordnung nach näherten, ge

---

*) ܦܪܟܣܝܣ, πρᾶξις; nichts Anderes als die actio des römischen Rechts.

**) Evagr. Eccl. Hist. V. 3. gebraucht von ihm dasselbe Prädikat „fluchwürdig, ἀλιτήριος."

langte auch er hin zum heiligen Kreuze; bevor er aber es anbetete, fuhr der Teufel in ihn, hob ihn auf und warf ihn hin vor das heil. Kreuz, zu dessen Anbetung er sich aus Verstellung und nicht in Wahrheit genähert hatte, indem er das Christenthum verspottete. (Er fing nun an zu schäumen und heiser zu werden (ܡܚܨܕܝ — nach ܥܚܠ, raucus Cast.?) vom Dämon, *) verlor seinen Verstand und schrie lange fort, bis der Patriarch den Befehl gab, und sie ihn nahmen, durch Viele hindurchtrugen und in das innerste Gemach, welches in der Kirche war, warfen. Da rief nun die Kirche in ihrer Fülle das Kyrie eleison! (ܡܪܝܚܣܡ) lange Zeit hindurch. Man wunderte sich über die Entdeckung dieses Betrügers und über die Züchtigung, die der Herr des Kreuzes an ihm vollzogen vor so vielen Gemeinden; und es befiel Furcht viele Betrüger und Heuchler. (Er aber erhob sich (sein Haupt) nimmer, sondern nachdem er also vom Teufel gequält worden, lebte er noch ungefähr $1\frac{1}{2}$ Jahre und schied dann aus diesem Leben.

Capitel XXX.

Davon, daß als die Kirchen der Orthodoxen während der Verfolgung von den Synoditen zerstört wurden, nach kurzer Zeit auch jene Kirchen, welche die Synoditen hatten [zerstört wurden], indem durch ein gerechtes Urtheil von den Barbaren die Altäre der Kirchen in ganz Thracien und bis an die Mauer umgestürzt, beraubt und zerstört wurden.

Da nämlich diejenigen, welche die weltliche oder kirchliche Herrschaft besaßen, sich Das auserwählt und ausersehen hatten, die Versammlungsorte der Gläubigen zu zerstören und ihre Altäre umzustürzen, drang kurze Zeit darauf das seinen Thaten nach barbarische Volk Derjenigen, die Avaren (ܐܒܪܣ) genannt werden, bis an die Stadt vor und kam bis an die äußere Mauer. Alle Kirchen in der ganzen Provinz Thracien wurden ausgeplündert und verwüstet von ihnen, sowie die ganze Provinz selbst. Ihre Altäre wurden beraubt und zerstört, vernichtet die Ciborien **) (ܡܨܒܠ) und sie stiegen hinab bis an die Mauer der Stadt. — Da erkannten nun Einige aus ihnen das gerechte Gericht und sagten: Was von den Leuten unserer Parthei an Jenen, die mit uns nicht übereinstimmen, auf eine ungerechte Weise geschehen, daß nämlich ihre Kirchen zerstört wurden, das geschah jetzt uns von Gott in seinem Zorne, indem

---

*) Was torn — Smith p 141.
**) Nicht mit den heutigen zu verwechseln! Cf. I. V. c. 22.

auch unſere Kirchen zerſtört und verwüſtet wurden. Darüber wun=
derte ſich Jedermann und pries Gott, der da Jedem nach ſeinen Werken
vergilt.

Capitel XXXI.

Von der Berufung und Ankunft des Patriarchen Eutychius nach dem Tode des Johannes.

Nach dem Tode des Patriarchen Johannes wurde Eutychius
berufen, der ſein Vorgänger geweſen, aus ſeinem Kloſter, welches in
Amaſea *) (ܐܡܣܝܐ), einem nördlichen Orte, iſt. Er kam alſo an
und wurde von den Kaiſern ſowohl, als von der ganzen Stadt mit gro=
ßem Pomp (ܩܘܒܠܐ ܪܒܐ) empfangen, da man herrliche Dinge von ihm ver=
breitet hatte, daß er „Wunder thue und Kräfte wirke.‟ Die ganze
Stadt aber freute ſich über ſeine Ankunft, als ob ſie von all der Lüge,
Verſtellung und Betrügerei des Johannes (aus ἐπιθέτης ein ſyriſches
Subſtantiv — ܐܦܝܬܛܐ — gebildet!) befreit würden, die da ſo ganz
wider alle Ordnung geweſen war, da er noch ein Jüngling und dann
Juriſt **) (ܣܟܘܠܣܛܝܩܐ) geweſen, vor kurzer Zeit noch tonſurirt und
Kleriker, und dann plötzlich Biſchof der Hauptſtadt geworden war, aber
ohne ſich ſeit ſeiner Jugend und all dem Studium (ܡܕܪܫܘܬܐ) geän=
dert zu haben. Eutychius war ein keuſcher Mönch und hatte den
Thron der Hauptſtadt vor ſeiner Vertreibung 12 Jahre innegehabt. Nach
ſeiner Entfernung behauptete ihn Johannes auch 12 Jahre, und er
ging ſchon in's 13te. Da kam Eutychius und meinte, auf ſeinem
Throne nicht ſitzen zu können, ohne vorher den Johannes anathemati=
ſirt und ſein Andenken aus der Kirche Gottes vertilgt zu haben.

Capitel XXXII.

Ueber Das, was vom römiſchen Archidiakon (ܐܪܟܝܕܝܩܘܢ) vor dem Kaiſer kanoniſch und freimüthig über den Johannes und Eutychius vor deſſen Ankunft geſprochen wurde.

Der Archidiakon von Rom nämlich ſagte nach dem Tode des Jo=
hannes des Sirmiers und der Berufung und Ankunft des Eutychius

---

*) S. oben l. l. c. 42.
**) Die Kanonenſammlung dieſes Johannes Scholaſticus iſt aus der Geſchichte der Kir=
chenrechtsquellen bekannt. Sie ſteht bei Aſſemani, Bibl. Jur. Orient. T. III.

vor dem Kaiser mit vielem Freimuthe also: Es ist Ew. Majestät (e.

Gnädigkeit — حضرتكم) bekannt, daß nach den kirchlichen Kanonen und Regeln, wenn Johannes Patriarch war und Alles als Patriarch that die ganze Zeit seines Lebens, Eutychius nicht Patriarch (war) ist, und gar nicht zur Kirche kommen und den Thron in Besitz nehmen kann. Wenn aber andrerseits Eutychius als Patriarch aufgenommen wird und kommt und den Thron in Besitz nimmt, so ist Johannes und Alles, was er nur immer gethan, außer aller kirchlichen Ordnung, und Alles, was durch ihn geschehen, ist ungültig (غلط). Wenn er einem Bischof geweiht oder sonstwie die Chirotonie ertheilt hat, wenn er eine Kirche konsekrirt oder einen Altar, überhaupt was durch ihn geschehen, ist ungültig und nichtig, da er auch seinen Namen vertilgt und ausgestoßen (c. verkündet, قصد) aus der Kirche Gottes und entfernt hat aus aller Ordnung des Priesterthums. Besonders weil Beide — Einer den Anderen — entsetzt und aus der Kirche ausgeschlossen haben, nebst Allen, die mit ihnen Gemeinschaft hatten, so ist nach den Kanonen der Eine von ihnen entsetzt, ausgestoßen und entfernt aus der Kirche. — Als dieß Alles der Archidiakon vor dem Kaiser gesprochen hatte und sagte, daß der Papst von Rom (بابا رومية) es anders nicht annehmen würde, schalt man ihn heftig, damit er aufgebe und vernachlässige die Genauigkeit (ἀκρίβεια — أحرصي) der Kanonen. Das that er denn auch und so wurde die kanonische Ordnung mit Füßen getreten und überschritten.

Capitel XXXIII.

Davon, daß als Eutychius berufen wurde, Jedermann glaubte, er dürfe nicht kommen und zurückkehren, ehe eine Synode versammelt worden wäre und Alles untersucht und geprüft hätte, was von Johannes und ihm gegen einander geschehen war.

Alle nämlich waren der Meinung, daß Eutychius eine große Untersuchung veranstalten würde. Da wurde er berufen, kam, stieg hinauf und setzte sich auf den Thron ohne Widerrede. — Nun tranken und schlürften beide Partheien die trübe Hefe ihrer Bannflüche gegen einander aus, nämlich die des Johannes und die seinige, nebst Denen, die mit ihnen Gemeinschaft machten, und bannten auch [einander], worüber Alle von Staunen ergriffen wurden.

Capitel XXXIV.

Von den Bildnissen des Johannes, die Eutychius herabnehmen ließ, und von allen seinen Verwandten, die er demüthigte und vertrieb.

Eutychius kam also, nahm [von seinem Thron] Besitz und stand von einer kanonischen Untersuchung ab, indem er fürchtete, sich dadurch einen Gegner zu erwecken, und seine Krippe zu verlieren (دلدص اوريه). Dann aber zeigte er seinen Haß und Eifer, indem er befahl, alle Bildnisse desselben zu zerstören und aus dem bischöflichen Palaste zu entfernen, den Johannes nach seinem Brande prächtig wieder aufgebaut hatte. Es wurden nun seine Bildnisse darin und an allen Orten zerstört und vernichtet und man hörte auf, seinen Namen zu verkünden, bis dieß dem Kaiser mißfiel, daß er seinen Namen auslasse. Er vertrieb und entfernte alle Verwandte desselben und Alle aus seiner Familie, goß alle möglichen Schmähungen und Flüche über ihn aus und [that] Alles, was ihm beliebte. Da man seine Eitelkeit sah, schmähte man den Johannes vor ihm, und er hörte wohlgefällig zu. Endlich ging er soweit in seiner Thorheit, daß er öffentlich vor Allen sagte: Johannes ist nicht Bischof von Konstantinopel gewesen, sondern hat nur, da er ein Fremder war, meinen Platz gehütet. Darüber lachten Alle, die es hörten, da sie wußten, daß er fortgegangen und vertrieben worden und Eutychius an seine Stelle getreten war, und daß Dieser „saß" (sc. auf dem Thron von Ctp.) und seine Absetzung (καθαιρεσις, فذيناس) vollzogen hatte.

Capitel XXXV.

Von den Schriften der Quaternität d. i. der zwei Naturen nach der Vereinigung, welche Eutychius verfaßte, als er in der Verbannung war.

Als nämlich Eutychius draußen in seinem Kloster in der Verbannung war, kompilirte und verfaßte er „Schriften der (Compilation *) (عذمبا)" zur Ueberzeugung aus den Vätern, worin er eine Quaternität statt der heiligen Trinität nach Art der Synode von Chalcedon und des gottlosen Tomos des Leo lehrte. — Auch er nämlich lehrte, wie sie, und sagte: „Zwei Naturen sind in Christus auch nach der Vereinigung. So bekennen ja auch alle Väter." Sogleich nun als er angekom-

---

*) cf. l. V. c. 10.

men war und seinen Stuhl bestiegen hatte, begann er seine Schriften allen Vornehmen, sowie angesehenen Frauen zuzusenden, indem er verlangte, sie sollten sie lesen und davon Einsicht nehmen, damit sie zwei Naturen bekannten. Besonders eifrig aber schickte er dieselben Jenen zu, die sich am Bekenntniß zweier Naturen ärgerten, indem sie mit allen Vätern das Bekenntniß „Einer körperlichen Natur (سر مصطلا ضيمصمحا) theilten." — Als nun Viele sie gelesen hatten, spotteten sie über seinen Unsinn, sogar seine eigenen Bischöfe, sowie die Uebrigen, und es begann die ganze Stadt in Aufregung zu gerathen und besonders Jene, die nicht getrunken hatten von „der trüben Hefe der Galle des Nestorius", murrten heftig über ihn. Darunter auch ganz besonders Einige seiner Bischöfe, so daß sie in große Unruhe und Aufregung gegen ihn geriethen, sich im bischöflichen Palaste versammelten und zu ihm sagten: Wenn du deine Schriften nicht einsammelst und diese Lehre aufgibst, rufst du eine Spaltung in der Kirche Gottes und auch unter uns hervor. Da sammelte er seine Schriften ein und es hörte die Unruhe auf, obschon er bei seiner Meinung blieb.

Capitel XXXVI.

Davon, daß sich Eutychius zu der Meinung der Häresie der Athanasianer wandte, die da sagen: Nicht diese Körper erstehen, sondern andere statt ihrer.

Darnach aber zögerte der dreiste Eutychius, der zuvor seiner Art nach zur Häresie der Samobatener gehört hatte, nicht, wieder in die andere Grube derjenigen, welche die Auferstehung des Leibes läugnen, sich zu stürzen. Scharfsinnig und eifrig gab er sich auch dieser Lehre hin, zu bekennen und offen zu lehren: „Diese Leiber der Menschen kommen nicht zur Auferstehung, sondern andere, die neu geschaffen werden. Diese erstehen bei der Auferstehung." — Und das lehrte er nicht blos mit dem einfachen Worte, sondern verfaßte es auch in Schriften und gab sie heraus (in publicum edero, وهص ڊمحدس) und disputirte beständig darüber. Da brachen auch deßhalb Unruhen, Gemurmel, Lästerungen und Flüche über ihn in der ganzen Stadt aus, und besonders von Seite der Seinigen und seiner Glaubensgenossen, indem sie zu ihm sagten: Wenn du diese Lehre nicht aufgibst, anathematisiren wir dich. Aber auch so konnten sie ihn von seiner Meinung nicht abwendig machen, sondern er hörte (nur) auf, sie zu lehren. Da hielten ihn alle Leute für einen Häretiker und Thoren.

Capitel XXXVII.

Davon, daß Eutychius, als er von Allen geladelt, verspottet und verwünscht wurde, er von den Orthodoxen allein verwünscht zu werden meinte.

Wegen eines leeren Vorurtheils war Eutychius mit Haß und unversöhnlicher Feindschaft erfüllt gegen die ganze Parthei der Gläubigen. Sein Hauptstreben ging dahin, sie zu vertilgen und zu verderben. Ueber jeden Einzelnen aus ihnen fielen Ekklesiekdiker, Erkubitoren, Römer, Kleriker? (محدمي) u. s. w. her zur Zeit ihrer Liebesmahle (Agapen) — wie Mörder und Barbaren, aber nicht wie Christen. Sie ergriffen und schleppten sie umher, stürzten ihre Altäre um, warfen ihre Opfergaben hin, wie ihre „Heiligthümer", raubten und plünderten ihre Geräthe, und die übrigen Gefäße ihres Gebrauches, die sie fanden, oder ihre Schriften. Sogar ihre Kleider und Schuhe raubten sie. Und wenn sie nur einen Schuhriemen (ἀναλυμα — الكحمل) bei Einem fanden, der ihnen taugte, so verschmähten sie es nicht im Geringsten, ihn zu plündern, zu rauben und zu stehlen. Zuletzt schleppten sie dieselben und Alles, was sie bei ihnen fanden, hin, schlossen sie ein in's Gefängniß und dort gaben die Besitzenden und Nichtbesitzenden her. So nahmen sie täglich eine Gemeinde in Angriff. Da wurden sie von Vielen getadelt, daß sie wie Heiden die Eucharistie der Christen hinwürfen, mit Füssen träten, zuletzt sie in's Feuer würfen und verbrannten. Alles dieses Unheil geschah, bis (zuletzt) keine Gemeinde mehr öffentlich zu finden war.

Capitel XXXVIII.

Von Flavianus, einem Sklaven des Andreas, der vormals Sacellar der Kaiserin gewesen war.

Grund aller dieser Uebel war ein gewisser Flavianus, Sklave des Andreas. Letzterer, der beim Beginn der Verfolgung Sacellar der Kaiserin war, verließ den Palast und seinen Dienst, ging hin wegen des wahren Glaubens, ließ sich ausplündern und einsperren im Kloster der Dalmatier, gab aber nicht nach. Derselbe hatte einen barbarischen Sklaven, den er eifrig in den Wissenschaften (محب) belehrt und unterrichtet hatte, und der mit seiner ganzen Familie gläubig geworden war. Zuletzt aber lehnte er sich wider ihn auf, ging hin und ergab sich

dem Eutychius. Er stellte ihn als Angeber und Ausforscher (e. Spür-
hund von προχυνεω das Substantiv — ܩ‍ܪ‍ܘܒ‍ܐ) für alle Priester
und alle Gemeinden auf. Um nun seinen Herrn zu verderben, nahm
er Ekklesiediker, sowie auch Erkubitoren, Römer und Kleriker mit sich,
ging hin, schleppte sie Alle fort und sperrte sie ins Gefängniß ein,
nachdem man sie barbarisch ausgeplündert und ihnen Alles weggenom-
men hatte, was sie besaßen. Vielen nahmen sie auch viel Geld mit
fort und so, — um es zu sagen, — auch wenn es lange in einem Loche
verborgen gewesen, ging dieser listig hin und nahm es weg, plünderte
und sperrte (den Besitzer) ein. Dieser war die Heimsuchung und der
Satan für alle Priester und Gemeinden und für alle Gläubigen in der
Hauptstadt, auch für uns und die Uebrigen. Unsäglich und unendlich
sind die Uebel, welche dieser der ganzen Kirche der Gläubigen anthat.

Capitel XXXIX.

**Von einer Klosterschwester und ihren heldenmüthigen Kämpfen, in wel-
chen allen sie siegte und triumphirte.**

Es waren nämlich zwei leibliche Schwestern. Als sie noch klein
waren, starb ihre Mutter, und ihr Vater brachte sie in ein Kloster. Da
starb auch er und hinterließ ihnen, d. h. ihrem Kloster, Alles was er
besaß. Als nun einige Zeit verflossen, und sie erzogen und herange-
wachsen waren, brach die Verfolgung des Johannes und dann des
Eutychius aus. Sie nöthigten das ganze Kloster, von ihnen die Eucharistie zu nehmen, nahmen Einige derselben und vertheilten sie in Klöster in der Stadt. Diese zwei Schwestern aber standen fest wie ein Dia-
mant und besonders die ältere. Alle Qualen und alle Drangsale enger
Gefängnisse, Hunger und Durst gingen (spurlos) an ihr vorüber; und
je mehr sie heranwuchs, desto herrlicher und eifriger wurde sie im Glauben. Sie schalt und verhöhnte alle diejenigen, in deren Kloster sie eingeschlossen war, und sagte: Ihr, alle eure Priester und alle euch Gleich-
gesinnten seid der heiligen Trinität fremd, da ihr statt derselben eine
Quaternität annehmt — mit der Synode von Chalcedon, welche dem
Scheine nach den Nestorius bannt, in der That aber und in der Wirklichkeit seinen Glauben festhält und wie er zwei Naturen bekennt, und
ihr mit derselben und Alle, die ihr beistimmen. — So wurden sie Alle
von ihr besiegt, gingen hin, klagten dem Bischof und riefen: Wenn du
nicht befiehlst, daß diese Versuchung von uns genommen wird, so wisse,
daß wir Alle aus unserem Kloster fortgehen; denn wir können ihre Lä-

sterungen und Spottreden, und ihre Disputation nicht ertragen. — Da=
her ließ er dem Erarchen (الايارخ) der Nonne entbieten, er solle hin=
schicken und sie richten und foltern lassen; man solle sie entfernen und
in ein anderes Kloster stecken, welches härter wäre als dieses, und solle
ihnen (d. h. den Nonnen jenes Klosters) befehlen, sie zu quälen, bis sie
dieselbe zur Unterwerfung brächten. Da nun der Curator (oder Visi=
tator (قسيط) des Erarchen zu ihr hinging und sie begannen, sie zu
schelten und zu bedrohen, lachte sie recht sehr über sie, verhöhnte sie und
sprach: Warum, ihr Heiden und Mörder! droht ihr mir Schwachen?
Wenn ihr bloß zum Drohen gekommen seid und mich nicht tödtet, wie
es eure Gewohnheit ist und dessen, der euch gesandt hat, so „seid ihr
keine Menschen und nicht zähle ich euch zu den Lebenden.“ — Da schlu=
gen sie dieselbe im Zorne mit dem Stocke, wie ein Kameel. Sie aber
verhöhnte sie nur noch mehr, fluchte ihnen und rief ihnen zu: O ihr
Heiden, ihr Verfolger und Mörder der Christen! — Sie reizte sie zu
ihrer Ermordung auf und sagte: Heiden seid ihr, aber keine Christen;
denn Christen verfolgen Christen nicht. Ihr aber beweist euch als Hei=
den und zeigt da eine That eures Heidenthum's. —

Da nun auch diese von ihr besiegt wurden, schleppten sie sie fort
und sperrten sie in ein anderes Kloster ein, indem sie befahlen, man
solle sie heftig quälen. Als man dies wenige Tage gethan, begannen
auch diese zu schreien und vor ihr zu fliehen. Und so steckten sie dieselbe
in viele Klöster, vermochten aber Nichts über sie. Es befahl nun
Eutychius, sie hieher, nämlich in die Kirche zu bringen. Als das die
Leute des Erarchen vernahmen, gingen sie hin zu Eutychius und sag=
ten zu ihm: Wisse, o Herr! daß wenn sie zu dir kommt, und du ihr
nicht die Zunge abschneiden oder sie enthaupten läßt, sie das Lästern und
Höhnen nicht aufgibt, ohne dir ins Angesicht zu fluchen. Denn als sie
geschlagen und gegeißelt wurde, war sie nur um so mehr bereit zu ihrer
Ermordung und begierig nach dem Tode. Zuletzt aber, als man sie
in die Kirche brachte und Allerlei bei ihr versuchte, und Drohungen und
Urtheile über sie anhäufte, lachte sie über alle diese Dinge, wie über
Todte ohne Seele — bis nun Alle überall von ihr besiegt waren.
Endlich ließ man sie in ihr Kloster heimkehren und sie wurde der Grund
der Bekehrung für ihr ganzes Kloster. Man legte nimmer Hand an
dieselben, indem man durch ihre Kämpfe beschämt sprach: Wenn eine
Schwester aus diesem Kloster alle diese Kämpfe bestand und nicht nach=
gab, werden sie alle gleich sein. Wer vermöchte über sie Herr zu werden?

Capitel XL.

Von dem Responsorium (مُشَبَّة) des Gründonnerstags, welches Eutychius abändern wollte, nämlich dasjenige, das in allen Kirchen gebraucht
(e. „ministrirt") wurde, und das seinige einführen.

Der dreiste Eutychius, wie er im Uebrigen sehr hochmüthig war,
so suchte er auch sich als Lehrer zu zeigen, die Gewohnheit des von Anfang an bestehenden Ministeriums der Kirchen aufzulösen und abzuschaf-
fen und sein Verderben „anzuheften und aufzustellen." Er hatte es auf
Blätter (مَسَبَّة = πτύξ, πτυχός?) geschrieben am Gründonnerstag,
es allen Kirchen zugeschickt und befohlen, das frühere Responsorium aufzugeben und das seinige zu „ministriren." Diejenigen bedrohte er gar
sehr, die es wagen würden, das frühere zu gebrauchen und das seinige
zu unterlassen. — Dadurch wurde nicht bloß der Klerus aller Kirchen
und Klöster, von Männern und Frauen in Aufregung und Unruhe versetzt, sondern auch die ganze Stadt und der ganze Senat, sodaß beinahe
ein großer Aufstand (مَسَبَّة, στάσις) gegen ihn entstand, — nicht bloß.
von Seite der Kirchen und Klöster, sondern auch von Seite der ganzen
Stadt. Selbst dem Kaiser wurde dieß durch Einen aus dem Senate
erzählt. Der Bischof aber ging in der Hitze seines Zornes eilig hin zum
Kaiser und klagte ihm darüber. — Er jedoch tadelte ihn darauf heftig
und sagte: Wann doch wirst du dich einmal mäßigen und dich ruhig
verhalten? Siehe! die ganze Stadt hast du in Aufregung und Unruhe
versetzt. Wie kannst du denn die früheren Gebräuche abändern? Sieh'
zu, daß man dich nicht steinigt! — Er erwiederte: Herr! Ich habe von
dem Meinigen nur eingeführt, was viel passender ist, als das Frühere.
Da sagte der Kaiser: Wisse, daß wenn du dein Responsorium nicht vom
Himmel herabgeholt hast, wir es nicht annehmen. Geh' hin und bleibe
in deiner Kirche und halte das fest, was von den ersten Vätern darin
aufgenommen worden ist! — So hielt er seinen Eifer nieder, und es
ließen nach und schwiegen die Drohungen wider ihn.

Capitel XLI.

Von Dem, was zuletzt noch nach all' den Heimsuchungen den Johannes,
den sogenannten „Heidenvorsteher", traf.

Von diesem Johannes, dem sogenannten Heidenvorsteher, welcher
Bischof von Ephesus war, verlangte man nach all den Heimsuchungen,

Gefängnissen, Verfolgungen und der Verbannung, die er ertragen, zu=
letzt noch die Herausgabe der Urkunde (charta, مَرجَهـا) eines Gutes
(praedium *) — مَرجَهـى), welches ihm von Kallinikos, Präpositus
des Kaisers und Patricier geschenkt worden war. — Nachdem Johan=
nes es erhalten hatte, verwendete er großen Aufwand darauf und er=
neuerte („renovirte") es. Er baute darin eine Kirche, stellte drei Ci=
sternen her und nannte es Kloster. Als nun die Verfolgung durch Jo=
hannes ausbrach, nahm er ihm das Kloster weg, das er benannt hatte,
setzte Symeoriten darin ein und schickte ihn auf eine Insel des Meeres
in die Verbannung. Als aber Johannes gestorben und Eutychius
angekommen war, verlangte er von ihm die Herausgabe der Schenkungs=
urkunde (δωρεά, ܕ) des Gutes und der übrigen Papiere des Gutes,
— und nicht nur das, sondern auch des Geräthes, der Schriften und
übrigen Dinge. Er ergriff ihn nach der Verfolgung und Bedrängniße
vieler Tage und warf ihn in den Kerker, verlangte und erhielt von ihm
alle Urkunden des Gutes. — Da er nun gefangen saß, versammelte er
über ihn das ganze Collegium der sämmtlichen Ekklesiekriker (σπεῖρα,
ܣ) und der weltlichen (Richter), die da wegen des Geräthes u. s. w.
mit ihm rechteten. Doch wurde er durch die Gnade gestärkt und sagte
zu ihnen: Welches Geräthe doch und welche Dinge verlangt ihr, die ihr
oder ein Anderer dahin geschenkt hättet? Dem, der mir das Geräthe
gegeben hat, steht es zu, zu kommen und es mir abzufordern. Denn
siehe! alle Urkunden (δικαιώματα — ܩ) des Gutes, die sich bei
mir fanden, habt ihr mir mit Unrecht und Gewalt — ohne Gottesfurcht
genommen. Leset also und sehet: es steht in ihnen der Name des Klo=
sters. Wenn aber ein Geräthe darin beschrieben ist, das ich erhalten
habe, dann kann man es mir abverlangen, denn ich habe dann schlimm
daran gethan, es Kloster zu nennen; — wenn aber nicht, so war es
auch kein Kloster. — So beschämte er sie durch Gottes Hülfe und seit=
dem ließen sie Alle von ihm ab. Sie forderten und nahmen ihm
aber auch fünf „Brode", die er um 300 Dariken gekauft hatte **), indem
sie sagten: Du hast sie im Namen des Klosters gekauft. Da er sich
nun in der Haft befand, gab er das Gut (praedium) her, wurde dann
entlassen und entkam so aus der Noth der Gefangenschaft.

---

*) προμάστειον — Suburbanum praedium, villa suburbana. Land salisch. — Mr.
Smith räth wie gewöhnlich, ohne um eine Ableitung sich zu bekümmern.
**) cf. l. III. cap. 14.

Capitel XLII.

Vom betrogenen Paulus aus Asien, der seines Episkopal's entsetzt wurde.

Sehr bedauernswerth ist die Geschichte dieses Paulus. — Derselbe war ein einfacher, ruhiger, sanfter und rechtschaffener Mann und wohnte wie Jakob seit langer Zeit in der Provinz von Carien. Da nun Johannes der Syrmier von ihm erfuhr, schickte er sogleich hin nach Asia, ergriff ihn und legte ihn in Ketten, führte ihn herauf und schloß ihn enge in seinem bischöflichen Palaste ein. Durch die Gefangenschaft und die vielen Quälereien brachte er ihn dahin, daß er von ihm kommunizirte. Weil er sich aber vor den weißen Haaren und dem ehrwürdigen Aussehen des Mannes scheute, ließ er den Trug seines Herzens und was er mit ihm vorhatte, nicht laut werden, sondern zeigte sich ihm, seitdem er ihn unterworfen hatte, friedlich. Daher schickte er ihn zum Bischof von Aphrodisias und schrieb demselben: Diesen entsetze seines Episkopal's, weihe ihn wieder und stelle ihn zum Bischofe in der Stadt Antiochia auf, die unter deiner Jurisdiktion (لللللل) steht. Als derselbe nun den Paulus sammt den Schreiben empfing, nahm er ihn sogleich, ohne daß er ihre List merkte, fest und sagte zu ihm: Siehe! der Patriarch hat mir befohlen, dich deines Episkopats zu entsetzen und dich wieder zu weihen. Als er dieß hörte, begann er zu seufzen und sagte: O ihr Heiden! Siehe! seit vielen Jahren bin ich zum Bischof geweiht worden und bin es (noch) und bin nach kanonischer Ordnung von drei Bischöfen geweiht. Und wozu soll ich jetzt wider den Kanon entsetzt und gottlos wieder geweiht werden? Wenn ihr aber mein Priesterthum löst und mich auf's Neue weiht, so löst auch meine Taufe zuvor und tauft mich wieder! — Doch sie leisteten ihm keine Folge, sondern wurden vielmehr mit Zorn über ihn erfüllt, ergriffen ihn mit Gewalt und Zwang, entsetzten ihn und weihten ihn vom Neuen. Da stieß er sich in das Augesicht, es verdunkelten sich seine Augen und er erblindete. Und nun weinte und klagte er über sich und gedachte in „das Zufluchtshaus der Buße" zu eilen. So erreichte ihn sein letztes Ende und es stieg sein Alter in Kummer und Elend zur Hölle (لللل) hinab. Sein Gericht aber ist dem gerechten Richter aufbehalten.

6 *

Capitel XLIII.

Davon, daß Johannes den Paulus mit trügerischer List weihen wollte, wovon wir hier nur den kurzen Inhalt verzeichnen.

Die Vertrauten des Johannes nämlich brachten einen Libell, schrieben ihn wie im Namen (ܝܫܡܗ) des Paulus und setzten hinein: Ich Paulus, ein Irrender und Verlorener, habe den wahren Glauben erkannt und bin zurückgekehrt und mit meinem eigenen Willen und mit Freiheit meiner Seele, ohne Zwang und Widerstreben, zur Kirche Gottes gekommen, zu dir, Herr Johannes! dem ökumenischen Patriarchen (ܦܛܪܝܪܟܐ)*). Ich bekenne durch diese Schrift, daß ich zustimme der Synode der 630 heiligen Väter, welche in der Stadt Chalcedon versammelt waren, und dem Briefe (ܐܓܪܬܐ) des heiligen und seligen Papstes von Rom, als dem Bekenntniß des Apostelfürsten Petrus, bis zum letzten Athemzuge; Rückkehr aber und Veränderung davon soll mir nie mehr sein in Ewigkeit! Das habe ich bekannt und besiegelt durch meine Unterschrift. Ich Bischof, Paulus, bekenne, daß ich einverstanden bin und annehme Alles, was in diesem Libell enthalten ist. — Diesen also legten sie ihm zur Unterschrift vor, ohne ihn lesen und wissen zu lassen, was sie in seinem Namen und in seiner Person mit Lug und Trug geschrieben und über ihn ohne Furcht Gottes ein falsches Zeugniß abgelegt hatten.

Capitel XLIV.

Von Deuterius, der nach Paulus Bischof der Orthodoxen war.

Dieser Deuterius, thätig und standhaft in seinem Lebenswandel hatte von den Tagen seiner Jugend an und bis zu seinem Alter die ganze Zeit von 35 Jahren mit Johannes gearbeitet, der die Heiden in den Provinzen von Asien, Karien, Phrygien und Lydien unterrichtete. Er hatte mit ihm 99 neue Kirchen und 12 Klöster errichtet, und Johannes vertraute und baute auf ihn fester, als auf Andere und stellte ihn auch zum Bischof der Orthodoxen in der Provinz Karien auf und setzte ihn nach sich. — Sowie (ܟܕ) er aber älter wurde, zu Jahren kam und in den Kampf der Verfolgung gerieth, setzte er ihn über alle

---

*) cf. Land p. 113.

Kirchen und Klöster, arbeitete und besuchte und richtete auf mit ihm sie alle bis zu seinem Lebensende, das in der Hauptstadt erfolgte. Die göttliche Gnade half dem Teuterius, die Kämpfe seines Dienstes kräftig, klug und männlich zu bestehen. Die Synoditen liefen nach ihm, um ihm zuvorzukommen, ihm wie dem Paulus zu thun und ihn an dessen Stelle nach Antiochia zu versetzen. Der Herr aber gab ihn nicht in ihre Hände, und so vollendete er seinen Kampf und verschied in „gutem" Alter.

Capitel XLV.

Von der Sekte (ﻝﻮﻤﺲ) derjenigen, die nach dem Namen ihres Versamm-lungsortes Condobauditen genannt werden.

Die Condobauditen *), deren wir auch schon oben gedachten, sind diejenige Gemeinde (ﻤﺪﻴﻨﺔ), welche gegen das Wort sind, welches Theodosius von Alexandria gethan, als er gegen die zwei Häresieen, nämlich der Tritheïten und der Sabellianer, in der Hauptstadt war, indem sie an irgend Etwas in derselben Anstoß nahmen und von ihm meinten, auch er führe eine Zahl von Wesenheiten und Naturen ein. Deßhalb trennten sie sich und versammelten sich allein, ohne ein Haupt zu haben oder Einen, der ihnen Priester weihte. Sie wollten oftmals mit den Gläubigen vereinigt werden, und es wurde ihnen auch zugesagt. Einige zwar vereinigten sich, nämlich die, welche billig zu beurtheilen wußten; Andere wieder verblieben in ihrer thörichten Unwissenheit, ohne einen billigen Grund, und in dieser Ruchlosigkeit. —

Capitel XLVI.
Vom Kloster der cappadocischen Mönche.

Diese cappadocischen Mönche wurden im Sturme der Verfolgung, wie auch schon früher erzählt, vertrieben und verließen das große und geräumige Kloster in Cappadocien, das man „Gordison" nennt (ﻗﻮﺭﺩﻳﺴﻮﻥ). Es waren deren nicht weniger als 70 Mann, alte, ehrwürdige und eifrige Leute. Nachdem sie nun viele Hospize erbaut und errichtet hatten und dann von Ort zu Ort vertrieben wurden, gingen sie hin und fanden ein gutes und stark (gebautes) Hospiz, in Allem für sie zu einem Kloster tauglich, Namens Curdynium? (ﻗﻮﺭﺩﻳﻨﻴﻮﻡ), nahe an dem warmen Bad an der Südgrenze der Hauptstadt, welches „das

---

*) Vgl. meine Abhandlung über die Tritheïten.

Breite" (ܐ...) *) genannt wird. Ein gläubiger Cubicular hatte es
ihnen gekauft und sie wohnten darin, pflanzten darin einen Weinberg
und bauten eine große Kirche. Die ganze Schaar der ehrwürdigen Greise
ſent)ſchlief und die Jugend blieb darin wohnen. — Endlich aber, als
der K. Juſtinus, die Kaiſerin und der ganze Senat hinüber nach dem
warmen Bade reisten, kamen sie in das Kloster und wohnten daselbst.
Durch Verſprechungen und Schwüre unterwarfen sie dieselben, indem er
befahl, ihnen auch ihr früheres Kloster zurückzugeben und ihnen einen
Steuernachlaß (ܠ...?? ܚ...) zu gewähren. So unterwarfen und
berückten (ܚ...) sie dieselben, nachdem sie 20 Jahre lang die Kämpfe
der Verfolgung beſtanden hatten. — Sie theilten ſich nun: die Hälfte
derselben kehrte zurück und nahm ihr früheres Kloster wieder in Besitz;
die andere Hälfte blieb in dem Hospiz, geriethen in Verwirrung und
Unruhe und sie litten, so zu sagen, „Schiffbruch" (ܚ...) an der Pforte
des Hafens, indem sie gänzlich von aller Orthodoxie abfielen.

Capitel XLVII.

Von der Verwirrung und Hemmung der Orthodoxie, welche die Klöſter befiel.

Diese Klöſter nämlich, die großen und ſelbſt die kleinen der Frauen,
welche aufgefordert worden waren, und von denen ſich die Einen ergaben, die Anderen aber ausgehalten hatten und, wenn sie auch zuletzt
umkehrten, doch so blieben: dieſe alſo, die ſich ergeben hatten und die,
welche es nicht gethan, vollzogen zuſammen ihren Dienſt, außer daß sie
zuſammen kommunizirten (d. h. der Opferfeier anwohnten) [blos] bis
zur Conſekration (ܠ...), die die Kleriker in einem jeden derſelben vollzogen. Bei der Agápe aber (ܠ...) ſtanden und dienten sie miteinander,
verrichteten alle Ordnung des Dienſtes und konnten ſich nicht trennen.
Aber auch Jene, die nicht kommunizirten, hatten andere, orthodoxe
Prieſter, die die Euchariſtie feierten und ihnen reichten. Wegen der
bedrängten Zeit konnten sie nicht anders handeln, um nicht ſogleich ver-
jagt und zerſtreut zu werden. Die Häupter der Orthodoxen aber waren
genöthigt, das ruhen zu laſſen und zu überſehen, damit die Orthodoxie
nicht ganz und gar zu Grunde ginge.

---

*) Mr. Smith gibt einen Eigennamen Dophatis. p. 76.

Capitel XLVIII.

Von einem Wunderzeichen, welches an Thieren, nämlich an Elephanten, erschien.

Vielleicht aber könnte dieß Manchen zum Spotte und zum Lachen
Veranlassung geben, daß wir diese Thiere da, nämlich die Elephanten,
in den Contert bringen. — Das aber haben wir nicht aus Einfalt, und
um es zu sagen, aus Befangenheit zur Erinnerung gebracht, sondern
zuerst zum Lobe Gottes, zweitens aber zum Schimpfe und zur Beschämung der Heiden, Juden und übrigen Irrenden, die den Gekreuzigten
leugnen und die Oekonomie (dispensatio, ‫فرض‬‫دبير‬) unserer Erlösung [*]
verachten, die gerade durch das Kreuz vermittelt worden (‫دبيرمس‬). —
Diese Elephanten nämlich hatte man bei dem Siege, der von Gott den
Christen über das fluchwürdige Volk der Mager gegeben worden, ihnen
abgenommen, und sie kamen herauf in die Hauptstadt und waren lange
Zeit hindurch in derselben. Ueberall nun, wo sie an Kirchen vorüber-
gingen, wendete sich der Erste, der an der Spitze ging, nach Osten, neigte
Kopf und Rüssel und betete an; und sogleich hob er seinen Rüssel wieder in die Höhe, bog ihn hinab, machte das Kreuzzeichen, drückte es ein
(auf den Boden — oder sich) und ging so weiter. So erhob ihn auch
der Nächste und machte das Zeichen, und alle übrigen nach und nach,
soviel deren waren. Das haben wir oftmals mit eigenen Augen gesehen,
uns gewundert und Gott gepriesen, der sogar unvernünftigen Thieren
Kenntniß des Christenthums eingegeben zur Beschämung der Vernünftigen, welche das Christenthum geringschätzen und die Gnade des Erlösers
unseres Geschlechtes verachten. — Etwas Anderes, dem Aehnliches, was
gleichfalls des Staunens und großer Bewunderung werth ist, geschah
von diesen Thieren immerwährend. Jedes Mal, wann ein Circus (ἱππικός, ‫ميدان‬), d. i. eines der gewöhnlichen Pferde-Rennen stattfand,
kamen die Elephanten, auf denen je ein Führer ritt, beständig daher,
stellten sich in die Mitte des Circus — dem Kaiser gegenüber, neigten
sich, so gut sie es konnten und soweit es ihre Natur zuließ, und beteten
ihn an; und ein jeder derselben machte mit seinem Rüssel das Kreuzzeichen und bildete es dem Kaiser gegenüber. Da staunten und wunderten sich über sie alle dort Versammelten, daß sie wie Menschen sich

---

[*] Eines der wenigen ächt theologischen Worte des Johannes E.

des Kreuzzeichens vollkommen bedienten. So erhielten sie vom Kaiser
Geschenke und gingen dann fort.

Capitel XLIX.

Vom Brande, der in der Mitte der Hauptstadt auskam.

Am Ende der Regierung des Tiberius und dem Beginne der
des Mauricius entstand ein großer Schrecken, nämlich ein großer
Brand in der ganzen Mitte der Hauptstadt, und gänzlicher Verlust vielen Vermögens; großes, mittelmäßiges und geringes gingen auf einmal
zu Grunde. Selbst diejenigen, die selbst verschont blieben, (mit dem Leben davonkamen) verloren und wurden alles Besitzthums und ihres
ganzen Reichthums beraubt, indem sie es an einem Tag eine Speise der
Feuerflammen werden sahen.

Capitel L.

Den Grund angebend, wenn die Erinnerung einer Geschichte sich in vie-
len Capiteln zerstreut aufgezeichnet findet.

Weil aber vielleicht manche Hochgebildete, die zufällig diese Geschichten lesen, Tadel über den Verfasser verbreiten könnten, weil er die Erinnerung einer einzigen Thatsache in vielen Capiteln zerstreut und vereinzelt vorbringt, so sollen diejenigen, die sich darüber beklagen, wissen,
daß die Mehrzahl dieser Geschichten zur Zeit der Verfolgung und Noth
aller jener Feindseligkeiten geschrieben wurden und daß wir mit genauer
Noth die in diesen Capiteln beschriebenen Blätter, sowie andere Urkunden
und Schriften für verschiedene Hospize geflüchtet haben. Manchmal
lagen sie gegen zwei oder drei Jahre hier und dort verborgen und es
traf sich, daß wenn die Dinge an's Licht treten sollten, die der Verfasser zur Aufzeichnung in den Erinnerungen bringen wollte, er ihrer schon
in früheren Capiteln gedacht hatte. Da aber die früheren Blätter
(σχεδάρια — لريدده) nicht bei der Hand waren, um zu lesen und zu
erfahren, ob es schon geschrieben war, so erinnerte er sich nicht daran,
was oben schon beschrieben worden. Aus diesem Grunde findet sich auch
ein und derselbe Gegenstand in (vielen) mehreren Capiteln erwähnt, da
ihm die Zeit in der Folge nicht einmal mehr leicht und bequem deren
Vergleichung gestattete.

Capitel LI.

Eutychius begibt sich aus der Häresie der Samobatener zuletzt noch zu anderen Häresieen.

Der Patriarch Eutychius, wie ihn der Stolz seines Herzens in Vielem irreführte, da er anfänglich zur Häresie der Samobatener ge= hörte, stand, als er Bischof wurde und denjenigen, die ihn aufgestellt hatten, gefallen wollte, welche da an der chalcedonischen Meinung fest= hielten, — auf und bestärkte sich vorerst im Dyophysismus, indem er heftig zu verfolgen begann. Nachdem er nun von seinem Sitze hinweg in die Verbannung gegangen war, stieg er hinab und verfaßte über die „getheilte Lehre des Dyophysism" eine große Schrift. — Als er nun nach dem Tode des Johannes berufen wurde und auf seinen Sitz zu= rückkehrte, wie wir auch schon vorher mitgetheilt haben, begann er es in die vornehmen Häuser der Senatoren, zu Männern und Frauen, zu schicken, besonders zu denjenigen, die sich vom Bekenntniß zweier Natu= ren zurückzogen. Er ließ ihnen entbieten: Leset und sehet ein, daß die Kirche zwei Naturen in Christus nach der Vereinigung bekennt. Da spotteten sie über seine Einfältigkeit und schickten ihm seine Schrift zu= rück. Nach kurzer Zeit ging er weiter vor und stand im Gerüchte wegen der Häresie des Athanasius, der Haupt derjenigen, „die οὐσίας (ܐ‍ܘ‍ܣ‍ܝ‍ܐ) zählen, d. i. Wesenheiten und Naturen in der heiligen Trinität" und (deren) Gründer (ܡܩܝܡܢܐ, erigens, constituens) geworden war. Derselbe theilte den Irrthum des Grammatikers Johannes von Ale= randrien und sagte: Diese Leiber der Menschen stehen nicht auf bei der Auferstehung der Todten, sondern andere entstehen und kommen zur Auf= erstehung. Durch diesen heidnischen und manichäischen Irrthum entstand eine Spaltung unter ihnen, und sie bannten einander in Schriften. Als dies der Patriarch Eutychius erfuhr, trat er ihnen sogleich bei, ver= band sich mit ihnen und wurde Einer aus ihnen. Er begann eine Un= terweisung darüber zu verfassen und gab sie in einigen Schriften heraus, so daß sich seine Bischöfe und Kleriker beunruhigten und sich wider ihn erhoben. Vieles wurde unter ihnen gesprochen, und so schwieg er be= schämt und nahm seine Schrift zurück, obschon er von seiner Meinung nicht abging.

Capitel LII.

Davon, daß Eutychius Jenem entgegen war: „Der du für uns gekreuzigt worden!"

Schon in einem anderen Capitel hat er uns mitgetheilt, wie eifrig
und heftig der ehrwürdige Eutychius gegen Jenes: „Der du für uns
gekreuzigt worden" war, und daß er überall hinschrieb und die Bischöfe
zu verhindern und abwendig zu machen suchte, damit sie dies Bekenntniß aus ihren Kirchen und Städten beseitigten. Von anderen Bischöfen
aber, die er eben erst weihte, verlangte er die Zusage (ὁμολόγησις —
(ﺤﺪﺴﯩـﻒ), daß sie dies Bekenntniß aus ihren Provinzen abschaffen
wollten. Das thaten sie denn ihrem Befehle gemäß auch sehr eifrig;
und so entstand großes Aergerniß und viele Lästerung in den Städten
und auf dem Lande, d. h. in allen Flecken und Ortschaften, besonders
von Syrien, Asien und Cappadocien, die von Anfang an an diesem Bekenntniß festhielten. In vielen Ortschaften und Städten widersetzte man
sich, erhob sich und sagte: Selbst wenn wir enthauptet und verbrannt
werden, leugnen wir nicht auf Gott, daß er gekreuzigt worden ist und
gelitten hat für uns. Es ergriff aber dieser Streit und Kampf die
ganze Gegend, auch nach dem Tode des Eutychius.

Ende des II. Buches der Kirchengeschichten, worin 52 Hauptstücke
enthalten sind.

Drittes Buch

der

Kirchen-Geschichten.

---

*) Sinnstörend steht im Texte: . من محلب

**) S. das Capitel selbst.

Drittes Buch des III. Theiles der Ekkleſiaſtike
von den Geſchichten der Kirche.

Capitel I.
Vom Anfange des Buches.

Nachdem wir nämlich über die Verhältniſſe beim Beginne der Regierungszeit des ſiegreichen Juſtinus des Anderen ſchon oben
hinreichend gehandelt haben, ſowie auch davon, daß er Anfangs ſich wil-
lig zeigte, die Vereinigung herzuſtellen, und bis zu ſeinem ſechsten Regierungsjahre nachgiebig und friedlich war gegen die ganze Parthei der
Gläubigen; ferner auch, daß er zuletzt ſich umwandte zur heftigen und
ungeſetzlichen Verfolgung, — wovon wir Weniges von Vielem in den
zwei vorhergehenden Büchern in kurzen Zügen aufgezeichnet haben —;
haben wir auch von der Züchtigung, die vom Himmel zu ſeinem Heile
und um den raſchen Lauf ſeiner Miſſethaten aufzuhalten, über ihn geſchickt wurde, nur verſteckt und ganz kurz Erwähnung gethan. — Doch
haben wir auf Genauigkeit verzichtet, damit man von uns nicht meine,
wir hätten es gewagt, zur Schaude und Schmach der erhabenen Ordnung des Kaiſerthums offen von der erbarmungsvollen Strafe Gottes aufzuzeichnen und zu erwähnen, die verdientermaſſen über ihn geſchickt wurde.
Deßhalb wurden wir damals getadelt. Jetzt aber hat es uns des ab-
ſchreckenden Beiſpieles halber für diejenigen, die in der Folge mit den
anſehnlichen Gewalten der Prinzipate bekleidet werden, und um ein Bild
von dem fürchterlichen Gerichte Gottes zu geben, welches den K. Juſtinus erreichte, gutgeſchienen, Weniges davon zur Aufzeichnung der Erinnerungen zu bringen, damit es zur Warnung diene und tief ſich eingrabe
in die Herzen aller Menſchen.

Capitel II.
Davon, daß der Kaiſer ſich zu Miſſethaten hergab und vorſchritt, und von der Züchtigung, die von Gott zu ſeinem Heile über ihn geſandt wurde.

Als der barmherzige Gott, der das Verderben ſeines Geſchöpfes
nicht will und Sorge trägt für das Leben der Menſchen, den K. Juſtinus

sah, wie er in der Regierung des Reiches zu Unbilligem (e. Ueberflüssigem) und dem, was der Gottesfurcht fremd ist, sich fortreißen ließ, *) so schickte er, damit das Maaß seiner Sünden nicht voll werde und ihn verschlinge und ganz zu Grunde richte, über ihn die folgende Züchtigung. Er sah, wie er der Leute unschuldiges Blut widerrechtlich vergoß, wie er zu Raub und Plünderung der Schätze ohne Grund und unbehindert durch die Furcht Gottes sich herbeiließ und ungerechtes Gut mehr als Viele seiner Vorgänger anhäufte und sammelte. Nebstdem, daß er alle Frevel lasterhaft beging und Gott erzürnte, wandte er sich auch zur heftigen und grausamen Verfolgung der Christen — ohne das natürliche Erbarmen, indem er die Altäre der Orthodoxen im heftigsten Zorne (عجصا غزر ا) durch den Bischof Johannes zerstören ließ und die Kirchen der Gläubigen allerorts beunruhigte. Priester und Bischöfe ergriff er, bedrängte, plagte sie und kerkerte sie im Gefängnisse, in Prätorien (حجزبات), in verschiedenen harten Klöstern und Xenodochien ein, alte, hochbejahrte und gebrechliche Leute. Viele siechten durch diese Drangsale hin und schieden aus diesem irdischen Leben. Durch diese Bedrängnisse, durch Mißhandlungen, Gefangenschaft, enge, schwere und harte Haft wurden sie gequält und starben. — Auch noch viele andere Missethaten, die gar nicht aufzuzählen sind, wurden von ihm gottlos vollbracht, die wir gar nicht zur Erinnerung bringen, ja nicht einmal erwähnen wollen. — Die Ausführung dieser Dinge und der übrigen dgl. entging der Gerechtigkeit Gottes nicht; und doch schonte sie seiner, damit er nicht ganz zu Grunde gehe, sondern nur gehindert und zurückgehalten werde von dem Triebe seiner Uebelthaten. Da nun schickte Gott über ihn, wie geschrieben, „Zorn, Grimm und Noth", und zwar schickte er es durch einen bösen Engel (اللا مرعيا), der ganz plötzlich kam, ihn in Besitz nahm und heftig und fürchterlich mit ihm schaltete. Er gab das „Verderben seiner Bosheit" kund, indem er seinen Verstand plötzlich verlor und seine Seele verwirrt und verfinstert, und auch sein Leib verborgenen und offenkundigen Qualen und harten Peinen überliefert wurde, — so daß er Thierstimmen hören ließ, bald wie ein Hund bellte, bald wieder wie eine Ziege, bald wie eine Katze schrie, bald wieder wie ein Hahn krähte. — Zu Vielem dgl., was [ganz] gegen [allen] Menschenverstand ist, wurde er vom Fürsten der Finsterniß (حزبا د, ἄρχων) überliefert; er verfinsterte seine Einsicht, nahm ihn in Besitz (حسا) und that in (o durch) ihm Alles, was geschah. Ferner versetzte er ihn in Unruhe und Tob

---

*) So könnte man einschalten, um die Sache deutsch geben zu können.

fuchte, so daß er in wilder Haft von Ort zu Ort floh, sich unter seinem Bett zu verkriechen suchte und an die Wände hinfloh. Manchmal stutzte er (وقف), ging in eiliger und wilder Haft hin und lief auf die Fenster zu, um sich hinabzustürzen. Da lief man, obschon man sich vor ihm als Kaiser fürchtete, hin und hielt ihn fest, damit er sich nicht hinabstürze und sterbe. — Die Kaiserin gerieth in Angst, ließ die Zimmerleute kommen, — Gitter?? anlegen — (نزعه يتصبدحا) *) und alle Fenster des Pallastes auf der ganzen Seite, wo er sich aufhielt, vermachen. Man wählte auch junge und kräftige Cubiculare aus, um ihn zu bewachen. Diese zwang man, hinzulaufen und ihn — wie gesagt — zu halten; weil er aber ein kräftiger Mann war, kehrte er sich um, ergriff je Einen, biß sie mit seinen Zähnen und verstümmelte sie. Zwei von ihnen biß er gefährlich in den Hals und sie waren schlimm daran, so daß sich in der Stadt das Gerücht verbreitete, der Kaiser habe zwei Cubiculare gefressen. Zuletzt war man, wie man sagte, genöthigt, ihn mit Stricken zu fesseln. — Da schrie und heulte er und sprach unsinniges Zeug. Man rief ihm zu: Siehe! **) Charet Bar-Gabala ist zu Dir gekommen; sei ruhig! — so floh er sogleich hin und verbarg sich; und wenn man zu ihm von demselben, um ihn zu erschrecken, sprach, floh er, schwieg und versteckte sich unter seinem Bette. Viele von diesen Thorheiten wurden gegen allen Anstand (فضول) in der ganzen Stadt von Jedermann ungescheut erzählt, wovon auch wir jetzt nach der Aussage Vieler mitgetheilt haben, was man fortwährend erzählte. — Nicht nur wenige Tage hindurch, sondern gegen 5 Jahre lang war er so geprüft und geschlagen, wovon wir aber nur Weniges angeführt haben, da wir nicht in der Nähe gewesen sind, noch es gesehen haben. Die Wahrheit dessen aber bezeugen der ganze Senat und die ganze Stadt, Einheimische und Fremde, daß es wirklich und genau so geschehen — nebst vielem Anderen, was sich zum Aufzeichnen nicht eignet.

Capitel III.

Von Dem, was man beim Kaiser zur Erheiterung anwandte u. s. w.

Zuletzt aber machte man, um den Kaiser zu erheitern, seinen Verstand zu sammeln und ihn wieder zu sich zu bringen, einen kleinen Wa-

---

*) يصحلبتصبدحا — impressus, signatus.

**) نزع صربخغا — Charet IV. der Jüngere 574. — الحارث (الاصغر) الجبل bei Caussin de Perceval, essai sur l'hist. d. Ar. av. l'isl. — Es ist der arabische König von Assân in Syrien, — das römische Arabien; — daher heißt er „der König der römischen Araber" (ملكحما ؟ لتبا ؟ دمحوصم). Vgl. Band S. 149.

gen (ﺣﺪﻳﺚ ein neues Wort) zu seinem Sitze und einen Thronsessel darauf. Dann setzten ihn die Cubiculare darauf, zogen und fuhren ihn bald da, bald dorthin lange Zeit. Und so wunderte er sich und staunte über die Schnelligkeit des Laufes und unterließ viele Thorheiten. — Ferner brachten sie ihn auch durch den Ton der Orgel (organum, ﺍﺭﻏﻦ) zum Staunen, indem er zur Versammlung des Ortes, wo er war, Nacht und Tag von Orgel sprach, bis auf eine kurze Zeit bei Nacht oder Tag. Manchmal wenn er auf den Ton und die Klänge der Orgel Acht gab, war er ruhig; manchmal aber stutzte er plötzlich, schrie und brachte tolles Zeug vor. Es kam nämlich auch der Patriarch, um ihn zu besuchen, näherte sich ihm, erzeigte ihm seine Verehrung (ﺳﺠﺪ) und sah, daß seine Wuth entbrannte. Er aber erhob seine Hand und schlug ihn in den Nacken, und er fiel ziemlich weit von ihm weg auf einen Augenblick zu Boden *). Da sagte er zu ihm: Schlimmes Ende! Bin ich nicht hingegangen und habe dich bezeichnet [mit dem Kreuze], daß deine Dämonen [von dir] ausgehen? — So brachte er ihn zu sich. Andere ergriffen ihn und stellten ihn hin und er wunderte sich nicht kurze Zeit nur über den Kopf, daß er ihn geschlagen den heftigen Schlag. — Endlich aber konnte der Patriarch nicht [mehr], — wie es Sitte ist **) in den Palast gehen. Er ging also hin sich vor ihm hütend und bewahrend. Als er ihn sah, lachte er ihm entgegen, näherte sich ihm, streckte seine Hände aus und nahm ihm die Cibaris (ﻣﺴﺪﻳﺲ) von seiner Schulter, d. i. die Auszeichnung (ﻟﺒﺎﺱ) seiner Bischofswürde, breitete sie aus und legte sie über seinen Kopf, wie den Schleier eines Weibes und sagte zu ihm: Wie gefällt dir das, Herr Patriarch? Wenn du nur die Troddeln (Borten, κρύσσος, ﺟﺮﻭﻣﻮ) daran anmachen würdest, wie die Weiber an die Binden auf dem Haupte! — Ferner sah er nach dem Meeresufer hinab und schrie wie diejenigen, welche Töpfe (κέραμος, ﻗﺮﻣﻮ) heruntragen und verkaufen. Wie sie rief er und sagte: „Wer kauft Töpfe?" — nebst Vielem, was gar nicht zu erzählen und zu sagen ist, was Alles von ihm geschah auf Anstiften des Teufels, dem er übergeben worden war. In allen Städten und Dörfern, in allen Häusern, auf den Plätzen und in den Buden inner= und außerhalb der Stadt, sogar auf den Strassen sprach alle Welt mit vielem Staunen und mit Verwunderung davon.

---

*) ﺑﺎﻭ، torus?

**) Wahrscheinlich soll dies soviel heißen, als in der vorschriftsmäßigen Kleidung u. s. w.

Capitel IV.

Von Dem, was man von des Kaisers Heimsuchung redete.

Da nun der Kaiser durch all' diese schwere Demüthigung und Heim=
suchung gezüchtigt wurde, äußerten Viele ihre Meinung darüber und
sprachen sich über ihn aus. Vor Allem seine Gattin, die K. Sophia,
die durch das Unglück, die Heimsuchung und Züchtigung desselben sich
nicht nur nicht belehren und [ab=] erschrecken ließ, sondern nur noch mehr
hochmüthig wurde und sagte: Die Herrschaft ist [jetzt] mein und zu mir
gekommen, und meinetwegen ist dieser gezüchtigt worden und in diese
Heimsuchung gerathen, weil er mich verachtete und betrübte. Das aber
war keineswegs die Meinung Aller, sondern vielmehr stand Das bei
Allen fest, daß es aus Bosheit gesagt werden, worüber wir auch noch
unten seiner Zeit berichten werden. — Was aber die wahre Meinung
Aller war, sagte man nicht, nämlich daß Gott über ihn seinen Zorn vom
Himmel gesandt. Das geschah aber wegen folgender drei Hauptpunkte
(— κεφάλαια, ﺭﺍﺱ): weil er unschuldiges Blut vergossen; wegen der
Christenverfolgung, der Martern, Bedrängnisse, engen Kerker= und Ge=
fängnißstrafen und der Exile, die er die Priester, Bischöfe und das ganze
Volk der Gläubigen, Männer und Frauen, hatte erdulden lassen; und
endlich wegen der Plünderung und des Raubes von fremdem Gut, ohne
die Waisen ihre Aeltern beerben zu lassen. Das Geschrei der Waisen
und Wittwen drang nebst dem Anderen hin vor den Herrn, erzürnte ihn
und er gab seine Herrschaft noch bei seinen Lebzeiten und vor seinen Au=
gen einem Anderen.

Capitel V.

Von der Erhebung des gottliebenden Tiberius zum Cäsar.

In diesem Unglück und den übrigen Krankheiten und Heimsuchungen
blieb der K. Justinus nun schon 5 Jahre und es begann das sechste,
daß er durch teuflische Einwirkung also gezüchtiget und heimgesucht wurde.
Es stockten nun alle Geschäfte, alle Angelegenheiten des ganzen Staates
blieben zurück und häufige Kriege mit den Barbaren entstanden von al=
len Seiten. — Da faßten nun der ganze Senat nebst der Kaiserin den
Plan, dem Kaiser anzurathen, sich wegen der Lage des Staates einen
Cäsar zum Nachfolger zu bestellen. Er stimmte denn auch ihren Wor=
ten bei; denn er hatte seine Zeit, wo, wenn auch etwas verwirrt, ihm

die Besinnung wiederkam und sprach dann ganz verständig davon. Da sie sich nun vielfach mit ihm berathen hatten, erwählten und stellten sie den Tiberius zum Cäsar auf, der des K. Justinus Notar, selbst noch vor seiner Regierung gewesen. — Da derselbe ihn nun rief und hinstellte, um ihm den kaiserlichen Schmuck und das Gewand anzulegen, erschien ihm —, wie er selbst bekannte, ein Engel, der sich zu ihm hinstellte und ihm in's Ohr sagte, was er zum Cäsar Tiberius sprechen sollte. Der Kaiser begann nun staunens = und bewundernswerthe Worte zu sprechen, als ob sein Verstand gar niemals gelitten hätte, und sagte mit Weinen und wehmüthigen Thränen: Mein Sohn Tiberius! komm und nimm die Herrschaft des unglücklichen Justinus in Besitz, der Gott erzürnt, den aber auch Gott verworfen und noch bei seinen Lebzeiten von seiner Herrschaft verstoßen hat. Komm' her, mein Sohn! und vertreibe den, der seinen Schöpfer verachtet hat, der ihn des Reiches gewürdigt! — Da er sich nun verworfen und seiner Herrschaft verlustig sah, begann er dieß mit lauter Stimme vor vielen Tausenden zu rufen, so daß Alle, die es hörten, in heftiges Weinen und Schluchzen ausbrachen, besonders als er sich umwandte und mit der Hand der ganzen Miliz zuwinkte, die dort stand, und mit lauter Stimme zu ihnen sagte: Oeffnet, meine Söhne! alle kaiserlichen Wachtthore und laßt alle Leute kommen, damit sie den unglücklichen Justinus sehen, seiner Herrschaft entkleidet und beraubt, weil er den wahren König, dessen Reich in Ewigkeit nicht vergeht und der ihn obgleich unwürdig zur Regierung gebracht hat, erzürnte und beleidigte. — Und nun, Tiberius! nimm dir an mir ein abschreckendes und warnendes Beispiel vor dem Herrn, dem ewigen König; fürchte dich vor ihm und erzürne ihn nicht durch Missethaten, wie ich ihn erzürnt habe durch alle meine Werke und meinen Wandel! Daher ist über mich all' diese schwere und fürchterliche Züchtigung geschickt worden und siehe! jetzt noch bei meinen Lebzeiten werde ich entkleidet und verstoßen von der Regierung, weil ich mit Unrecht dazu gekommen bin. Sieh' zu, daß dieß Gewand und dieser kaiserliche Schmuck dich nicht verführe, — wie er mich verführt hat —, dich übermüthig mache, täusche und aufblähe, und über dich den Zorn vom Himmel bringe, wie über mich, und auch du deiner Herrschaft entkleidet und beraubt werdest, wie ich an diesem Tage! Sieh' mein Sohn! diesen, der da bei mir steht und mir Alles in die Ohren sagt, und mich lehrt, damit ich es dir sage, dich lehre, dir anbefehle und dich dazu ermahne! Und wisse, verstehe und erwäge bei dir, daß das, was ich jetzt mit dir gesprochen, nicht mein ist, sondern von dem Engel Gottes. Wenn auch du oder ein Anderer ihn nicht seht, siehe! er steht bei mir und lehrt mich

Alles, was ich zu dir spreche, damit du erschreckest und dich fürchtest vor dem fürchterlichen Urtheilsspruch der Gerechtigkeit, der über mich gefällt worden und ergangen, wie du und Alle ja sehen. Weil ich seine Gebote nicht beobachtete, siehe! so beraubt und entkleidet er mich der Herrschaft und übergibt dieselbe jetzt dir! — Schau' mich nun an, mein Sohn! nimm dir an mir ein warnendes und abschreckendes Beispiel (τύπος, ܠܡܘܕ) an diesem Urtheilspruch, der über mich ergangen; laß dich nicht zu schlimmen Thaten bewegen, wie ich gethan, daß auch über dich der Zorn vom Himmel komme, wie über mich, und auch dich aus deiner Herrschaft vertreibe. Sieh' aber zu, daß du nicht bösen Menschen gehorchest, die dir Böses rathen und dich verführen, wie sie auch mich verführt haben, daß ich Gott durch alle meine Thaten erzürnte. — Dieß also und noch viel mehr, — wovon wir aber seiner Menge wegen nur Weniges angeführt haben, — wurde vom Kaiser in Gegenwart Aller mit lauter Stimme und wehmüthigen Thränen gesprochen. Auch der edle Tiberius warf seinen Mantel ganz ab, stürzte sich mit dem Angesichte auf die Erde hin zu den Füßen des Kaisers und schrie ebenfalls ganz laut (ܝܠܠ ܒܩܠܐ) mit bitteren Thränen und Seufzern. — Ferner der ganze Senat und alle ringsumher Versammelten schrieen mit großer Wehmuth, als sie das Alles hörten und sowohl den sahen, der seine Herrschaft niederlegte, als auch den, der gerufen wurde, um sie zu erhalten. Mit wehmüthigem Klagen erhoben sie den Tiberius und stellten ihn auf, während er selbst wieder schreiend auf sein Angesicht niedersank. Da schrieen nun alle Versammelten zumal mit lauter Stimme aus Herzensgrund und Niemand konnte mehr seine Thränen zurückdrängen oder aufhalten wegen dessen, was er vom Kaiser gehört, als derselbe weinend von seinem Unglücke sprach. Zuletzt aber ließ er ihn aufstellen und besprach sich ferner noch unter vielen Seufzern mit ihm. Hierauf bekleidete er ihn mit dem kaiserlichen Schmucke, Mantel und Gewand und sagte zu ihm: Nun soll dein Name Constantinus genannt werden, da in dir das Reich Constantin M. erneuert worden! — und unendlich viele andere Worte des Seufzens und der Trauer, welche daselbst gesprochen wurden, und die viele Tausende niedergeschrieben haben. — Tiberius aber wurde Cäsar am 7. Dezember des Jahres 886, Morgens an einem Freitag. — Das war Allen bekannt und gewiß, daß alle diese Worte wirklich vom Engel Gottes mit ihm gesprochen wurden und nicht vom Kaiser selbst. Als man daher zuletzt Beiden Bildsäulen errichtete, wurde der Engel zwischen ihnen stehend und seinen Mund an das Ohr des K. Justinus legend abgebildet. Und so wurde das gläubig angenommen. Alles aber, was von ihm gesprochen wurde, ward von Vielen sogleich mit Chiffern aufgenommen (σημεῖα, ܪܘܫܡܐ eine Art Stenographie — ich erinnere nur an σημειογράφος) und in Schriften niedergelegt. Viele Notare *) nämlich erhoben sich und verfaßten ein Protokoll? ܐܣܛܝܟܘܢ —, was wir aber seiner Menge wegen übergehen und außer Acht lassen.

Capitel VI.

Vom Ende des K. Justinus und der Regierung des gnädigen Tiberius.

Nachdem nun der K. Justinus den Tiberius zum Cäsar aufgestellt hatte, lebte er mit ihm noch vier Jahre. Er selbst und Alle hegten die Hoffnung auf seine Genesung, besonders weil er von Zeit zu Zeit um sich vor dem Volke der ganzen Stadt sehen zu lassen, sich stützen ließ und des Morgens nur in den Cirkus hinaufging. Manchmal wenn er dasaß und die Huldigung des Senats empfing, machte er einen Scherz (oder Spiel, ܒܙܚܐ, ein neues Wort), indem man ihm Geld in die Hand legte und er es in die Hände derjenigen, die es gebracht hatten, zurückwarf. — Und wieder fiel er in seinen unseligen Zustand zurück, indem noch andere Schmerzen und Leiden hinzukamen. Nebstdem daß ihn unter Anderen auch der Schmerz der Strangurie (ܚܨܐ) quälte, ging er auch alle Zeit rückwärts.

Unterdessen wurden alle Geschäfte von dem gottliebenden Cäsar besorgt, und besonders die Kriege mit den Barbaren und Persern. Er berieth sich mit ihm und wenn er ein vernünftiges Wort sprach, so that er es. — Da aber die von uns oben erwähnte, bestimmte Zeit verflossen war, und das, was Er und Viele von seiner Genesung erwarteten, nicht eintraf, ja noch mehr heftige Schmerzen und Leiden bei ihm hinzukamen, rief er oft aus und beschwor: Bringt doch ein Schwert und tödtet mich damit, weil der Tod für mich besser ist, als dies qualvolle und unglückselige Leben. Manchmal wieder schrie er, man solle alle Thore des Palastes öffnen und alle Leute kommen lassen, um den Kaiser zu sehen, wie er nach dem Tode verlange, ihn dem Leben vorziehe und doch desselben nicht gewürdigt werde. Darauf aber, da er gar zu sehr von der Strangurie und von den Steinen, die seinen Leib verschlossen, gequält wurde und fürchterlich litt, kamen die Aerzte, um ihn zu schneiden. Da fürchteten sie sich, wie es Gewohnheit der Aerzte ist, und es bat ihn der, wel-

---

*) ܚܨܐ. Am Rande steht dafür im Original ܚܘܨܚܐ. P. Smith, p. XXV. — ܐܦ gibt S. mit „notes" p. 178.

cher das Messer nahm und ihnen gab. Er aber beschwor sie, keine Rück=
sicht auf ihn zu nehmen, daß er vielleicht das Leben verliere, und sagte:
Fürchtet euch nicht; es ist keine Gefahr (κίνδυνος — ܡܣܘܠܡܢ) da für
euch, wenn ich sterbe. — Darauf wurde er am Unterleibe (ܐܠܥܓܕܐ —
! Arab. طبابني — glandulae femoris, inguina Cast.) geschnitten, da sogar
sein ganzer Unterleib in Fäulniß überging, und wie man sagte, auch sein
ganzer Leib (ܚܣܚ), und er daran geschnitten wurde. Da wurde er nun
gequält, seufzte und sagte mit lauter Stimme: Gerecht sind deine Gerichte,
o Gott! denn siehe! nun wird Alles, was ich gesündigt habe und die
Laster, die ich mit meinem Leibe vollbracht, an den Gliedern, womit ich
gesündigt habe, im Zorne — deutlich vergolten. — Als er nun an sei=
nem Leben verzweifelte und seinen baldigen Tod voraussah, rief er den
Cäsar, und nachdem er ihm viele Befehle und Belehrungen ertheilt hatte,
sagte er zu ihm: Mein Sohn! Ich sterbe jetzt; aber komm' und em=
pfange die kaiserliche Krone, und sieh' zu, daß du nichts Böses thuest
und Gott erzürnest! Trage Sorge für das römische Reich! — So er=
hielt Tiberius das Diadem Montag den 26. September des J. 890.
Justinus aber lebte, nachdem er ihm die Krone aufgesetzt, noch 9
Tage und schied aus der Welt am 4. Oktober desselben Jahres.

Capitel VII.

Von der K. Sophia u. s. w.

Nach dem Tode des K. Justinus blieb Sophia, dessen Gattin
mit dem [nunmehrigen] K. Tiberius im Palaste wohnen. Derselbe
erwies ihr große Ehrenbezeugungen, wenn sie dieselben auch nicht aner=
kannte. Noch bevor man ihn zum Cäsar machte, hatte man von ihm
das Versprechen (ὁμολόγησις — ܡܘܕܝܐ) und viele Schwüre ver=
langt, daß er, falls der Kaiser sterbe, sie mit Ehren behalte und ihr
nichts Schlimmes zufüge, was er denn auch, wie es schien, eifrig beob=
achtete. Als nun der Kaiser Justinus gestorben war, nahm er sie zu
sich in den Palast mit vielen Ehren und sagte zu ihr: Du bist meine
Mutter! Wohne hier und befiehl mir, was du nur willst! — Nachdem
er nun zu regieren begonnen, fing er an, sie wegen seiner Gattin zu bit=
ten, daß sie kommen und zu ihr sich begeben dürfe. Sie aber fand daran
keine große Freude und Wohlgefallen. Auch Justinus hatte noch bei
seinen Lebzeiten zu ihr gesagt: Laß doch die Gattin des Cäsars kommen,
der noch ein junger Mann ist und „seinen Leib nicht ertragen kann" (c.
dessen Leib es nicht vertragen kann). Sie aber wandte sich zu ihm um,

schmähte ihn und sagte: Du Thor! Willst du, daß ich auch so thöricht
sei, wie du, der du die Insignien deiner Herrschaft deinem Diener angelegt hast? Sie aber beschloß bei sich und schwor: Ich werde meine
Herrschaft und meinen Schmuck bei meinen Lebzeiten keiner Anderen geben, und bei meinen Lebzeiten soll keine Andere hieher kommen. Und so
blieb die Gattin des Cäsar ferne. Während dieser sämmtlichen vier
Jahre vor dem Tode Justin's, wo er als Cäsar regierte (ܩܐܠ), ließ
sie seine Gattin nicht in den Palast kommen, so daß er gezwungen war,
seine Gattin und ihre beiden Töchter kommen zu lassen und sie im Palaste *) des Hormizdas unterhalb des Palastes **) unterzubringen.
Jeden Tag ging er hinab und blieb bei ihnen, und ging dann in der
Frühe (ܨܦܪܐ) wieder in den Palast hinauf. Wie man sich aber sagte,
ließ sie durch einen Anderen oder durch den Patriarchen sich mit ihm
besprechen, daß der Cäsar seine Gattin verlasse und Eine von ihnen, entweder sie, die Sophia, oder ihre Tochter, die gleichfalls Wittwe war,
nehme. — Als er das vernahm, wurde er sehr entrüstet und antwortete
mit großer Entrüstung, — wie man sagte —, denen, die an ihn abgeschickt worden waren, und sagte: Kann es Gott und Euch gefallen, daß
ich das Weib verlasse, von dem ich drei Kinder habe und die mir Ver-
mögen ($\sigma\upsilon\gamma\varkappa\rho\acute{\alpha}\tau\eta\sigma\iota\varsigma$, ܩܘܢܝܘܢܐ) zugebracht, da ich Nichts besaß? Und
jetzt, da mich Gott erhoben hat, soll ich sie verlassen und eine Andere
nehmen? — Und so ließ er sich nicht bewegen, beizustimmen und dieses
Unrecht zu thun.

Capitel VIII.

Von der Gattin des Cäsar Tiberius, welche anfänglich Ino (ܐܢܘ) hieß, u. s. w.

Die Gattin des Cäsar aber, Namens Ino, hatte früher einen anderen Mann, Namens Johannes, der „Römer" und Befehlshaber von
Römern ($\upsilon\pi\alpha\tau\epsilon\acute{\upsilon}\omega\nu$, ܗܘܦܛܐ) war; sie aber war aus Castell (castra,

---

*) Hr. Land (p. 159) macht daraus mit Unrecht ein Kloster. — ܒܝܬ ܗܘܪܡܝܙܕ,
domus Hormisdae (οἶκος), eines von den Triklinien [kleineren Palästen] im „Palatium Magnum" selbst und mit denselben zu einem Ganzen verbunden (intra illius
septa — Palatium II. inclusum — Procop. l. l. de Aedif. c. IV.). — Der Le-
bensbeschreiber des Patriarchen Eutychius nennt schon dasselbe (νέον) παλάτιον.
Warum der Palast so hieß u. s. w. s. Ctp. Christ. in der Pariser Ausgabe der
Byzantiner l. 2. p. 120.
**) „Der Palast" κατ᾽ ἐξοχήν — der „große" — oder „Palast Constantin M."—

ﺿﻮﻱ) **Daphnudium** *) (ﺩﻳﻮﺿﻰ). Sie hatten eine Tochter und ver=
lobten sie dem Tiberius, da er nur erst **Paganus** **) (ﻓﻼﺝ) und „Rö=
mer" war. Es traf sich aber, daß der Vater des Mädchens starb und
auch dieses selbst starb, bevor noch Tiberius es genommen. Da sie
nun gestorben war, und ihre Mutter Wittwe blieb, — vielleicht war es
auch eine Fügung Gottes, — nahm er die Mutter des Mädchens, und
sie gebar ihm drei Kinder. — Als er nun hinschickte und sie in den Pa=
last des Hormizdas brachte, war sie in Unruhe und Furcht, an ihrem
Leben verzweifelnd. Da sie nämlich im Hormizdas sich aufhielt, wagte
es Niemand, zu ihr hinzugehen und sie zu besuchen. Es versammelten
sich nämlich alle Frauen der Senatoren, weil sie Anstand nahmen, zu
ihrer Huldigung hinzugehen, um nicht vielleicht die Kaiserin zu erzürnen.
Darauf aber gingen sie hin, um die Kaiserin um Rath zu fragen, ob
sie ihnen etwa befehle, hinzugehen und der Gattin des Cäsar zu huldi=
gen, damit sie nicht zuletzt getadelt würden. Als sie das von ihnen hörte,
ergrimmte sie heftig über sie, schalt sie gar sehr und sagte: Geht und
seid ruhig! Dieses geht euch nichts an. — Daher wagte es Niemand
mehr, hinzugehen und sie zu besuchen, so daß sie floh, sich aus der Stadt
entfernte und sich wieder nach Daphnudium begab. Da sie auch in eine
Krankheit fiel, war der Cäsar genöthigt hinzugehen, sie zu besuchen und
wieder heimzukehren.

Capitel IX.

Vom Einzuge der Gemahlin des Cäsars in den Palaß, nachdem derselbe Kaiser geworden (ﺍﻣﺤﻚ) u. s. w.

Als aber Justinus gestorben war, nachdem Tiberius, — wie
wir oben mitgetheilt haben, die Kaiserkrone erhalten, bat er die Kaiserin
Sophia um die Erlaubniß, hinzuschicken und seine Gattin kommen zu
lassen, damit auch sie Kaiserin werde. Als das Sophia hörte, empfand
sie nicht im Mindesten Vergnügen oder Freude daran', d. i. aber: sie
konnte es nicht hindern. — Man schickte aber nach ihr den praesectus
Praetorii (ὕπαρχος — ﺳﻮﻣﺎ ﻃﺒﺮ ﻣﺮﺟﻴﺲ) mit den übrigen Senatoren,
vielen Römern und einem großen Heere. Als diese mit großem Gepränge
hinausgingen, um die Gemahlin des Kaisers zu holen, damit auch sie
Kaiserin werde, und in Daphnudium anlangten, und sie es erfuhr, ließ
sie ihnen sagen: Kommt morgen, und wir gehen dann miteinander. —

---

*) Ein Bisthum D. in Phrygia sal. s. Wiltsch. kirchl. Geogr. T. I. p. 417.
**) = im Civilstande sich befand, Smith, p. 180.

Als sie diesen Bescheid (ἀπόκρισις — مﺴـﯾـﻗﺎ)) vernahmen, errichteten sie sich ein Nachtlager, gingen hin und blieben daselbst. — Sie aber schickte sogleich Einen ihrer Vertrauten *) (πιστικός - ﺎـﯿـﻘـﺜ o. مﺴـﻠـﻣﺎ) hin und sagte: Geh' hin und rüste uns ein Schiff, **) نوﻣز; ich will Nachts zuvorkommen und durch dich einen Bescheid zurücksenden, ohne daß es Jemand weiß. Als nun das Schiff bereitet war, führte sie um Mitternacht ihre beiden Mädchen hin und einen Vertrauten, stieg hinab, setzte sich allein in das Schiff und ließ die Anderen dem Präfekten und den Uebrigen sagen: Haltet euch hier nicht auf; die aber, welche ihr wollt, ist vor Tagesanbruch in der Stadt. Als sie dieß erfuhren, ärgerten sie sich gewaltig und kehrten beschämt in die Stadt zurück, daß sie so leer heimgekehrt waren. — Sie aber wurde sogleich in den Palast geführt und es kam der Bischof mit dem ganzen Senat und dem Kaiser und bekleideten auch sie mit den Gewändern und allem kaiserlichen Schmucke. Sie zog hinaus in der kaiserlichen Sänfte ***), مﻌـﺴـﺟـﺑـﯿـﻠ, um in die Kirche mit dem Senate und den Kubikularen zu gehen. Da schickten sich die Partheien (ﻗﻄ) an und begannen ihr zuzurufen; die Veneter †) (Βένετοι — ﻊﺑﺪ) nannten sie nämlich Anastasia, die Grünen ††) (Πράσινοι, ﺟـﻣﺮﺑ) aber Helena (ﻪﻧﻼﯿ). Da nun jene Anastasia riefen, und diese Anderen Helena, so entstand ein großer Tumult und Schrecken, so daß sie selbst und Alle, die bei ihr waren, erschracken. Sie ging also hin, betete in der Kirche an, kehrte in den Palast zurück und erhielt die Herrschaft. Ueber Vieles nun, was nachher unter denselben sich begab, haben wir nicht zu berichten, ja wir hätten nicht einmal dieß anführen sollen, [haben es] aber doch [gethan], weil wir die politischen Geschichten (ﺎﯿـﻧـﺪﺨـﻣز ﺎﻤﯿـﻗ ﻞ) zu den kirchlichen schlagen, weil ein Regierungswechsel stattfand, und damit es Allen kund werde zum Lobe Gottes.

Capitel X.
Von der K. Sophia und Dem, was ihr zuletzt begegnete.

Die Kaiserin Sophia aber bereitete nach dem Tode des K. Justinus — dem K. Tiberius, der auch den Beinamen Constanti-

---

*) Smith giebt „boatman". Die Ableitung wird von ihm bei fremden Wörtern fast nie gegeben.

**) δρόμων, „ein ziemlich langes und geräumiges Schiff".

***) So Smith: „in acovered litter — in einer gedeckten Sänfte." — Woher?

†) = Blauen.

††) Von ihnen hieß ein Stadttheil in Ctp.: Τὰ Πράσινα.

nus führte, im heftigsten Zorne und „im Bande des Unrechts" nicht geringe Nachstellungen, ärgerlich darüber, daß sie ihn und seine Gattin sehen mußte, wie sie kamen, das Reich in Besitz nahmen und herrschten, während sie noch bei Lebzeiten ihrer Herrschaft verlustig ging, die sie nicht mit Rechten und in der Furcht Gottes geführt. Bei dem Unglücke und der Züchtigung ihres Eheherrn blieb sie ohne Besserung und Trauer und als ob sie sich nicht darum kümmere, da es sich doch auch für sie geziemt hätte, Gott zu fürchten, sich zu bessern und wie ein Einer von den Gerechten zu werden. Aber wie die apostolischen Aussprüche *) an dergleichen Leute besagen: „Wegen der Härte deines Herzens, das sich nicht bekehrt, häufest du dir einen Zorneschatz an auf den Tag des Zornes und auf die Offenbarung des gerechten Gerichtes Gottes, der Jedem nach seinen Werken vergilt," so erfüllte es sich auch an dieser, die wegen ihrer Herzenshärte und ihres Hochmuthes sich nicht bekehrte und Gott fürchtete. Auch sie verlor ihre Herrschaft, die da mit Schwüren beschlossen, sie bei ihren Lebzeiten keiner Anderen zu geben. Da sie noch nicht „ruhte," wurde auch ihr ihre Herrschaft genommen und einer Anderen gegeben, während sie dieselbe verlor. — Da aber ihr Gemahl dem Tode nahe war, schaffte sie viele Talente aus dem Palaste fort und brachte sie in ihr Haus, deren Zahl wir nicht niederschreiben wollen, da wir die Wahrheit nicht angeben können; doch sagte man, es seien viele der Zahl nach gewesen, nebst vielen kaiserlichen Gegenständen. — Als dies der Kaiser erfuhr, ließ er sie nicht aus dem Palaste gehen und sagte: Bleibe doch und sei vergnügt als unsere Mutter! und was du befiehlst, das thun wir. Daher blieb sie im Palaste, murrend, ärgerlich, betrübt, traurig und jammernd über ihr Leben, daß sie so gedemüthigt, verachtet und verlassen sei von Allen. Schon bei ihren Lebzeiten war sie wie nicht seiend.

Capitel XI.
Vom Beginne des K. Tiberius.

Tiberius spendete, da er anfänglich als Cäsar regierte, Allen reiche Geschenke. Wenn er zum Gebete ging oder wohin immer er sich vom Palaste aus begab, nach Rechts oder Links, immer theilte er eine Hypateia aus. Selbst wenn er auf dem Meere sich in einem Schiffe befand, eilten die Kähne von allen Seiten herbei, und er theilte allen eine Hypateia aus, so daß er Tadel und Vorwürfe von dem Kaiserpaare erhielt: er verschwende Viel. Oftmals ließen sie ihm sogar die Schlüssel

---

*) Rom. II. 5. 6.

zum Staatsschaß *) ($\sigma\alpha\varkappa\acute{\epsilon}\lambda\iota o\nu$, ‏ܣܩܠܐ‏) wegnehmen und warfen ihm
eine bestimmte Geldsumme zu seiner Verfügung aus. Und so verhin=
derten sie ihn an reichlichen und vielen Geschenken. — Als er aber Kai=
ser geworden und regierte, und, wie man sagte, die Schäße der Kaiser
aufgehäuft sah, begann er wieder allenthalben hin reichlich zu schenken
und auszugeben. Er begann nun sein **Augustoticum** **). ‏ܐܘܓܘܣܛܝܩܘܢ‏ zu
geben, das **donativum Romanorum** ***) heißt (‏ܐܝܟ‏ ‏ܕܘܢܛܝܒܐ‏), von neun
Dariken, wenn ein Kaiser neu zu regieren begann. Er gab reichlich allen
Heeren, die im Orient gegen die Perser waren. Er schickte 8 Talente
zum Geschenke (D.) für sie und wollte ferner noch mehrere und reichli=
chere Geschenke austheilen, als nur je von Einem der Kaiser geschehen.
Er ließ die ganze Schaar der Scholastiker vor sich kommen, die sehr zahl=
reich waren, und gab einem Jeden derselben 15—20, oder 10—12, und
noch mehr. — Ferner ließ er auch alle Aerzte kommen, die gleichfalls
Alle reichlich erhielten; — dann auch die Wechsler †) ($\alpha\varrho\gamma\upsilon\varrho o\pi\varrho\acute{\alpha}\tau\alpha\iota$,
‏ܐܪܓܘܪܦܪܛܐ‏?) und Geldmäkler ($\tau\varrho\alpha\pi\epsilon\zeta\tilde{\iota}\tau\alpha\iota$ — ‏ܡܥܪܦܢܐ‏), und er gab, wenn
es ihm einfiel, ein Pfund oder 50—60 Dariken einem Jeden von ihnen.
Ebenso auch den Magistern (**Magistriani** — ‏ܡܓܝܣܛܪܢܐ‏), den Dekanen
(**decani**, s. o. ‏ܕܩܢܐ‏) und anderen Milizen, indem er sagte: Wozu doch
ist all das Geld hier aufgehäuft und die ganze Welt erstickt vor Hunger?
So gab er aus und verschwendete er ohne zu sparen; endlich aber zog
er seine Hand zurück, seitdem er vollständig regierte: da erfreute er Nie=
manden mehr, und gestattete nicht mehr den Zutritt? ($\pi\varrho o\varsigma\acute{\epsilon}\lambda\epsilon\upsilon\sigma\iota\varsigma$ —,
‏ܦܪܘܣܠܘܣܝܣ‏). — (scil. in dieser Absicht, um Etwas zu begehren.)

Capitel XII.

Davon, daß der Cäsar vom Patriarchen Johannes geplagt wurde.

Der gottliebende Cäsar nämlich wurde alle Tage vom Patriarchen
Johannes wegen der Diakrinomenen (‏ܕܝܩܪܝܢܘܡܢܐ‏?) d. i. der Ortho=
doren geplagt. Eines Tages nun beschwor er ihn bei Gott, ihm zu sa=
gen, ob sie Häretiker seien, oder nicht. Da konnte er nun, auch wenn er
sich hätte verstellen wollen, nicht lügen, da er ihn beschwor, sondern ant=

---

*) Auch der Kirchenschaß heißt S.
) = kaiserlichen Geschenke (largitiones**).
***) Sueton. und Tertull.
†) Ein Stadttheil von Ctp. hieß nach ihnen *Tà Aργυροπρατεία*.

wortete ihm und sagte: In der That, Häretiker sind sie nicht. Sind sie gläubig? — Wohl sind sie gläubig; aber sie meiden uns und die Kirche, und wollen mit uns keine Gemeinschaft machen. — Darauf antwortete er ihm: Wenn du selbst von ihnen bezeugst, daß sie Gläubige und Christen sind, warum drängst du mich dann, ein Christenverfolger zu werden, wie Dioktletianus? — Geh' also und bleibe ruhig; es genügen uns die Kriege mit den Barbaren: verwickle uns nicht auch noch in solche mit den Unsrigen!

Capitel XIII.

Von der Verfolgung, die gegen die Häresieen aus folgendem Grunde anbefohlen wurde.

Nachdem nun der K. Tiberius Constantinus die kaiserliche Krone erhalten, ordnete er sogleich einen Zug *) (processus, πρόχενσον — ܡܠܘܪ̈ܐ) nach der Kirche an, um hinzugehen und zu beten, — da noch Justinus lebte. — Als er nun in die Kirche kam und die ganze Stadt von allen Enden her sich versammelt hatte nebst unzähligem fremden Volke, das sich dort einfand, um ihn zu sehen, lobte es den Kaiser, wie es Sitte ist, kehrte um und schrie: „die Gebeine der Arianer sollen umgekehrt **) werden; umkehren soll man die Gebeine aller Häretiker und ebenso auch die der Heiden; der christliche Glaube soll verherrlicht werden!" Als er dieß vernahm nebst den früheren Rufen, die sie ihm wegen der Arianer zugerufen, so mißfiel es ihm sehr; doch gab er es dort in der Kirche nicht kund, sondern betete, legte das hin, was er nach der Sitte neuer Kaiser opferte, und kehrte nach dem Palaste zurück. Sogleich aber gab er den Befehl, diejenigen auszuforschen und zu ergreifen, die man überführen könne, daß sie ihm wegen der Arianer zugerufen. Er setzte sich nämlich in den Sinn, sie hätten seinetwegen und wider ihn dieß ausgerufen; indem sie nämlich gemeint hätten, er sei heimlich ein Arianer, hätten sie ihm das zugerufen: eine Meinung, deren heimlicher Gedanke Vielen nicht ferne lag. — Vor kurzer Zeit nämlich hatte sich viel Volk der Gothen und deren Frauen versammelt, die zum Kriege

---

*) Synonym damit: „πρόοδον ποιεῖν vel δημοσίῳ προόδῳ ad Ecclesias ire". — Solche processiones gab es mehrere im Jahre. Theoph. Patr. Ctp. erwähnt von der Processio Paschalis, — dieser kaiserliche Aufzug (βασιλικὴ πρόοδος) sei Sitte gewesen und dabei hätten jene Largitionen (ὑπατεία) stattgefunden.

**) b. ausgegraben, cf. l. III., 13, 26, 31.

mit den Perſern hinabgezogen und unter denen auch viele Arianerinnen
waren, und hatten ihm zugerufen, ihnen eine Kirche für ihren Gottes=
dienſt zu geben. Er aber wollte ſie nicht erbittern und ließ ihnen ſa=
gen: Gehet, und wir wollen ſehen und den Patriarchen angeben. Daher
verbreitete ſich in der ganzen Stadt, bevor der Cäſar die Krone erhielt,
das Gerücht, er ſei Arianer. Deßhalb alſo hatten ſich die Aufſeher
(ﻗﻮﯨﺴﻜﺔ) der Kirchen verſammelt und ihm dieß zugerufen. — Als ſie
nun ſeinem Befehle gemäß ergriffen wurden und vor ihn kamen, empfing
er ſie mit großem Zorn und ſagte: Warum ſeht ihr mich doch für einen
Arianer an, daß ihr mich ſchmähtet und mir wegen der Arianer zurie=
fet? Da brachten ſie viele Entſchuldigungen vor und wurden kaum ent=
laſſen. Darauf aber und aus dieſem Grunde ließ er einen Typus ab=
faſſen und in der Stadt anſchlagen, daß alle Arianer, Manichäer und
Samoſatener ergriffen werden ſollten, d. i. aber, wie es kam, — (alſo:)
Man begann Viele zu ergreifen und einzuſperren; unter dieſem Vorwand
konnte man nämlich offen und ungeſcheut die Leute ausplündern. Und
ſo gaben ſie reichlich Geld her und wurden entlaſſen. Sogar viele Or=
thodoren wurden mit ihnen ergriffen und viele Tage lang in enger Haft
gehalten. Auch von ihnen verlangte man Geld herzugeben, und wurden
dann Einer nach dem Anderen entlaſſen und gingen davon.

Capitel XIV.

Von der Hypateia des K. Tiberius u. ſ. w.

In demſelben Jahre, wo der K. Tiberius vollſtändig (d. h. allein) zu
regieren begann, vertheilte er eine große Hypateia, indem er, — wie
Er ſelbſt und Alle ſagten, — 72 Talente [Goldes] ausgab, außer dem
Silber, und ganz ſeidene Mäntel *) (ﻻﺧ؟ ﻛﻠﻮﺳﻴﻤﺎ) u. ſ. w. Die
Reichen und Vornehmen (λιπαρός — ﺳﻤﻴﻨﺎ) bereicherte er noch mehr,

---

*) ﻻﺧ iſt daſſelbe wie ﻛﻮﻟﻴﺎ Cast. cucullus, paenula, Mantel oder d. Kleid über=
haupt. — ﻛﻠﻮﺳﻴﻤﺎ das griechiſche ὁλοσηρικός, ganz von Seide. Zum
Vergleich ſetze ich H. Kant's Bemerkung hieher (Is. B. v. Eph. p. 160). Ihm iſt
dies = Getreide, oder vielmehr er vermuthet ſo: „ﻻﺧ iſt vielleicht acervus cf.
Cast. ed. Mich. p. 141 — 142, 149; vielleicht aber auch, zuſammenhängend mit
der Wurzel ﻟﺨ, ein Brotkuchen, wie auch die לחם כברות von ihrer runden
Geſtalt den Namen haben. Ob das Wort ﻛﻠﻮﺳﻴﻤﺎ mit ﺳﻤﺎ aux avellana
Cast. zuſammenhängt?" —!!

den Armen aber nützte er nichts. — Da erzürnte sich aber über ihn
Sophia, schalt ihn und sagte: Was wir mit Eifer und vieler Sorgfalt
gesammelt und angehäuft haben, das zerstreust du wie mit der Wurf=
schaufel in die Winde. Er aber sagte zu ihr: Ja, ich gebe mir Mühe,
daß von dem, was ihr durch Ungerechtigkeit, Raub und Erpressung zu=
sammengescharrt habt, auch nicht ein Restchen in meinem Palaste übrig
bleibt. Zuvor noch hatte er befohlen, daß eine von den vier öffentli=
chen Abgaben allen Provinzen nachgelassen werden solle. — Ferner
ließ der K. Tiberius, nachdem er Selbstherrscher geworden war, —
weil bei jenen politischen — ﺤﺒﻼ — „Broden"*) des K. Constan=
tinus von Justinus auf jedes Brod vier Dariken gelegt worden wa=
ren und man sie [auch] eingetrieben (exigere — ﺪﺑ) hatte, diese ganze
Summe — (ﻤﻮﻣﺎ) Allen zurückerstatten, die sie gegeben hatten. —
Eine fernere barmherzige That vollbrachte er sogleich als er Cäsar wurde,
indem auf die Schiffe und auf alle Tonnen (amphora — ﺪﻧﻤﺎ) er [ei=
nem Zoll und Abgabe] gelegt hatte, da man von jedem Kruge (ﺒﻤﺤﺮﻣ)
eine Flasche (ﻤﻮﻟﺎ) geben sollte, was sich auf viele Talente belief, und
man überall nur mit Noth und zu großem Nachtheile that. Da man
an ihn aber eine Bittschrift? (προςλιτανεία — ﻤﺤﺴﺪﻟﺒ) richtete, ließ
er auch das aufheben und abschaffen; und auch diese [Abgabe] wurde
abgeschafft. — Das that er aber sogleich am Anfange; wohin sich aber
sein Ende neigte, soll zuletzt berichtet werden. Ein ferneres Zeugniß
von Christenthum gab er dadurch: Justinus hatte auf das Gepräge
seiner Dariken eine Figur setzen lassen, die von Vielen mit der Aphro=
dite**) (ﺪﻧﺮﻣﺎ) verglichen wurde. Dafür ließ er in seine Münzen ein

---

*) Den Ursprung dieser ἄρτοι πολιτικοί Constantin M. — annonae civicae oder
panes gradiles — erzählt das Chron. Alexd. und Zosimus I. II. also: Als K.
Constantin M. und sein Sohn Constantinus, um von allen Seiten her neue
Familien in das noch neue Ctp. zu ziehen, Hofleute, Soldaten und das gewöhnliche
Volk (Populares, Palatinos ac Militares viros) einluden, sich Häuser daselbst zu
erbauen, gaben sie Gesetze, wonach Solchen, die neu gebaut hätten, Getreide (annonae) und Brod (panes) öffentlich gegeben werden sollte. Oeffentlich, d.
h. von einem der 17 Gradus aus, die in den einzelnen Regionen Ctp. waren zu
diesem Zwecke errichtet worden. — Diese Distributionen hörten unter Heraclius
auf, wie das Chronic. Alexd. erzählt. — Das hier mit den Worten „Auslegen"
und „Eintreiben" Gemeinte faßt der Grieche zusammen in das eine: ἀπηγήθησαν
καθ᾽ ἕκαστον ἄρτον νομίσματα γ'. Demnach betrug die zuletzt darauflastende
Abgabe 3 Dariken. — Cf. H. Land's Bemerkungen, p. 66, 160, 161.

**) Unter den uns erhaltenen Münzen, wie sie bei den Byzantinern beschrieben sind,
ist keine derartige. Du-Fresne, Famil. August. Byz. p. 73.

Kreuz einprägen, worüber er, — wie er erzählte, — einige Zeit vorher
eine Offenbarung erhalten. hatte.

Capitel XV.

Von der Verfolgung, die gegen die Häresieen und auch gegen die Orthodoxen ausbrach.

Zu derselben Zeit wurde eine Verfolgung gegen die Häresieen anbefohlen
und erweckt. Im wilden Drange aber wurden auch die Gemeinden der
Orthodoxen wie von einem mächtigen Waldbach überfluthet, indem man vor
Allem über den sogenannten Heidenvorsteher J o h a n n e s herfiel, der Bischof von Ephesus war und viele Jahre lang in der Hauptstadt wohnte. Man ergriff ihn und Alle, die bei ihm waren, ging hin
und sperrte sie in dem Gefängnisse ein, das Cancellus heißt (فمسطلا,
κάγκελος), nach jenen vielen Gefangenschaften und anderen Exilen, die er
oftmals ertragen. Sie saßen aber in der Haft während der Weihnachts-
Festtage und man hatte sie in eine Keuche (ةصسد) geworfen, die aus ihren
vier Ecken Wasser quoll und wo, wenn der Regen vom Himmel aufhörte,
die Träufe von allen Seiten in zwei Tagen nicht aufhörte, weil das Gebäude ruinös (c. durchgraben) war. Daher wohnten sie darin, wie in
einer Pfütze, indem sie fortwährend dastehen und sich das Wasser aus-
winden mußten, und ruhten daselbst auf den Bahren (ةحسد), womit man
die Todten zu begraben pflegt, weil sie keine Stätte hatten, wohin
sie ihr Haupt legen konnten. Bei all dieser Noth wurden noch tagtäglich
Morgens und Abends Bischöfe, Metropoliten und Ekklesiediker zu ihnen
geschickt zur Untersuchung über sie. Da aber war es die Gnade, die sie
begleitete, welche sie nicht nachgeben ließ, sondern mit furchtlosem Freimuthe standen sie für die Wahrheit des rechten Glaubens ein und stritten
gegen sie. Nun gebrauchten die Verfolger, die Dyophysiten, Lästerungen
und Drohungen gegen sie, da sie besiegt werden sollten. Täglich traten
Versammlungen von Syncellen, Oekonomen (οἰκονόμοι — ـعسـمـا),
anderen Klerikern und auch von Laien ihretwegen zusammen — 18 Tage
lang. Als der Kaiser seine Hypateia austheilte, brachte man ihn ins
Gefängniß. Da also J o h a n n e s ihr Verlangen nicht erfüllte, nicht einmal mit einem einzigen Worte, beschlossen sie über ihn, daß er aus der
Stadt gehen solle, und entließen sie so aus dem Gefängniß. Da freuten
sie sich und priesen Gott, daß sie wieder gewürdigt worden, für seinen
Namen zu leiden. Auch den Esel*) ةرسحد, den J o h a n n e s hatte,

---

*) Asinus cinereus, emicante albedine Casl.

und auf dem er saß, weil er an den Füssen litt, ließ ihm der Patriarch Eutychius wegnehmen, und viel Anderes noch geschah, wovon wir nur Weniges zur Aufzeichnung der Erinnerungen gebracht haben.

Capitel VII.
Von der Zerstörung der Versammlung, d. i. der Kirche, die sich im Palaste der Marina versammelte.

Nachdem nun der Bischof Johannes und die, welche bei ihm waren, aus dem Gefängniß entlassen worden waren, versammelten sich am folgenden Tag die Haufen (جمع, turmas), d. h. die Schaar der Verfolger oder — vielleicht wäre es nicht unpassend zu sagen, eine Räuberbande — an der Kirche der Orthodoxen, welche sich im großen kaiserlichen Palaste*) der Marina an einem Sonntage versammelte. Und als die ganze Kirche versammelt war, gingen sie hin und fielen über sie her und ergriffen Viele. Wie Heiden gingen sie hin, hingen sich an den Altar, und warfen ihn um, zerstörten und zertrümmerten ihn, warfen das Heiligthum, das auf ihm war, herab, zerstreuten und warfen die Eucharistie umher. Die Kleriker und die übrigen Laien schleppten sie hin, und nachdem sie die ganze Kirche zerstört und verwüstet hatten, nahmen sie die Bildnisse der seligen Severus und Theodosius herab, und trugen sie zum Spotte mit dem Kopfe nach unten hin auf das Forum (δημόσιον, دموسيا); dann brachten sie sie hin und kerkerten sie sämmtlich da ein, wo die Vorigen gefangen saßen. Die übrige Menge des Volkes, die sie ergriffen hatten, plünderten sie aus und ließen sie dann gehen; und Alles, was ihnen in die Hände fiel, raubten und stahlen sie und gingen davon. Nach einigen Tagen ließ sie Eutychius in's Episkopeion heraufkommen, und nachdem er viel mit ihnen disputirt, entließ er sie am vierten. Als dieß aber endlich der gnädige Kaiser erfuhr, tadelte er ihn und brachte ihn alsbald zum Aufhören.

---

*) Παλάτιον oder οἶκος τῆς Μαρίνης — Theophanes. — Ein Marianum, wie Herr Land meint, gab es nicht in Ctp. — Auch der Syrer hat entsprechend dem gr. οἶκος — ܒܝܬܐ .

Capitel XVII.

Vom Patriarchen Eutychius u. s. w.

Vom Patriarchen Eutychius aber, als er nach dem Tode des Johannes berufen wurde und kam, ging das Gerücht, er sei gerecht, wirke Wunder und schaue Gesichte, was er auch bei sich thöricht meinte. Er kam aber, stieg — ohne daß eine Untersuchung wegen seiner Absetzung durch Johannes, der ihn verdrängt hatte, mit Rechten vor sich gegangen war, — hinauf und setzte sich auf den Thron der Kirche, ohne daß sein Bann untersucht, noch gelöst worden wäre. Deßhalb sagten sich viele von ihm los und trennten sich von seiner Gemeinschaft, als von einem gebannten Manne, dessen Absetzung durch den Verstorbenen geschehen war und ebenso auch die von Jenem durch ihn. Endlich aber ging er hin und „saß", indem er auch dessen Chirotonieen und Alles, was durch ihn geschehen war, ohne Untersuchung und Erforschung annahm (oder anerkannte), — nur um den Bischofssitz zu erhalten. — Ein zweites Aergerniß, das darnach die ganze Kirche an ihm nahm, [ist dieses]. Er war es erst wenige Tage, als er von Leuten hörte, die man auf dem Irrthume des Johannes, Grammatikers von Alexandrien, betroffen — über welchen Gegenstand wir schon in dem vorigen Buche berichtet haben, — der da behauptete und sagte: Bei der Auferstehung stehen diese Leiber der Menschen nicht auf, sondern andere stehen statt ihrer auf. Da ließ er sich umstimmen, verfing sich in den Irrthum, bemäntelte (ﺤﺲ) den Sinn derjenigen, die so die Auferstehung verwerfen, und begann zu disputiren und zu behaupten: Das sei wirklich so, und nicht dieser Leib stehe auf, sondern ein anderer entstehe (ﺣﺪ) und stehe auf statt seiner. Als nun einige von seinen Bischöfen, Klerikern u. s. w. mit ihm darüber stritten, so stritt er nur noch mehr, daß es so sei. Er sprach sich auch über diese Meinung aus und schrieb sie in Büchern (ﻤﺤﺴ) nieder und schickte sie vornehmen Frauen zu, damit sie lesen und dieselbe erlernen sollten, — und Anderes dgl., was er in seiner Thorheit sprach und that. — Viele sahen ihn nur für einen Schwachkopf an, der seinen Verstand verloren; denn wie es sich zuletzt deutlich zeigte, nahm ihn ein Dämon in Besitz, warf ihn umher und ängstigte ihn. Zweimal auch, wo er auf dem Altare in der „großen Kirche" stand, zerschlug er ihn Angesichts der ganzen Kirche; und man hörte mit dem „Amte" (munus, ﻤﺤﺲ) auf und schaffte ihn eilig hinaus. Ferner schlug er ihn auch einmal in der Kirche der seligen Gottesgebärerin im Chaltopration*) und dann auch, wie man sagte, oftmals im Episkopeion. Da sagten nun Diejenigen, die es von ihm verbergen wollten, durch vieles Fasten und Nachtwachen seien in ihm die Säfte (χυμός — ܚܘܡܣܐ) auf- geregt worden und indem sie aufgestiegen, hätten sie seinen Kopf einge- nommen (ܚܠܕ؟ ܥܡܛܡ ܗܓܘ; ܚܠܡ, ܡܓܙ ist das griechische κρανίον — Schä- del) und erregten ihm Ekel (ܚܓܝ؟ nach ܠܪܘܗ) und wärfen ihn hin, und er habe keinen Dämon. — Viele Andere aber sagten zu Solchen: Zer- schlagen und quälen ihn wohl die Säfte und machen, daß er schäumt und sich wälzt? — Und nun nach dem Allen schien es Jedermann, daß ein böser Geist seinen Verstand verwirrt und verfinstert habe, weil er unpassende Worte gebrauchte und ein Lachen, das seinem Aeußeren fremd war, und Anderes dgl. — Er verfaßte aber auch eine Schrift, worin er verwirrtes Zeug vorbrachte von Anfang bis zu Ende, für das Bekennt- niß zweier Naturen nach der Vereinigung, indem er alle wahrhaften Vä- ter tadelte, die nicht mit ihm die Lästerung von der (einer) Quaternität statt der h. Trinität theilten. Diese Schrift aber schickte er in die Häu- ser, damit man dieselbe annehmen sollte. Aber Alle, die sie lasen, ver- spotteten und verlachten ihn, als einen Thoren, der seinen Verstand ver- loren, indem man in der ganzen Stadt sagte: Dieser, von dem man ge- sagt, er wirke Kräfte und Wunder, hat seine Vernunft verloren (ܚܓܘܠ)

Capitel XVIII.
Von Eutychius und seinem Hochmuthe.

Als nämlich Eutychius kam und vom Throne der Kirche der Hauptstadt Besitz nahm, wurde er anfangs anerkannt und gelobt. Da fanden auch die früheren Kämpfe wegen vieler Dinge statt, die wir von ihm mitgetheilt haben. Auch vom gnädigen K. Tiberius wurde er ehrenvoll empfangen. Sogleich aber blähte ihn Anmaßung, Hochmuth und Ruhmsucht auf, so daß er auch von seiner Ordnung abging und überflüssiges und thörichtes Zeug sprach. Seitdem begann Jedermann von ihm zu sprechen und ihn zu verlachen, als einen Mann, der seines Verstandes beraubt sei. Er verfaßte aber auch eine große Schrift für

---

*) Τὰ Χαλκοπράτια oder — εῖα. Theophan. und Andere sprechen von der Ἐκ- κλησία τῆς δεσποίνης ἡμῶν τῆς ὑπεραγίας θεοτόκου — ἐν Χαλκοπρατείοις. Ch. ein Stadtviertel (tractus) — ubi jam ab ipsius Constantini M. aevo ha- bitabant Judaei, aeramentorum mercaturam ibi exercentes." Codinus p. 43. E. H.

8

den Dyopbyfismus, wie wir auch schon von ihm berichteten, wodurch Allen seine Unvernunft nur noch ersichtlicher wurde. — Diese Schrift aber begann er in die vornehmen Häuser zu schicken und verlangte von den Frauen der Senatoren und von diesen selbst, daß sie dieselbe lesen und dem beipflichten sollten, was darin enthalten sei, damit sie zuversichtlich zwei Naturen nach der Vereinigung bekennten, weil Derjenige, welcher nicht so bekenne, ein eutychianistischer Häretiker sei. — Daher verhöhnten sie ihn Alle, sogar die Seinigen, und schickten ihm seine Schrift zurück.

Capitel XIX.

Von der Feindseligkeit des Eutychius gegen jenes „Der du für uns gekreuzigt worden!"

Der anmaßende Eutychius fuhr fort, in seinem Hochmuthe seinen Eifer gegen jenes „Der du für uns gekreuzigt worden!" zu zeigen und bedrohte und bekämpfte Jeden, der es wagen würde, zu sagen: „Der du für uns gekreuzigt worden." Weil aber die berühmten und angesehenen Klöster der Frauen, die beim Anfange der Verfolgung aus Antiochia vertrieben worden waren und seitdem in der Hauptstadt an verschiedenen Orten wohnten, nach der Gewohnheit der orientalischen Ueberlieferung so ministrirten das: „Der du für uns gekreuzigt worden, erbarme dich unser!" — deßhalb ging er in eigener Person mit seinem Klerus hin zu ihnen und begann sie zu unterrichten und zu belehren, aber auch ihnen zu drohen. — Weil er aber in den Tagen des siegreichen Justinus gegen sie und gegen alle Welt eine Verfolgung erweckt hatte, und sie theils sich ergeben hatten, theils ungehorsam geblieben waren, so versammelten sie sich Alle zumal, nahmen männlichen Eifer an, widersetzten sich ihm und sagten: Es ist genug für uns, daß ihr uns gezwungen habt, unsren Glauben zu ändern und zu verderben; in alle Ewigkeit aber und bis zum [Tode durch] das Schwert, das Kreuz und das Feuer stimmen wir nicht dazu bei*), auf Gott zu lügen, daß „er gekreuzigt worden, gelitten hat und gestorben ist für uns". Alle zusammen bestritten und bestürmten ihn hitzig und kräftig. Als dieß seine Kleriker sahen, deren Kühnheit und heftigen Eifer, daß sie ihm das ins Angesicht sagten, sagten sie zu ihm: Steh' auf, Herr! und gehe; es ist Zeit zur Liturgie (حدجيب). So stand er denn auf und ging von dannen, ohne daß

---

*) d. von G. zu leugnen.

das, was er von ihnen wollte, geschehen war. Zuletzt aber schrieb er einen großen Tomus, indem er sie belehrte, ihnen schmeichelte und drohte und denselben ihnen zuschickte. Sie aber nahmen ihn nicht an und sagten: Wir sind Frauen und verstehen Nichts von der Disputation; von der Ueberlieferung der orientalischen Väter aber trennen wir uns bis zum Tode nicht. Auch in der ganzen Stadt und im Palaste, vernahm man von diesem Streite, — sogar der Kaiser, — und Alle tadelten ihn. So wurde demselben dadurch bald ein Ende gemacht und er hörte auf.

Capitel XI.

Vom Zorne, der Erbitterung und dem vollkommenen Haße des Eutychius gegen die ganze Parthei der Orthodoxen.

Im vierten Jahre nach seiner Rückkehr wandte sich Entychius, wie von Anfang an, im heftigsten Zorne gegen die Orthodoxen, indem er sie ergreifen, ausplündern und einkerkern ließ. Er ließ die Bildnisse, die sich vorfanden, herabnehmen, und man plünderte und stahl Alles, was man fand, sei's das Geräthe, oder Gewänder, oder Decken, oder Schriften, oder Rechnungen? (ܣܘܣܠܐ), oder Geräthe, — und um es auf einmal zu sagen: man raubte offen Alles, was sich überall, wohin sie gingen, vorfand. So schleppten sie auch die Priester und Bischöfe hin und sperrten sie in's Gefängniß mit bitterer Noth, so oft es ihnen beliebte, und auch dort wurden sie noch ausgeplündert und man verlangte von ihnen das, was man noch nicht hatte, geliehen und sie gaben es her. Wenn sie nun auch so entlassen wurden und davonkamen, so erhielten sie doch nichts mehr von dem ihnen früher Geraubten zurück; hatten sie aber nichts mehr, um es ihnen zu geben, so wurden sie in das Exil geschickt und wieder bei vieler Noth gefangen gehalten. — Der vortreffliche Eutychius aber ging hin zum gnädigen Tiberius und verklagte bei ihm gottlos und schlimm die ganze Parthei der Gläubigen. Alle Häresieen der Arianer, Macedonianer und seiner (ܕܝܠܗ ܕܝܢ) Samobatener, sowie der Manichäer, Marcianiten und Montanisten*)? (ܡܢܛܢܝܐ) blieben in Ruhe, ohne daß Jemand ihnen etwas in den Weg legte: nur die wahren Gläubigen wurden verfolgt, ausgeplündert und nach verschiedenen entlegenen Städten und unterschiedlichen Inseln mitten im Meere ver-

---

*) M. Smith gibt trotzdem, daß schon Manichäer genannt sind — dies Wort mit „Followers of Manes — Anhänger des Manes", was hier entschieden falsch ist.

bannt. — Man überlieferte sie allen Bedrängnissen schwerer Kerker und
enger Haft, dem Hunger und Durst und allem Elend, so daß, wenn nicht
die göttliche Gnade sie unterstützt und gestärkt hätte, von ihnen — wie
geschrieben — alles Fleisch nicht mehr lebte, wegen der Noth, die zuletzt
hereinbrechen sollte.

Capitel XXI.

Davon, daß der siegreiche Kaiser, in dessen Natur Edelmuth und Sanftmuth lag, und der zudem noch mit Kriegessorgen beschäftigt war, sich nicht
zu vielen Verfolgungen herbeiließ, wie es das Verlangen und Bemühen der
Verfolger war.

Da der siegreiche Kaiser nun in Kriegssorgen versetzt war, die ihn
von allen Seiten umgaben, und der Bischof Eutychius alle Tage hinging und ihn gegen die Diakrinomenen aufhetzte, so sagte er zu ihm:
Plage mich nicht damit; es genügt mir die Heimsuchung der Kriege, in
welche ich versetzt bin. Geh' hin und thue auf deine Gefahr in Angelegenheiten der Kirche, was du willst; du weißt es ja, und ich bleibe
dann frei von Sünden. — Deßhalb wurde die Verfolgung ohne Furcht
Gottes und des Kaisers erweitert und ausgedehnt, — der Beute und
nicht des Glaubens halber. Um nun zu bewirken, daß man überall
und in allen Gegenden nach seinem Beispiele verfolge, säumte er nicht
nach allen Richtungen und Orten hin, sowie nach allen hervorragenden
Städten zu schreiben, damit man auch dort eine schlimme Verfolgung
gegen alle Diakrinomenen an allen Orten erwecke. Das thaten auch
Jene, indem sie wegen der Plünderung und Erbeutung von Schätzen
und des offenen Raubes unter dem Vorwande des Glaubens eine Verfolgung an allen Orten und Enden mit ihren übrigen Leuten veranstal-
teten. Der siegreiche Kaiser aber ließ wegen der Kriegesnöthen, die ihn
umgaben, es geschehen und gab keine Gelegenheit zu einer Untersuchung
und Erforschung.

Capitel XXII.

Von der Friedfertigkeit des K. Tiberius.

Das aber soll Allen kund sein, die in der Folge auf die Kapitel
dieser Geschichten stoßen, daß wir der Genauigkeit der Wahrheit anhängend dieß geschrieben haben und nicht, — obschon wir uns für Gegner des

vortrefflichen Patriarchen Eutychius hielten, uns auch an der Wahrheit versündigt haben, wenn gleich wir nur den hundertsten Theil erzählten, und nicht mit der Absicht zu schelten und zu verhöhnen dieß zur
Aufzeichnung brachten. Ebenso haben wir auch das, was von dem friedlichen Kaiser handelt, nicht in der Absicht zu gefallen gesagt und aufgezeichnet, sondern indem wir in Allem die Wahrheit triumphiren ließen,
und weil, da der K. Tiberius noch jung war und ihm der Bart noch
nicht keimte, wir stets beisammen waren, ich und Er, und mit den Uebrigen vor dem seligen Justinus standen, und ich seitdem beständig um
seine Sitten und Gewohnheiten wußte. Derselbe, der nun auch zur Er-
habenheit der Regierung aufzusteigen gewürdigt wurde, der — das soll
jetzt Allen ohne Widerrede kund sein — blieb auch in dieser [Stellung]
bei der Ordnung des Edelsinnes und der Sanftmuth unbeirrt stehen, ohne
sich aufzublähen wie ein kleiner Knabe, daß er die kaiserliche Herrschaft
inne habe. Er ließ Niemanden tödten oder ausplündern, wie sein Vorgänger gethan und seine Seele und seine Hände in unschuldiges Blut ge-
taucht hatte, — sondern regierte edelmüthig und sanft die Zeit hindurch bis zum dritten Jahre seiner Regierung außer den vier Jahren,
wo er Cäsar war, und von da bis hieher. So wurde er getadelt und
von Vielen beschuldigt, er sei [zu] ruhig und sanft und habe keinen Muth;
er aber lebte ruhig fort.

Capitel XXIII.

Von dem Gebäude, welches der K. Tiberius im Palaste erbaute.

Der K. Tiberius, der auch den Beinamen Constantinus führte,
wohnte, als Justinus lebte und sie (d. h. J. und Sophia) im großen
Palaste der Authentiken *) (τῶν Αὐθεντικῶν — ‏الصلدية‎]) wohnten, da
er nach Cäsar war, in einem Flügel des Palastes sehr beschränkt. Auch
als Justinus gestorben war, blieb Sophia seine Gattin, im Palaste
Authentikus, und er konnte sie nicht verdrängen, da sie ihn nicht einmal
hingehen und darin wohnen ließ. Weil er nun genöthigt war, seitdem
er Alleinherrscher geworden und besonders seitdem seine Gattin mit ihren
zwei Töchtern zu ihm gekommen und er die K. Sophia nicht einschrän-
ten oder beengen wollte, — hinzugehen und in der großen kaiserlichen
Residenz (‏اصل‎) zu wohnen, so war er gezwungen die ganze nördliche

---

*) In der Topographie Cap's nicht zu finden.

Seite des Palastes niederzureißen und sich einen Palast zu bauen. Da ließ er auch viele ansehnliche Gebäude niederreißen und gänzlich zerstören, und verwüstete auch den schönen Garten, der in der Mitte des Palastes gewesen war und den Kaisern zur Erholung gedient hatte, und „pflanzte" in ihm ansehnliche Bauten, indem er nach allen Seiten hin niederriß und erweiterte und vergrößerte. — Auch ein geräumiges Bad erbaute er neu, sowie einen sehr großen Pferdestall (ﺍﺴﻄﺒﻞ, stabulum) neben dem Palaste, und vieles Andere.

Capitel XXIV.

Vom Pharus *) Justin's, den der K. Tiberius zerstörte.

Seitdem nämlich K. Justinus mit aller Kraft sich auf die Verfolgung und Verwirrung der Kirche und dann auf Plünderung und Raub verlegt hatte und jene fürchterliche Züchtigung über ihn geschickt worden war, erschienen an ihm auch noch andere Zeichen des göttlichen Zornes. Da er nämlich seine frühere Wohnung, welche der westliche und nördliche Theil der Stadt im Astodeuterum **) (ﺍﺴﻄﻮﺩﻳﻄﺮﻮﻥ) zu einem Palaste (aus) bauen wollte, so ließ auch er viele Häuser niederreißen, und dann wieder aufbauen und erweitern, erbaute und errichtete einen Hippodromus ***) (ﺣﻤﺮﻭﺩﺲ) und pflanzte bunte Lustgärten von allerlei Pflanzen u. s. w. — Darauf ließ er sich und seiner Gattin Statuen (στήλας, ﺗﻠﺒﻴﺚ) errichten, d. i. prächtige Bildnisse von Erz. Als sie nun standen und befestigt waren, kam bald darauf ein Sturmwind und warf sie herunter, und man fand sie mit dem Kopfe nach unten in die Erde eingedrungen, was von Vielen ihnen als ein Zeichen (σημεῖον, ﻋﻼﻣﺚ) des Zornes und des Falles ausgelegt wurde. — Ferner gab er den Befehl und begann sich einen Pharus zu errichten, d. h. eine gewaltige Säule im Zeurippus †) (ﺯﻮﻛﺴﻴﺒﺲ) am Ufer des Meeres im Osten der

---

*) Hier ﻓﺎﺭﻮﺱ

**) Eine alte Beschreibung der Stadt Cp. setzt den Zeuxippus — in das zweite Stadtviertel — δεύτερον (ἄστυ) — wie das mehrmals schon genannte Ἕβδομον ein solches ist. — Hr. P. Smith übergeht einfach dieß Wort in seiner Uebersetzung p. 204.

***) Im Z. stand ein öffentliches Bad, von dem das Chron. Al. sagt: Τὸ δημόσιον λουτρὸν Ζεύξιππον πλησίον ὂν τοῦ Ἱππικοῦ oder Ἱπποδρομοῦ.

†) Das Chronicon Alexd. kennt unzählige Säulen (στήλαι), die im Z. standen.

Stadt. Er ließ Stufen aushöhlen, damit Leute mit den Lasten großer behauener Steine leicht und bequem hinaufsteigen könnten, die man mit Eisen faßte und stark in Blei einsenkte. Als man ihn nun baute und er sich zu beträchtlicher Höhe erhob und seiner Vollendung entgegen ging, da — als er noch im Bauen war — schrieben Einige von den Einwohnern der Stadt ein Blatt und hefteten es an der Tafel, welche an ihm ist [also] an: Baue doch deine Säule, baue doch nur und erhebe sie, so sehr du nur kannst, und setze und stelle dich ihr gegenüber, betrachte, schau' an und siehe den Orient und Occident, den Norden und Süden: verheert und vernichtet sind sie in deinen Tagen. Er starb aber ohne ihn vollendet zu haben. — Man sagte aber es sei ein Streit zwischen Tiberius und Sophia entstanden, indem sie zu ihm sagte: Vollende ihn; er aber sagte: ich vollende ihn nicht; es ist deine Sache, ihn zu vollenden. Da sagte sie in der Meinung, er werde ihn Demjenigen, der ihn errichtet und seinetwegen hergestellt, noch gänzlich (πάντως, ‎ـمبلﻪ) [herstellen]. Wenn du ihn nicht für den, der ihn errichtet hat, vollenden willst, so vollende ihn für dich. Da wurde er zornig und schwur: ich errichte ihn weder für ihn, noch für einen Anderen. Da er aber sah, daß ihm die großen Lasten der herrlichen Steine, die daran waren, zum Baue des Palastes, den er in Angriff nahm, paßten, so ließ er ihn bis auf den Grund zerstören und alle seine Steine hinwegschaffen für den Palast und die Kirche der 40 Martyrer*), welche er erbaute, — lange Zeit hindurch. Man sagte aber, viele Talente Goldes seien auf ihn verwendet worden.

Capitel XXV.

Von den Heimsuchungen vieler Kriege, die den K. Tiberius umgaben, seitdem er Cäsar geworden.

Seitdem nämlich als Cäsar der gnädige Tiberius regierte, noch bei Lebzeiten K. Justins, so führte er, der Cäsar, weil Justinus gleichfalls in das Elend verschiedener Krankheiten gefallen war, die Kriege, welche von allen Seiten ausgebrochen waren, vornehmlich den Krieg mit den Persern nebst allen anderen barbarischen Völkern, die gegen das mächtige Römerreich aufgestanden waren. Von allen Seiten war er bedroht; auch nach dem Tode Justin's setzten sie sich wider ihn nur noch um

---

*) Codinus schreibt deren Erbauung dem K. Anastasius zu.

so mehr, besonders die fluchwürdigen Völkerschaften der Slaven (Έσ-κλαβἰνοι — ‎ــقـلـيـن‎) und derjenigen mit gekräuselten oder langen Haaren *), welche Avaren, Ἄβαροι — ‎ابـرى‎ genannt werden. Besonders aber, seitdem er Selbstherrscher geworden war, gaben sie ihm auch nicht einmal kurze Zeit Ruhe — von den Gerüchten und Berichten, die von allen Orten her sich über ihn anhäuften. — Viele, Vornehme sowohl als Geringe, bedauerten ihn und sagten: Unter schweren Leiden und in schlimmen Tagen ist die Regierung an Diesen gekommen. Bei Nacht und Tag gerieth er in Kämpfe und Sorgen, um Heere überall her anzusammeln und sie nach allen Seiten hin zu vielen Kriegen auszusenden.

Capitel XXVI.

Von den „Römern" und Gothen, die Arianer waren und verlangten, daß man ihnen eine Kirche gebe.

Der Kaiser Tiberius nämlich war genöthigt, barbarische Völker aus dem Occident anzusammeln und kommen zu lassen, von denjenigen, die der Lehre des gottlosen Arius anhängen, um sie gegen die Perser zu schicken, während ihre Weiber und Kinder in der Hauptstadt blieben. Darauf baten sie den Kaiser Tiberius, ihnen eine Kirche in der Stadt auszusondern und zu geben, damit sich ihre Weiber und Kinder darin versammeln könnten, sowie diejenigen, die von ihnen in der Stadt blieben. Da suchte sie der Kaiser zu beruhigen, da sie ja auch mit allen ihren Kräften für den römischen Staat arbeiten und mit den Feinden streiten sollten und sagte zu ihnen: Wir wollen sehen und uns mit dem Patriarchen besprechen. Wegen dieses Versprechens und Bescheides, den er ihnen ausweichend gab (‎مـحـيـدـة‎) und es ihnen nicht ohne weiters abschlug (‎قـس‎), dachten und sprachen Alle, der Kaiser sei Arianer und Gesinnungsgenosse derjenigen, die von ihm eine Kirche begehrt hatten, und er verheimliche seine Gesinnung. Als er nun der Sitte nach zur Kirche ging, riefen Viele und sagten: die Gebeine der Arianer sollen ausgegraben werden — Ἀνασκαφήτω ὀστᾶ τῶν Ἀρειανῶν (‎نـبـشـت ܥܨـمـا ܐܪܝـ اف اܢـر‎). Als er diese Rufe hörte, erkannte er, daß man wider ihn rufe und gerieth in große Unruhe. — Da er nun in den

---

Palaſt zurückgekehrt war, ließ er Viele von denen, die gerufen hatten,
ergreifen und ſagte zu ihnen: Warum ſeht ihr mich für einen Arianer
an, daß ihr gegen mich ſchreit und mich in der Kirche beſchimpft? Da
geriethen ſie in Furcht und ſuchten ſich bei ihm zu entſchuldigen. — Er
aber, da er ſich von dieſem Verdachte befreien wollte, ließ die Arianer
verfolgen. — Es fielen nun dieſe Kirchenverwüſter (ܠܝܬܐ ein neues
Wort) wie die Wölfe, und zwar nicht bloß über diejenigen, von denen
es ihnen anbefohlen worden, her, ſondern auch über Solche, von denen
der Befehl nichts geſagt, d. h. über Montaniſten, Macedonianer, Samobatener u. ſ. w. Ja ſogar die Orthodoxen vermiſchten ſie mit dieſen,
indem ſie über Alle gleichmäßig herfielen und ſie offen ausplünderten, bis
es dem Kaiſer zu Ohren kam und er ſie ſchalt und heftig bedrohte.

Capitel XXVII.

**Von dem, was die Heiden zu thun ſich erdreiſteten und dem, was mit Recht
wider ſie angeſtiftet wurde.**

Im zweiten Jahre des K. Tiberius, ſeitdem er Selbſtherrſcher
geworden, ſuchten die ruchloſen Heiden von Baalbek (ܒܥܠܒܟ) oder
Heliopolis (ܐܝܠܝܘܦܘܠܝܣ), die von Anfang an öffentlich Teufelsdiener
geweſen, die Chriſten, welche die Minderzahl und die Unbemittelten unter ihnen
waren, — während ſie fortwährend in Reichthum und Pracht ſchwelgten und
ausſchweiften, — ſo oft ſich eine Gelegenheit fand, zu verderben und ihr Andenken unter ihnen zu vernichten. Sie wagten es, Chriſtum und auch ſeine Gläubigen zu verſpotten, während ſie auch noch viele andere Uebel den Chriſten
zuzufügen ſich erkühnten. Als dieß dem Kaiſer bekannt wurde, ließ er einen
Mann Namens Theophilus, der vor einiger Zeit von Juſtin wegen
der Empörung und Widerſetzlichkeit (ἀντίῤῥησις — ܡܪܘܕܘܬܐ) der Juden
und Samaritaner in Paläſtina nach dem Orient geſchickt worden war
und der auch hinabzog und ſie bezwang und ſie theils tödtete, theils kreuzigte und ſie vernichtete und ſchwer demüthigte, — dieſen ließ der Kaiſer
aus Paläſtina der Heiden wegen nach Heliopolis kommen, und ergriff Viele und nahm an ihnen ihrer Frechheit gemäß Rache, peinigte,
kreuzigte und tödtete ſie. — Da er ſie nun foltern ließ und von ihnen
verlangte, die übrigen Heiden, die Genoſſen ihres Irrthums anzugeben,
zeigten ſie Viele Ihresgleichen mit Namen an, die in der ganzen Provinz und Stadt waren. Es gab deren in den meiſten Städten des
Orients und beſonders in Großantiochien u. ſ. w. Er ſchrieb nun und

122

entbot den Archonten (ـمطـلـةｺｲ), daß man die Personen ihrem Namen
nach ergreifen und zu ihm schicken solle. Auch einen gewissen Rufi=
nus (ـمـسةｰ), Oberpriester in Antiochia nannte man. Theophilus
schickte zwar Einen von den Seinigen hin, um ihn zu ergreifen; erfuhr
aber, daß er nicht dort sei, sondern sich nach Edessa zum Archon und
Anti=Eparchen (d. h. Stellvertreter des Eparchen) Anatolius begeben
habe. Da er nun vom Archon und Bischof die Erlaubniß verlangte,
hinzugehen und ihn holen zu dürfen, gaben sie ihm Einige von den Ih=
rigen [mit] nebst dem Ekklesiebikos und schickten ihn hin nach Edessa,
um ihn, wenn er ihn fände, von dort zu holen.

Capitel XXVIII.

Von Dem, was in Edessa bezüglich der Heiden geschah.

Als nun diejenigen, welche abgeschickt worden, nach Edessa kamen,
erfuhren sie, daß Rufinus daselbst sei, gingen Nachts hin und um=
zingelten das Haus, um ihn zu ergreifen. Es traf sich aber, daß die
Heiden daselbst ein Zeus=Fest (ـوｺｷ ｷｷ) hatten und bei Rufinus
versammelt waren, um Opfer zu verrichten (ـمـقｺｷ wie das hebräische
הזבחה). Als dieselben merkten, daß man das Haus umgab, um sie zu
ergreifen, geriethen sie in Bestürzung und flohen Alle. Rufinus aber
zog, als er merkte, daß es für ihn keine Zuflucht gebe, das [Opfer=]
Messer und stieß es sich in das Herz; auch schlitzte er sich den Leib auf,
fiel hin und starb. — Als sie nun hinkamen, fanden sie einen podagri=
schen Greis, der nicht fliehen konnte, ein altes Weib und den Rufinus
daselbst, durchbohrt und sterbend daliegen, und das ganze Opferzeug. Sie
ergriffen die, welche sie antrafen, und drohten ihnen den Tod an, wenn
sie nicht die Wahrheit sagen würden, Wer und Was diejenigen seien,
die dort versammelt waren; — wenn sie aber die Wahrheit sagen wür=
den, sollten sie leben und nicht sterben. — Sie aber gaben aus Furcht
Alle an, den Archonten und Anti=Eparchen Anatolius mit ihnen. Er
meinte nun seine Sache recht schlau anzustellen, — was ihm aber nichts
half, ging hin, hüllte sich in den Reisemantel? (ـمـوｺｷ), als ob er
außen von der Reise her käme, zog die ledernen (ـمｻｷ) Beinschienen?
(ـقｻ) und die Reiseschuhe an und begab sich zum Bischof der Stadt. Als
derselbe vernahm, daß der Archon gekommen, erschrack er und sagte:
Warum kommt denn jetzt der Archon, zu so ungelegener Zeit? — Er
aber ging hin und sagte: Soeben komme ich von der Reise, da ich in

der und der Stadt gewesen bin; und da ein Streit unter uns entstanden ist wegen irgend einer Schriftstelle, welches deren Erklärung sei, so bin ich deßhalb zu dir gekommen, bevor ich auf mein Prätorium gehe, damit du sie mir erklärest. Das aber that er schlau, damit ihm der Bischof bezeuge, er sei von der Reise her zu ihm gekommen, damit, wenn man auch von ihm sagen würde, er sei Nachts bei denen gewesen, die opferten, er dies als Ausrede gebrauchen könne, wie er gedachte. Allein wie geschrieben steht, — daß der Herr [ein Herr] der Wissenschaft und daß List. vor ihm nicht besteht, so half auch diesem seine List Nichts. — Sobald er nämlich sich vom Bischof hinwegbegab, kamen ihm die Abgesandten entgegen, hielten ihn an und sagten zu ihm: Komm' in Frieden, Herr Eparch! Wir sind deiner Hoheit sehr bedürftig; geruhe, Bürgschaft für einige Talente zu leisten, daß du dich in etwa zehn Tagen in Antiochia einfindest. — Er aber begann sie zu belehren und sagte: Ich bin soeben von der Reise gekommen und der Bischof zeugt für mich. — Sie gaben ihm zur Antwort: Leugne nur nicht, Herr Archon! daß du in der verflossenen Nacht mit Rufinus und den Anderen dem Zeus ein Opfer gebracht hast. Siehe! da stehen deine Ankläger! Und da er in seiner Eigenschaft als Beamter drohte und sagte: Ihr haltet die Staatsgeschäfte auf, erwiederten sie ihm: Drohe nicht, Herr Archon! Ohne Bürgen gestellt zu haben, entfernt sich deine Hoheit nicht lebend von hier. — Als er nun gedrängt wurde und sah, daß es keine Rettung gebe, versprach und gab er wirklich Caution, daß er sogleich nach Antiochia sich begeben werde — mit ihnen und den Uebrigen.

Capitel XXIX.

Von dem Aufstande und Dem, was zu Groß-Antiochia darnach geschehen.

Als sie nun in Antiochien anlangten und die Akten (Πεπραγμένα, ܦܥܠܝ̈ܐ), die in Edessa über die dort Angetroffenen abgefaßt worden, verlesen wurden, wurden sie — Er und sein Notar — ergriffen, verhört und suchten sich mit Lügen zu entschuldigen. Zuletzt aber, als sein Notar Namens Theodorus zu den Foltern und harten Qualen kam, da that er eine Aussage (κατάθεσις, ܡܘܕܥܢܘܬܐ) und entdeckte Alles. Wie man sagte, machten sie auch gegen den dortigen Patriarchen Gregor und gegen Eulogius, der es von da aus in der Folge zuletzt in Alexandrien wurde, eine Aussage, daß sie nämlich mit ihnen Nachts einen Knaben

in Daphne *) (Land bekränzt = ἐν δάφνῃ, — صنما) geopfert. Als sie
ihn opferten, gerieth sogleich plötzlich die ganze Stadt (Edessa) in Aufregung und Bestürzung. Als man dieß in der Stadt (Antiochia) vernahm, gerieth die ganze Stadt in Verwirrung und Unruhe, es geschahen
verschiedene Stimmen? (قصبه. φωναί), die Kirche wurde geschlossen und
Gregor wagte es nicht, von seinem bischöfl. Palaste hinabzugehen. Man
ließ weder eine Liturgie in der Kirche, noch der Gewohnheit nach die
Consecration des Oeles (μῦρον — قندس) am Gründonnerstag vornehmen. Verschiedene Rufe rief man, deren Aufzeichnung, sowie den
Bericht von all' diesem man bei uns vermissen könnte. Wie nämlich Alle
sagten, kamen die Akten darüber zum Kaiser, und überall sprach man
davon und meinte zuletzt, es sei dieß wegen der Ordnung des Christenthums, und damit das Priesterthum nicht geschmäht und gelästert würde,
unterdrückt worden. — Anatolius aber stellte das Bildniß unseres Herrn
in seinem Hause auf, da er glauben machen wollte, er sei wirklich ein
überzeugter Christ, nahm Viele mit sich und ging hin, um es ihnen zu
zeigen. Als er es aber ihnen zeigte, kehrte sich das Bild um und sein
Rücken wandte sich nach Außen, es selbst aber nach Innen gegen die
Wand zu, so daß Schrecken Alle befiel, die es sahen. Als es aber Anatolius sah, drehte er es um und stellte es gerade. Aber wiederum drehte
es sich plötzlich um und kehrte den Rücken nach Außen; und so 3 Male.
Da man es nun untersuchte, fand man hinten in der Mitte ein Apollo-
bild (اهل), das künstlich angebracht und nicht zu erkennen und zu sehen war. — Daher warfen die Soldaten des Archon ihn auf die Erde,
traten ihn mit Füßen und schleppten ihn bei seinen Haaren in's Prätorium, indem sie das Alles kund machten. Da that, — wie gesagt —
auch Er eine Aussage über Alles; Theodor aber, sein Notar, wurde,
nachdem er die Bischöfe und die Uebrigen angegeben hatte, in den Phy-
laken **) bewacht und starb. Viele aber dachten und sagten, er sei ermordet worden, um die Aussage, die er gethan, hinwegzuschaffen, —
was wir aber nicht bezeugen wollen. Vieles Andere geschah noch daselbst,
was aber die Erzählungen und die Grenzen der Schrift überschreitet.

---

*) Eine Vorstadt Antiochiens hieß Daphne, durch Lorbeer- und Cypressenhaine be-
rühmt, wie durch sehr besuchte Tempel des Apollo und der Diana. S. דפני
bei Burtorf, lex. Chald. Talm. רבני של אנטובריא im Talmud von Jerusalem, Sanhedr. c. 7. Es wird von den Rabbinen mit Riblah identifizirt.
Haneberg, Gesch. d. bibl. Off. II. Aufl. S. 426.

**) φυλακαί und σκρίνιον (das erstere syr. قمصا) kennt Theophanes im Präto-
rium der Stadt-Präfekten. —

Capitel XXX.

Von Dem, was in der Hauptstadt in der Sache der Heiden geschah und ausgeführt wurde.

Als nämlich das Gerücht der Vorfälle zu Antiochien zugleich mit den Akten nach der Hauptstadt kam, gerieth die ganze Stadt, sowie auch der gnädige Kaiser nebst dem ganzen Senate in Unruhe, Furcht und Bestürzung, und man sprach an allen Enden der Stadt davon. Hierauf ließ man die Heiden kommen und er befahl Archonten und Scholastikern, sich zu versammeln, um sie zu richten und die wahre Beschaffenheit der Sache zu erforschen, indem er sie anging und beschwor, unbefangen und ohne persönliche Rücksichten zu urtheilen. — Sie saßen und untersuchten die Thatsache viele Tage hindurch, — im großen kaiserlichen Palaste, welcher der Placidische *) (ܐ؟) genannt wird. Da nun, obschon Alles von ihnen heimlich geschah, doch davon kund wurde, man aber wachte, damit es Niemand erfahre, so hörte man draußen Nichts und Alle hatten die Meinung, ein Geschenk sei dazwischen gekommen und habe die Wahrheit vertuscht. Da man nun von Vielen wußte, daß sie zum Heidenthum hielten, so bekam das Volk der Stadt die Meinung, sie hätten entlassen, wen sie gewollt hätten, nämlich diejenigen, die ihnen Geld gaben, hätten aber And're ebenso willkürlich und ungerecht verurtheilt, und es habe Nachlässigkeit und Bestechung in Betreff der Heidenuntersuchung stattgefunden. Besonders auch, weil seitdem der Kaiser nachließ und sich hinaus nach dem Prokenson **) (πρόκενσον, ܦܪܘܩܣܘܢ) begab, wurde die Sache nicht [mehr] untersucht und vor Allen aufgedeckt.

Capitel XXXI.

Von dem Aufstande, der beim christlichen Volke in der Hauptstadt wegen der Heiden-Untersuchung aus [Glaubens-] Eifer entstand.

Große Aufregung nämlich entstand in der Stadt, da man meinte, die Sache sei durch viel Geld vertuscht worden und sei schon vorbei. Und siehe! sie löste sich nun auf, die Angelegenheit der Heiden hörte auf

---

*) So die Byzantiner.
**) im Stadtviertel -- Hebdonum. Herr Payne Smith übersetzt: „had gone out to one of his country palaces." p. 215.

und dieselben wurden auch entlassen. Da aber liefen plötzlich die Leute herbei und versammelten sich in der Mitte *) (حسبي) der Stadt, und begannen zu schreien: Die Gebeine der Richter (δικασταί, المقضين) sollen ausgegraben werden! Die Gebeine der Heiden sollen ausgegraben werden; der christliche Glaube soll verherrlicht werden! Ausgraben soll man die Gebeine der Δικασταί (d. h. der Richter, welche sie gerichtet hatten)! Man meinte nämlich, sie hätten sich bestechen lassen und die Sache verdorben. Als sie nun dieß schrieen und nach der Mitte **) der Stadt eilten, lief man von allen Enden der Stadt herbei und verband sich mit ihnen. So kam eine große Versammlung von Leuten, die von christlichem Eifer entzündet waren, zusammen, mehr als 100000, indem die ganze Stadt von allen Ecken und Enden her in Aufregung gerieth, die Buden und die ganze Argyropratia***) (Ἀργυροπρατία, الصياغين) wurden geschlossen. Auch Juden, Samaritaner und sonstige Häretiker liefen von allen Seiten herbei und mischten sich unter die Menge, indem sie die Stadt anzünden und die Schätze Anderer rauben wollten. Das ganze christliche Volk aber lief eiligst in die Kirche zum Bischof, überhäufte ihn mit allerlei schmählichen Lästerungen, die der Aufnahme in die Erinnerungen fremd bleiben sollen, indem man auch von ihm meinte, er begünstige die Heiden und stehe in denselben Verhältnissen, wie die von Antiochien und Alexandrien, die wegen des Heidenthums bös in's Gerede kamen. Er aber ging hin und bat, man möge die Sache unterdrücken und gehen lassen, weßhalb man auch ihn mit dem Tode bedrohte. Man schloß das Episkopium von allen Seiten ab, und die Menge war bereit es anzuzünden, wenn sie sich nicht der Kirche wegen hätten zurückhalten lassen. Die Juden und Häretiker aber drohten, auch die Kirche anzuzünden, wie sie zuletzt vor dem Eparchen eingestanden. — Einen Ekklesiekdikos aber, der ihnen entgegen ging, warfen sie hinunter und bereiteten ihm eine schlimme Zeit (حطب vielleicht d. احد zu lesen, Ende). Und so lief Alles nach dem Placidischen Palaste, wo die Heiden gerichtet worden waren, und schmähten die gewesenen Richter, Patricier, Archonten und die übrigen Sekretäre (Ἀντιγραφεῖς, الدهاقين) und Juristen (Scholastiker), auch diesen Verderben drohend. Als sie nun am Placidius anlangten, zerstörten sie die Thore und Fenster, zerbrachen die Bänke (scamna, المقاعد) und Zellen, gingen hin nach der Vor-

---

*) d. h. die Hauptstraffe — ἡ Μέση κατ' ἐξ.

**) f. d. vor. Anm.

***) Theophan.

halle und suchten nach Heiden. Als sie eine Zelle erbrochen hatten, fan=
den sie dieselbe mit Talenten angefüllt und kehrten, als sie sie sahen wie=
der um. Der aber, welcher sie bewachte, wollte ihre Wuth besänftigen
und sagte in der Meinung, sie würden dieselben sogleich plündern, zu
ihnen: Seid ohne Sorge, meine Herren! Wenn ihr Geld wollt, seht, da
ist Geld! Die große Versammlung aber schrie wie aus einem Munde
und sagte: Wir sind keine Räuber, sondern Christen, kämpfen für Chri=
stus und verlangen nur hinsichtlich der Heiden eine „christliche" Untersu=
chung. Du aber hüte dein Geld, dem wir uns nicht nahen! — Sie zer=
störten Alles, was ihnen in die Hände fiel, sogar alle Bildnisse, die sie
fanden, von wem sie nur immer waren; sie nahmen sie herunter und
zerbrachen sie. — So fanden sie nun zwei Heiden, einen Mann und eine
Frau, die eingesperrt waren. Sie schleppten sie heraus, eilten hin an
das Ufer des Meeres, nahmen einen Kahn, ergriffen den städtischen
Scharfrichter und sagten zu ihm: Mache ein Feuer an und verbrenne
sie. Da er sich aber vor dem Präfekten fürchtete, legten sie dieselben
in den Kahn und warfen ihn in's Feuer. Auch den Henker warfen sie
mit ihnen hinein, der jedoch aus dem Feuer springen konnte und in's
Meer fiel, und obschon er stark verbrannt war, nicht starb; jene aber
verbrannten und versanken im Meere. — Diese unzählige Versammlung
aber, die sich darnach versammelte, eilte hin und erbrach alle Gefängnisse
(φυλακάς — ﻗﻴﺪﺧ), zertrümmerte die Thore und ließ alle Gefange=
nen herausgehen, indem sie riefen: Die Heiden entläßt man, wozu soll
man die Christen gefangen halten? — Daher liefen sie wieder zum Prä=
torium des Prätor hin, zertrümmerten die Thore und Zellen und alle
Skrinien *) (ﺍﺻﺮﺎﻣ) der Christen, ließen sie herausgehen, befreiten sie
und trieben Alle hinaus und ließen alle Gefangenen herausgehen. Von
da gingen sie wieder weiter zum Prätorium des Präfekten (Eparchen).
Als dieser es vernahm, ging er hinaus zu ihnen, und als sie stürmisch
riefen: die Gebeine der Heiden sollen ausgegraben werden, so begann
auch er, — obwohl man von ihm vielfach sagte, er sei ein Heide, —
mit ihnen zu rufen: Die Gebeine der Heiden sollen ausgegraben und der
christliche Glaube verherrlicht werden! Schön ist euer Eifer; denn siehe!
auch ich schrie mit euch! Wisset nämlich, daß nicht ich die Heiden gerich=
tet habe, daß man auch mir nicht getraut hat, und daß sie auch in mei=
nem Prätorium nicht gerichtet worden sind. Daher seid unbekümmert!
So konnte er durch diese Worte ihre Wuth aufhalten, daß sie nicht, wie
sie im Begriffe standen, Hand anlegten und sein Prätorium anzündeten.

---

*) s. oben.

Darnach kehrten sie wieder um und riefen ihm zu: Sogleich komm' und geh' mit uns nach dem Profenson. Aus Furcht sagte er: Ich komme. Und so war er genöthigt wider die Regel sein Schiff zu besteigen, ohne seine Kleidung anzuhaben. Er suchte sich nun vor dem Andrange des ganzen unendlichen Haufens zu befreien, ging eilig hin zum Kaiser und berichtete ihm: Siehe! mehr als 20,000 Menschen haben beschlossen, hieher zu ziehen. Als er noch sprach, kamen sie schon und ließen verschiedene Rufe vernehmen. Nebstdem klagten sie und sagten: Warum ist das Ge= schäft, die Sache der Heidenuntersuchung, verdorben und niedergeschlagen worden? Warum ist Bestechung vorgekommen und hat die Wahrheit verdeckt? — Nachdem sie nun so bezüglich der Heiden gerufen hatten, kehrten sie um und lästerten auch noch die Arianer in anderer Weise. Der ganze Palast bebte und es geschahen Reden, die sich nicht dazu schicken, um in Schriften aufgenommen zu werden. Darauf ließ ihnen der Kaiser ein Mandat entbieten (مرسم): Seid ohne Sorgen, sondern geht hin in die Stadt; wir werden sogleich (nach) kommen und euer Be= gehren erfüllen und die Sache nicht vernachläßigen. — So ließ sich die Menge beruhigen und es legte sich ihr wilder Ungestüm; man kehrte nach der Stadt zurück, und der Aufstand hörte auf, indem man die Ankunft des Kaisers und den Ausgang erwartete.

Capitel XXXII.
Von der Ankunft des Kaisers und dem Uebrigen, was darnach geschah.

Der Kaiser ließ nun ein nicht unbedeutendes Heer von Bewaffneten sich versammeln; wenn sie wieder einen Aufstand erregen würden, werde er sie tödten lassen. Dann kehrte er in die Stadt zurück und ließ einen Hippikus abhalten. Als sich nun das Volk versammelte und man hinauf= ging und ihm verworrene Rufe zuzuschreien begann, ließ er ihnen ent= bieten: Seid still und ruhig; ihr wißt ja, daß Jedem nach seinen Wer= ken vergolten wird. Daher waren sie ruhig und ordentlich. Sogleich als er angekommen war, entließ er zuvor noch den Eparchen Sebastianus und ernannte einen anderen dazu, der Präfekt der Schiffe?? (صاحب) war, Namens Julianus. Diesem befahl er, sie zu ergreifen und zu fol= tern, und bei den Uebrigen nachzufragen, wer sie seien. Derselbe begann sogleich sie zu ergreifen und zu verhören und fand, daß Viele von ihnen theils Juden, theils Samaritaner, Manichäer u. s. w. seien. Der Eparch aber als ein verständiger Mann begann, um nicht gegen sich einen Kampf durch den Eifer der Christen zu erwecken, Jene zu ergreifen und fragte

sie bei der Folter: Wenn auch Christen vom Eifer für die Aufrichtung
des Christenthums sich haben fortreißen lassen, aus welchem Eifer habt
ihr Juden, Mörder und irrenden Häretiker einen Aufstand erregt und
euch unter sie gemischt? Da gestanden sie Alle ein: Als wir eine große
Menge sahen, gingen wir unter sie, damit uns Etwas zum Plündern
zukäme. Auch das bekannten sie: Wir wollten die christlichen Kirchen
anzünden, indem wir berechneten, daß wenn Jene ergriffen und zur Folter gebracht würden, man uns nicht bemerken werde, nebst andern Missethaten, die sie bei der Folter gestanden. Er verurtheilte sie theils zum
Kreuztode, theils ließ er sie aufhängen, theils schickte er sie an verschiedene Verbannungsorte. Da konnte kein Christ Etwas dagegen vorbringen oder sagen, sondern es wurde diesen vielmehr mit Gerechtigkeit
vergolten. — Dann begann er die Christen zu ergreifen, indem er scho-
nend mit ihnen verfuhr. Man führte sie nur, um zu erschrecken, in der
Stadt umher; und damit man ihren Rücken nicht sehe, da derselbe ohne
Narben war, so trieb man seinen Scherz ($\pi o\mu\pi o$; — مَجْنَة) mit ihnen,
indem er befahl, sie sollten ihren Rücken mit einem Farbstoff — (مصر)
einreiben, damit man glaube, ihr Rücken sei durch Schläge enthäutet worden,
und besonders die kleinen Knaben, deren sich Viele unter ihnen fanden. Einige
von ihnen zogen lachend auf Maulthieren in der Stadt umher. — Einer von
ihnen aber wurde ergriffen, ging hin und stellte sich vor dem Eparchen. Er
sagte: Was ist dein Treiben, und Wer bist du? Er sagte: Ich bin ein Christ
und Krämer ("Apotheker" الصيدلي). — Wenn du ein Apotheker bist, warum
fandest du dich beim Aufstande ein und bliebest nicht ruhig in deinem Kram-
laden? Deßhalb befehlen wir, daß du gegeißelt werdest. — Als man ihn nun
auszog, um ihn zu geißeln, sagte er: Beim Haupte und Leben des Kaisers! Wenn ich für Christus gegeißelt werden soll, so mögen nicht bloß
diese Schläge und Mißhandlungen über mich kommen, sondern enthauptet
mich auch noch nachher, beim Haupte des K. Tiberius! Als das der
Eparch hörte, gerieth er in Bestürzung und sagte: Dieser will mich selbst
bezeugen lassen, ob ich ein Trajan (بنيامين) sei*). Laßt ihn gehen! So
entließ er ihn ohne einen einzigen Schlag. Er ging aber hin und bat
den Kaiser, eine Amnestie (Indulgentia; der syrische Text versetzt ܬ
und ܒ — افروسطيون) für die Christen zu erlassen und zu befehlen, daß
keine Christen mehr ergriffen würden, weil sie von Eifer entflammt sich
versammelt und geschrieen hatten. — Der gnädige Kaiser befahl, daß

ihnen die Thorheit nachgesehen und sie nimmer ergriffen werden sollten. So wurde es den Christen nachgelassen; sie wurden aber ergriffen und gerichtet, wenn sie sich [wieder dabei] antreffen ließen.

Capitel XXXIII.
Von dem was nachher beim Heidengerichte geschah.

Darnach aber befahl der friedliche K. Tiberius, da er zeigen wollte, daß er das zur Gottesfurcht Dienliche nicht vernachläßigt habe und nicht vernachläßige, allen Archonten und Senatoren: es sollten alle Patricier und alle Erkonsuln (ܐܦܘܣܝ '*Αφύπατοι*), Adelige, „Illustres" (ܚܠܝܠܐ) und Subpräfekten ('*Υπέπαρχοι* ܣܘܦܪܦܩ̈ܘ]) und der ganze übrige Senat sich versammeln. Sie sollten im Prätorium des Eparchen zusammenkommen und ihnen alle Akten über die Heiden, sei's im Orient oder Occident vorgelesen werden. Er gab den Befehl, daß Jedem, der sich nicht einfände, „sein Gürtel (oder Schärpe) abgeschnitten werden solle." Daher kamen sie Alle wegen des strengen Befehles zusammen und saßen vom Morgen bis zum Abend „nüchtern und qualvoll" beisammen. Alle Akten wurden ihnen vorgelesen und sie verurtheilten zuvörderst den bereits oben von uns erwähnten Anatolius zum Tode, der vorher Archon und Vicepräfekt ('*Αντι* — *έπαρχος* — ܐܢܛܘܦܪ̈ܩ) zu Edessa gewesen war. — Er wurde nach den tödtlichen Foltern den Bestien vorgeworfen und von ihnen grausam zerfleischt; dann ging er hin und wurde gekreuzigt. Vor demselben wurde noch ein Anderer, ein Gefährte von ihm, Namens Theodorus, die mit einander den Dämonen durch alle heidnische Werke gedient hatten, vielfach und grausam gefoltert. Auch er gestand Vieles. Er wurde aber, um ferneren Qualen aufbewahrt und mit den Anderen verhört zu werden, hingeschickt, um im Prätorium des Prätor eingesperrt und bewacht zu werden, starb jedoch daselbst während der Nacht. Viele meinten, er habe sich selbst getödtet, weil auch über ihn die Todes-Sentenz ('*Απόφασις*, ܐܦܘܦܣܝܣ) ergehen sollte. Weil er nämlich nach der Taufe den Dämonen geopfert, erging über ihn der Richtspruch, daß sein obgleich todter Leichnam verbrannt werden solle. — Die Anderen aber sahen aus natürlichem Mitleid davon ab; er aber ließ ein Eselsgrab graben, ihn hinschleppen und hinauswerfen. Dieser also außer jenen Beiden, welche die Menge verbrannt hatte, einem Manne und einem Weibe, scil. [wurde hingerichtet]. Der Mann aber war der Sohn dieses Theodor. Diese also starben — außer vielen Anderen, die man ergriff, einsperrte und sie zu Foltern und Verhören zu bringen sich anschickte. — Andere aber schickte man nach ihnen aus, nach Syrien, Asien und überall hin, damit sie ergriffen würden und in die Hauptstadt kämen.

Capitel XXXIV.

Von der Heiden-Untersuchung, die zuletzt geschah.

Darnach aber wurden auch viele Andere genannt, alle Tage ergriffen und beigefügt, und es waren alle Gefängnisse von ihnen voll. Selbst Kleriker an (von) Kirchen wurden genannt, ergriffen und vieler heidnischer Frevel beschuldigt. — Es erging aber über sie das Urtheil: sie sollten den Bestien vorgeworfen und darnach im Feuer verbrannt werden. Sie erhielten also das Todesurtheil, die da seiner hienieden würdig waren; das jenseitige Urtheil aber, das ihrer wartete, ist allein dem furchtbaren, gerechten Richter bekannt. Da nun viel Volk genannt und ergriffen wurde, so mußte man das Verfahren (Llr) gegen sie wegen ihrer Menge abkürzen. — Endlich aber nahm man sie aus dem Prätorium des Stadtpräfekten, den man auch zu ihnen zählte, und übergab sie dem Prätor; und nun saßen die Richter in seinem Prätorium und richteten. Zuletzt aber saßen sie auf dem Forum und richteten, bis zum Ende des K. Tiberius. Auch Mauricius, der nach ihm zur Regierung kam, ließ sich in diesem Eifer sehen und ließ die Heiden richten und untersuchen, die sich dem Namen nach als Christen ausgaben, in der That aber Götzendienst trieben. So wurden sie denn täglich gerichtet und erhielten den Lohn ihrer Werke hier und dort.

Capitel XXXV.

Von der grausamen Ermordung des Eustochius, Bischofs von Jerusalem, durch dessen Sklaven.

Voll der Traurigkeit und Trübsal ist die Erinnerung an diesen Eustochius*), der eine Zeit lang Bischof von Jerusalem gewesen. Weil derselbe in heftigem Eifer wider die Heiden sich erhoben und sie angeklagt hatte, so brachte man ungerechte Angaben und Verdächtigungen und falsche Anklagen gegen ihn vor. Als er nun hier in der Hauptstadt ge-

---

*) Baron. ad a. 553, 561.

richtet wurde — von gottlosen Richtern, die selbst heimliche Heiden waren, so entsetzte man ihn ungerechter Weise seines Bisthums. Nach seiner Entsetzung ließ er sich nicht dazu herbei, da und dort umherzuschweifen, sondern ging sogleich hin und nahm sich eine Zelle im Tempel des heil. Mar Sergius im Hormizdas*), d. h. am Palaste heraus und schloß sich darin 18 Jahre lang ein. Selbst die Kaiser, die Kubikulare und der ganze Senat, Männer und Frauen hielten ihn für einen gerechten Mann und gingen beständig hin, um ihm ihre Verehrung zu bezeigen, weil er ein Greis, ehrwürdig durch seine weißen Haare, berühmt durch sein Wort und seine Lehre und mit den heiligen Schriften sehr vertraut war. — Jetzt aber im dritten Jahre der Regierung des siegreichen Tiberius, seitdem dieser Selbstherrscher geworden war, erfüllte der Satan in einer Nacht das Herz eines seiner Sclaven, es verblendete ihn der Glanz des Silbers, das vor ihm leuchtete, er erhob sich, durchbohrte ihn und schlug ihm den Schädel ein; und als er Ach! rief und sagte: Warum so, Bruder? — kehrte er um, durchstieß ihm den Unterleib und Magen, machte die Eingeweide herausdringen, und so starb er sogleich. — Als nun Geschrei und Wehklagen von seinen übrigen Sklaven entstand, und es die Erkubitoren, die unter ihnen wachten, hörten, eilten sie herauf nach deren Zelle und legten Hand an, um ihn zu ergreifen. Er aber zog seinen Dolch und durchbohrte den Einen; der Andere aber zog sein Schwert, hieb ihn in die Schulter und schlug ihn nieder. So konnte man ihn bewältigen. Plötzlich aber entstand eine Bewegung und ein Geschrei: eine große Menge lief seufzend von allen Seiten herbei zu diesem erschütternden und traurigen Anblick. Das Gerücht drang zum Kaiser hin, da er draußen im Tribunal**) des Hebdomon (Πρόκενσον Ἑβδόμον — ܕܐ ܡܥܢܣܪܛܐ) war. Er befahl sogleich eine Prozession (πρόκενσος oder πρόκεσσος, — ܡܥܢܣܪ) an und ging hin. Als er nun den Todten sah, klagte er weinend, wie ein Weib „über den Herrn ihrer Jugend," mit den Uebrigen, welche dieses schreckensvolle Schauspiel sahen. Er befahl, daß der Sklave, der Mörder, dem Eparchen übergeben werde, damit er eines schmählichen und bitteren Todes sterbe. Und so ging der Kaiser sogleich hinweg. Der Sklave aber wurde den wilden Thieren vorgeworfen; und nachdem er von ihnen zerfressen und zerfleischt worden, schlug man ihm seine beiden Hände und Füße ab, und es wurde

---

*) „Des Herm." dieser Kirche gedenkt Du-Fresne weitläufig in seiner Cfp. Chr. L. IV. p. 93.
**) S. l. V. cp. 13.

fo fein Rumpf *(κορμός,* ـوٰ؈وـ) mit feinen Händen und Füßen in einen Kahn *(καράβιον —* ـءيڿـ) geworfen, angezündet und verfank im Meere. So erhielt er den Lohn feiner That und es erfüllte fich an ihm das Wort der Schrift:*) „Es macht unglücklich den Gottlofen die Miffethat, weil [ihm] das Werk feiner Hände vergolten wird."

Capitel XXXVI.

Von dem großen Klofter, welches von Johannes dem Heidenvorfteher in der Provinz Afien auf dem Gebirge der Stadt Tralles (ـحـڿوـ؊) neu erbaut wurde.

Der Heidenlehrer war in den Tagen des K. Juftinianus in den vier Provinzen von Afien, Karien, Phrygien und Lydien, da der erfte Anfang [feiner Wirkfamkeit] auf dem Gebirge von Tralles in Afien durch Gottes Hilfe gefchah. Viele Taufende aus dem Gebiete diefer Stadt wurden vom Irrthume des Götzendienftes bekehrt, er errichtete 24 Kirchen, und vier Klöfter wurden unter (zwifchen) ihnen neu erbaut. — Diefes große, welches zunächft Gegenftand der Erzählung fein foll, wurde in einer Stadt (ا؊ـ؈ـ) auf den hohen Bergen, Namens Dariro (إٕڿ؊) erbaut mit (ـ؈) einem berühmten und großen Götzentempel der Heiden, unter deffen Herrfchaft, wie alte Leute aus ihnen uns erzählten, 1500 Götzentempel in allen Eparchien ftanden, die alle Jahre fich verfammelten und von ihm das Gefetz *(νόμος —* اـڿ؈؎) vernahmen und holten, wie alle ihre Priefter und alle heidnifchen Völker an allen Orten fich zu betragen hätten. Als auf eine göttliche Offenbarung hin der obengenannte Johannes diefen bis auf feine Fundamente zerftört hatte, erbaute er an deffen Stätte diefes gewaltige fogenannte Klofter Dariro auf den fteilen und hohen Bergen, die zwifchen all diefen Kirchen liegen, dann noch folgende drei andere Klöfter; eines oberhalb deffelben auf den Bergen, und die zwei anderen unterhalb deffelben, indem er fie unter deffen Herrfchaft ftellte. Dieß Klofter felbft aber baute er geräumig und weit — mit vielem Aufwande, der ihm vom K. Juftinian beftritten (gegeben) wurde, fowie zu allen anderen Kirchen und Klöftern. Der Kaifer erließ drei „pragmatifche Typen" (ـ؈ـ؊حـ؈ـ؈ـ؊ـ؈؍ اـ؈ـ؉), daß diefes große Klofter über alle diefe Kirchen und Klöfter herrfchen, fie belehren, (bewahren) überwachen und all ihre Einrichtungen ordnen folle. — Diefes Klofter nun,

---

*) Jf. III. 11.

fiehe! von seinem Anfange an beneidete es der Satan und erregte wider
dasselbe Heimsuchungen und heftige Gegner von allen Seiten. Ganz
deutlich nämlich wohnten und hausten daselbst vormals die Dämonen —
wegen des Blutes der Opfer, die ihnen dort gebracht wurden, auf denen
sie saßen „wie die Mücken auf faulen Geschwüren". Und so erschienen sie, offen kämpfend und sich zeigend, wie beim Beginne des Baues
Einem von den Bauleuten, einem Kleriker. Sie hoben ihn in die Luft
und warfen ihn hinunter auf einen Felsen und von diesem empfing ihn
ein anderer Fels, unterhalb desselben, der noch gewaltiger war, als jener. Da stand Johannes mit den Uebrigen oben und sahen ihn,
wie er herabflog und kopfüberwärts hinunterstürzte und von einem Felsen zum anderen geschleudert wurde. Er stieg nun bei Tagesanbruch (ܒ܁ܡ)
hinab und untersuchte den Felsen, dessen Höhe keinesfalls weniger als
1000 Ellen betrug, wovon er heruntergestürzt war. — Als sie nun den
Hinabgefallenen sahen, schrieen sie *Κύριε ἐλέησον* und meinten, er habe
sein Hirn an all den Felsen zerschlagen und zerschmettert, an die er geschleudert worden war, und alle seine Eingeweide seien über sie ausgegossen. Sie liefen wehklagend herbei um, sei's auch nur den Rest seiner
Gebeine zu sammeln und zu bestatten, und fanden ihn unversehrt da-
sitzend und sie anschauend. Da sie ihn nun noch am Leben sahen, wunderten und freuten sie sich und priesen Gott, der ihn errettet vom bitteren
Tode durch die Nachstellungen der verderblichen Dämonen. Nicht einmal
eine Wunde ließ ihn Christus bekommen, außer daß seine Nase etwas
verletzt wurde. Da wunderten sich Alle, die sahen und hörten das Wun-
derwerk, welches unser Herr Jesus gethan.

Capitel XXXVII.
Von den Gegnern und Heimsuchungen, die sich durch den Neid des Bösen wider das Kloster Dariro erhoben.

Ein Jahr nach vollendeter Erbauung des Klosters Dariro, d. h.
im sechsten Jahre, wurde der Bischof von Tralles von Neid gegen
das Kloster erfüllt, schwur und sagte: Ich mache es zu einem Gute
(ܦܪܘܐܣܛܝܢ, *προάστειον*) *) meiner Kirche und wohne dann den ganzen
Sommer darin. Da stritt er auch mit Johannes und begab sich gegen denselben zum K. Justin **). Als er nun hinkam, dem Kaiser
darüber berichtet hatte und ihn bat, er möge befehlen, daß Er darin

---

*) *Προάστειον* oder *προάστιον*, ein Haus oder Gut in der Vorstadt; s. o.
**) Mit Recht verbessern Smith und Land — Justinian.

herrſche und befehle und Johannes ſich nicht nähere —: als dieß der Kaiſer von ihm hörte, ſagte er zu ihm: Ohne Chriſtus wäreſt du weder zu deiner Kirche noch zu deiner Stadt gekommen, ohne die Leitung und den Befehl des Johannes. Du nämlich kannſt eine Kirche, zu der du nicht mit Rechten berufen worden, nicht regieren. Das Kloſter das mein iſt, da es mit meinem Wiſſen und auf meinen Befehl erbaut worden, willſt du an dich reißen. Dann befahl er, er ſolle ſich aus der Haupt= ſtadt nicht entfernen, bis (ehe) Johannes käme. Nach einiger Zeit kam auch Johannes, und der Kaiſer theilte ihm Alles mit, was ihm vom Biſchof geſagt worden, und Alles, was er demſelben geantwortet. Dann befahl er dem Johannes, er ſolle hingehen und die Kirche der Stadt und deren Xenodochium verwalten, und der Biſchof ſolle Nichts thun dürfen ohne ſeinen Befehl. — Auch noch andere Heimſuchungen und viele Gegner erweckte er dieſem Kloſter und den 24 neuen Kirchen, die Johannes in deſſen Umgebungen unter den Heiden, die er getauft und zu Chriſten gemacht, auf dem Gebirge der Stadt Tralles neuer= baut und errichtet hatte. Gott hielt in ſeiner Barmherzigkeit allen Neid des Böſen von ihnen ab und erhielt ſie zum Ruhme ſeines Namens bis auf den heutigen Tag.

Capitel XXXVIII.
Vom plötzlichen Tode des Eutychius.

Der Patriarch Eutychius war voll von Todesdrohungen gegen die ganze Parthei der Orthodoxen und bedräute ſie mit heftigen Schwü= ren: Keinen von ihnen laſſe ich in dieſer Stadt, oder in ihren Umgebungen, oder in den übrigen Städten. — Als er nun alſo drohte, erreichte ihn ſein Ende und nahm ihn ſeine Grube auf; und an dieſem Tage hör= ten auf und gingen ſcheitern alle ſeine Plane und Drohungen. Er war aber zu Vielem vorgeſchritten, indem er die Auferſtehung des Leibes leugnete und gegen das kämpfte: Der du für uns gekreuzigt worden! — Vieles hätte in die Erinnerungen von ihm aufgenommen werden ſollen; wir gehen aber von Alle dem ab wegen ſeiner Menge.

Capitel XXXIX.
Von Johannes, der aus einem Sacellar ſeines Vorgängers zu deſſen Nachfolger gewählt wurde.

Als nun Eutychius aus der Welt geſchieden war, am 5. Ni= ſan, wurde ſein Nachfolger der Diakon Johannes, der Sacellar des

Johannes von Sarmin, des Vorgängers des Eutychius: ein
der Enthaltsamkeit, dem Fasten und Wachen ergebener Mann, der
beständig in einer Zelle der „großen Kirche" ruhig wohnte. Dieser
wurde ergriffen und befragt, ob er auch „dem Worte der Herrschaft
gehorchen wolle." — Als derselbe widerstritt, ließ ihn der K. Tiberius
nach dem Palaste bringen, und dort solle er bewacht werden. Da erhob
sich der Kaiser und der ganze Senat gegen ihn, und nur mit vieler
Mühe (offenbar ist hier ܠܡܚܕܐ für ܚܠܝܡܐ zu lesen) überredete man ihn.
Er aber bezeugte und sagte: Ich gebe meine Regel (κανών, ܩܠܡ) nicht
auf und halte bis 9 Uhr mit den Leuten keine Unterredung (συντυχία,
ܣܘܢܛܟܝܐ — Audienz). Als nun Vieles geschehen war, wurde er ordinirt, und man sagte, daß er dieselbe Regel beibehielt, indem er nach seiner früheren Gewohnheit Niemanden vor 9 Uhr empfing. Auch wunderten sich die Leute über ihn und sagten: den ganzen Tag werfe er sich
auf das Angesicht und bete, da er schwächlich und „trocken wie Holz"
war. — Diejenigen aber, die zu des Eutychius Zeiten unter dem Vorwande des Glaubens wie Räuber über Orthodoxe und auch über Häretiker herzufallen und deren Eigenthum zu plündern pflegten, begannen
ihrer Gewohnheit gemäß von ihm die Erlaubniß zu erbitten, wie von
seinem Vorgänger, hinzugeben, die Leute auszuplündern, umherzuschleppen,
sie hinzubringen und in's Gefängniß zu werfen. Als er das vernahm,
sagte er zu ihnen: Geht hin und bleibt ruhig; denn ich lasse euch nicht
hingehen, die Leute überfallen und ausplündern, und Gott und seine heilige Kirche lästern. — Sie sagten zu ihm: Eutychius hat uns so befohlen. — Er erwiederte ihnen: Ich befehle, daß Friede und Ruhe sei
in meinen Tagen. Wenn ihr aber bei Eutychius Eingang gefunden
habt, so geht jetzt hin zu ihm, und wenn er es auch befiehlt, so könnt
ihr es thun. — Vieles Wunderbare sollte noch von ihm niedergeschrieben
werden; aber wegen der großen Fülle endigen wir mit diesen kurzen Erzählungen von ihm.

Capitel XL.

Von Mundar Bar-Charet und der Anklage über ihn.

Als nämlich der Canes Mauricius im Orient bei den Heeren
war, berieth er sich mit Mundar, König der Araber (ܛܝܝܐ?), um mit
einander ins persische Gebiet hinüberzuziehen. — Da sie nun [einige]
Tage weitergezogen waren, bis sie gegenüber dem aramäischen Gebiete

(عمـ اكمـل)*) anlangten, wo die Hauptstadt des persischen Königs ist, fanden sie die Brücke vor ihnen abgebrochen, da man meinte, sie würden hinüberziehen und die Hauptstadt erobern. Dann aber kamen sie miteinander in Streit, indem Mauricins meinte, Mundar habe es den Persern sagen lassen und diese hätten dann die Brücke abgebrochen. Da sie nun so in Feindschaft und Hader mit einander geriethen, kehrten sie unverrichteter Dinge wieder um. Von da an begannen sie gegen einander an den K. Tiberius zu schreiben, und der Kaiser suchte sie durch Vieles zu versöhnen. — Da er es aber nicht vermochte, so begab sich Mauricius hinauf zum Kaiser und brachte schlimme und schwere Anklagen wider ihn vor. Der Kaiser nahm ihn an, wurde mit heftigem Zorne gegen Mundar erfüllt und gedachte ihn zu hintergehen und es dahin zu bringen, daß er ergriffen würde und nach der Hauptstadt käme. Hierauf sagte der Curator Magnus, ein Syrer, weil er dessen Freund und Patron (عربـ) war und Jener auf ihn vertraute, er werde seine Sache beim Kaiser vertreten (حصم إصمـحمـ), weil er dem Kaiser gefallen wollte: Wenn du befiehlst, bringe ich ihn gefesselt hieher. — Es freute sich der Kaiser und schickte ihn hin. Er stieg nun **) عامـلـا —؟ nach dem Orient hinab in eine Stadt, die (حصـيـ) heißt ***), welche Stadt er auch erbaut (كحـ), mit einer Mauer umgeben und in ihr eine Kirche erbaut hatte. Er begab sich auch unter dem Vorwande der Consekration derselben hinab und nahm auch den Patriarchen von Antiochia mit sich, um den Mundar noch mehr irre zu leiten, daß er käme. Darauf ließ er listig dem Mundar entbieten: Da ich wegen der Einweihung dieser Kirche ('Εγκαίνια, الصمـاؤ) gekommen bin und einen beschwerlichen Weg gehabt habe, und nicht gekommen bin und dir gehuldigt habe, aber doch mich darnach sehne, dein Wohlbefinden zu ersehen, bitte ich dich, sogleich zu mir zu kommen, ohne jedoch eine große Heeresmenge mitzubringen. Du sollst, wünsche ich, einige Tage bei mir sein und wir wollen uns miteinander erheitern. Mache aber keinen großen Aufwand (δαπάνη, حصؤ؟) für ein großes Heer, sondern komme nur mit Wenigen!

---

*) الصحـلـا zu lesen?

**) Mr. Smith: Upon the recript of which he proceeded etc. p. 237.

***) H. Land weiß nicht, was dies sei. — „Hurin, urbs Syriae inter Palmyram et Damascum, quam Arabes hodieque حـوران Hurân appellant: alia ab Haran, Mesopotamiae oppido." Assem. B. I. T. II. disst. de Monoph.

Capitel XLI.

Von der Ankunft des Mundar bei Magnus, seiner Gefangennehmung u. f. w.

Da nun der Mundar diese Einladung (ἀπόκρισις — ‌‌‌‌) von Magnus erhielt, freute er sich und begab sich sogleich unverzüglich zu ihm, als zu einem lieben Freund, ohne ein großes Heer. Während derselbe gar keine Furcht vor ihm hatte, suchte Jener seine gottlose List zu verhehlen und empfing ihn freundlich. — Er veranstaltete ein Gastmahl und sagte: Entlasse diejenigen, die mit dir gekommen sind. Dieser: Sieh', wie du befohlen, bin ich nicht mit einem großen Heere gekommen; wenn ich aber zurückkehre, kann ich ohne ein, sei's auch nur kleines Heer nicht ziehen. Jener: Entlasse sie; und wenn du zurückgehen willst, lasse ich sie holen. — Der Mundar aber begann, weil er ein sehr erfahrener Mann war, an der Sache Mißfallen zu finden und Verdacht zu schöpfen und entbot seinem Heere, sie sollten sich [nur] wenig entfernen und ihn erwarten. Als sie nun entlassen waren, befahl Magnus seinem Heere, sich heimlich zu rüsten, sowie dem Dur (‌‌‌‌), der zur Begleitung des Magnus befohlen war. Dann zur Abendzeit begann er ihm zu sagen: Herr Patricius! Du bist vor dem Kaiser verklagt und er befiehlt dir, zu ihm hinaufzukommen, dich zu vertheidigen und ihn zu überzeugen, daß das, was über dich gesagt worden, unwahr sei. Darauf antwortete ihm der Mundar und sagte: Nach allen diesen meinen Arbeiten glaube ich nicht, daß es billig sei, daß man Anklagen wider mich annimmt. Ich bin zwar ein Diener des Kaisers, aber man kann von mir nicht verlangen, daß ich hinaufkomme; vielmehr kann ich zu der Zeit mein Lager (‌‌‌‌) nicht lassen, daß die persischen Araber (‌‌‌‌ ‌‌‌‌) kommen, meine Frauen und Kinder gefangennehmen und mir Alles rauben, was ich habe. — Da zeigte sich das römische Heer gerüstet und Magnus sagte mit Entrüstung: Wenn du nicht gutwillig hinaufkommst, werfe ich dich in Fesseln, lasse dich einen Esel besteigen und schicke dich so hinauf. Da nun seine List ihm kund geworden und er einsah, daß er ihn seines Heeres beraubt habe, nahm er ihn gefangen und übergab ihn dem römischen Heere zur Bewachung. So wurde er gebändigt und bezähmt, wie ein Löwe in der Wüste, der in einer Höhle eingeschlossen worden. — Als dies aber sein Heer erfuhr, umringten sie das Castrum (‌‌‌‌) und schickten sich an, es anzuzünden. Als sie aber sahen, daß die Römer erschienen und zum Kampfe bereit waren, entfernten sie sich. Ihn aber umringten die Römer, brachten ihn unter starker Bedeckung hinauf, und er langte in der Hauptstadt an. — Als er nun ankam, befahl ihm der Kaiser, zu wohnen, wo er früher gewohnt, und es wurde ihm und seinen Begleitern ein Gehalt (ἀνάλωμα, الخَرْجِيَّة) ausgeworfen. Und so blieb er, ohne Zutritt (Audienz) zu bekommen (مَجْلِس), während eine seiner Frauen, zwei seiner Söhne und eine Tochter bei ihm waren.

Capitel XLII.

Von den vier Söhnen des Mundar und Dem, was sie thaten.

Die vier Söhne des Mundar und besonders der Aelteste, Namens Ra'man, ein Mann, noch schlauer und kriegslustiger als Mundar selbst, versammelten ihre Heere, überfielen das Castrum des Magnus, der auch mit hinauf zum Kaiser gezogen war, und ohne Menschen gefangen zu nehmen und zu tödten, oder [Etwas] anzuzünden, plünderten und nahmen sie Alles mit fort: Gold und Silber, Erz und Eisen, und alle Kleider, von Wolle oder Linnen, Getreide und Oel. Sie raubten alle Viehheerden jeglicher Art, die ihnen in die Hände fielen, alle Rindvieh-, Schaf- und Ziegenheerden. Die Heere der Araber eilten herbei, plünderten alle Ortschaften (ضِيَاع) von Arabien und Syrien, die in dessen Umgebung lagen, und brachten so unzählige Habe und Beute zusammen. Sie zogen sich nun ganz tief in die Wüste zurück, schlugen dort ein großes Lager auf und vertheilten die Beute — wachsam, kampfbereit und nach allen Seiten hin beobachtend. Und wiederum zogen sie aus, raubten und plünderten, und kehrten nach der Wüste zurück, so daß die ganze orientalische Provinz bis zum Meere hin vor ihnen in Furcht gerieth, man in die Städte floh und es nicht wagte, sich vor ihnen sehen zu lassen. Da wurde ihnen von den Häuptlingen der Provinz und den Heerführern entrichtet: Warum thut ihr (so) das Alles? — Da ließen auch sie entbieten: Warum hält der Kaiser unseren Vater gefangen nach all den Mühseligkeiten und rühmlichen Siegen, die er für ihn ausgestanden und erkämpft? Uns hat er das Getreide (annonas, الأَقْوَات) vorenthalten (حَبَسَ) und wir hatten Nichts zum Leben; deßhalb waren wir genöthigt, so zu thun, jedoch ohne Mord und Brand anzustiften. — Zuletzt gingen sie wieder nach der Stadt Bostra (بُصْرَى) hin, umgaben dieselbe und sagten: Gebt uns die Waffen unseres Vaters und alle seine königlichen Insignien, die bei euch niedergelegt sind; wenn aber nicht, so zerſtören, verbrennen und tödten wir Alles, was wir in eurer Stadt und auf deren ganzen Gebiete (χώρα, das Land — ‏ܐܪܥܐ‎) finden. Als dies der Dur vernahm, der ein berühmter und bekannter Mann war, gerieth er in Zorn, verſammelte ſein Heer und zog hinaus, ſie als Araber verachtend. Sie aber ſtellten ſich gegen ihn auf, gewannen die Oberhand über ihn und tödteten ihn und Viele von ſeinem Heere. Als dieß die Einwohner der Stadt ſahen, geriethen ſie in Beſtürzung und entboten ihnen: Gebt das Gemeßel auf; wir geben euch das Eurige, nehmt es in Frieden. So gaben ſie ihnen die Schäße ihres Vaters heraus, und ſie kehrten mit denſelben in die Wüſte zu ihrem Lager zurück. Das Plündern und Rau=ben aber gaben ſie lange Zeit nicht auf.

Capitel XLIII.

Von der zweimaligen Hinreiſe des Magnus und ſeinem Tode, der ihn dort erreichte und ſeinen Umtrieben und Miſſethaten ein Ende machte.

Als nämlich Tiberius dies von den Söhnen des Mundar hörte, ergrimmte er ſehr und ſchickte den Magnus zurück, um den Bruder des Mundar zum König der Araber zu machen ſtatt ſeiner, und wenn möglich die Söhne des Mundar ſei's nun durch Liſt, oder Schmeiche-leien, oder Furcht, oder im Kampfe zu überwältigen und zu ergreifen. Auch Städte=Richter und Duces erhielten Befehl, mit einem großen Heere zu ihm zu ſtoßen. Und ſo zog er mit vielem Pomp hinab und ſtellt anfänglich den Bruder des Mundar zum König [der Araber] auf, der nach zehn Tagen ſtarb und zuleßt....

Von hier an bis cap. 56 leſen wir nur noch die Titel im Regiſter.

Ebenſo fehlen vom nächſten Buche die ſechs erſten Capitel bis auf den Schluß des leßten.

Viertes Buch.

...... sei es, daß er Chirotonieen ertheilte. — Auch zuletzt noch, als Paulus kam, der Patriarch von Antiochien war, ertheilten sie dieselbe zusammen. Selbst als Theodosius alt und sehr gebrechlich geworden war, und nicht mehr stehen und „opfern" konnte, befahl und erlaubte er dem Longinus, da er noch Presbyter (لـمـع) war, seine Stelle zu vertreten, und Derselbe opferte statt Jenes die ganze Zeit seines Lebens hindurch. Er befahl aber bezüglich desselben, daß er Bischof werde für jenes Volk, das bekehrt worden, und welches man Nabadäer (نابـڡـاى) nennt, deren Geschichte wir auch in Folgendem zur Erinnerung bringen.

Capitel VI.

Vom barbarischen Volke der Nabadäer, die zum Christenthum bekehrt wurden und von der Veranlassung seiner Bekehrung.

Auf der Synode des Papstes (لـمـى) Theodosius befand sich ein alter und unbescholtener Mann, ein Presbyter Namens Julianus. Derselbe gerieth in geistigen Eifer wegen des „irrenden" Volkes, das auf der Ostgrenze der Thebais gegen die Mitte von Egypten zu wohnte: welches, obgleich es dem römischen Reiche nicht unterworfen war, doch Tribut erhielt, um nicht in Aegypten einzufallen und es zu erobern. Dies Volk nun lag dem frommen Julianus am Herzen, und er ging hin und unterrichtete die selige K. Theodora davon, damit sie sich die Bekehrung dieses Volkes angelegen sein lasse. Die Kaiserin aber, weil sie von Gottes-Eifer glühte, nahm es mit Freuden an und versprach Alles zu thun, damit das Volk vom Irrthum des Götzendienstes bekehrt werde. Vor Freude darüber theilte sie es dem siegreichen Kaiser Justinianus mit und versprach und beeiferte sich, den gottseligen Julianus dahin zu schicken. Als aber der Kaiser vernahm, daß sie Einen von den Gegnern der Synode dahin senden wolle, freute er sich nicht, da er seinen Bischöfen nach der Thebais zu schreiben gedachte, damit sie hingingen, sie unterrichteten und dort „den Namen der Synode pflanzten".

Nun beeiferte auch er sich und suchte [ihr] zuvorzukommen und schickte eilig Gesandte mit Geld und Taufkleidern, sowie mit Geschenken für den König des Volkes und mit Schreiben an den Dur der Thebais, daß er für seinen Gesandten Sorge tragen und ihn zu jenem Volke geleiten solle.

Als dies auch die Kaiserin erfuhr, faßte sie in ihrer Schlauheit eilig Briefe an den Dur der Thebais ab und entsandte einen Magister *) (خصيانيطس) damit: „Weil ich und der Kaiser einen Gesandten zum Volke der Rababäer (نباعرمت) zu schicken gedenken, siehe! so sende auch ich einen frommen Mann, Namens Julianus, und will, daß die= ser, der Meinige, vor dem des Kaisers zu jenem Volke komme. Wisse aber, daß wenn du Jenen vor dem Meinigen hingehen läßt, und ihn nicht unter Vorwänden aufhältst, bis mein frommer Mann ihm zuvor= gekommen und hingekommen ist, du nicht mehr leben sollst, sondern ich schicke hin und lasse dich enthaupten." — Als dies der Dur der Thebais vernahm, kam (aber) auch zu ihm der Gesandte des Kaisers, und er begann nun zu ihm zu sagen: Gedulde dich, weil wir [erst] zusehen, das Lastvieh ausrüsten und Leute bereit halten müssen, welche die Wüste kennen. Dann nimm sie und ziehe weiter. — Und so entließ er ihn und hielt ihn auf, bis die Gesandten der gnädigen Kaiserin kamen und Lastvieh und Leute bereit fanden. Sie nahmen noch am selben Tage unverzüglich, gleichsam mit Gewalt, das Lastvieh hinweg und zogen zuerst hin. Da ließ er nun dem des Kaisers melden: Wisse, daß da ich schon für dich gerüstet hatte und dir es sagen lassen wollte, langten die Gesandten der Kaiserin an, überfielen mich mit Gewalt, nahmen das Lastvieh und gin= gen davon. Ich achtete (خشيت) die Verehrung gegen die Kaiserin mehr als mich und deßhalb wagte ich es nicht, ihnen zu widerstehen. Aber warte, bis ich für dich wieder auf's Neue gerüstet habe, damit auch du in Frieden hinziehest. — Als er das erfuhr, zerriß er seine Kleider, be= drohte und schalt ihn sehr. So brach auch er nach einigen Tagen auf und zog zuletzt hin, ohne Etwas von der List desselben zu ahnen.

*) Eigentlich Magistrianus. - Du-C.

Capitel VII.

Von der Reise des seligen Julianus und seiner Begleiter ins Land der Rabadäer, ihrer Aufnahme und dem Uebrigen, was sie durch Gottes Hülfe dort wirkten.

Als nun der selige Julianus und die ihn begleitenden Gesandten im Lande (d. h. an der Grenze) anlangten und zum König und den Angesehenen schickten und es ihnen zu wissen machten, schickten sie ihnen ein Heer entgegen, empfingen sie mit Freuden, brachten sie in ihr Land zu ihrem König und auch er nahm sie freudig auf. Da übergab er nun auch die Schreiben der Kaiserin und sie wurden ihrem Heere vorgelesen und kund gethan. Sie erhielten aber auch prächtige Geschenke, viele Tauf= kleider und Alles im Ueberfluß. Sogleich nun ergaben sie sich mit Froh= locken, verläugneten allen Irrthum ihrer Väter und bekannten den Gott der Christen, indem sie sagten: Er ist der eine, wahre Gott und kein Anderer außer ihm. — Da er sie nun in Vielem belehrt und unterrichtet hatte, lehrte er sie auch dies: Wisset zuvor, daß da Streitigkeiten unter den Christen wegen des Glaubens ausgebrochen sind, deßhalb auch der Kaiser den seligen Theodosius, da man von ihm verlangte, er solle [Etwas] annehmen, und er nicht gehorchte, von seinem *) Sitze vertrie= ben hat. Die Kaiserin aber nahm ihn mit Freuden auf, weil er im rechten Glauben bestand und für ihn seinen Sitz verließ. Deßhalb hat sie uns auch zu euch gesandt, damit auch ihr dem Papst Theodosius nachgehet, auf seinen Glauben getauft werdet und dessen Wahrheit bewahret. Auch der Kaiser hat zu euch Gesandte geschickt und siehe! auch sie werden nach uns zu euch kommen. — Sie unterrichteten sie nun, wie sie dieselben empfangen und welche Antwort sie ihnen geben sollten. Als sie nun in diesem Allen bestärkt waren, da kam auch der Ge= sandte des Kaisers, ging gleichfalls hin und gab ihrem König die Briefe und Geschenke. Sie begannen auch sie, wie ihnen befohlen, zu belehren und sagten: Unser Kaiser, der Römische, läßt euch entbieten, daß ihr, wenn ihr Christen seid, der Kirche und Denen, die zu ihr halten, an= hänget und nicht Jenen, die von der Kirche ausgestoßen worden sind. — Als dies der König der Rabadäer mit seinen (Angesehenen) Vornehmen vernahm, antworteten sie ihnen und sagten: Das Geschenk des römischen Kaisers nehmen wir an und schicken auch ihm ein Geschenk, seinen Glau=

---

*) Der syrische Text ist hier aus ‏ܡܪܒܥܐ‎ in ‏ܩܪܒܥܐ‎ zu verbessern.

ben aber nehmen wir nicht an; sondern wenn wir gewürdigt werden,
Christen zu sein, „gehen wir dem Papst Theodosius nach", den der
Kaiser, weil er die Bosheit seines Glaubens nicht annehmen wollte, von
seiner Kirche verdrängt und vertrieben hat. Wir aber, wenn wir aus
dem Heidenthum und Irrthum fliehen, wollen nicht wieder in einen bösen
Glauben verfallen. So entließen sie denn die Gesandten, indem sie eben
das schrieben. — Der selige Julianus aber blieb bei ihnen zwei Jahre
lang in großer Noth [wegen] der Hitze, indem er von 3 bis 10 Uhr
lehrte, nackt und [nur] mit einem leinenen Gewande (Sindon, ‫ܣܕܘܢܐ‬)
bekleidet mit dem ganzen Volke des Landes in Höhlen voll Wasser ging
und saß, indem er außer dem Wasser sich nicht befand, als blos um etwas
aufzuathmen (‫ܡܬܬܢܚ‬ von ‫ܢܚܬ‬, spiravit? *). Er ertrug [es] aber, unterrichtete und taufte den König, seine Vornehmen und viel Volk mit ihm.
Auch einen Bischof aus der Thebaïs brachte er mit sich, einen alten
Mann, Namens Theodorus. — Da er sie nun belehrt und auf die
rechten Wege (‫ܫܒܝ‬) gebracht hatte, übergab er sie diesem Bischofe und
verließ sie, langte in Constantinopel an und wurde in dessen Nähe von
der Kaiserin sehr ehrenvoll empfangen. Viel Wunderbares erzählte er
von dem großen Volke, was wir aber wegen seiner Menge aufzuzeichnen
unterlassen und nur dies Wenige angeführt haben.

Capitel VIII.

**Davon, daß als der selige Theodosius aus der Welt schied, er sich
jenes Volkes erinnerte und befahl, daß Longinus dessen Bischof werden und dahin geschickt werden solle, da ihm (d. h. dem Volke) auch
Julianus gestorben war.**

Am Tage seines Todes gedachte der Papst Theodosius jenes
Volkes, zumal weil vor kurzer Zeit demselben auch der selige Julianus,

---

*) Herr Land gibt nach ‫ܡܚܘܬܐ‬ — Plage; ihm folgend umschreibt Smith: „And if
he left the water his skin, he said, was blistered by the heat;" „„und wenn
das Wasser von seiner Haut ablief, bekam er nach seiner Aussage durch die Hitze
Blasen"". Diese Uebersetzung ist schlechterdings nicht mit dem syrischen Texte zu
vereinen: ‫ܡܬܬܢܚ ܗܘܐ ܕܠܐ ܡܢ ܚܠܦ ܡܝܐ ܢܚܬ ܡܬܬܢܚ ܗܘܐ.‬ — Für
die Ableitung von ‫ܢܚܬ‬ sprechen die analogen Formen: ‫ܡܬܬܦܬܐ‬ von ‫ܦܬܐ‬;
‫ܡܬܬܪܥܐ‬ von ‫ܬܪܥ‬; ‫ܡܬܬܩܠܐ‬ von ‫ܬܩܠ‬.

ver es unterrichtet hatte, gestorben war, sowie auch die selige K. Theo= dora. Er befahl, daß der fromme Longinus dort [Bischof] werde, der als ein eifriger Mann sie noch völlig bekehren und im Christenthum bestärken könne. Sogleich nach dem Ende des Papstes wurde Longinus Bischof für das dortige Land (حممكذ) und rüstete sich zur Abreise. — Da er nun sein Gepäck (مذلاحمت) in ein Schiff gebracht hatte, um abzusegeln, fanden sich Leute, „deren Zähne, wie geschrieben steht, Spieße und Speere, und deren Zunge wie ein scharfes Schwert ist",*) die da hingingen und zum Kaiser sagten: Wisse, daß Longinus Bischof geworden und daß er ein Feind unseres Palastes ist und sein Gepäck in ein Schiff gebracht hat, um abzureisen. Wenn er nun abreist und hin zu jenem Volke kommt, so wird er, — weil er ein boshafter (حصبب) Mensch ist —, so wird er sie sogleich zu Krieg und Eroberung des römischen Landes aufreizen. Laß ihn also jetzt ergreifen! — Als der Kaiser dies erfuhr, gerieth er in Zorn, ließ ihn festnehmen und sein Gepäck aus dem Schiffe holen. So ließ man ihn nicht ziehen und er wartete von da an drei Jahre zu. Endlich aber, da er erkannte, daß man ihn bewache und nicht ziehen lasse, (wechselte) veränderte er sein Aussehen, indem er eine Perücke („einen Helm von Haaren" — حلذب بمرحذا) auf sein Haupt setzte. Es war aber ein großer Sturm; und so entfloh er mit zwei Sklaven (حكذب) und Gott rettete ihn. Er ging nach jenem Lande hin, wurde herrlich und mit großer Freude aufgenommen, belehrte, klärte sie auf und unterrichtete sie vom Neuen, errichtete daselbst eine Kirche, stellte einen Klerus auf und lehrte sie alle Ordnung des „Dienstes" und alle Regeln des Christen= thums. — Als er aber entflohen war, und es der Kaiser erfuhr, ergrimmte er heftig, ließ alle Seefahrer ergreifen, alle Wege bewachen und nach allen Provinzen schreiben; und dies Alles erwies sich als vergeblich (über= flüssig. Longinus aber veranlaßte den König jenes Volkes, Gesandte an den römischen Kaiser mit Gaben und Ehrengeschenken zu schicken. — Da er nun aufgenommen und in unseren und der Anderen Augen geehrt wurde, lobte er den Longinus und sagte: Wenn wir auch Christen dem Namen nach waren, so haben wir doch in der That bis zur Ankunft des Longinus bei uns nicht erfahren, was das Christenthum sei. Viel Herrliches erzählte er von ihm; der Kaiser aber war auf ihn erbit= tert und schwieg.

---

*) Ps. LVI. 5.

Capitel IX.

Von Dem, was von dem Archipresbyter Theodosius und dem Archidiakon Theodorus aus dem Klerus der orthodoxen Kirche zu Alexandrien dem Longinus geschrieben wurde.

Da nun Longinus in jenem Lande ungefähr sechs Jahre zugebracht hatte, beneidete der Satan das Gute und gab sich Mühe um ihn, wie er ihn zur Flucht und Entfernung von dort bewegen und durch ihn Verderben, Zwist und Bruch in der Kirche veranlassen könne. Er brachte es dahin, daß von der Spitze des Klerus zu Alexandrien, vom Archipresbyter Theodosius und vom Archidiakon Theodorus, seinem Schwesterjohn, Schreiben an ihn gerichtet wurden, die ihn beriefen, damit er jenes Land verlasse, an einen Ort in der Umgebung von Alexandrien komme, sie sich einen Papst erwählten, und er den Betrug unterstütze, der der Anfang des Unheils und der Spaltung wurde. Als Longinus diese Schreiben erhielt, entbrannte und erglühte er vor heftigem Eifer, verachtete alle Todesfurcht und begann sich zur Abreise aus jenem Land zu rüsten. Wie ihm diese Schreiben anbefahlen, wollte er thun und erfüllen. Als dies der König und alle seine Vornehmen erfuhren, versammelten sie sich und wollten ihn von der Abreise abhalten. Er aber zeigte die Schreiben und sagte: Der Grund der mir anbefohlenen Abreise ist der, weil eine Versammlung (κοινόν, ‏عمل‎) der ganzen Kirche ist; und ich kann nicht zurückbleiben. Da widersetzten sie sich ihm ferner und sagten mit Trauern und Weinen: Wir sollen wieder, wie bis jetzt, vaterlose Waisen sein! — Und so entließen sie ihn traurig und mit bitterem Schmerze und gaben ihm das Geleite. Er zog nun fort, kam zu Theodorus, dem alten Bischof von Philä (‏مبك‎) in der mittlern Thebais, zeigte ihm die Schreiben und berieth sich mit ihm über Das, was darin stand. Er verlangte von ihm, er solle, wenn es möglich sei, mit ihm gehen. Er aber vermochte es nicht wegen seines hohen Alters; es waren nämlich nahe an 50 Jahre, seitdem er von Timotheus, dem Vorgänger des seligen Theodosius, zum Bischof geweiht worden war. Doch stimmte auch er dem Inhalte (‏حيل‎, vis, tenor) der Schreiben bei und stellte dem Longinus für seine Person eine Vollmacht *) (ἐντολικόν — ‏ايطحمد‎) aus, seine Stelle zu vertreten, da er Allem zustimme, was er thue. — So reiste er denn ab und kam nach Mareotis, wohin er bestellt worden war. Er besann sich nun, was er thun solle, und war

---

*) = mandatum — Du-Cange.

in Unruhe und Furcht, seine Ankunft möchte vielleicht im römischen Ge=
biete kund werden, man möchte ihn ergreifen und er eines schlimmen
Todes sterben. Darum war sein Herz in Unruhe.

Capitel X.

**Von zwei Bischöfen, Johannes und Georgius, die zu der Zeit aus
Syrien an Longinus abgesandt wurden, und von Theodorus, der
in der Versuchung fiel.**

Zwei Bischöfe aber, Johannes aus dem Kloster des Herrn Jbas
(مخيبر(م)عمـ) und Georgius ein Jberer (لـجدرٔا — Assem. Bibl. Or.
T. I. p. 275), der gerade zu der Zeit geweiht worden war und den er
noch nicht entlassen hatte, um sich desselben seiner Zeit zu bedienen, wur=
den von der orientalischen Synode an Longinus und den oben genann=
ten Theodorus von Philä [abgeschickt] wegen der (Wieder=) Aufnahme
des Paulus von Antiochien nach dessen Heimsuchung und Flucht, ob sie
nämlich in dessen Aufnahme und Vereinigung einstimmten. Da sie nun
sich anschickten, nach seinem (Aufenthalts=) Orte zu ihm sich zu begeben,
erfuhren sie, daß er sich aus seinem Lande entfernt habe und nach Aegyp=
ten hinabgegangen sei, und zogen ihm nach. Sie gingen nun dem Ge=
rüchte nach hin und fanden ihn in Libyen (لـجحـ) außerhalb Alexandrien
an einem Orte, der Mareotis heißt. Er empfing sie freudig und als
er die Schreiben gelesen, freute er sich darüber und sagte: Zum Heil
(ـلـجـسـ) hat euch Gott gebracht und besonders deßhalb hat er euch jetzt
geschickt, damit ihr mir die Hand reichet zur Aufrichtung der Kirche.
Deßhalb bin auch ich, da man mir schrieb, aus einer fernen Landschaft
fortgezogen und gekommen, damit ein Patriarch in Alexandria [geweiht
oder gewählt] werde. — Sie aber sagten: Wie können wir ohne Befehl
unsres Patriarchen einen Patriarchen weihen? Vielmehr, wenn du dies
thun willst, soll auch er sich einfinden, da er auch nicht ferne ist; und
wir gehen hin und holen ihn. — Als nun Vieles unter ihnen besprochen
worden, gingen sie hin und holten den Paulus aus der Nähe, wie man
sagte, mit dem römischen Gewande für die Provinz Lybien (لـجحـ) beklei=
det. Den Longinus trafen sie herumgehend und eifrig nach einem Manne
forschend und suchend, der für den Ordo (لـجـ؟ـ) des Hohenpriesterthums
tauglich wäre. — Als sie ihn nun fanden, kamen sie mit einander in
„die Wüste der Einsiedler" tiefer hinein als (جـ حـ؟ـ) [das Kloster] des
seligen Herrn Mennas *) (لـمحـ), das Ramnin (ضـلـحـ) heißt, und

---

*) Die Kirche des hl. Mennas in der nitrischen Wüste beschreibt Quatremère,
Memoires sur l'Egypte I. p. 489. — S. Smith. p. 261.

trafen einen Archimandriten daselbst, einen tugendhaften Mann Namens Theodorus, der seiner Abstammung nach aus Syrien war. Zu diesem begannen sie zu sprechen, er solle sich ergeben und Papst in Alexandria werden. Als er das hörte, erschrak er, entzog sich und floh. Auch Schwüre brachte er vor und äußerte seinen Entschluß, bis sie ihn in das Anathem einzwängten, wenn er sich dessen entzöge und [dawider] spreche. So schleppten sie ihn mit Gewalt und wider seinen Willen weinend und klagend hin und Longinus und jene zwei Bischöfe weihten ihn, da Paulus, wie sie schwuren, bei seiner Weihe nicht in der Nähe bei ihnen war, und weil er auch noch nicht von dem Falle (der Sünde), der ihm zugestoßen, absolvirt und aufgenommen worden war. — Endlich aber, auch wenn er bei seiner Ordination sich nicht eingefunden, um sich den Anderen anzuschließen, stimmte er bei, nahm [ihn] auf (ob. an) und trat in die Gemeinschaft. Sie erließen sogar, wie man sagt, auch Synodika (ܣܘܢܕܝܩܐ) aneinander als Patriarchen von Antiochien und Alexandrien. Da meinten nun sie Alle, auf kanonischem Wege eine große That und die Vereinigung und Aufrichtung der Kirche von Syrien und Alexandrien ausgeführt und zu Stande gebracht zu haben. Weil er aber ohne Wissen der Alexandriner ihnen zum Bischof geweiht worden war, — was nicht Recht war —, wurde es ihnen Allen zum Verderben, sowie der ganzen Kirche im Orient und im ganzen ägyptischen Gebiete, zum Unheil, zu Verwirrungen, Mißhelligkeiten, Spaltungen und Trennungen und zum Grunde vieler Uebel; — und ebenso auch den einzelnen Personen (persönlich), und dann auch dem barbarischen Volke der Alexandriner, so daß man zu Freveln und Grausamkeit ohne Maß und Ziel kam.

Capitel XI.

Von Dem, was im Hochmuth, in der Aufregung und Verwirrung, und gegen alle kanonische Ordnung von den Alexandrinern auch nachher geschah und von der Weihe des Petrus.

Da nun die Alexandriner zuletzt die Schreiben des Longinus und der Bischöfe um ihn, sowie auch das des Theodorus über Alles, was ihrerseits geschehen war, erhielten, erfuhren sie, daß Theodorus ihr Patriarch geworden sei. Derselbe richtete auch brieflich ein Synodikon an sie, worin sie zuvörderst über den wahren Glauben belehrt wurden und dergl., was er an seine Kirche nunmehr schrieb. Er vertheidigte sich auch: „aus Furcht vor den Machthabern (ܐܪܝܣ), und um keinen Aufruhr zu erregen, sind wir nicht in die Stadt gekommen. Alles ist nach kanonischer Ordnung und nach eurer Meinung (γνώμη — ܪܥܝܢܐ) und

eurem Beſchluß (ψήφισμα — ܐܡܣܡܘ) geſchehn" und vieles Andere. —
Als dies die obengenannten Häupter des Klerus und die übrigen Ande=
ren vernahmen, geriethen ſie in Furcht und Beſtürzung und entbrannten
in Zorn über Alles, was geſchehen war, und verſetzten auch den ganzen
übrigen Klerus in wilde Aufregung und Furcht. Sie brachten ſie in Auf=
regung und barbariſche Wuth gegen Longinus und Theodorus, den
er geweiht, und gegen Paulus, wegen deſſen ſie beſonders ſich ſo hef=
tig empörten, ſowie über deren Anhänger. Sie verſtießen, verwünſchten
und verleugneten ſie, tumultuirten und ſtritten in der Kirche und Stadt
wider ſie und ſagten mit klagender (ܩܥܬܐ, v. lärmend) und unordentlicher
Stimme: Wir Alle wollen uns hier ſogleich ohne Verzug verſammeln und
uns hier aus und unter (ܒ) uns einen Papſt weihen. Da erregten nun
Jene wiederum eine Unruhe? (ܡܐܘܒܕܝ*) und ſtürmten, daß ſie Einen
aus ihrer Mitte, den obengenannten Andronikus weihen ſollten,
damit ſie, wie man hauptſächlich und vornehmlich ſagte, die Herrſchaft
erhielten und die geſammte Verwaltung der alerandriniſchen Kirche in
ihre Hände bekämen. — Als ſie nun einſahen und erkannten, daß man
keine Freude daran finde und weder der Klerus noch die Einwohner der
Stadt ihn wollten, weil auch vor Kurzem, wie man ſagte, ein Dämon
an ihm erſchien, da entzog er ſich und zeigte an, daß er es nicht werden
wolle. Da ſie alſo ſahen, daß ſie dieſen Gedanken aufgeben müßten
und daß es nunmehr unmöglich ſei, daß es Einer aus ihnen werde,
ſuchten ſie in ihrer Schlauheit und Liſt einen einfältigen und unanſehn=
lichen Mann dazu zu machen, indem ſie meinten, er werde nur den
Namen und die Auszeichnung (ܐܝܩܪܐ) beſitzen, wegen ſeiner Unwiſſenheit
und Einfalt aber aller Verwaltung und Allem, was zu dergleichen Vor=
zug gehört, fremd bleiben; da würden ſie ihm befehlen, ihn lenken und
leiten, und er werde ihnen Nichts befehlen können. Das thaten und er=
füllten ſie denn auch: Sie wählten und brachten einen Greis, einen von
den „mittleren" Diakonen,**) in Vorſchlag (ܡܨܥܝܐ) [oder einfach — vor]
einen einfältigen und unwiſſenden Mann, Namens Petrus, der auch in der
Geſellſchaft (συνοδία, ܣܘܢܕܝܐ) des ſeligen Theodoſius während deſſen Ver=
bannung geweſen war. Da ſie nun dieſen wählten, um ihn zu weihen, fand
ſich nur ein Biſchof bei ihnen, Namens Johannes, gegen den auch kano=
niſche Anklagen vorlagen. In ihrer Verlegenheit eilten zwei fremde Biſchöfe

---

*) Auch H. Smith „iſt nicht im Stande, dies Wort zu überſetzen". Er meint nach
    dem Zuſammenhang, es ſei eine Klaſſe des Volks oder ein kirchlicher Ordo ge=
    meint. p. 265. — „Conferenz"??

**) H. Smith überſetzt: „der zu der gewöhnlichen Klaſſe der Diakonen gehörte". p. 266.

herbei, die einst (ܡܪܝܐ) von dem seligen Jakob für Syrien geweiht worden waren, die Beide den einen Namen Antoninus hatten. Sie zogen sie mit Gewalt herbei und weihten den Diakon Petrus, welcher der zweite Bischof genannt wurde — zur selben Zeit auf dem Thron, nachdem er die Synodal=Schreiben des ersten, des Theodor angenommen. Ohne zu beurtheilen und nach kanonischer Ordnung zu untersuchen, ob der Erste nach Recht und Billigkeit, nach den Kanonen oder wider die Kanonen es geworden, ließen sie sich von heftigem Zorne und den Banden des Unrechts hinreißen. Der Zorn gab ihnen wilde Wuth ein und verleitete sie zu barbarischem Eifer, und sie weihten, stellten auf und ernannten einen zweiten Bischof auf demselben Sitze aus Abneigung gegen den ersten — zur Beunruhigung, Verwirrung, Spaltung und Trennung der ganzen Kirche. — Es bestätigte und zeigte sich in der That, daß dies die Freude und der Wunsch des Teufels war, der es veranlaßte und that. Und wie ein rachsüchtiges und barbarisches Volk[*) ließen sie sich zu all dieser Verwirrung, Empörung und Barbarei fortreißen. Auch nicht einen ordentlichen Gedanken ließen sie in sich aufkommen, zu beurtheilen und zu untersuchen, ob der Erste mit Recht oder widerrechtlich, wie er meinte, geweiht worden, von dem sie erfahren hatten, daß er es geworden sei. Dann schritten sie zu all dieser barbarischen Wildheit vor, einen Anderen ihm entgegen aufzustellen, indem sie wiederum ihren wilden Eifer nicht durch die Zügel der Gottesfurcht bändigen ließen, noch bei sich die Uebel, Spaltungen, Uneinigkeiten, Trennungen, Kämpfe und Verwirrungen erwogen, die dadurch in der Kirche Gottes entstehen sollten. Wie man von ihnen gedacht, so zeigte es sich, geschah und wurde vollführt; und dieses Unheil, dieser Kampf und Krieg zwischen beiden Partheien hielt bis jetzt an, was von da an ungefähr acht Jahre sind. Darüber sollte man die Klagelieder des tieftrauernden Propheten Jeremias anstimmen: über die Kämpfe, die stattfanden, über das Unheil, das entstand; über den Haß, der [die Partheien] ergriff; über die unversöhnliche Feindschaft, die die Herzen Vieler verfinsterte, so daß sie alle diese Uebel nicht erkannten und mit den Schmähungen, Flüchen und heftigen Anklagen gegen einander aufhörten.

---

*) ܘܐܝܟ ܥܡܐ ܡܬܚܡܬܢܐ ܘܥܨܝܐ (as being a vindictive and intemperate people) P. Smith, p. 267. Mir scheint Joan. Eph. an Pharao (ܦܪܥܘܢ) erinnern zu wollen.

Capitel XII.

Ueber denselben Gegenstand: daß sie nämlich ohne gehörige Beurtheilung und Untersuchung von ihrer Seite, ob der Erste nach Billigkeit und Recht geweiht sei, den Zweiten weihten (wählten).

Wie nun ein Solcher, der krank und seiner Augen beraubt ist, nicht leicht etwas Schönes ansehen und auf die Strahlen der Sonne hinschauen kann, und wie ferner ein Solcher, der von einem heftigen Fieber gepeinigt wird, keine solche That zu verrichten vermag, wie ein Gesunder, so können auch Diejenigen, die sich von der Leidenschaft des Zornes fortreißen und zu ungestümem Zorneseifer hinziehen lassen, das Rechte nicht beurtheilen und unterscheiden und darnach ihre Handlungen einrichten. So können aber auch diejenigen, die vor Wuth trunken und von Zorn und feindseligem Eifer aufgeregt sind, gar nichts Rechtes denken oder thun, was sich wirklich bei den weisen alerandrinischen Klerikern zutrug. — Diese waren nicht unansehnlich, selbst nicht der Wissenschaft nach, wenn nur nicht die Zorneshefe sie getrübt und die Aufregung sie verwirrt hätte, und sie für jenes Schriftwort übrig geblieben wären, das von Jenen, die unter der Spreu von Wind und Wetter herumgeworfen werden, sagt *): „Wie Trunkene zittern und beben sie, und all' ihre Weisheit ist zu Grunde gegangen." So setzt bei Dem, was durch sie gegen die kirchlichen Regeln in der Uebereilung und Aufregung geschah. Wegen des Synodalbriefes, nämlich von Jenem, der durch orthodore Männer und Leute ihrer Gemeinschaft ihnen zum Bischof geweiht worden war, — wenn auch — wie Jene klagten, die Zeit es nicht gestattete, daß sie abstimmten (ܐܝ? ܘܐܣܪ? ܘܚܡܝܪܐ? ܗܘܐ: ܐܚܪܐ ܠ ܡܨܚ ܗܘ ܐܘ ܡ܀ ܘܗܘ : ܗܘ ܘܗܘ܀), deßhalb kamen sie zu all der Wildheit (ܡܝܘܬܚܙ?), so daß sie durch die Hitze des Zornes sich in Verwirrung bringen ließen und das Verderben eröffneten. Seinetwegen glaubten sie darin übergegangen worden zu sein und ohne ihren Beschluß habe man den Ersten geweiht. Sie aber als die Weise[re]n, wie sie meinten, holten den Petrus herbei und weihten ihn als Zweiten zu derselben Zeit auf demselben Sitze. Wohl hätten sie in der ganzen Zeit von zehn Jahren, die in der Mitte lag nach dem Tode des seligen Theodosius dies ohne Widerrede thun und sich einen Bischof aufstellen können; aber nicht hätten sie, nachdem sie erfahren, daß ihnen Theodorus als der Erste zum Bischof geweiht

---

*) Ps. CVI. 27.

worden sei, einen Zornesbeschluß fassen und zum Streit und Hader und zur Spaltung der Kirche den Petrus herbeiholen und als Zweiten weihen sollen, so daß er sogleich von den Leuten für einen Ehebrecher angesehen wurde, der mit dem Weibe seines Nächsten in Ehebruch gefallen ist. — Ferner nebstdem, daß sie in ihrem Eifer, der gegen Gesetz und kanonische Ordnung war, einen Zweiten gegen die kirchlichen Gesetze weihten, baten sie ihn, gleichsam zu seiner Verstärkung, Bischöfe aufzustellen und zu weihen, wie man sagt, 70 an der Zahl. Wäre da irgend eine Arbeit (ܦܘܠܚܢܐ — ἐϱγατ[εί]α) für den Landbau ausgebrochen, so wäre es ihm schwer gewesen, zu derselben Zeit diese Alle bereit zu finden und zu versammeln. *) — Und was sollen wir über Diejenigen sagen, die auserwählt wurden, die vernünftige (ܡܠܝܠܬܐ) Heerde Christi zu weiden, deren Weide er dem seligen Petrus anbefahl, und wie ferner der apostolische Befehl und Unterricht an Timotheus sagt, er solle nur mit vieler Auswahl, Untersuchung und Nachforschung viele Priester weihen? Um wie viel mehr noch gilt Dies den Bischöfen? — Wie aber der Anfang seiner Thätigkeit voll der Unruhe und Verwirrung und gegen alles Recht war, so auch sein Ende; so daß er auch so sich von dem stürmischen Drange seiner wilden Leidenschaft nicht zurückhalten ließ, um die Milde und Sanftmuth Christi anzuziehen. Vielmehr ließ er sich in seinem Dünkel auch zur Trennung der Kirche von Syrien und Alexandrien fortreißen, sowie auch die Absetzung des Paulus, der auf Befehl des seligen Theodosius zum Patriarchen von Antiochia geweiht worden war, wider Recht und Kanon in der Ferne vorzunehmen. Doch nicht nur Das, sondern er brachte auch Anklagen gegen Jakob, Bischof von Syrien, vor, und zwar nicht blos einfach, sondern faßte auch sein Circular=Schreiben ab und schickte es überall hin, indem er auch aus Feindschaft und altem Haß, den sie gegen Paulus trugen, einen Anklage-libell wegen Mordes und Meineids beifügte, den Paulus und Andere mit ihm vollbracht und sich den Synobiten genähert haben sollten. Er wurde auch von den Angeklagten anathematisirt. In der Vertheidigung aber, die sie deßhalb an die ganze Kirche richteten, kannten sie die Thäter, die Ankläger und sich selbst, wenn sie aktiv oder passiv (ol ܥܒܕܝܢ ܘܣܥܪܝܢ), heimlich oder öffentlich dazu mitgewirkt hätten.

---

*) Die schöne Ironie des Verfassers, weil ein großer Theil der Ordinirten Bauern gewesen, — zeigt das Folgende.

Capitel XIII.

Von Theodor, dem Ersten, der ohne es zu wollen mit Gewalt geweiht worden.

Man soll aber von dem, was über diese so verwickelte Geschichte jetzt oder in der Folge von uns zur Aufzeichnung in den Erinnerungen gebracht wird, nicht meinen, es sei mit Verläumdungen oder unnützen Zusätzen geschehen, oder wir hätten die eine Parthei rein waschen, die andere aber mit Anklagen überschütten wollen, — vielmehr haben wir nur Weniges von dem Vielen, was dermalen d. h. im J. 886 des Alexandros und darnach geschah, aufgezeichnet — ohne Zusatz. Daß wir aber nicht abkürzen wollen, können wir nicht versprechen, da die Verwirrung und Verwickelung zu groß und gegen alle Regel ist, die durch Veranlassung des Menschenmörders angestiftet wurde. Wir können davon nur kurze Züge anführen, da Alles von uns in der Verwirrung und Unruhe abgefaßt worden ist.

Theodor aber, von dem gesagt worden, er sei zuerst zum Bischof in Alexandria von Longinus und den Uebrigen geweiht worden, kehrte, als er erfuhr, daß die Alexandriner zu all dieser Wuth und Wildheit gekommen seien, so daß sie weder ihn noch seine Briefe annahmen, vielmehr auch den nach ihm genannten Petrus geweiht und statt seiner gegen alle kanonische Ordnung aufgestellt hätten, zur Ruhe zurück und blieb bei seiner früheren Lebensregel. Er bekümmerte sich um das Geschehene gar nicht und sagte: Meinetwegen soll keine Spaltung und kein Streit entstehen. Denn mir hilft es Nichts; sondern wenn ich nur meinen Seelenfrieden habe, wie auch bis zur Stunde. — So blieb er beständig, ohne sich (um Etwas) zu kümmern. Endlich aber wandten sich Viele ihm zu, in den Städten und in der Wüste, in Aegypten und in der Thebais. Auch (kirchliche) Richter (ܡܦܪܫܢܐ, συγκρίτης) ernannte er in seinem Namen und nahm Chirotonieen vor.

Capitel XIV.

Vom obengenannten Patriarchen Paulus, von der eitlen Meinung von ihm und seiner Absetzung durch Petrus, der selbst nicht zur rechten Zeit geweiht worden war.

Schon im zweiten Buche haben wir von der Täuschung der Hoffnung auf Vereinigung, die der selige Paulus und seine (b. Anhänger)

Begleiter hatten, weitläufig erzählt. — Jetzt aber wollen wir die eitle Meinung erzählen und aufzeichnen, welche die Alexandriner hatten, die im wilden Eifer den Petrus als Zweiten auf den Thron ihrer Kirche gestellt, als ob er mit seinen Bischöfen sich in die Provinz von Lybien (ليبيا) begeben und mit Longinus den Theodorus geweiht hätte. Das ist eitel und falsch. Longinus nämlich tadelte in einem seiner Briefe diese Meinung und entschuldigte (b. vertheidigte) sich mit vielen Schwüren, daß er bei Theodor's Weihe nicht in der Nähe gewesen, und daß derselbe weder auf sein Wort hin, noch mit seinem Wissen geweiht worden sei. Sie nämlich hatten in wildem Eifer deßhalb den Petrus geweiht, der dessen Absetzung dreist und gegen die kanonische Ordnung vornehmen sollte, da noch sein Priesterthum nach den Kanonen bestand. Sie ist eine tadelnswerthe und stürmische, aber keine wahrhafte, und geschah im barbarischen Zorneseifer und nicht nach der Ordnung der kirchlichen Kanonen. Ein Zweiter wurde auf demselben Sitze ernannt nach einem Anderen und stand ungesetzlich wider ihn auf. — Auch über den seligen Jakob brachten sie Anklagen, und zwar nicht bloß einfach vor, sondern auch in Schreiben und in einem Enkyklion (الانسيكليون) d. h. in Rundschreiben; und da diese Personen ferne waren, so wurden sie nicht nach kanonischer Bestimmung vorgeladen, persönlich angeklagt und dann je nach ihren Thaten ausgestoßen. Und siehe! von da an bestand Trennung und heftiger Streit zwischen Syrien und Alexandrien und wurde genährt und trotzig fortgeführt; und heftige Spaltung durch die Leidenschaft alter Feindschaft und bitterer Zorn, den man von Anfang an gegen Paulus gehegt.

Capitel XV.

Von der Spaltung und dem Streit, der durch Satans Veranstaltung zwischen Jakob und Paulus gegen Recht und Billigkeit entstand.

Es wäre nicht unpassend (fremd) und fernliegend, von dem greisen Jakob und von seiner Einfalt und Unbescholtenheit zu sagen, was von den Brüdern, d. h. von den heiligen Schülern in den Tagen der seligen Apostel geschrieben steht *), daß sie in der Einfalt ihres Herzens den Herrn lobten. So auch dieser. Auch Er war nebst seiner Einfalt und Unbescholtenheit auch mit geistigem Eifer, mit Kämpfen und kirchlichen Arbeiten von seiner Jugend an bis zu seinem Alter geziert. — Von An-

---

*) Act. II. 46.

deren, die an ihm ihre List und Schlauheit versuchten und ihn zu lenken suchten, wie sie nur wollten, um an ihm und durch ihn all ihr Begehren zu erfüllen, wurde auch der Greis in seiner kindlichen Einfalt da und dorthin mit fortgerissen, fortgezogen und geleitet. So auch in der Sache des Paulus, der vorher von ihm mit den Anderen zum Patriarchen in Groß-Antiochia geweiht worden war d. h. für sie und über sie (ܩܕܡ ܕܝܢ ܕܝܠܗܘܢ ܘܥܠܝܗܘܢ). — Auch nachher, nachdem er ihn geweiht hatte, handelten sie ganz frei und ohne seinen Rath. So wurden sie zuletzt von Anderen angeklagt: Es ziemt euch nicht, ohne die Meinung eures Patriarchen Etwas zu thun. Als dies Viele von ihnen hörten, wurde dies Wort ihnen zum größten Anstoß und machte ihnen durchaus keine Freude. Doch auch so ließen sie sich nicht abhalten, Alles nach ihrer Willkühr zu thun. Später aber wurde wegen der Vereinigung Paulus nebst den Uebrigen berufen, um nach der Hauptstadt zu kommen. Da sie nun angekommen und vom Kaiser empfangen worden waren, besprachen sie über allerlei Dinge unzählig Vieles in dem langen Zeitraum von mehr als zwei Jahren, von welchen Gegenständen wir nur Einiges im obigen zweiten Buche erzählt haben, es aber jetzt eilig übergehen zu müssen glaubten. Endlich aber, da Paulus und seine drei Begleiter den Versprechungen und Aussprüchen der Machthaber hinsichtlich der Vereinigung vertrauten — in der Hoffnung auf Vereinigung, ließen sie sich in den schweren Fall der Gemeinschaft der Thyophysiten hineinziehen. Unendlich Vieles, was zuvor gesagt und gethan wurde, liegt in der Mitte. Alle wurden in die Verbannung geschickt. Darauf entfloh Paulus an seinem Leben verzweifelnd aus dem Episcopium und rettete sich aus der Hand seiner Feinde. Er entfloh in die Gegenden von Syrien und richtete an die orientalische Synode nicht blos ein, sondern zwei Reueschreiben; und nachdem er ungefähr 3 Jahre lang gefleht hatte, wurde er vom seligen Jacob und seiner Synode nach Billigkeit und kanonischer Ordnung (wieder) in die Gemeinschaft aufgenommen. — Daher schrieb Jacob hieher nach der Hauptstadt, nach Antiochien und nach den übrigen Provinzen viele Briefe: „Also sollt ihr wissen, daß wir unseren Patriarchen, den Herrn Paulus in die geistige Gemeinschaft aufgenommen und mit einander kommunizirt haben. Jeder, der ihn aufnimmt, nimmt uns auf, und Jeder, der ihn nicht aufnimmt, nimmt uns nicht auf." Nach kurzer Zeit aber wurden wieder verschiedene Dinge unter ihnen rege, — durch Anstiften des „Bösen", — die aber von uns Anstands halber mit Stillschweigen bedeckt werden sollen. Und so blieb die Trennung und der Haß zwischen beiden Partheien eine beträchtliche (ܙܒܢ) Zeit hindurch bestehen, indem beide Partheien wegen Dessen, was in der Verwirrung und Aufregung zu Alexandria geschehen war, angeschuldigt wurden und besonders der gottselige Jacob. Da schrieb er überall hin gegen Petrus, den sie als Zweiten daselbst geweiht hatten, daß nämlich ein neuer Gajanus in Alexandria sei zum Umsturz der Kirche. Auch an unsere Wenigkeit schrieb er drei Briefe in diesem Betreffe.

Capitel XVI.

Von der Absetzung des Paulus durch Petrus, welcher als der Zweite geweiht worden war — gegen Recht und alle kanonische Ordnung der Kirche.

Diesen Petrus aber hatte man nur, um mit ihm sozusagen schalten und walten zu können, wie man wollte, genommen — wie ein an die Wand gemaltes Bild — und zum Bischof von Alexandria gemacht, nachdem es vor ihm schon ein Anderer geworden war. — Ihnen aber genügte es nicht, daß seine Chirotonie eine ungesetzliche, stürmische und keine wahrhafte war; so daß er unbedachtsam Leute versammeln, seis junge oder alte, und eine Anzahl (e. Bogen, ‏ܣܘܿܓ‎) von 70 Bischöfen gegen die Regel weihen mußte, nebst dem anderen Klerus. Auch noch zu einer anderen entsetzlichen That rissen sie ihn fort, daß er nämlich zur Spaltung der Kirche von Syrien und Alexandrien sich bewegen ließ und die Absetzung des Paulus von Antiochien gegen Gesetz und alle Regeln und kirchliche Kanonen grausam vorzunehmen wagte, obgleich er selbst ungesetzlich geweiht worden. — Bei dieser Dreistigkeit aber blieb er nicht stehen, sondern um wider ihn Aufregung, Haß und Anklagen hervorzurufen, brachte er wider ihn und die Anderen einen Libell voll lügenhafter Verläumdungen vor. In seiner Anmaßung und derlei Zügellosigkeit und Ueberhebung glich er einem Betrunkenen, der in seinem Rausche (e. vomitus, ‏ܩܝܐܐ‎) ohne Besinnung umhertappt, — eben durch Anstiften Derer, die ihn dazu aufgestellt. Das aber legte er in Sendschreiben (‏ܐܓ̈ܪܬܐ ܦܪܘܣܕ̈ܝܩܐ‎) nieder und schickte sie überall hin. Und das Uebrige dergleichen, was Spaltungen der Kirche erzeugte; die Streitigkeiten vermehrten sich und eine unendliche Verwirrung voll wilder Bosheit entstand zwischen Syrien und Alexandrien.

Capitel XVII.

Von der endlichen Reise des seligen Jacob nach Alexandria und von dem Uebrigen, was durch ihn geschah.

Der alte und schlichte Jacob, wie wir oben mitgetheilt haben, ließ sich von jenen Intriguanten (‏ܢ̈ܟܠܐ‎) leiten, die einen Vorwand und Aus-

weg zu finden suchten, um Das gut zu machen (heilen), was auf An=
stiften des Menschenmörders an Paulus geschehen war. Sie bewogen
nun den Greis, sich nach Alexandria zu begeben, gleichsam überzeugt, er
werde die Vereinigung zwischen den Alexandrinern und Syrien herstellen,
obschon sie sicherlich von dem alten Haße und der unversöhnlichen Feind=
schaft wußten, welche die Alexandriner Mißgunst halber gegen Paulus
hatten. Sie konnten aber die Einfalt des Greises dahin bringen und ihn
dazu bewegen, und heimlich zu den Alexandrinern kommen. — Da nun
Viele erfuhren, er sei zur Reise bereit, schrieben und bezeugten sie: er
solle (werde) nicht wie gewöhnlich allein nach Alexandria sich begeben,
damit er nicht etwa sich in Verwirrung bringen und zu ihrem Haße fort=
reißen lasse, und so weitere Spaltungen und Streitigkeiten zwischen Aegyp=
ten und Syrien entstünden und das Uebel nur noch sich mehre und ver=
stärke. Sie aber gehorchten nicht, schleppten ihn hin nach Alexandria und die
Hälfte „des barbarischen Volkes", wie die Schrift sagt*), fiel über ihn her.
Dann bezwangen sie ihn, so daß er in der Bestürzung sich zur Gemein=
schaft des Petrus herbeiließ, der von ihm in Schreiben und anderweitig
gelästert und ein neuer Gajanus von ihm genannt worden war, der
zum Verderben der Kirche Gottes geweiht worden sei. Ferner brachten
und bewogen sie ihn auch dazu, einen Libell zu verfassen nach Art
einer Vereinigungsurkunde, und demjenigen vorzulegen, den er angeflagt
und geschmäht und von dem er gesagt hatte, er sei Nichts, als ein Ehe=
brecher, der das Weib seines Nächsten geraubt und mit ihr die Ehe ge=
brochen, da er geweiht worden, nachdem bereits ein anderer Orthodorer
ernannt war und zwar von Orthodoxen vor und nach ihm. Das [tha=
ten sie] aus Haß gegen Paulus und um einen Grund für dessen Aus=
schließung und Absetzung zu finden. Vor allem irgendwie Möglichen
verschlossen sie ihre Augen und wandten sich zu Petrus, dem neuen
Gajanus, wie er von ihnen geschmäht worden war. — Wie gesagt,
sie traten alle Gerechtigkeit mit Füßen und überschritten alle kanonischen
Schranken, indem sie dem Petrus, nachdem sie ihn anfänglich [so sehr]
angeschuldigt hatten, [nun] in Allem beistimmten und alle Uebertretung
des kanonischen Gesetzes bestätigten, die durch ihn geschehen war. Beson=
ders aber [war dies der Fall] bei der Absetzung des Patriarchen Pau=
lus von Antiochien, die dreist, willkürlich und gegen alle kanonischen
Bestimmungen, da er abwesend war, von den Petriten geschehen war,
bevor die Jacobiten zu ihnen gekommen. — Als sie dies hörten, er=

---

*) Ps. CXIII. 1.

gößte es sie und die Leidenschaft ihres Hasses wurde befriedigt, die zur Thätlichkeit ausgeartet war. Wenn es auch durch Andere geschah, so erfreute und gefiel es ihnen doch sehr, da sie meinten, das Joch ihres Patriarchen Paulus sei ihrem Nacken abgenommen worden; und sie schrieben und bestätigten auch Das. Der greise Jacob aber stellte die Bitte, daß diese Absetzung nicht in der Weise eines Bannspruches (مسمى؟ لعنه) geschehen möge.

Capitel XVIII.

Von der Rückkehr des frommen Jacob und der anderen ihn begleitenden Bischöfe aus Alexandrien.

Als nämlich der fromme Jacob und seine Begleiter jene That der Verwirrung in Alexandria vollbracht hatten, die der Grund der Zerstörung, der Zerrüttung, der Spaltung und des Streites für die ganze Kirche in Syrien wurde, indem sie alles durch Petrus Geschehene annahmen und bestätigten, da entfernten sie sich von da und verlangten von ihm, daß drei von seinen Bischöfen sie nach Syrien begleiten sollten, gleichsam zur Bezeugung und Bestätigung des durch sie angestifteten Unheiles. Und so zogen sie Alle mit einander fort, und ganz Syrien gerieth so zu sagen bei ihrer Abreise in Staunen und Bestürzung. Als sie nun von der durch sie vollbrachten That und von der von ihnen vorgenommenen, wider das kanonische Recht geschehenen Absetzung des Paulus zu erzählen begannen, riß sogleich eine große Spaltung und Trennung und Aergerniß der Gläubigen an allen Orten in ganz Syrien ein und griff um sich; indem Viele dem beistimmten, was von dem greisen Jacob in Alexandria geschehen war: einestheils seiner selbst wegen und weil sie seit einiger Zeit zu ihm gehalten; anderntheils weil sie meinten, es sei durch ihn eine feste und vollkommene Vereinigung zu Stande gekommen. Andere aber machten sich sogleich los, wandten sich ab und verläugneten (= die Anerkennung verweigern) die ganze That, die dort von ihnen geschehen war. — Sie klagten nämlich die Jakobiten an und zürnten auf sie: Vor Allem weil er (Jacob) den Petrus angeschuldigt und verflucht hatte, sowie die, welche ihn geweiht, und ihn einen neuen Gajanus genannt; die Alexandriner hätten [ihn] zur Zerrüttung der Kirche geweiht; er sei gegen die Kanonen geweiht worden, sei Nichts (d. h. ungültig geweiht) und dem Priesterthume fremd; — er sei ein Ehebrecher. Nach alledem aber sei er hingegangen und habe sich dem ergeben und unterworfen, der von ihm ausgestoßen und verflucht worden war, und habe mit demselben nicht blos einfach Gemeinschaft gemacht, sondern ihm auch einen Libell vorgelegt, den die ihn begleitenden drei Bischöfe genommen und insgeheim Vielen gezeigt hätten. Sie hätten gesagt: Seht! das ist der Libell, den der Vater Jacob verfaßt und dem Patriarchen Petrus vorgelegt hat. Das [thaten sie] heimlich, ohne daß er und seine Begleiter es merkten, daß es eine Abschrift (τύπος, ‎ܛܘܦܣܐ‎) des Libells sei, die sie gemacht hatten. — Aber auch eine Vereinigungsurkunde hatten sie abgefaßt (c. . . . wir . . .; vielleicht ist aber doch ‎ܚܣܘܡ‎ für ‎ܚܣܝ‎ zu lesen), die wir auch hier in den Contert (‎ܥܒܝܕ̈ܐ‎) aufgenommen hätten, wenn nicht der Umfang der Erzählung zu groß werden würde.

Capitel XIX.

Von der Trennung, dem Zwist und der Spaltung, die nicht nur in Syrien, sondern auch in Cilicien, Isaurien, Asien, Kappadocien und Armenien, und besonders in der Hauptstadt u. s. w. entstanden.

Schmerz kam zu Schmerz und Schlag zu Schlag hinzu auch zu dieser Zeit, im J. 847, der die ganze verfolgte und zerfleischte Kirche der Gläubigen in allen den oben (d. h. im Titel) genannten Gegenden traf — durch die Spaltung, die Zwiste, Trennungen, Leiden und Uebel, die zwischen Jacob und Paulus ausbrachen, sich ausbreiteten und bitterlich ohne Furcht Gottes um sich griffen. — Jedem Einzelnen von ihnen hiengen Bischöfe, Klerifer und der größere oder kleinere Theil von den Bewohnern der Klöster an, sowie das übrige Volk der Kirchen in den Städten und in den Flecken der Provinzen. Jede Hälfte begegnete der anderen mit Verderben und Zerstörung, mit Lästerung und Flüchen (wider einander), in wilder Hitze ohne sich aufhalten zu lassen. Sie suchten einander zu schaden, verläumdeten und trennten das Volk, theilten die Kirche gegen einander und spalteten die Gemeinden, so daß Jeder von ihnen den Anderen verabscheute, sich von (gegen) ihm losfagte und seine Parthei zu vermehren suchte. Jeder von ihnen spaltete, theilte und trennte, so viel er nur konnte, durch die Mitglieder seiner Parthei und zog sie zu sich. Und so waren beide Partheien vom Geiste der Feindseligkeit erfüllt und aufgeblasen, ohne Recht und Gericht der Gottesfurcht, so daß sie von diesem Unheil sich abgewandt und die Spaltung, Zerrüttung und Verwirrung der Kirche Gottes aufgegeben hätten. Aber auch zu dieser Art von tödtlichem Haß, von Feindschaft, von Flüchen und Lästerungen gegen einander verführte sie der, welcher „sie wie Waizen sieben wollte,"[*] und zu Hohn und (‎ܡܘܝܩܐ‎ = ‎ܡܘܩܐ܆‎) Spott gegen einander, so daß nicht

---

*) Luc. XXII., 31.

einmal ein Solcher, der in der Wildniß und unter Thieren aufgewachsen, von Heiden, Juden oder Häretikern dieß zu sagen oder [sie so] zu verhöhnen gewagt haben würde. — Und [das thaten] Jene, obschon in Sachen des Glaubens keine Veränderung oder Verderbniß unter ihnen bestand!

Capitel XX.

Von em, was vom Patriarchen Paulus an Jacob entboten wurde, bezüglich einer kanonischen Untersuchung und Beurtheilung dessen, was man ihm zur Last legte.

Zu all dieser entsetzlichen und ungesetzlichen Gottlosigkeit kam man, und zwar nicht allein diese zwei Personen, Paulus und Jacob, sondern auch die Parthei eines Jeden von ihnen. Ganz Syrien und die übrigen Provinzen waren nunmehr getheilt und gespalten, in Verwirrung und Unruhe gebracht, indem die Einen dem Jacob und Allem, was von ihm in Alexandria geschehen, beistimmten und [ihn] annahmen, Andere wiederum den Pauliten anhingen und den Jacob und Alles, was durch ihn in Alexandrien geschehen war, verwarfen. — Sie klagten und sagten: Er habe Alles gegen die kanonische Ordnung gethan, und besonders angesehene Klöster u. s. w. — Da man nun daran überall widerrechtlich, wild und roh (e. thierisch) festhielt, so ließ Paulus an Jacob beständig durch Viele entbieten: Wozu besteht alle diese Zerrüttung in der Kirche Gottes? Wollen wir uns einander nähern und kanonisch und gesetzlich das untersuchen, was zwischen uns [vorgefallen]. Wenn ich nach den Kanonen für schuldig befunden werde, nehme ich den einen Richtspruch und Kanon dreimal auf mich; sollte aber dir die Verurtheilung bleiben, so übernehme ich sie für dich. — Die Umgebung des alten und einfältigen Jacob aber ließ es durchaus nicht zu, daß er sich dazu herbeineigte und einwilligte, ihn zu sehen und sich mit ihm zu besprechen. Sie wußten nämlich, daß sie vor ihm nicht bestehen könnten, und erkannten, daß beim ersten Worte und nach Billigkeit er sie besiegen (überführen) werde. — Jacob aber sagte: Ich stimme den Alexandrinern bei und nehme sie an, und habe ihnen eine Urkunde (sc. der Vereinigung; f. o.) ausgestellt. Sie verlasse ich nimmer; und ohne sie sieht er weder mich, noch sehe ich ihn.

Capitel XXI.

Von dem Eifer und der Sorgfalt des Mundar Bar-Charet, des Königs der Araber.

Auch Mundar Bar-Charet, König der Araber, war lange Zeit hindurch ein gläubiger, eifriger und thätiger Mann, indem er sich Mühe gab und beide Partheien bat, sie sollten den Zorn und Haber aufgeben, sich einander nähern, sich besprechen und mit einander aussöhnen. Die Jakobiten aber gehorchten nicht. Da bat Paulus sowohl den Mundar, als auch viele [Andere], es solle das untersucht und beurtheilt werden, was durch den Satan zwischen ihnen angestiftet worden. Weil man aber seit langer Zeit schon und von den Tagen Charets, seines Vaters, her den alten Jacob für einen großen Mann hielt, sowie zuletzt auch den Paulus, und sie nun zu all dieser entsetzlichen Wildheit und Spaltung gegen einander kamen, und die Parthei der Jakobiten nicht nachgab, um sich zu versöhnen: so entstand nun auch eine Trennung in allen „Heeren" (ܚܝ̈ܠܘܬܐ) der Araber, indem Viele von ihnen sich spalteten (oder Aergerniß nahmen) und theils dem Paulus, theils dem Jacob anhingen.

Capitel XXII.

Von der (Herab-) Reise des Longinus und Theodorus, den er zum Papst geweiht, nach den Landschaften Syriens und zur Parthei der Pauliten.

Wegen dieses Streites und der Verwirrung, die überall und besonders in ganz Syrien eingerissen war, begaben sich Longinus nebst seinen Begleitern sowie Theodorus, der von ihnen zum Patriarchen geweiht worden war, nach der Provinz Aegypten und von hier stiegen sie in die östlichen Provinzen Syriens zu den Pauliten hinab, um zusammen mit den Jakobiten zu rechten und wenn möglich den Haber und das Unheil aufzuheben, das durch den Bösen unter ihnen angestiftet worden war. Theodorus erwartete ihn ruhig in der Stadt Tyrus (ܨܘܪ ܡܕܝܢܬܐ); Longinus aber zog hinab bis zum Lagerplatz (ܚܝܪܬܐ) der Familie Charet Bar-Gabala zu Mundar Bar-Charet und lebte mit ihm sehr vertraulich und lehrte ihn alle Wahrheit. Da gab auch der König Mundar sich alle Mühe, sie zu versammeln und auszusöhnen. Die Jakobiten aber leisteten ihm keine Folge, sondern veran-

stalteten zuletzt eine Versammlung im Kloster der Kirche des Herrn
Ananias *) (ــــ = ـــ؟) in der Wüste. Nicht wenig Volk von der
Parthei der Jacobiten und dieser (J.) selbst unter ihnen, sowie einer von
den Bischöfen, Namens Johannes, [kamen zusammen]. Letzterer war
in und aus diesem Kloster und ließ listig dem Longinus und seinen
Begleitern entbieten: „Weil der greise Herr Jacob hieher gekommen
ist und sich mit dir zu besprechen wünscht, so gehe sogleich fort und
komm hieher! Nur wir drei: Ich, Du und Er, finden uns ein und
wollen uns besprechen, um dem Streit ein Ende zu machen und die
Verwirrung zu heben." — Als Longinus den also lautenden Brief
erhielt, erhob er sich freudig, ging mit den Anderen fort, und sie langten daselbst an. Als sie nun ankamen, führten sie ihn hin und stellten ihn in die Mitte einer nicht unbedeutenden Versammlung von Mönchen, Laien, Scholastikern, Clerikern, [von Leuten] seines Ranges (ـــ
ـــ؟) u. s. w. Als nun Longinus die Sippe**) (φατρία, ـــ) sah,
sagte er zu Johannes, der ihn berufen hatte: Was ist das für ein
Streich, den du mir gespielt hast? Du hast mir die Lüge geschrieben:
„Der Alte allein sei hier; komm, damit wir uns zu Dreien besprechen!"
Wo ist nun der Alte, und was soll diese Versammlung? — Als er
dies sagte, brachte Einer der Mönche eine Klagschrift (ـــ ـــ)
hervor und sagte: Nimm und lies dies und gib Antwort darauf! Er
aber erwiederte: Weil ich mit List und Lüge gerufen worden bin, so
lese ich weder, noch gebe ich Jemand Antwort. — Da er sich nun um-
sah, um hinweg zu gehen, legte man Hand an ihn, hielt ihn zurück und
sagte: Du kommst nicht hinaus, ohne gelesen zu haben; wenn aber nicht,
so lesen wir sie und du kannst zuhören. Da sie nun zu lesen begannen,
legte er seine Finger in seine beiden Ohren, um nichts zu hören.
Als man nun ihn hin und her zu zerren begann, rief er: König! (d.
i. der Mundar, bei dem er gewesen) mir geschieht Wehe! Warum
werde ich mit List ermordet? — Es entstand nun ein Tumult,
ein Streit band sich an, eine Unruhe wurde daselbst, ohne [alle]
Ordnung erregt und es geschah ein Unheil nicht viel kleiner, als ein Mord.
Da zog er sich wehklagend durch, ging aus ihrer Mitte hinweg, rettete sich aus ihren Händen und entfloh, ohne den Jacob gesehen zu

---

*) So Land p. 136; Smith p. 285. — Besser wird Chanina (חנינא) zu lesen
sein — ein im Talmud genannter Eigenname. —

**) Smith liest πετρεῖον, = Anhang des Petrus und „bezieht es auf die drei ale-
xandrinischen Bischöfe, die zur Vertretung des Patriarchen Petrus abgesandt worden." — p. 286.

haben. — Dergleichen Unheil wurde sehr viel, offenbar durch Veranstal=
ten der Dämonen, überall zwischen ihnen angestiftet in ganz...

Der Rest dieses Capitels und die nächsten acht fehlen in der Handschrift.

Ende des Cap. XXX.

.... einander ohne Ziel und Maß..... Da freute
und ergötzte er sich mit allen Heerden seiner Dämonen an dem Verder=
ben und der Verwirrung der Gläubigen. Sehr beklagens= und bedau=
ernswerth ist das, was zu dieser Zeit zwischen den Gläubigen in der
Kirche Gottes durch den Neid und die Thätigkeit des Teufels angestiftet
wurde, und beiderseits ungehindert ins Werk gesetzt wurde.

Capitel XXXI.

Davon, daß auch in der Mehrzahl der bedeutenderen Klöster Spaltungen
entstanden, und da man gegen einander war, man sich trennte und los=
sagte, indem die Einen für die Pauliten und die Anderen für die Ja=
cobiten waren.

Diese größeren und ansehnlicheren Klöster im Occident und Orient
spalteten und trennten sich, geriethen in Verwirrung und in Kämpfe
und Streitigkeiten gegen einander, sodaß unendliches Unheil unter ihnen
entstand, Morde geschahen und Viele von den Richtern ergriffen (wur=
den), in Banden geschlagen und mit Ketten gefesselt nach Groß=Antiochia
geführt und ins Gefängniß geworfen wurden. Das ehrenvolle Gewand,
das nicht ehrenhaft bewahrt wurde, wurde zu Spott und Hohn vor
Heiden, Juden und Häretikern, da sie in Fesseln und Ketten ins Richt=
haus geführt und wie Mörder bestraft wurden (ܡܣܣܘܬ ܡܣܣ —
δίκας διδόναι). Alte Männer, Mönche mit langen und bis zum Saume
ihres Gewandes hinabreichenden Bärten *) (ܡܣܟܘܡ ܡܣܟܡܣܡ), stan=
den in Halsfesseln geworfen vor den Richtern und wurden über Mord=
thaten verhört. — Wer sollte da nicht erschrecken, klagen und jammern
über all dies Verderben und trauern, wie ein Waldhund (ܐܘܘ, Drache
ܬܢܝܡ Job 30, 29) und heulen, wie das Junge des Waldhundes? —
über das Salz, daß es nicht blos geschmacklos, sondern auch faul geworden
und von den Leuten zertreten wurde? — Bei Anderen aber, die sich gegen

---

*) Auch Smith übersetzt so p. 288.

einander getheilt hatten, blieb der eine oder der andere Theil im Kloster; der andere, der auszog, ging dann hin, nahm einen Ort in Besitz und nannte ihn mit dem Namen des Klosters, von dem er ausgezogen war. So geriethen sie in tödtliche Feindschaft gegen einander, ohne Ziel und Maß.

Capitel XXXII.

Von den Versammlungen vieler Archimandriten und von Dem, was sie dem Jacob und den übrigen Bischöfen bei ihm entbieten ließen.

Auch eine große Versammlung vieler Aebte, und nebst vielen anderen Versammlungen, die zuvor an verschiedenen Orten stattfanden, wurde auch in der Folge [die abgehalten], wo man sich berieth und rüstete ge= gen die Pauliten. Man stellte drei Männer auf, die sehr tüchtig und kampfbereit waren; Anderen von ihnen gaben sie den Auftrag (ἐπίσταλμα — ܡܫܠܚܬܐ) und schickten sie zum alten Jacob und seinen Beglei= tern. Sie regten dieselben an, forderten sie auf und reizten sie durch ein Schreiben an, das wir nur der Menge seiner Worte wegen nicht hiehersetzen. Es verlangte, sie sollten sich eilig erheben und sich einen Patriarchen weihen statt des Paulus. Sie fragten sie auch, was sie bezüglich der Chirotonieen entschieden, welche Paulus, und dann auch die Tritheïten u. s. w. vollzogen. — Dazu ließ sich auch der Alte be= wegen und ließ im Kloster des Herrn Ananias eine Versammlung halten. — Als man nun sich über die Verhältnisse zu besprechen begann, gaben Einige der Bischöfe nicht nach und sagten: Der Patriarch Pau= lus lebt noch und ist nach den Kanonen nicht verurtheilt worden. Da würde man von uns jetzt wie von kleinen Knaben ohne Verstand spre= chen, würden wir jetzt einen anderen Patriarchen weihen, da er noch lebt, und wir würden uns kanonischer Todesstrafe schuldig machen. Da sie nun nicht beistimmten, so wurde das Zustandekommen der Versamm= lung verhindert und sie löste sich auf.

Capitel XXXIII.

Davon, daß den alten Jacob plötzlich ein Eifer ergriff, sich nach Ale= xandria zu begeben, auf welcher Reise er aus der Welt ging.

Nachdem sie nun verhindert worden waren, einen Patriarchen zu weihen, fiel es dem frommen Jacob plötzlich ein, und er nahm die Bischöfe und acht Andere mit sich und schlug eiligst den Weg nach Ale= xandria ein. Da vermuthete man allerlei von ihm. Die Einen mein=

ten, er reise hin, um dort mit dem dortigen (Patriarchen) Damianus einen Patriarchen zu weihen; Andere aber sagten, er gebe dahin, um eine Vereinigung mit den Pauliten herzustellen. Weil er nun seine Gedanken vor Jedermann verbarg, so wurde seine Absicht nicht genau bekannt; Gott aber, vor dessen Augen nichts verborgen ist und der da herniederschaut zur Hülfe seines Geschöpfes, [weiß sie]. — Da sie nun auf dem Wege dahin zogen und bei dem großen Kloster auf der Grenze von Aegypten anlangten, welches Cassian's Kloster heißt, so starb daselbst, wie man sagte, sogleich einer von den ihn begleitenden Bischöfen, Abt des Klosters von Cartamina *) (ܩܪܬܡܝܢ), und es erhob sich ein Greis und brachte zu seinem Gedächtniß das Opfer für ihn dar. Dann wurde auch sogleich sein Syncellus Sergius krank, von dem man auch sagte, er sei Bischof gewesen, und starb. Darnach war auch der Alte drei Tage krank und starb, und nach ihm auch sein Diakon. Diese Alle starben plötzlich Einer nach dem Anderen innerhalb 12 Tagen, so daß die Leute sich wunderten, und ihnen viel Verdacht und allerlei Gedanken aufstiegen. — Als dies den Alexandrinern bekannt wurde, eilte Damianus mit den Anderen nach des Alten Tod dahin, und wollten seinen Leichnam holen; die Mitglieder jenes Klosters aber gaben es nicht zu. Da ergriff sie Staunen und Verwunderung wegen all dieser Dinge, wie so plötzlich der gottselige Jacob und seine Begleiter dahingerafft wurden. Da urtheilten Viele bei sich, es möge etwas Ungewöhnliches [stattgefunden haben], und daß er der Kirche eine besondere Verwirrung habe erregen wollen oder daß er gesonnen war, einen Patriarchen zu weihen. Gott aber nahm ihn auf, damit die Seele des Gottesmannes keinen Schaden litte.

Capitel XXXIV.

Von der eitlen und aller Bosheit vollen Meinung, welche Einige von dem plötzlichen Tode der Seligen — des Jacob und seiner Begleiter — hegten und aussprachen, und die ohne sich zu fürchten, für ein unnützes Wort Rechenschaft geben zu müssen, das Gerücht verbreiteten: Pauliten hätten den alten Jacob und seine Begleiter mit Steinen getödtet.

Wegen des so schnellen Todes des seligen Jacob und seiner Begleiter nahmen diejenigen, die nach dem Verderben ihrer Seele nichts

---

*) Bisthum der Jacobiten in Mesopotamien: Wiltsch I, 465: — Cartamina antiquissimum Syrorum monachorum coenobium apud Marden Mesopotamiae urbem. Assem. Bibl. or. T. II. diss. de Monophys. s. h. v.

fragten, keinen Anstand, zu sagen: Leute von der Parthei des Paulus seien auf seinen Befehl hinausgegangen, hätten dem Vater Jacob auf dem Wege Nachstellungen bereitet, ihn mit Fäusten geschlagen und gesteinigt, und so sei er hingegangen und in Aegypten gestorben. Das ist nicht blos Lüge, sondern auch sehr gottlos. Denn wie um den Schaden ihrer Seelen zu vermehren und das Aergerniß zu vergrößern, breiteten sie dies Gerücht überall aus, um Viele aufzureizen und zu ärgern, die Gewissen der Gläubigen zum Aergerniß Anderer gehässig zu machen und ihre Parthei zu vergrößern, wie sie zu thun vermeinten. Sie waren ohne Furcht und Schmerz über das Verderben und den Nachtheil ihrer Seelen, mit solchen Verleumdungen von Mord zu erscheinen.

Capitel XXXV.

Von den drei Gesandten, die im J. 888 abgeordnet wurden, um sich auf den Grenzen über den Frieden zu besprechen, und die sehr zu Paulus hielten.

Zu dieser Zeit nun waren drei Gesandte, der Patricier Theodorus und die Consularen (ὕπατοι, ܐ‍ܘܿܦ‍ܛ‍ܐ) Johannes und Petrus *) welche mehr als Alle zum Patriarchen Paulus hielten und für ihn kämpften d. h. die Consulare, so daß sie so zu sagen mehr deßhalb als für den ganzen Staat sich beeifernd alle Tage Versammlungen hielten und sich für ihn (ܣ‍ܢ‍ܓ‍ܪ‍) besprachen. Auch der Vater Jacob ging mit Vielen hin zu ihnen und es wurde unter ihnen besprochen, was die Ordnung der Erzählung und die Grenzen der Schrift überschreitet. Eine Parthei konnte die Andere nicht überreden, und so wurden sie entlassen und entfernten sich ärgerlich von einander. Nebstdem machten sie auch in allen Städten, wohin sie kamen, diese Frage (ܚ‍ܬ‍ܐ) rege; und weil man in den meisten Provinzen im Osten des Euphrat (ܦ‍ܪ‍ܬ) und bis gegen das persische Gebiet hin mehr zum seligen Jacob als zu Paulus hielt, so gaben sie durchaus nicht nach, noch unterwarfen sie (man) sich den Gesandten. Daher zogen sie herauf und langten hier in der Hauptstadt an, ärgerlich und schmähend auf alle Orientalen (ܛ‍ܪ‍ܝ‍ܡ‍).

---

*) cf. l. II. cp. 11.

Capitel XXXVI.

Von Mundar Bar-Charet, König der Araber, und allen seinen Stämmen (ܒܝ̈ܬܐ = dem arab. اقف), die gerade der Pauliten und Jacobiten wegen geplagt und beunruhigt (beläſtigt) wurden.

Alle Stämme der Araber hielten von Anfang an zu dem ſeligen Jacob; doch kam auch Paulus ſchon ſeit den Lebzeiten des „alten Charet" dahin und verbarg ſich bei ihnen. Auch ihn ſchätzten ſie wegen ſeiner Mäßigung, ſeiner Sanftmuth und Gelehrſamkeit. Beſonders aber nach dem Tode Charets kamen beide Partheien bei ihnen zuſammen, ſie nahmen einander liebevoll auf, und dort im Lager der Araber hielten Alle zu Beiden, zu Paulus und Jacob. — Endlich aber, da der Satan Verwirrung unter ihnen erregte, waren alle Araber in Unruhe und beſonders ihr König Mundar mit ſeinen Brüdern und Kindern, welche den alten Jacob anflehten, ſie ſollten mit einander kommuniziren und ſich vereinigen. Er aber fügte ſich ihnen nicht, ihn (d. h. den Pau= lus) aufzunehmen und ſich mit ihm zu vereinigen. Zum Vorwande nahm er die Alexandriner: wenn ſie ihn nicht aufnehmen, nehme auch ich ihn nicht auf. So waren alle Araber ärgerlich und betrübt. Wenn nun Paulus zu ihnen kam, nahmen ſie ihn auf und kommunizirten von ihm; wenn dann Jacob kam, ebenſo, bis Jacob ihnen verbot, von ihm zu kommuniziren. Daher blieben ſie ſo, ärgerlich, traurig und betrübt bis zum Tode des alten Jacob. — Nach ſeinem Tode aber hing die Mehrzahl ihm an, ein Theil den Pauliten, Andere aber blieben ſo — Beide annehmend: Alle zumal aber waren traurig und betrübt über die Spaltung und den ſo befremdenden Zwiſt, der unter ihnen ent= ſtanden, und beſonders ihr König Mundar. Allzeit flehte er beide Partheien an, ſich mit einander auszuſöhnen; aber der Neid, Haß und die Feindſchaft vom Satan und ſeinen Helfershelfern, den Rathgebern der Könige beider Partheien, [erregt] ließen es nicht zu, daß ſie ſich ver= ſöhnten und Frieden mit einander machten — bis zum Tode. — Und ſo ſchlug mitten im Kampfe der alte Jacob den Weg nach Alexandria ein; der allwiſſende Gott aber kam ihm zuvor, „„auf ſeine Hülfe ſe= hend"", *) und ließ ihn auf der Reiſe ſterben, wie wir oben öfters er= zählt haben.

---
*) Ps. LIX, 2.

Capitel XXXVII.

Von der abermaligen Reise alexandrinischer Kleriker nach der Hauptstadt und ihrer Gefangenhaltung in Klöstern.

Da wiederholt Anklagen gegen orthodoxe Kleriker durch viele Schreiben von Seite des Synoditen Johannes, Bischof von Alexandrien, geschehen, so erging ein Befehl, und sie wurden ergriffen und zogen nach der Hauptstadt hinauf, wo sie im Mai des J. 890 anlangten. — Da sie sich nun zum Patriarchen Eutychius begaben, ließ er ihnen höhnisch hinaussagen: Weil ihr das letztemal bei eurer Entlassung mir versprochen habt, zu kommuniziren, so geht jetzt hin und kommunizirt, und dann kommt und sehet mich! (b. möget ihr kommen u. s. w.) Als dies Jene vernahmen, ließen sie ihm melden: Wir haben dir nicht versprochen, zu kommuniziren, wenn nicht die Synode von Chalcedon abgeschafft wird (ܠܡܐ). — Da wurde er zornig über sie und ließ sie auseinandergehen, trennen und in Klöster einsperren.

Capitel XXXVIII.

Vom Tode des Theodosius, Archipresbyters und Ekklesiekdikos der alexandrinischen Kirche, der, während er in einem Kloster, dem sog. Silentiaren-Haus *) (ܡܚܝܠܐܬ ܥܡܠ ܒܝܬ), gefangen saß, starb.

Theodosius, Archi[presbyter] der Kirche von Alexandrien, der im Kloster des Silentarien-Hauses gefangen saß, erkrankte nach seiner Verhaftung und starb in hohem Alter. Da entstand seinetwegen bei allen Alexandrinern große Trauer und besonders bei Jenen, die gefangen saßen. — Das geschah aber, nachdem man sie ein Mal berufen hatte und sie hingegangen waren zur Disputation mit dem Patriarchen Eutychius, wo sie zu ihm gesagt hatten: Wir besprechen uns mit dir nicht ohne Vermittlung (ܒܡܨܥܝܬܐ Pl) des Kaisers und des Senates. Als nun Vieles geschehen war, kehrten sie heim und wurden nach den Klöstern zurückgeschickt, ein Jeder nach dem wo er gefangen saß. Da sie nun wiederum zur Disputation vorgeladen zu werden erwarteten, starb ihr

---

*) Land machte daraus zuerst das Natron-Kloster (Sal Natrum), cf. Vorw. p. X., p. 96, 139 und 155. In der mehrerwähnten Topographie Cp.'s wird dies Kloster nicht erwähnt. — Auch Hr. Smith schreibt dies L. nach! p. 296.

Vorstand (ܩܝܘܡܐ), und von nun an (ܡܟܝܠ?) wurden auch sie Alle in den Klöstern ängstlich gefangen halten und bewacht.

Capitel XXXIX.

Von der Reise des Mundar Bar-Charet, Königs der Araber, nach der Hauptstadt, und Dem, was im Eifer bezüglich der Spaltung der Jacobiten und Pauliten geschah.

Dieser „babylonische Ofen" (ܐܬܘܢܐ ܒܒܠܝܐ) wurde zwischen den beiden Partheien der Pauliten und Jakobiten besonders angefacht und geschürt durch eitle Vorwände und leere Verdächtigungen, sowie durch die Geschäftigkeit Solcher, die durch Mißgunst und alten Haß aufgeregt waren und die aufrichtige und „ermüdete Seele" des alten Jacob in Verwirrung brachten, so daß er in Feindschaft mit Paulus kam und zu allen jenen Flüchen und Lästerungen. Außer aller Grenze von Recht und Billigkeit, ungehindert und ungezügelt durch die Gottesfurcht wurden sie von beiden Partheien über einander ausgegossen: nicht blos bei Leb= zeiten des alten Jacob, sondern auch nachdem an ihm Gottes Wille erfüllt worden, er aus diesem gefährlichen und stürmischen Leben geschie= den und aus der Welt gegangen, — geschah dasselbe, ja noch mehr (mit Zusätzen ܣܓܝܐܬܐ) und wurden Bannflüche gegen einander ausgespro= chen. — In allen Provinzen, Landstrichen und Präfekturen (Eparchien) war man wild aufgeregt, so daß, wie geschrieben steht, „sie zur Schmach vor ihren Nachbaren waren, und zu Spott und Hohn ihrer Umgebung *)". Als deßhalb auch der „löbliche Mundar Patricius" berufen wurde, sich hinauf zum Kaiser begab und herrlich empfangen wurde, so nahm er edlen und gottesfürchtigen Eifer an — wegen all der Uebel, die er von gläubigen und in Gemeinschaft stehenden Leuten geschehen sah, wo Einer gegen den Anderen war. — Dann versammelte er beide Partheien und begann zu tadeln, zu klagen und zu schelten über alle Uebel, Spal= tungen und Streitigkeiten, die unter ihnen ausgebrochen waren, und rieth ihnen, die Spaltungen aufzugeben, mit dem Kampf und Streit aufzu= hören und sich mit einander zu versöhnen und dies besonders, weil sie gegenseitig Gläubige wären. Von Anfang an hatte er nämlich daran gearbeitet und den [Haupt=] Personen Paulus und Jacob gerathen und sie gebeten, sich mit einander auszusöhnen und liebevoll gegen ein= ander zu sein. Darauf fand der Einzug des löblichen Mundar statt

---

*) Ps. XLIII. 14.

im J. 891, am 8. Februar, wobei er vom gnädigen Kaiser Tiberius mit großem Pomp und unsäglicher Ehrenbezeugung empfangen wurde. Mit herrlichen Ehrengeschenken und Spenden und mit (den) kaiserlichen Gaben ehrte er ihn und that ihm Alles, was er wollte, und gab ihm Alles, was er nur immer verlangte. Auch seine beiden Söhne, die bei ihm waren, ehrte er und würdigte ihn auch der Königskrone *).

Capitel XL.

Von der Versammlung und dem friedlichen Versprechen der Vereinigung mit einander von Seite beider einander gegenüberstehenden Partheien durch Vermittlung (ܡܸܨܥܳܝܳܐ) des löblichen Mundar.

Da nämlich der siegreiche Mundar beim Kaiser Alles, was er nur wollte, durchsetzte, so berief er damals eine Versammlung aus den berühmtesten Männern beider Partheien nebst den Alexandrinern am 2. März desselben Jahres und bat sie, sich miteinander auszusöhnen und Alles aufzugeben und „auszulöschen“, was durch den Satan unter ihnen angestiftet worden war. Vieles, was über die Erzählung hinausgeht, wurde da wechselseitig unter ihnen angeregt und besprochen — nunmehr nicht blos von zwei, sondern von drei Partheien: den Jacobiten, Pauliten und dann von den Alexandrinern, wobei auch unsere Wenigkeit bei ihnen war. — Weil aber auf beiden Seiten viele kluge Leute waren und man sehr ärgerlich war über das, was durch Aufwiegler in den drei Partheien in wilder Grausamkeit verübt worden war, so freute man sich in Frieden und Alle traten herbei und gaben das Versprechen, daß diese Mißstände sämmtlich gehoben werden sollten; es solle Einigung unter ihnen bestehen und Mäßigung eintreten, und es sollten aufhören, unter-sucht und aufgehoben werden alle Feindseligkeiten, die durch den Satan zwischen ihnen erweckt worden. Dem stimmte Jedermann bei, und es entstand auch unter ihnen eine Urkunde der Vereinigung und der Aufgabe aller Spaltungen und Zwiste, die unter ihnen bestanden; sie sollten einander Alle aufnehmen, die Erzbischöfe (ܪ̈ܝܫܝ ܐܦܸ), Bischöfe, Kleriker, Mönche aller Klöster und Laien, welche getrennt waren und sollten Alle zumal ohne Widerrede zur Vereinigung mit einander kom-men. — So geschah das Vereinigungsgebet von den Priestern beider Par-theien und auch von den Alexandrinern, und die Vereinigung fand statt. Jedermann pries da Gott, der den Bösen verscheucht aus ihrer Mitte

---

*) ܠܰܢܕ Land p. 137.

und Alles, was sein und von ihm ist, und Alle gaben das Versprechen, Alle, die auf Seite ihrer Parthei abwesend seien, zu dieser Vereinigung bringen zu wollen. Es fanden sich aber einige Aufwiegler und Unruhstifter, die da voll vom „Verderben der Ungerechtigkeit und von Mißgunst" sich keineswegs über die eingetretene Ruhe freuten. — Weil nun eine Versammlung von Vornehmen und Angesehenen beim Könige Mundar stattgefunden und diese sich um die Menge des ganzen Volkes nicht kümmerte: deßhalb besonders, weil auf die ganze Menge keine Rücksicht genommen und sie nicht berufen worden, traten diese dem Geschehenen feindlichen Männer auf, es zu vereiteln suchend. Sie sammelten und brachten aber Haufen zusammen, schrieben und verwirrten auch in ganz Syrien und Alexandrien. Viele wiegelten sie auf, zu einer Parthei zu stehen und sich nicht zu unterwerfen und anzunehmen, was geschehen war. Das erfreute den Satan und alle Heerden seiner Dämonen; die Versammlung aber wurde in Friede und Freude entlassen, indem Jedermann Gott pries, sowie auch den glorreichen Mundar.

Capitel XLI.

Vom Syrer Damianus, der gleichfalls wider die kanonische Ordnung nach Petrus zum Patriarchen in Alexandria geweiht wurde.

Vor dem soeben Erzählten veranlaßte auch dieser Damianus, der widerrechtlich nach Petrus Papst in Alexandrien geworden, Trennung, Spaltung und Streit, so daß auch Damianus wie Jener außer aller kirchlichen Ordnung geweiht und als ungebildet (c. ungezogen) und verstandlos erschien. — Er hatte den eitlen und unvernünftigen Gedanken, nach Syrien hinauszugehen, um in Antiochia einen Patriarchen zu weihen und einzusetzen — statt des Paulus, da derselbe noch lebte, und gegen alle kanonischen (kirchlichen) Bestimmungen. Er und sein Vorgänger wurden geweiht, nachdem schon ein Anderer vor ihnen geweiht und ernannt worden war, nämlich Theodor, und Dieser Synodal-Briefe nach Alexandria geschrieben hatte. Dann aber waren die Alexandriner aufgestanden, waren in der Hitze des Zornes heftig und wild entbrannt und hatten den Diakon Petrus geweiht, einen einfältigen und unwissenden Mann, während sie selbst in seinem Namen willkürlich schalteten, so daß sich nunmehr zu gleicher Zeit zwei Patriarchen auf einem Throne fanden. Petrus und sein Nachfolger Damianus wurden nun von Vielen Ehebrecher genannt, die gekommen und mit dem Weibe eines Anderen die Ehe gebrochen hätten. Man glaubte von Damianus, er

habe feine Schande vor allen Leuten verbergen wollen, weil nämlich noch
bei Lebzeiten Theodors, des Vorgängers des Petrus, Er und fein
Vorgänger geweiht worden waren. Daher fuchte und gedachte Dami=
anus auch für Syrien, da Paulus noch lebte, einen Anderen diefem
entgegen zu weihen, damit fich ein Beifpiel für ihre Schande finde. —
Da er aber hinausging, die fyrifchen Bifchöfe berief und aufforderte, (fich
ihm gleichzuftellen) ihm nachzuahmen und einen Patriarchen in Antiochia
zu weihen, weigerten fich den Kanonen gemäß einige Bifchöfe und fag=
ten: Da Paulus nicht vorgeladen, gerichtet, der Miffethaten angeflagt,
verurtheilt und kanonifch ausgeftoßen worden, fo willigen wir nicht ein,
einen Anderen ihm gegenüber zu weihen; und er foll [zuvor] nach den
Kanonen nicht nur verurtheilt, fondern auch anathematifirt werden. An=
dere aber traten dem Damianus bei und ftimmten ihm zu, einen an=
deren Patriarchen weihen zu wollen. — Da fie nun (Einen oder Zwei
nöthigen wollten, fie zu weihen, fo weigerten fich diefe gleichfalls und
es fagte Einer von ihnen nach dem Anderen: Ich mag es, folange der
Mann lebt und nicht kanonifch vorgeladen, gerichtet, verurtheilt und aus=
geftoßen worden, nicht werden und unterwerfe mich nicht, wenn ich auch
zuletzt felbft ausgeftoßen werden follte. — Endlich aber fanden fie einen
Flüchtling (�‍ﻣ‍ﺮ‍ﻗ für das ﻣ‍ﺮ‍ﻗ des Tertes?), der ihnen glich, Namens
Severus, nahmen ihn nebft zwei anderen Bifchöfen und brachten ihn
Nachts nach Antiochia hinauf. Dann fchickten fie zum Syncell*) der
fog. Kaffianskirche und verfprachen ihm 18 Dariken zu geben, damit er
ihnen öffne, und fie Nachts hingehen und ihn dort weihen könnten.
Da der Syncell den Vorfchlag annahm und fein Wort gab, fo trauten
fie ihm und hielten fich bereit, Nachts hinzugehen und ihrem Verlangen
gemäß ihn zu weihen. — Ihr Vorhaben (ﺍ‍ﻣ‍ﺰ‍ﻣ‍ﻗ = ﻣ‍ﺰ‍ﻣ‍ﻗ, insidiae) **)
daß fie zum Weihen fich anfchickten, wurde den Leuten bekannt und fie
gingen alsbald hin und meldeten es dem Patriarchen der Stadt. Er
fchickte fofort hin, um fie zu ergreifen, und man umzingelte das Gebäude
von allen Seiten, ging hin und ergriff von ihnen drei Mönche. Dami=
anus, die Bifchöfe und feine übrigen Begleiter ftiegen ängftlich in das
Kotlov (ﻣ‍ﺴ‍ﺤ‍ﻣ) des Haufes hinab d. h. in die Kloake (ﺣ‍ﺎ‍ﺣ‍ﺪ‍ﻣ = ﻣ‍ﺪ‍ﻣ‍ﻗ
— sterquilinium, latrina) und durch das Ausflußloch der Kloafe unter
den Kanälen (ﻗ‍ﺤ‍ﻣ — ﻣ‍ﺤ‍ﻣ ﻋ‍ﻣ‍ﻋ latrina — B. B.) hindurch; und fo ka=

---

*) ﻣ‍ﺰ‍ﻣ‍ﻗ‍ﺪ‍ﻣ‍ﻗ = ﻣ‍ﺎ‍ﺤ‍ﻣ‍ﻗ; „Küfter" gibt Land; ein Anderer „Kirchendiener". —

ﻣ‍ﺰ‍ﻣ‍ﻗ‍ﺪ‍ﻣ‍ﻗ fcheint mir identifch mit προσμονάριος — Kirchenhüter — Conc.
Chalced. can. 2. cf. l. I. cap. 41.

**) Act. IX. 24.

men sie am ganzen Körper und an allen Kleidern durchnäßt, beschmutzt und besudelt durch allen Schmutz der Kloake und ....? (خرزبي) hinaus, retteten sich, flohen und wurden nicht ergriffen. Damianus, Sergius Henophitor (العمىيدوٮ) d. h. der mit der einen Augenbraue (supercilia conjuncta habens — ضروموبداٮ) *), Georgius Sarcabinus (سرقوبينا) und die Bischöfe mit ihm und der, den sie weihen wollten u. s. w., schämten sich nun über den Schmutz mehr, als über das Mißlingen ihrer List. — Die Mönche aber, die man ergriffen, brachte man hin zum Patriarchen und er ließ sie aufhängen und schwer foltern, und sie gestanden Alles, was sie zu thun im Begriffe gestanden. Da sie nun bezüglich des Damianus und seiner Begleiter eingestanden, so wurde überall hingeschickt, um sie zu ergreifen; sie retteten sich aber und wurden nicht ergriffen. Die Ergriffenen aber gaben den Kirchner an, und derselbe kam und gestand ein und hatte noch mehr als Jene zu dulden von den Foltern und wurde [arg] zerfleischt. — Als nun Damianus entflohen war, begab er sich heimlich hinauf nach Constantinopel, bevor noch die Vereinigungsversammlung stattfand und kam Nachts zum siegreichen Mundar durch die Bemühung einiger Männer, die den Frieden [herbeiführen] wollten. Sie beredeten sich mit einander und er versprach, den Frieden zu wünschen, zu wollen und anzuerkennen. So entfloh er denn, nachdem ihn nur Wenige gesehen, und reiste nach Alexandrien; denn, wie man sagte, hatte er auch in der Hauptstadt Bischöfe geweiht.

Capitel XLII.

Von der Entlassung der alexandrinischen Kleriker und später auch des Mundar aus der Hauptstadt.

Was nun die alexandrinischen Kleriker betrifft, so ging, nachdem die Versammlung stattgefunden und entlassen worden war, weil sie auf Befehl nebst angesehenen Laien in Sachen des Glaubens in der Hauptstadt ergriffen worden, der löbliche Mundar hin und bat den gnädigen Kaiser Tiberius ihretwegen, und er entließ sie. Es erging über sie ein Befehl, und auch bedeutende Dinge that er ihnen, weil sie die Vereinigung bewirkt hatten. Daher gingen sie freudig fort, setzten sich in ein Schiff und kehrten nach ihrer Stadt zurück. — Darnach bat auch der löbliche Mundar um seine Entlassung, indem er den gnädigen Kaiser auch wegen des Friedens der Kirche anflehte, und daß er mit der Chri-

---

*) Von ὀφρύς — die Braue!

stenverfolgung aufhöre. Er versprach ihm mit Schwüren, wenn Er mit
den Kriegen aufhöre, wolle er sogleich Frieden machen. — So entließ er
ihn denn mit diesem Versprechen unter großen Ehren und mit kaiserlichen
Geschenken an Gold, Silber, vielen herrlichen Gewändern, goldenen Sätteln und Zäumen und Waffen, und schenkte ihm zudem noch die Königskrone (ﺍﻜﻟ), was niemals noch geschehen war, und die alten Araber-
königen bis auf diesen nie verliehen worden, außer daß sie nur das
Stirnband (ﺼﺨﻟﺍ) tragen durften. Und so wurde er entlassen und
zog mit Pomp und großer Freude ab. — Als er nun in Antiochia ankam, wurde er auch dort empfangen und auf den Wunsch des Kaisers,
seine Versprechungen und Schwüre bezüglich der Vereinigung der Kirche
vertrauend theilte er dem Patriarchen der Stadt und den Uebrigen mit,
daß er befohlen, die Verfolgung solle aufhören. Sogleich ließ nun der
Patriarch an alle Präfekturen schreiben: Niemand solle es mehr wagen,
zu verfolgen; der Kaiser habe einen Befehl erlassen und wolle Frieden
schließen. Daher ruhte auch kurze Zeit die Verfolgung. — Als dies aber
die Dyophysiten der Hauptstadt vernahmen, entbrannten sie in heftigem
Zorne gegen den Mundar, gingen unverzüglich hin und klagten ihn
beim Kaiser schwer an. Er aber, der Gottesfreund, schenkte ihnen kein
Gehör. — Während nun der Mundar auf der Reise war, hielten die
persischen Araber, seine Feinde, seinen Aufenthalt in der Hauptstadt für
eine günstige Gelegenheit (ﺔﺻﺮﻓ). Da sie ihn abwesend sahen, versammelten sich Araber und Perser und schlugen den Weg nach seiner
Provinz und nach seinem Lande zu seinen Kindern und Brüdern ein,
um sie zu überfallen, zu tödten und gefangen zu nehmen. Da sie sich
nun gegen einander rüsteten, langte plötzlich der Mundar an, zog un-
vermuthet gegen sie los, überfiel und tödtete sie, bis er sie völlig aufgerieben hatte, sodaß nur Wenige von ihnen fliehen und sich vom Verderben retten konnten. — So kehrte er freudig heim und brachte ihre ganze
Beute mit. Er wurde nun nur noch mehr gefeiert und sein Name gar
sehr gepriesen.

Capitel XLIII.

**Von Damianus, der Lüge und Verdrehung, die er am Frieden machte,
der in der Hauptstadt zu Stande gekommen; und auch von den Klerikern, die gleichfalls ihre Versprechungen verdrehten und ableugneten.**

Der verschmitzte Syrer Damianus, von dem oben die Rede gewesen, und der würdig war, zu dieser Zeit in Alexandria zu sein, langte

baselbst (in Aler.) an und wurde von den Leuten wegen des Paulus angeschuldigt. Da verdrehte er, um den Menschen und nicht um Gott zu gefallen und für den Frieden der Kirche zu sorgen, sein Wort und leugnete seine Versprechungen an den Mundar und an die übrigen Gläubigen ab, die ihn von beiden Partheien ausgebeten hatten. — Er wandte sich nun um und gegen Paulus und schrieb gegen ihn Flüche, Schmähungen und heftige Lästerungen. Doch es genügte ihm nicht, diese nur zu gebrauchen, sondern er schrieb auch in einen Encyclcliums=Brief d. h. ein Cirkularschreiben (ܩܠܐ ܒ. ܛܠܝܟܐ ܐܦܝܣܩܘܦܐ ܡܕܝܢܬܐ) das Alles und schickte es nach Syrien und an alle Orte in und außerhalb seiner Jurisdiktion. Besonders wurden diese Briefe unruhigen und verwegenen Leuten gegeben, die da mit dem Satan in Verbindung liefen und arbeiteten, aber nicht mit Christus sammelten. Vielmehr arbeiteten sie gegen ihn, und zerstreuten, sie, die da eifrig hetzten und aufwiegelten, Spaltungen veranlaßten, Streitigkeiten hervorriefen, Hader, Zwist und Flüche erregten und Alles, was den Teufel noch mehr erfreute, als zuerst. Er brachte die Seinigen dazu und vielleicht ist es nicht unziemend, das auch von jenen Klerikern zu sagen, die sich auf der Vereinigungsversammlung in der Hauptstadt eingefunden hatten, so daß auch sie mit ihm auf den heiligen Geist logen und ihr Wort verdrehten, seitdem sie sich erholt hatten, entlassen und hinausgegangen waren aus der Noth durch des Mundar Bemühung, weil sie vor ihm und vor zahlreicher Versammlung Vereinigung versprochen, sich vereinigt und auch eine Schrift mit ihren Namen abgefaßt hatten. — Deßhalb waren sie auch entlassen worden und aus den Wachen und Gefängnissen entkommen, kehrten heim und verleugneten wie ihre Väter, d. h. wie ihr Vater Damianus, der ihrer würdig war, wie sie seiner. — Als nun der König Mundar von der Vernichtung seiner Feinde zurückkehrte und von ihrer Aenderung und maßlosen Abkehr von der Wahrheit zur Lüge erfuhr, bedauerte und bereute er es, staunte aber nebstdem und wunderte sich besonders über die Circularbriefe des Damianus, die nicht [gar] ferne von aller Gottlosigkeit waren. Doch unterließ es der Mundar nicht, an jeden Einzelnen von ihnen namentlich zu schreiben, sie zu erinnern und zu schelten wegen ihrer Lüge auf Gott, auf ihn und auf die ganze Kirche. Sie aber konnten ihrer Schande und Schmach wegen seine Schreiben nicht annehmen und auch keine Gegenschrift (ἀντίγραφον — ܐܢܛܝܓܪܦܐ) abfassen. Daher ärgerte er sich, und aus diesen Gründen besonders wurde der „Zornesofen" angefacht, entzündet und geschürt gegen die ganze Kirche der Gläubigen und nur noch mehr Spaltungen, Streitigkeiten, Lästerungen, Flüche und Zwiste beständig und glühend zwischen beiden Partheien entflammt — ohne Hinderniß und ohne Furcht vor dem gerechten Gerichte.

Capitel XLIV.

Von Dem, was auch in der Provinz Syrien — durch die Briefe des Damianus veranlaßt — ohne Ordnung und außerhalb der kirchlichen Gesetze geschah.

Da nun die Briefe des gottlosen Damian im Orient circulirten, und er unruhigen Leuten eine [gute] Gelegenheit gegeben hatte, so erhoben sich Einige, um gegen Recht und Billigkeit einen zweiten Patriarchen im Namen (auf den N.) Antiochia's, — da der erste noch nicht als kanonisch verurtheilt erschien, einen Anderen ihm gegenüber zu weihen. — Die Sache wurde zum Spott und Hohn für die Spötter und sie sagten: Es war nöthig, daß auch in Antiochia zwei Patriarchen ernannt wurden, da in Alexandria gleichfalls drei sind außer dem der Synobiten, damit sie einander Nichts vorzuwerfen hätten. Und so führte Alles, was zwischen den Gläubigen [vorfiel], zur Trauer und Betrübniß und wegen der Spaltungen hin zu unordentlicher Zerstörung.

Capitel XLV.

Von den Schreiben der orientalischen Klöster an Johannes von Ephesus, der in der Hauptstadt wohnte, mit deren Unterschrift, die ihn zur Vereinigung mit dem von ihnen geweihten Patriarchen einluden.

Im J. 882 waren die Bischöfe, Archimandriten und der Klerus des frommen Jacob nach dessen Tode zu dem Gedanken gekommen, einen Laien zum Patriarchen aufzustellen und zu weihen, Namens Petrus Sohn des Paulus, aus der Stadt Callinicus. — Diesen hatte schon der selige Jacob, als er noch lebte, weihen wollen, sowie auch Andere nach dessen Tod ihn hatten wiederum weihen wollen; er aber gab nicht nach und stimmte nicht bei, indem er sagte: Ich mag nicht gegenüber einem Manne, der nicht kanonisch vorgeladen, verurtheilt und gesetzlich ausgestoßen worden, geweiht werden. Zuletzt war er gebannt und aus der Kirche ausgestoßen worden, und jetzt endlich gab er nach. Wie schon gesagt, begab er sich hinauf nach Alexandria, wurde ordinirt und zum Patriarchen von Antiochien gegenüber dem Paulus ernannt, da dieser noch lebte und von keiner Synode verurtheilt und abgesetzt worden war. — In diesem Verderben und in dieser Verwirrung befand sich die

Kirche der Gläubigen durch Anstisten und zur Freude des Teufels. — Darnach aber faßten Alle auf einmal den Plan, sich zu versammeln: alle Archimandriten, die dieser That beigestimmt hatten, und faßten Schreiben, alle mit ihrer Unterschrift, ab an „Johannes Bischof von Ephesus, der in der Hauptstadt wohnte (saß)," worin sie ihn zur Vereinigung und zur Gemeinschaft mit ihnen und dem von ihnen geweihten Patriarchen einluden, ohne ihm auch nur seinen Namen offen anzugeben, wer es wäre. — Weil er nun in der Mitte gegen beide Partheien stand und beide zumal anklagte, so trauerte er und betrübte sich über den Bruch, der durch den Neid und Haß der Alexandriner unter ihnen entstanden war, und über die Spaltungen und Mißhelligkeiten in der ganzen Kirche der Gläubigen. Er rieth ihnen, ermahnte sie, und machte ihnen Vorstellungen, ohne jedoch nur im Mindesten einzuwilligen und sich zu unterwerfen, auf der einen Parthei zu stehen und die andere zu bekämpfen. Als derselbe diese Schreiben erhielt, kam er zu Thränen und bitterem Leid über die nachmalige Vermehrung des Verderbens und der Verwirrung der Kirche der Gläubigen. Auch unterließ er es nicht, zu schreiben; weil aber vor einem Jahre sie wiederum andere Schreiben abfaßten, worin sie ihn einluden, im Kampfe gegen die andere Parthei ihnen beizustehen, so unterließ er es, ein Gegenschreiben an sie zu richten, worüber sie auch in ihrem Briefe klagten. So war er also dadurch genöthigt, ihnen eine Antwort lauteren Tadels zu schreiben, weil sie nämlich gegen alle kanonische Ordnung verfahren hätten in Allem, was sie gethan, da sie ihn zur Vereinigung und Gemeinschaft eingeladen hätten. Wir würden auch diese Schreiben Aller an ihn und die seinigen an sie hieher setzen, wenn nur der Raum und der Umfang der Antworten (Reden) nicht so groß wäre.

Capitel XLVI.

Von der Entschuldigung des Verfassers, daß er ohne Zuneigung und Leidenschaft für eine der Partheien geschrieben.

Das nun soll beiden Partheien, die durch die Veranstaltung des Geistes der Feindseligkeit gegen einander aufgebracht worden, und allen Uebrigen kund sein, daß wir das, was von unserer Wenigkeit im Verhältniß zu Jenem (ـــ؟ل), was unter ihnen erregt worden und geschehen und durch uns zur Aufzeichnung der Erinnerungen gekommen ist, für die Wahrheit tadelnd und beide Partheien auf gleiche Weise anklagend aufgezeichnet haben. Wir haben das aber nicht gegen Personen kämpfend (e. Pfeile abschießend) geschrieben, wenn es auch scheinen möchte, daß wir hie und da gegen die eine oder andere Parthei die Anklagen drehen und ihnen Vorwürfe machen, d. h. der Feindseligkeit und Unordnung, die wild und gesetzlos von ihnen gegen einander bethätigt worden. Trauernd und betrübt darüber und die Augen voll Thränen über das Unheil und Verderben, die Spaltungen, Zwiste, Partheiungen, Streitigkeiten, Flüche und Lästerungen, die unter uns zur Freude des Menschenmörders hervorgerufen und gebraucht worden, waren auch wir genöthigt, vor Herzensangst zu klagen, das bedauernd, daß Vergemeinschaftete und Gläubige wechselseitig sich aus diesen nichtswürdigen Gründen herbeiließen, zu all diesen Missethaten ohne Maß und Ziel zu kommen. — Das haben wir denn auch persönlich von Anfang an jenen Personen geschrieben, und besonders dem alten, mühseligen Jacob bis zum Tage seines Hinscheidens also: Ich Geringer kann, den kirchlichen Gesetzen anhängend, ein Verderbniß am Glauben nicht ansehen und lasse mich weder von deiner Gemeinschaft, noch von der des Paulus ausschließen, weil ihr im Streite mit entweder wahren oder falschen, kanonischen Anklagen gegen einander werft. Was aber das Uebrige betrifft, was ohne Recht und Billigkeit und außer allen kirchlichen Bestimmungen unter euch schon zur Anwendung gekommen oder noch dazu kommt, sei es daß Ihr den Bann gegen die Pauliten und unkanonische Absetzung vornehmt, oder Paulus gegen Euch oder die Alexandriner, oder die Alexandriner gegen Euch oder Paulus — gegen die Ordnung oder Bestimmung der Kanonen: — so will ich an all diesen Ungesetzlichkeiten in Ewigkeit kein Theil oder Gemeinschaft haben, bis Alles durch ein kanonisches Gericht und gesetzliche Untersuchung vor einer Synode beurtheilt und all das erforscht und kundgegeben worden, was den kirchlichen Gesetzen gemäß und verwandt, und was der Rechtsordnung fremd und von ihr abweichend ist. Das nun findet sich in mehr als zehn Briefen an den seligen Jacob eigenhändig bei seinen Lebzeiten, sowie an die Uebrigen geschrieben. Und was mich betrifft, so wich große Trauer und Schmerz darüber nicht aus meinem Herzen. Auch der Vorwurf der Feindseligkeit wurde mir von beiden Seiten zugedacht. Da rief ich den zum Zeugen an, der Herzen und Nieren erforscht, daß ich, ohne auf der einen Parthei gegen die andere zu stehen, bis jetzt in der Mitte blieb: trauernd, seufzend und unglücklich wegen all der Uebel, die durch Anstiften dessen, der uns wie Waizen zu sieben sucht, geschahen.

Capitel XLVII.

Davon, daß Paulus endlich hinging und sich, — wie man sagte, vier Jahre lang im Gebirge von Isaurien in einer Höhle verborgen hielt, ohne mit den Leuten zu sprechen oder sie anzuhören.

Als Paulus, „ein Patriarch schlimmer Tage", sah, daß sich von allen Seiten her Stürme erhoben, ging er hinaus, wohnte und verbarg sich, — wie man sagte, — in einer Höhle in den hohen Bergen Isauriens — bis jetzt, vier Jahre lang. Niemanden zeigte er sich außer den Wenigen, die ihm sehr vertraut waren (‏ܐܡܝܢܘܬ‎, familiaritas, consuetudo, sermo, — Cast. — ‏ܚܒܪ‎), ohne Jemand zu schreiben noch von Einem Schreiben anzunehmen, so daß er auch so von Vielen angeschuldigt und getadelt wurde, daß er sich so verberge und sich um den ganzen Streit, der seinetwegen überall bestand, nicht kümmere. Auch als jene Eiferer in Syrien statt seiner einen Anderen weihten, ließ er sich weder sehen noch sprechen, sondern lebt bis zur Stunde in ruhiger Verborgenheit.

Capitel XLVIII.

Von Theodorus, der von Longinus und den Uebrigen zum Papst in Alexandrien geweiht worden war.

Jener Theodorus aber, von dem wir oben berichtet haben, daß er von Longinus und den Uebrigen zum Patriarchen in Alexandria geweiht worden, blieb seiner Gewohnheit nach, — weil er vormals Einsiedler (‏ܝܚܝܕ‎) gewesen, öffentlich und ruhig in Alexandria. Er nahm ein Klöster in Besitz und wohnte darin, und es versammelten sich Viele bei ihm; wegen seiner Sanftmuth und Ruhe aber verdrängte oder vertrieb ihn Niemand aus der Stadt, obgleich er ein Gegner des Damianus, des Nachfolgers des Petrus, war. Vielmehr ließ man ihn seiner Milde und Friedfertigkeit wegen unbeachtet, und weil er gesagt: Ich kümmere mich Nichts darum und meinetwegen soll keine Verwirrung und Spaltung in der Kirche sein. — Nach einiger Zeit aber zürnte er auf die Pauliten und Longinus, weil Paulus sich verbarg und Alles geschehen ließ, und Longinus von dem Volke der Nababäer, wo er war, sich noch weiter hinein zu einem anderen großen Volke, das noch viele Parasangen tiefer hinein wohnt, und welches die Griechen Alobäer (‏ܐܠܘܒܐ‎ oder ‏ܐܠܘܒܐ‎, Cap. XLIX.) nennen, sich begab, von dem man

12 *

glaubt, sie seien Aethiopen (Kuschiten — موحَسبا). — Gott unterstützte
ihn und er sprach zu ihrem König, zu allen seinen Vornehmen und zu
sämmtlichen Völkerschaften (خَضَعَت) unter seiner Herrschaft. Wir werden
die betreffende Geschichte der Ordnung nach einfügen; jetzt aber wollen wir
daran gehen, den früheren Gegenstand bezüglich des Theodorus zur
Aufzeichnung zu bringen. Da wir zeigen wollten, wie es beiden, dem
Paulus und Longinus ergangen (سمي), ist die Erzählung abge-
schweift und zu einem and'ren Gegenstand übergegangen. Theodorus
also wurde ärgerlich und aufgebracht auf sie und sagte: Sie sind gekommen, haben mich in Versuchung geführt und aus der Wüste geholt; jetzt
aber lassen sie mich gehen, vernachlässigen mich und fragen nicht einmal
nach mir, ob ich noch lebe oder schon gestorben bin. — Er schrieb auch
viele Beschwerdebriefe nach Syrien, sowie auch an uns und an Viele in
der Hauptstadt. Dieselben, die da von Tadel, Anklagen und Beschwerden voll waren, schickte er durch einen Mönch (الم رومصا), einen Sty-
liten (اسطوليا), der bei ihm in der Wüste war, einen tugendhaften
Mann, und durch einen anderen Presbyter mit ihm, Namens Georgius. — Als wir sie nebst den Schreiben empfingen und gar sehr trösteten und auch an die Pauliten eine Beschuldigung ihretwegen schrieben,
erreichte uns eine heftige Verfolgung; wir wurden auseinander gerissen,
entfernten uns aus der Stadt und sahen sie nicht wieder. Auch darnach
schrieb er uns ebendieselbe Beschwerde, welche Dinge wir aber nicht zur
Aufzeichnung der Erinnerungen bringen, sondern mit Stillschweigen bedecken und übergeben zu müssen glaubten.

Capitel XLIX.

**Vom Beginne der Bekehrung jenes Volkes zum Christenthum, welches
die Griechen Alodäer nennen, von uns aber für Aethiopier gehalten
werden.**

Der fromme Julianus, wie wir schon oben erzählt haben, war
durch die Bemühung der seligen Kaiserin Theodora zum großen
Volke der sogenannten Nabadäer vormals gesandt worden und hatte
ihren König, seine Vornehmen und die Mehrzahl der unter seiner Herrschaft stehenden Völker innerhalb zweier Jahre belehrt. Dann zog er
von dannen und vertraute das ganze Volk einem gewissen Theodorus
an, einem sehr alten Bischof, der in der Stadt war, die Philae (ميبدا)
heißt, die (mitten) in der Mittel-Thebais liegt, auf der Grenze besagter
Provinz. Dieser Bischof ging hin, besuchte und unterrichtete sie und

kehrte nach seiner Stadt zurück. So blieben sie ungefähr 18 Jahre lang. Dann vertauschte Longinus sein Gewand und begab sich zu ihnen. Er unterrichtete sie und predigte ihnen aufs Neue, belehrte und taufte die Uebrigen, die [noch] von ihnen zurückgeblieben waren. Als er nun bei ihnen sechs Jahre zugebracht hatte, wurden auch Gesandte von ihrem König abgeschickt und kamen in die Hauptstadt. Wir waren oftmals in ihrer Gesellschaft, wo sie dann den Longinus gar sehr lobten, rühmten und priesen. — Da nun das Volk der Alodäer von der Bekehrung der nabadäischen Völkerschaften erfuhr, so schickte (dann) ihr König an den König der Nabadäer, daß er den Bischof schicke, der sie belehrt und getauft, damit er auch sie unterrichte und taufe. Longinus aber hatte Schreiben von den Alexandrinern erhalten, hatte sich sogleich in das römische Gebiet begeben und war in alle jene Heimsuchungen gefallen, die wir eben nach und nach aufgezeichnet haben. Dann schickte der dortige König darnach wiederum mit vieler Mühe und großer Plage und Noth (ﺣﺴﺐ) Gesandte ab, um ihn zu holen und zu sich zu bringen. Da wollten auch durch den Neid des Satans die Alexandriner den König und sein ganzes Volk abwendig machen und von ihm abkehren, damit sie ihn nicht aufnähmen, und schickten ihm auch seine Absetzung zu, die sie mit Unrecht und außer dem kanonischen Gesetz vollzogen hatten. Sie aber nahmen keine Rücksicht auf sie und nahmen sie nicht an, indem sie sagten: Wir nehmen Niemand an, außer unserem geistigen Vater, der uns in geistiger Geburt wiedergeboren. Alles, was von seinen Feinden über ihn gesagt wird, wird von uns für Lüge gehalten. So fertigten sie sie ab und nahmen sie nicht an.

Capitel L.

Von Dem, was von den Alexandrinern an das Volk der Alodäer entboten wurde.

Da nun die Alexandriner erfuhren, daß der König der Alodäer eine zweite Gesandtschaft an den König der Nabadäer geschickt hatte, damit er ihnen ihren Lehrer, den Longinus sende, da schickten auch sie aus Eifersucht, und nicht aus Eifer hin, um den Longinus zu verderben, und damit sie annähmen und unterrichtet würden in dem Verderbniß und der Uebertretung des Kirchengesetzes, die sie verübt hatten. — Darauf verfaßten sie eifrig und sorgfältig einen Brief an sie gegen Longinus, ohne sich vor Gott zu fürchten und ohne an die Gerechtigkeit zu denken. Trunken vor Neid und Haß stieg der Gedanke in ihren Herzen auf, — was keine Gottesfurcht ist gegen ein irrendes und heidnisches Volk, das sich zum Christenthum zu bekehren und Gottesfurcht zu lernen begehrte, — daß sogleich vor Allem, was zur Besserung dienlich war, Verderben, Aergerniß und Flüche von Christen gegen Christen in Schreiben ihnen zugeschickt werden sollten. — Aber, wie die Schrift *) sagt: „ihre Einsicht war verfinstert, blind und ohne Vernunft ihr Geist," sodaß sie aus Feindseligkeit statt der Lehre der Gottesfurcht noch zuvor ihnen das Fundament des Aergernisses ihnen einzusenken sich bemühten, indem sie Briefe gegen Longinus (?... لئ —) vollendeten und ihnen zuschickten — nebst zweien jener Bischöfe, die sie gegen die kirchlichen Gesetze geweiht hatten, und Anderen. Sie schrieben also: Weil wir erfahren haben, daß ihr den Longinus, der bei den Nabadäern (صدسـ = صدــمـ؟) ist, verlangt habt, daß er zu euch geschickt werde und euch taufe, so haben wir seinetwegen zwei Bischöfe und die Uebrigen zu euch gesandt, damit sie euch mittheilen, daß ihr euch von ihm nicht taufen lasset, weil er ein Häretiker ist, seine Absetzung geschah und es ihm nicht zusteht, den Ordo seines Priesterthums auszuüben, noch Jemanden zu taufen — nebst vielem anderen Verderblichen, was sie ihnen statt belehrender Unterweisung schrieben. — Aber „der Herr **) leitete die Bosheit (Vergeltung) des Nabal auf sein eigen Haupt zurück;" und wie geschrieben steht: „die Heiden (gentes, حنفـٔـ), die ***) (sein Gesetz kannten) das Gesetz der Gerechtigkeit nicht kannten, haben das Gesetz der Gerechtigkeit erfüllt und sind sich selbst Gesetz geworden; Israel aber, das der Gerechtigkeit nachlief, hat sie nicht erreicht" — so erfüllte es sich auch an ihnen, daß sie durch ein heidnisches Volk zurechtgewiesen und beschämt und nicht aufgenommen wurden. Beschämt und erröthend kehrten sie zurück, da Jene zu ihnen sagten: Wir wissen von euch nicht, wer ihr seid, nehmen euch also nicht auf und lassen uns von euch nicht taufen; Jenen aber, der das Volk der Nabadäer getauft hat, nehmen wir auf und lassen uns von ihm taufen. Das aber, was von euch über ihn gesagt wird, nehmen wir nicht an; denn wir sehen, daß ihr seine Feinde seid und dies aus Mißgunst gegen ihn sagt. Geht also weiter und entfernt euch aus unserem Lande, damit ihr nicht eines schlimmen Todes sterbet. — So gingen sie von dannen, ohne daß auch nur sie oder das von ihnen Gesagte angenommen worden — durch Gottes Veranlassung, der ihren verkehrten Willen und feindseligen Eifer sah.

---

*) Eph. IV. 18.
**) I. Reg. XXV. 39; s. e!
***) Rom. II., 14.

Capitel LI.

Geſchichte der Reiſe des gottſeligen Longinus in das Land der Alodäer, und von ihrer freudigen Bekehrung und Taufe durch ihn.

Der König des Volkes der Alodäer ſchickte nun Geſandte an den König der Nababäer, indem er verlangte, er ſolle den Biſchof Longinus ſenden, damit er ihn und ſein Volk unterrichte und taufe. Wie es mit der Gnade Gottes offen erſchien, war dies die Anordnung (Plan)*) der Bekehrung jenes Volkes. Darauf erweckte der Herr den Geiſt des Longinus, hin zu ihnen zu reiſen. Da wurden ſie auch unter dieſen Umſtänden über ſeine Trennung von ihnen betrübt, und ſeine Vornehmen und Häuptlinge nebſt Leuten, die die Wüſte kannten, ſeil. begleiteten ihn. Er aber und ſeine Begleiter wurden krank, und — wie er in ſeinem Briefe erzählte — auch von den Thieren, die er mit in die Wüſte genommen, ſtarben durch die Flammenhitze der Wüſte 17 Kameele nebſt Anderem. — Zudem auch, als der König eines anderen Reiches, welches zwiſchen den beiden Reichen liegt, und Makura (c. Makoriten, — ﺍﻟﻤﻘﺮﻩ — *Μαχουρῖται* — Maqorrah) heißt, erfuhr, daß Longinus aufgebrochen ſei, um hinzugehen, reizte ihn der Satan in ſeinem Neid an, Wachen an allen Grenzen des Reiches, an allen Straſſen, auf allen Bergen und Ebenen aufzuſtellen — bis zum rothen Meere hin, um den Longinus zu ergreifen und die Erlöſung jenes großen Volkes der Alodäer zu verhindern. — Daher beſchützte ihn Gott und blendete die Augen derer, die ihn ergreifen wollten; und er ging durch ſie hindurch und kam hin, ohne daß ſie ihn ſahen. Da er aber an den Grenzen des Reiches, in das er ſich begab, anlangte und es der König erfuhr, ſchickte er ihm Einen von ſeinen Vornehmen entgegen, wie er in ſeinem Briefe mittheilte, deſſen Name**) Itkjo (ﺍﺗﮑﻴﺎ, unten Cap. LIII. ﺍﺗﮑﻴﺎ), der ihn ehrenvoll und mit großem Pomp empfing und in das Land geleitete. Als er nun ankam, ging ihm der König entgegen und empfing ihn mit großer Freude. — Da er nun hinging und zu ihm und allen ſeinen Vornehmen das Wort Gottes ſprach, öffneten ſie ihr Herz und nahmen es mit Freuden auf; und in wenigen Tagen waren ſie unterrichtet, und er taufte den König, alle ſeine Vornehmen und nach und

---

*) Pflicht, Land.
**) Smith lieſt Aitkia und hält es für eine Verunſtaltung des griechiſchen Namens Eutychius.

nach auch viel Volk. Und so freute sich der König und frohlockte und schrieb an den König der Nababäer eine Danksage — einen Brief, der also lautet:

Capitel LII.

Vom Briefe des Königs der Alodäer an den König der Nababäer.

„Es erinnere sich deine Liebe, Herr unser Bruder Avarfiule*) (? ܐܘܪܒܝܐ = ܐܘܪܒܝܐ Εὐρύπυλος, als prachtvoller christlicher Taufname des Silko??) Σιλκω! **) daß du dich heute als wahren Verwandten (ܚܝܢܐ) von mir, — und zwar nicht blos als leiblichen, sondern auch als geistigen — bewiesen hast, indem du mir den gemeinsamen, geistigen Vater hieher schicktest. Er hat mir den wahren Weg und das wahre Licht Christi unseres Gottes gezeigt, hat mich, meine Vornehmen und mein ganzes Geschlecht getauft, und es wird in Allem Christi Werk gefördert. Ich hoffe zu dem heiligen Gott, daß auch ich bemüht sein werde, dir Ruhe zu verschaffen und deine Feinde aus deinem Lande zu vertreiben; denn du hast keinen Feind allein, sondern er ist auch der meinige, da auch dein Land mein und dein Volk das meinige ist. Sei also unbekümmert und ermanne und ermuthige dich vielmehr, weil ich dich und dein Land nicht außer Acht lassen werde — besonders jetzt, wo ich Christ geworden bin durch meinen heiligen Vater, den Vater Longinus. Weil aber Mangel ist, so bereite uns kirchliches Geräthe; ich erwarte nämlich davon mit Sicherheit, daß du mir [es] schicken läßt (der Text hat fehlerhaft ܣ für l). — An dem Tage aber, den ich feiere, wollte ich nicht schreiben, damit nicht meine Briefe „fallen" (ܝܒܛܠ, d. h. übeln Erfolg haben, oder verloren gehen — Land). D. h. aber: Sei ohne Sorge, ermanne und ermuthige dich, weil Christus mit uns ist."

Das also wurde vom neuen Bekenner, dem König der Alodäer, an den König der Nababäer geschrieben. Dann auch ein kleiner Theil (μέρος, ܡܢܬܐ) vom Briefe des seligen Longinus, den er aus jenem Lande schrieb und an den König der Nababäer schickte, der ihn nach Alexandria befördern solle, was er auch that. Das Stück des Briefes (ܩܦܠܐ) aber lautet also:

---

*) Land p. 158 ff. nimmt es für Eurypylus; ebenso Smith p. 320.
**) So heißt der Königsname der „Nobaten und aller Aethiopier" auf einer Inschrift bei Letronne, Mater. pour l'Hist. du Christ. en Eg., en Nub., et en Abyss. Par. 1832. Smith p. 341 ff.

Capitel LIII.
Ein Theil vom Briefe des Bischofs Longinus.

„Um euch aber keine traurigen Dinge zu erzählen und den Brief
zu verlängern, habe ich alle jene Sachen ausgelassen und will [nur] das
Zweite, was euch Alle, die ihr in Wahrheit Christen und bewährte Or=
thodoxe seid, erfreut, — schreiben und sagen. Ich freue mich und werde
mich mit euch Allen freuen; doch auch ihr freuet euch und freuet euch ferner
mit mir, daß der, welcher will, daß Alle leben und den Tod des Sün=
ders gleich mir nicht will, alle Sünden vergessen und seiner Barmher=
zigkeit und Gnade gedacht hat, mir das Thor seiner Erbarmungen öff=
nete, mich von denen rettete, die meiner Seele nachstellten, mich durch
sie hindurchführte und ihre Augen blendete, daß sie mich nicht sahen.
Nämlich auch wir wären (lebten) nicht ohne die Menschenfreundlichkeit,
die in ihm ist, und seine Leitung; indem Alle, die meine Schwachheit be=
gleiteten, in Krankheit fielen — vom Größten bis zum Kleinsten — und
meine Wenigkeit mit der Erkrankung den Anfang machte. Doch auch
das ziemte sich, daß ich zuerst gezüchtigt wurde, der ich der Grund vieler
Sünden und Vergehen bin, in die ich fiel. Allein nicht blos wir fie=
len in Krankheit und verzweifelten an unserer Rettung, sondern auch die
Thiere, welche bei uns waren, starben, da sie die Hitze und den Durst
der Berge und die Fäule des Wassers nicht ertragen konnten; und es
starben uns siebzehn Kameele. — Als nun der König der Alodäer er=
fuhr, daß ich eingewilligt, zu ihm zu kommen, schickte er einen von sei=
nen Vornehmen Namens Itiko und holte mich mit großem Pomp in
sein Land. Da wir an das Ufer des Flusses kamen, gingen wir zu
Schiffe; und als es der König erfuhr, freute er sich, zog uns entgegen
und empfing uns mit großer Freude. Und mit Gottes Gnade unter=
richteten und tauften wir ihn, seine Vornehmen und sein ganzes Ge=
schlecht, und das Werk Gottes wächst mit jedem Tage. — Aber auch
Einige von den Arymiten *) (اسيمون), die in die Krankheit der
Phantasie (فنطس) **) des Julianus [von Halicarnaß] gefallen wa=

---

*) Land pag. 190. — Das christliche Nubien zerfiel in die Bezirke: Nu(o)badia,
Alodia, Nakowia und Niexemetes oder Axumitis, der alte Namen Abyssiniens —
von der Hauptstadt Axum. So Wansleb (Hist. de l'eglise d'Alex.) bei Smith
p. 341. — Le Quien nennt (nach Renaudot, dissert. de Patri. Alexandr. n.
106) Duncala (Dorgola) als Metropolis in Nubien. Or. Christ. T. II. p. 659. 599.
**) Die Aphthartodoketen hießen ja „Phantasiastae!"

ren und sagten: „„In einem nicht leidensfähigen und nicht sterblichen Körper hat Christus gelitten,"" (ܠܡܘܬ ܐ ܠܐ ܚܫ ܘ ܠܐ ܡܝܘܬ ܐ ܦܓܪ ܐ) lehrten wir die Genauigkeit des Glaubens und verlangten von ihnen, schriftlich diese Häresie zu bannen, und nahmen sie mit einem Libell auf.

Dann weiter:

*) „Damit aber alle Provinzen (Präfekturen oder Eparchieen — ܘܗܪ ܟܝܐ?) erfahren und mit euch sich geistig freuend Dank und Lob zu unserem menschenfreundlichen Gott entsenden — für alle seine unzähligen Gaben, und damit die Väter sich beeifern, daß Bischöfe hieher gesandt werden, welche arbeiten und dienen können bei diesem göttlichen, Gott und Menschen erfreuenden Werke, worauf sie vertrauen können und das da herrlich fortzuführen ist, — denn tausendmal Tausende sind es, die zur Erlösung hieher eilen zum Ruhme Christi, des Erlösers unser Aller —: so glaubt, was ich sage: daß mir vor Kurzem ein menschlicher Gedanke aufstieg, Niemanden zu schreiben; aber die Gefahr ansehend, jene geistigen Gaben könnten mit Geringschätzung gebraucht werden, bin ich zu diesen wenigen Zeilen an eure geistige Liebe gekommen. Denn Silber und Gold oder Kleider begehre ich nicht, und Gott, der die Herzen der Menschen durchschaut, ist mir Zeuge; Er weiß, was mein ist. daß ich selbst des täglichen Brodes entbehre und selbst ein Blättchen Kohl mit meinen Augen zu sehen mich sehne." — Es genügt mir bis hieher mitgetheilt zu haben. Das nun wurde vom heil. Longinus geschrieben. Bruchstücke davon zeichnete er auf und schickte sie aus dem Lande der Alodäer an den König der Nababäer, indem er ihm schrieb, er solle sie nach Alexandria schicken. Er erhielt sie zuletzt und schickte seine Briefe nach Alexandria an den Patriarchen Theodorus, der den Longinus geweiht hatte. — Da schrieb ihm auch der König einen Brief, der über alle Verhältnisse der Reise des Longinus, über die Entfernung des Landes, über die Heimsuchungen und Widerwärtigkeiten, die sich wider ihn erhoben, über die Hülfe, die ihm mit Gottes Gnade zu Theil wurde und über das Uebrige berichtet, was er gar wunderbar also beschreibt:

Brief des Königs der Nababäer an Theodorus von Alexandria:

„Vor Allem wünsche ich euch, fromme Väter! recht sehr den Frieden in Christus. Ich glaube (ferner), ihr werdet wissen, daß vor sieben Monaten der König des großen Volkes der Alodäer d. h. von Aethiopien (ܟܘܫ?) hieher geschickt und mir meinen heiligen Vater, den Bischof Longinus nehmen wollte. Das geschah auch, wie mir jener König,

---

*) Land falsch.

mein heiliger Vater, schrieb. — Als ich nun anfangs mit meinem Vater
über dies Capitel sprach, nahm er es alsbald wohlgefällig auf und seine
Gottseligkeit versprach mir, es zu thun. Alle Tage munterte er mich
auf und sagte: Es ziemt uns nicht, diese Sache zu vernachlässigen, weil
sie Gottes Sache ist. Wegen der boshaften Nachstellungen dessen aber,
der zwischen uns ist (liegt), d. h. des Königs der Makuriten, schickte
ich meinen heiligen Vater zum König der Blemyer *) (حبشى?), damit er ihn auf tiefer innen liegenden Wegen dahin geleite. Aber wiederum erfuhr es der besagte Makurite und stellte seine Wachen an
allen Grenzen seines Reiches auf, auf den Bergen und in den Ebenen
und bis zum rothen Meere hin, indem er meinen Vater ergreifen und
Gottes gutes Werk verhindern wollte, — wie mir mein Vater hieher
geschrieben hat. Große Qual und bittere Leiden an Seele und Leib hatte
er im Land der Blemyer (حبشى) zu erdulden, und dazu kam bei
ihm noch große Noth und Mangel. Allein auch so vermochte die
boshafte List des Feindes die Bereitwilligkeit meines heiligen Vaters von
Gottes Werk nicht abzuhalten, sondern der Herr unser Gott leitete die
Wege und Pfade meines heiligen Vaters, daß er durch die langen Wege
und strengen Wachen hindurchkam, wenngleich er auch sein لا خبر (Land
Spur = vestigium **) — Cast. حبس polnta pistae i) für die Kameele und übrigen Thiere verwi Da aber half ihm Gott, daß er gerettet wurde und in das Land hinkam. Er wurde vom König und vom
ganzen Volke mit Freude empfangen, unterrichtete und taufte den König
und seine ganze Umgebung — wie in dem Briefe steht, der von ihm
hieher geschickt wurde. Auch das sollt ihr wissen, wie Gott der Herr
meinen Vater leitet und wie er mit ihm geht, damit ihr euch mit großer Verwunderung wundert über das, was er an ihm gethan. — Wenn
meine Herrlichkeit (حبشى, numen meum), der König, oder dessen Vor-
fahren, die Könige, eine Gesandtschaft nach jenem Reiche sandten, so
war der Gesandte acht oder zehn Jahre fort, und dann geschah seine
(Ankunft) Rückkehr hieher; mein frommer Vater aber, da er in jenes
Land ging, schickte uns in 200 Tagen eine Gesandtschaft jenes Königs,
während viele unserer früheren Gesandten gar nicht mehr hieher zurückkehrten. — Um aber die Erzählung im Briefe nicht zu verlängern: Mein
Vater schickte an mich Briefe hieher, um sie euch zu schicken. — Und
siehe! ich sende sie durch seinen Boten; in ihnen steht Alles, was sich

*) Sie hatten das kleine Nilthal südlich von Syene im VI. Jahrhundert inne, meint
Smith p. 340.
**) Smith: his retinue of camels etc. p. 325, die Treiber seiner Kameele, sein Gefolge.

zugetragen, und Alles, was er gethan, — wie seine Botschaft (ἐπιστολμα ܠܚܒܪܐ܁) es angegeben. Das sollt auch ihr dort bekannt machen; denn nicht ziemt es eurer Frömmigkeit, alle diese Capitel zu verdecken und zu vernachlässigen. Besonders aber ziemt es Euer Hochwürden, meinen heiligen Vater durch euer heil. Gebet zu unterstützen!"

Dieses Bruchstück von dem Briefe des Königs der Nababäer setzen wir hieher zur Bestätigung der Erzählung, da er ja darin die ganze göttliche That vorbringt. Er schrieb auch noch zwei andere über diesen Gegenstand, die wir aber des Umfanges der Erzählung wegen hieher zu setzen unterlassen. Weil aber der Inhalt dieser Begebenheit und dieser göttlichen That aus den beiden Briefen des Bischofs und Königs Allen bekannt wird, die darauf stoßen, so hat es uns gut geschienen, durch das Unsrige die Erzählung davon nicht noch mehr auszudehnen. Vielmehr wollen wir lobpreisend und staunend an das Wort unseres Erlösers — hierüber erinnern, welches sagt: "Wahrlich ich sage euch: Es soll gepredigt werden dieses Evangelium (ܣܒܪܬܐ) vom Reiche bei allen Völkern, und dann wird das Ende sein" *).

Das aber geschah also mit Gottes Hülfe im Jahr 891 **) und wurde von uns in die Erinnerung aufgenommen.

Capitel LIV.
Von der Verborgenheit des Patriarchen Paulus.

Bezüglich der Verborgenheit des Paulus haben wir auch schon oben einer Meinung Erwähnung gethan: wie nämlich von Vielen geglaubt ward, er sei in den Bergen Isauriens in einer Höhle verborgen gewesen. Jetzt aber, wie es die That zuletzt gelehrt und gezeigt hat und wie diejenigen sagen, die es auskundschaften wollten, daß er die 4 Jahre, wo er sich nicht sehen ließ, und man glaubte, er sei im Gebirge Isauriens verborgen, in dem Gebirge der Hauptstadt verborgen gewesen. Das wurde uns, als wir in derselben wohnten, nicht bekannt und offenbar — bis zu seinem letzten Ende. — Da meinten seine Anhänger, es sei vor uns und vor Vielen verborgen geblieben und nur drei Personen sei sein Grab bekannt geworden. Doch es entging den Thoren das Wort des Herrn, das sagt: "Nichts ist verborgen, was nicht wird offenbar werden" ***).

---

*) Matth XXIV. 14.
**) D. h. Anno Domini 580, wenn wir nach der gewöhnlichen Annahme 311 Jahre von der Zahl der alexandrinischen Aera abziehen.
***) Matth. X. 26.

Capitel LV.

Von Theodorus, der von Longinus zum Papst in Alexandria geweiht worden.

Theodorus, der von Longinus zum Bischof in Alexandrien geweiht worden, war es diese vier Jahre, ohne nur eine Antwort von Paulus zu erhalten. Wiewohl er ihm oftmals schrieb, so erhielt er doch keine Antwort seiner Schreiben von ihm. Auch ging Longinus wieder zu jenen Völkern hin, welche Christen geworden waren — in Mittel=Aethiopien (ܠܓܘ ܥܡܡܐ). — So wurde Theodorus ohne Trost gelassen von allen Seiten, so daß er dazu kam, ein Rundschreiben an die ganze Parthei der Pauliten zu erlassen, indem er sich über ihn (P.) beklagte und beschwerte, daß er ihn so vernachlässige und verachte. Er schickte es durch zwei seiner Presbyter, die auch in der Hauptstadt anlangten. Als dies nun Allen bekannt wurde und besonders, als man die Anklage und den Vorwurf von diesen Presbytern vernahm, so ärgerten und beklagten sich Viele und schrieben ihm, wo er — wie man glaube — sei und daß man ihn nicht finde. So sandte man sie mit vielem Zureden und Troste nach der Insel Cypern, wo sich einige von seinen Bischöfen fanden. Daher kehrten sie zurück und kamen zu ihm, ohne Etwas gewonnen zu haben, so daß er sich nur noch mehr ärgerte und sich zuletzt persönlich erhob und nach Cypern begab.

Capitel LVI.

Von der Reise des Papstes Theodorus nach der Insel Cypern.

Als nämlich der Papst Theodorus sah, daß er durch die Schreiben und Personen, die er abgeschickt hatte, keine Antwort erhalten konnte, bestieg er ein Schiff und begab sich nach Cypern, ohne ihn zu treffen. Er traf aber einige seiner Bischöfe. Als nun Vieles unterdessen geschehen und angeregt war, und Paulus sich ihm nicht zeigte, so traf er zwei Bischöfe, die mit ihm nach Alexandria reisen wollten. Und so kehrte er ärgerlich heim, weil er nicht glauben konnte, daß Paulus nicht dort oder in Cilicien sich befinde und sich vor ihm [nur] nicht sehen lasse. — Er aber, der sich die ganze Zeit von vier Jahren nicht sehen ließ und von dem man das Gerücht verbreitet, er verberge sich in den Höhlen der cilicischen und isaurischen Berge, war — wie sich zuletzt herausstellte, heimlich in der Hauptstadt versteckt, was jedoch nur

Wenigen bekannt und offenbar war. — Doch auch hier erreichte ihn sein
Ende, worüber wir aber noch besonders sprechen (aufzeichnen) wollen.

Capitel LVII.
Vom Ende des Patriarchen Paulus, wie es geschah.

Die vier Jahre, — wie wir oben erzählt haben, wo Paulus dem
Gerüchte nach in den orientalischen Provinzen sich sollte verborgen gehalten haben, befand er sich im „Gebirge" (حِصن) der Hauptstadt, wie
dies bei seinem Tode Jedermann kund und bekannt wurde. Auch diesen
seinen Tod suchten diejenigen, welche ihn pflegten, zu verheimlichen, damit so nicht einmal bekannt würde, daß er gestorben sei. Da wurde, wie
gesagt, auch bekannt, daß er mit Wissen Einiger von seinen Leuten sich
darauf nach der Stadt begeben und bei Einigen derselben sich die ganze
besagte Zeit aufgehalten habe. Plötzlich aber fiel er in eine schwere
Krankheit und starb bald darauf. Da befiel großes Staunen und sehr
heftige (Bewegung) Furcht die, bei welchen oder mit deren Wissen er
sich verborgen gehalten: es möchte vielleicht den Machthabern zu Ohren
kommen, und sie seinetwegen in Gefahr gerathen. Daher ließen sie nur
drei Personen — aus den Presbytern, die ihn annahmen, — kommen
und verlangten von ihnen harte Schwüre, daß sie den Leuten nicht sagen
würden, daß es der Patriarch Paulus sei; sondern belehrten sie, wenn
man es bemerke, sollten sie sagen: Ein fremder Mann, Namens Chri-
stophorus, ist hieher in die Stadt gekommen und gestorben. — Das
thaten diese Drei auch; sie holten ihn Nachts — verdeckt und trugen
ihn zum Begräbniß in ein Frauenkloster. Als dieß diese Nonnen erfuhren, erschracken sie und sagten: Nachts im Finstern nehmen wir keinen
Todten an, da wir nicht wissen, wer es ist, oder ob es vielleicht gar ein
Ermordeter ist und wir in Gefahr gerathen. — Da sie nun sehr flehentlich
baten und sagten, es ist ein vornehmer, gerechter und fremder Mann;
fürchtet euch nicht, — so ließen sie sich bereden, ihn aufzunehmen.
Sie brachten ihn nun hin mit verhülltem Angesicht und eilten und tum-
melten sich, ihn auf die Straße herabzubringen. Da erhoben sich die
Nonnen zur Widerrede und sagten: Wenn es also ist, wie ihr sagt,
und wenn eure Worte wahr sind, daß es ein vornehmer und rechtschaffener Mann, so laßt uns an ihm thun (نخدمه, ministriren), wie es die
Ordnung ist, und enthüllet sein Antlitz, damit wir ihn sehen, uns nähern
und gesegnet werden, und dann senkt ihn ins Grab hinab. — Sie aber
hüllten ihn eilig ein, begruben ihn und sagten: Laßt ihn nur jetzt drun-
ten, da wir eilig fortgehen müssen. So gaben sie ihn in der Verwirrung

ein (Eselsbegräbniß *) und gingen davon. — Da geriethen diese Nonnen, der Zahl nach mehr als 150, in viele Zweifel, und von ihnen ging die Sache mit so vielen Zweifeln und Vermuthungen aus. Nicht nur in der Stadt und in Syrien, sondern auch in Alerandrien und überall, wo es bekannt wurde, wurde der Tod des Paulus allerorts besprochen. Da fürchteten sich Jene noch und schwuren, daß es ein Anderer gewesen, der gestorben sei, und nicht Herr Paulus, unser Patriarch. Alle Ortho= dore in der Hauptstadt aber, die ihn annahmen, ärgerten und betrübten sich, daß [nur] Dreien von ihnen das Geheimniß seines Todes kundge= geben, vor den Uebrigen aber verheimlicht worden sei. Auch gedachten zuletzt Viele seiner nicht mehr in Liebe und besonders als sie erfuhren, daß seine Ankunft, sein Aufenthalt in der Stadt und sein Tod ihnen verheimlicht, und nur Dreien von ihnen entdeckt worden. Da schwu= ren [immer] noch seine (die mit dem Geheimniß) Vertrauten mit lügne= rischer Kunst, Paulus sei nicht gestorben, sondern lebe. Jene thaten also ihren Gedanken gemäß, damit sich seine Gegner nicht freuten; und so griff ein ganzes Jahr lang dieser Streit um sich, und sein Name wurde als der eines Lebenden in den Diptychen der Lebenden commemo= rirt, damit nicht bekannt und bestätigt würde, daß er gestorben, obschon es Allen bekannt war.

Capitel LVIII.

Vom Hinscheiden des Paulus und Jacob, wie es in der Verwirrung bei Beiden, dem Einen nach dem Anderen geschehen.

Wenn Jemand das Ende und den Ausgang dieser zwei Frommen betrachtet, — ich meine des Jacob und Paulus, — durch deren Zwist und Streit gegen einander große Spaltung und bittere Trennung in der verfolgten Kirche der Gläubigen entstand, so möchte er staunen und in die Hände klatschen, wie sie so kläglich, eilig und unvermerkt aus dem diesseitigen Leben hinausgeführt wurden und aus dieser Welt schieden. Zuerst hatte der selige Jacob in der Hitze ihres Haders und Strei= tes zwei andere Bischöfe und sonstige Mönche mit sich genommen und sie hatten einen eiligen Lauf nach Alexandria eingeschlagen. Von Vielen wurde der Grund seiner Reise verheimlicht und Viele dachten Verschie= denes darüber und hatten allerlei Gedanken. — Weil aber Der, der ihn aufhielt, alsbald (ráχα — ‎) auf die Hülfe seines Geschöpfes sah und erkannte, daß seine Reise der Kirche und ihm nicht nütze, so hielt er ihn

---

*) D. h. ohne religiöse Ceremonie. — So auch Smith p. 331.

auf und verzögerte und verhinderte seine Reise. Einige breiteten von ihm und allen seinen Begleitern das Gerücht aus, daß als sie an das Meer gekommen und die Fahrt begannen, sei ein heftiger Sturm wider sie entstanden, ihr Schiff sei untergegangen und sie Alle im Meer ertrunken, und ihre Gebeine nicht gefunden worden, — was den Leuten nicht deutlich bekannt wurde. Andere wieder, die für ihn das Wort nehmen wollten, sagten: wenn auch wirklich ein Sturm sich gegen sie erhoben hätte, so sei doch ihr Schiff nicht versunken, sondern sie seien ausgeworfen worden, hin an die Grenzen von Aegypten gegangen und in ein Kloster gekommen, das in der Wüste liegt, und Kassians-Kloster heißt. Als sie an das Kloster gekommen, seien zuerst — innerhalb drei Tagen zwei Bischöfe gestorben, dann Herr Jacob und einer seiner Diakonen: diese vier seien mit einander gestorben, was wahrer ist, als Jenes. Gott weiß es; uns aber ist der genaue Sachverhalt nicht bekannt worden. — Dann geschah auch nach ungefähr zwei oder drei Jahren bezüglich des Paulus Etwas in der Verwirrung und ganz außer aller Rechtsordnung, wie wir es in dem vorigen Capitel erzählt haben, so heimlich, wie die meisten, die es thaten. — Was soll man nun davon denken und schreiben, außer mit dem Propheten*) trauernd und klagend zu Gott schreien und sagen: „Wenn unsere Sünden gegen uns zeugen, o Herr! so schone deines Namens willen, weil groß ist deine Gnade und Dir wir gesündigt haben!"

Capitel LIX.

Von Dem, was nach dem Hinscheiden des Paulus und Jacob von den beiden Partheien, die gegeneinander standen, gesprochen und gethan wurde.

Nach dem Hinscheiden des Jacob und Paulus begannen die Partheien, welche zu dem Einen oder Anderen standen, die Einigung mit einander zu besprechen. Jedoch versammelten sie sich nicht ordentlich und in sanftmüthiger und gottesfürchtiger Weise bei einander, sondern hochmüthig und aufgeblasen, indem jede von den Partheien glaubte, sie sei das Haupt und die andere nur ein elender Theil**), und sich hocherhaben, rein und frei von aller Schuld dünkte, und die andere zu unterjochen und zu unterwerfen suchte. Den Grund aber von alle diesen Uebeln, Spaltungen und Trennungen schob jede Parthei auf die andere

---

*) Jer XIV., 7.

**) ܥܶܠܰܬܐ, cauda etc. — trail — Smith.

und jede von ihnen erhob sich über die andere und jede von ihnen rühmte sich, um gleichsam mit Buße bei sich aufzunehmen und zu unterwerfen, wie es die Lehre und der Hochmuth des Teufels ist, der sie gegen einander hetzte und aufbrachte. — Und so sahen sie ihren [verderblichen] Weg nicht ein (ܠܐ ܚܙܘ ܗܘܘ ܐܘܪܚܐ).

Capitel LX.
Von der Reise des Petrus, der in Syrien geweiht worden, nach Alexandria.

Dieser Petrus war gegen die Ordnung in Syrien als Patriarch aufgedrungen worden, da er noch bei Lebzeiten des Paulus geweiht wurde. Er wurde zuerst von seinem Gewissen und dann von Vielen beschuldigt, weil er unkanonisch den Thron eines Anderen bestiegen, da dieser noch bei Leib und Leben war. Endlich begannen beide Parteien die Einigung mit einander zu besprechen, indem die ganze Partei der Pauliten gegen die des Petrus stritt, weil derselbe, da Paulus noch lebte, ihm entgegen geweiht worden war. Er begann nun, sei's mit Grund und Wahrheit, sei's mit listiger Verstellung zu sagen: Meinetwegen soll kein Streit sein; ich ziehe mich zurück, gehe hin und bleibe in Frieden. Die Parteien sollten sich mit einander vereinigen und sich einen Anderen, einen Solchen, der beiden Parteien genehm wäre, aufstellen. — Vielen gefiel das, was von ihm gesagt worden, da es ja von einer sanftmüthigen und friedlichen Person vorgebracht worden; Andre aber machten ihm Vorwürfe, tadelten ihn in das Angesicht und sagten: Mit Betrug und List und nicht wahrhaftig aus reinem Herzen hast du das gesagt; sondern weil du weißt, daß diese Leute deiner Gesinnung, die dich aufgestellt haben, dich nicht verlassen, hast du dich auch in Alexandria einführen lassen. — Als er dies nebst vielem Anderen von Vielen hörte, so erhob er sich, um sich wirklich als nach Vereinigung strebend zu zeigen, nahm Einige von seinen Gesinnungsgenossen mit und begab sich nach Alexandria, um auch diese zur Vereinigung mit Damianus zu bewegen, den sie gleichfalls über sich zum Haupte aufgestellt hatten. Vieles ist das, was zwischen ihnen angeregt und besprochen wurde — wie das obenbesagte apostolische Wort. Es schien, daß er — sei's nun dem Scheine (Vorwand) nach oder in Wahrheit — wegen der Vereinigung sprach und Vieles' disputirte. Da erhob man sich gegen ihn, indem man das von ihm Gesagte nicht annahm, und so ging er — wie man glaubte — ärgerlich von dannen. Die Leute meinten, es sei durch Intriguen (ܘܒܡܐܟܠܬܐ) und in der Aufregung so geschehen; Gott aber, der Gesinnung und Herz durchforscht, kennt die Wahrheit dieser

Dinge. Weil man nämlich in Eintracht von dort hinwegging, deßhalb
meinte man von ihm, er habe sein Gewand gewechselt und sei dann
heimlich hinweggegangen. Daher erhob er sich auch nachher streitend und
und sagte: Ohne die Alexandriner thue ich Nichts.

Capitel LXI.

**Von der Versammlung der Bischöfe beider Parteien und Anderer, wo man
ungefähr ein Jahr lang mit einander stritt und disputirte.**

Nach diesem Allen fanden Versammlungen beider Parteien, d. h.
der Bischöfe, Mönche u. s. w. die ansehnliche Zeit von ungefähr einem
Jahre hindurch statt, indem man stritt und sich bald da bald dort versammelte, hinging, kam, zu einander schicke und beschwerliche und harte
Forderungen gegenseitig stellte. Man forderte da, — wie wir oben mitgetheilt haben, nicht brüderlich und liebevoll von einander, sondern voll
Hochmuth und Bitterkeit, zuerst durch Leute von dieser und jener Seite,
dann durch gegenseitige Schreiben. — Vom ersten Anfang an aber fanden sich erbärmliche, streitsüchtige Leute theils aus ihnen, theils auch von
Anderen bei ihnen ein, die den Frieden hinderten und Streit unter den
Parteien erregten. Da wandten sie sich nun zur vollen Feindseligkeit
gegen einander, zerfleischten die Christen, nachdem sie unter sich gewesen
waren und begannen Schreiben über einander in der Hauptstadt, im Orient
und Occident zu verbreiten. Jede von den Parteien setzte sich auf die
Seite der Unschuldigen und überhäufte die andere mit Schmähungen,
die zur Verurtheilung hinneigten. Nebst den Lästerungen und dem Lügen-
gewebe brachten sie auch Alle heftige Verläumdungen gegen einander in
Schreiben vor, so daß auch sie uns und Vielen in der Hauptstadt in
der Form (Ordnung) von Akten ($\pi\epsilon\pi\rho\alpha\gamma\mu\acute{\epsilon}\nu\alpha$ — ܦܩܝܕܐ) zugeschickt
wurden. Zu Friedens-Gesandtschaften an einander stimmten sie nicht nur
nicht bei, sondern blieben bei all der Trennung und Spaltung, bei all
dem Hader und der Feindseligkeit gegen einander bis zur Stunde und
bei all der Hoffart, die den Satan erfreut, der uns wie Waizen zu sieben
begehrt. Durch die Täuschung und Unordnung beider Parteien, daß sie
nicht mit gottesfürchtiger Untersuchung sich einander genähert, gewann er
auch die Oberhand. Und siehe! er tanzt und freut sich mit allen Heerden
und Haufen seiner Dämonen, und er findet Vergnügen an Dem, was
zwischen beiden Parteien geschehen, — anfänglich und bis jetzt noch, welches
das Jahr 896 (A. D. 585) ist, in welchem über alle diese unzähligen
Dinge — Weniges von unendlich Vielem aufgezeichnet worden.

Ende des **IV.** Buches der Kirchengeschichten, worin 61 Kapitel enthalten sind.

Kapitel des fünften Buches

der Kirchengeschichten:

Zuvor über Diejenigen, die — wie die Heiden — Götter verkünden, u. s. w.; und nach zwölf Kapiteln darüber auch von den
Regierungszeiten des siegreichen*) Mauricius Imperator, der
zwar an den Anfang des Buches hätte gestellt werden sollen: allein
es traf sich nicht [so].

------

*) ܢܨܚ, Victor, einer der Titel der Kaiser, z. B. Justinian's, neben den andern: Allemanicus,
Gallicus, Francicus, Gotbicus etc.

**) ܐܣܝܐ für ܐ — (Aehnliches bei Caesar a Lengerke, Commt. crit de Ephr. Syro —
V. T. interprete, I. l. cp. IV. p. 46. und sonst.

***) s. das Kapitel selbst!

13*

Fünftes Buch der Ekklesiastike
über die Geschichten der Kirche u. s. w.

Capitel I.

Ueber den Anfang: seit wann die Trithelten begannen, die Chirotonie zu ertheilen, und die Bischöfe, alle Gegenden mit ihrer verabscheuenswerthen und unreinen Häresie zu erfüllen.

Zuvor nämlich waren die Beiden, Conon und Eugen, Bischöfe aus Cilicien, das Haupt der Häresie. Da nun ihre Häresie offenbar und bekannt wurde, und Viele ihnen Vorwürfe machten und sie zurecht wiesen, so geschah, da sie nicht abwendig zu machen waren (ﺣﺴﻦ), ihre Ausschließung und Absetzung (καϑαίρεσις, ﺣﺴﻦ). Sie aber und Athanasius, Tochtersohn der Kaiserin Theodora, derselbe der die Häresie durch viel Geld, das er vertheilte, zu Größe und Ansehen brachte, suchten zusammen [es zu erreichen], daß sie als Bischöfe, dem Kanon gemäß,

---

*) s. u. So H. Land.

zu Dreien *) erfunden würden, um Bischöfe weihen zu können. Sie begannen nun den Johannes von Ephesus, der in der Hauptstadt wohnte und die Vermögensverwaltung (ܦܘܪܢܣܐ, purnoso, Verwaltung des Vermögens; so im Chaldäischen פרנסה) aller Gemeinden der „Gläubigen" — in ihr und allerorts — führte, zu belästigen und zu bestürmen, und suchten ihn durch Geschenke und Gaben willfährig zu machen, daß er sich ihnen füge, mit ihnen sei und sie [so] Bischöfe weihen könnten. Doch er fügte sich nicht; sondern brachte vielmehr viele Beschuldigungen vor, disputirte mit ihnen und zeigte, daß sie Häretiker und viel schlimmer als die Arianer, Macedonianer, Nestorianer und übrigen Häresieen seien. Da sie ihn also nicht hintergehen und beirren konnten, so traf es sich, daß in die Hauptstadt ein gewisser Theonas kam, der auf den Befehl des Patriarchen Theodosius zum Bischof geweiht worden war. Zuletzt fand sich eine Klage (ܥܠܬܐ, causa) gegen ihn vor: er setzte ihn ab, und so irrte er nun müßig umher. Dieser wurde von ihnen bestürmt, und da sie ihn durch Geschenke verführt hatten, nahmen ihn die Beiden, Conon und Eugen, mit sich, weihten mit ihm viele Bischöfe und schickten sie nach allen Richtungen hin, um ihre Häresie zu verbreiten.

Capitel II.

Ueber den nämlichen Gegenstand: darüber nämlich, daß die Bischöfe Viele aus ihrer Mitte weihten und nach allen Richtungen hin aussandten.

Gegen alle kirchlichen Regeln (τάξεις, ܛܟܣܐ) und Kanonen (ܩܢܘܢܐ) nämlich *) leiteten die Anhänger des Conon und Eugen, der Häupter des Polytheismus (ܣܓܝܐܘ ... ܕܛܥܝܘܬܐ), von einem Manne, welcher des Bisthums entsetzt war, den Episcopat (Fundament, Anfang der Bischöfe) ab, und weihten wenn möglich Alle, auf die sie gerade stießen, sei's jung oder alt, unwissend oder weise, und um es [kurz] zu sagen, all' ihre Schüler und Notare und Alle, die sie antrafen, zu Bischöfen und schickten sie hinaus in die Landschaften und Provinzen, so daß sie selbst in Rom, Corinth, Athen und Africa (Plural, ‥) Versammlungen gründeten und die Leute (Geschöpfe, ܒܪܝܬܐ) auf ihre Seite brachten. Sie wollten sogar den Patricius Narses in Rom irreleiten. Sie hatten ihre ausgewählte(ste)n Leute, zwei Brüder, Söhne einer Mutter **), Phocas und Theodosius, mit sich herauf-

---

*) Synod. Arelat. (314) can. 20.
**) = Stiefbrüder.

genommen. Aber trotz ihrer nicht geringen Anstrengung zog er sich von ihnen zurück und nahm sie nicht auf. Jedoch gewannen sie Einige von den Kammerherren (cubicularii, ܩܘܒܝܩܠܪܐ), Vornehmen und Anführer (στρατηλάται, ܣܛܪܛܝܠܛܐ) seiner Umgebung.

Capitel III.
Von den Anhängern der Sektenhäupter Conon und Eugen.

Die Anhänger des Conon und Eugen aber, die Häupter der Häresie, blieben in der Hauptstadt, auch nachdem man sie in den Bann gethan, indem sie dreist disputirten und sich Anhang zu schaffen suchten. Sie plagten auch Viele, gingen hin und beklagten sich beim Kaiser, daß man sie sehr bedrücke. Der Kaiser erließ nun einen Befehl an den Patriarchen der Stadt, beide Parteien vor sich und seine Synode zu versammeln.*) Alle diejenigen, die Feinde seien, sollten mit einander rechten. Ueber all dies ist von uns in anderen Büchern berichtet worden (ܘܗܕܐ ܟܠܗ ܡܢ ܩܕܡ ܗܘ ܟܠ ܐܡܝܪ ܠܢ ܒܐܚܪ̈ܢܐ). Das thaten sie denn auch, bis der K. Justin als heftiger Verfolger aufstand und sie, nämlich den Conon und Eugen, durch Photius nach Palästina in die Verbannung schickte. Da liefen nun alle Uebrigen draußen in den Gegenden von ganz Syrien, Cilicien, Isaurien und Cappadocien umher, verführten und weihten Priester und Diakonen in Kirchen und Klöstern, in den Städten und auf dem Lande, so daß sie viele Landstriche in ihren Irrthum hineinzogen und ihre Häresie sehr ausbreiteten.

Capitel IV.
Von der Befreiung Conon's aus dem Exil.

Weil nämlich nach früherer Gewohnheit Viele zu Conon hielten, — da ja sein Haus unter dem Palaste lag — und in ihrer Amtskleidung**) (ܩܡܦܓܝܘܢ) hinabstiegen, heimlich kommunizirten, und wieder hinaufgingen und sich vor den Kaiser stellten, ohne daß sie bekannt wurden: deßhalb, und weil er sich als versöhnlich und billig zeigte, so sammelten sich Viele und baten für ihn. Er wurde auch entlassen, ging hinweg aus dem Kloster, wo er eingeschlossen war und begab sich nach einer Stadt, die Aulis (ܐܘܠܝܣ) genannt wird und nahm seine Wohnung daselbst in einem Frauenkloster. Daher eilten nun Alle und besonders die

---

*) S. meine Abhandlung über die Tritheïten.
**) καμπάγιον? — genus calceamenti etc. bei Du-Cange, Gloss. s. h. v.

Cilicier und Jsaurier, die an ihrem Irrthume festhielten, zu ihm herbei, wie zu Einem von den Aposteln, und feierten ihn und hingen noch fester an seinem Irrthum. Endlich aber spalteten sie sich in zwei sich befeindende Sekten.

Capitel V.
Von der Trennung der Critheïlen in zwei Sekten.

Ueber den Irrthum und die Spaltung derer, „die Götter lehren", und über die Gründe, wodurch sie dazu kamen, wurde von uns in Kürze in den vorhergehenden Büchern berichtet *), sowie über „die verderblichen Schriften" des Irrthumes des Johannes Grammaticus von Alexandria, deren eine, die erste, sie Alle nur noch mehr in ihrem Irrthume bestärkte (ܒܐܝܕܗ ܘܡܨܒ). An dieser hielten sie Alle zumal fest, trugen sie wie ein Evangelium herum und waren auf dieselbe sehr stolz. Unterdessen geschah gar Vieles, wovon nur hie und da Etwas in die „Erinnerungen" aufgenommen worden ist; das Uebrige aber wurde wegen seines großen Umfanges nicht aufgezählt und niedergeschrieben. Denn [es existirt] auch eine zweite Schrift des Johannes Grammaticus, die ihnen zuletzt zukam. Dieselbe lehrt: **) „Es gibt keine Auferstehung für diese Leiber: sondern and're Leiber entstehen, und diese kommen zur Auferstehung aus den Todten." Gerade diese Schrift führte sie sehr in die Irre und spaltete sie in zwei Sekten, die Beide einander durch ihre Unlauterkeit übertrafen. Die Einen von ihnen nahmen die zweite Schrift nicht an, sondern bestritten, lästerten und verwünschten dieselbe; Andere hinwieder nahmen sie an, noch mehr als die Schriften der Propheten und Apostel. Und so stritten und standen sie einander [feindlich] gegenüber, spalteten sich und sonderten sich ab und anathematisirten einander. Viel Schimpfliches enthüllten sie von einander in Schriften und hielten beide Häresieen fest, die eine gegen die andere.

Capitel VI.
Von der Reise der Beiden nach der Provinz Pamphylien, der Verführung halber, und vom Tode Eugen's daselbst.

Die Provinz Pamphylia nämlich zählte anfänglich zu den Orthodoxen und es gab viele ansehnliche Städte mit Kirchen, sowie viele

---

*) cf. cap. 2.

**) ܐܢ ܗܘ ܕܐܝܬ ܗܘܐ ܠܗܘܢ ܦܓܪܐ ܐܚܪܢܐ ܡܢ ܢܘܚܡܐ ܗܢܘܢ ܕܡܢ ܡܝܬܐ܆ ܘܡܢ ܗܠܝܢ ܗܘܝܢ ܠܗ ܠܢܘܚܡܐ.

Manns= und Frauenklöster in ihr. Zur Zeit nun der Spaltung der sog. Acephaler,*) d. i. derer ohne Haupt, sagten sich Viele aus ihnen los und gingen hinaus in die Provinz. Aber durch den Eifer und die Sorgfalt der dortigen Rechtgläubigen ließen sie sich sämmtlich belehren und kamen zur Orthodoxie [zurück] und nahmen nunmehr Alle zumal Eifer für den wahren Glauben an. Zu öfteren Malen wurden orthodoxe Bischöfe gesandt, gingen hin und besuchten sie, und nahmen Verbesserungen an kirchlichen Dingen vor: nämlich Consekration (قوبه) von neuen Altären, Kirchen und Klöstern, die dort entstanden waren; weihten viele Priester und [thaten] das Uebrige, was zu geschehen hatte. Zweimal unseres Wissens wurde Eugen, dieser Betrüger, der in die Häresie verfallen war, in diese Provinz und auch zu anderen Bischöfen gesandt. Zuletzt aber geriethen Beide, Conon und Eugen, in Eifer, nach dieser Provinz zu reisen, sie zu verführen und ihrer Sekte einzuverleiben. Das thaten sie denn auch mit vielem Eifer. Während sie sich aber dortselbst herumtrieben, erreichte den Eugen sein Ende und er starb daselbst; Conon aber kehrte nach der Hauptstadt zurück.

Capitel VII.

Von Dem, was dem Conon von „Johannes von Asia" in der Hauptstadt entboten wurde, und vom Grunde seiner Reise dahin.

Bevor nämlich die Sekte (Häresie) der Tritheiten sich in zwei spaltete, nämlich der Athanasianer**) (ذصر) von den Cononiten, verfügte***) Athanasius über sein Vermögen (οὐσία, lamel) und setzte den Kaiser und die Kaiserin zu Erben ein. Er ließ seine Sklaven frei und hinterließ einem Jeden von ihnen, sowie vielen Anderen, ein Legat (لـ). Auch dem Conon hinterließ er viel Geld, um durch ihn vertheilt zu werden. Ihm selbst aber hinterließ er zehn Pfund (λίτρα, لـ), die er sogleich erhalten sollte aus seinem Vermögen; außerdem solle er noch, so lange er lebe, jährlich zwei Pfund erhalten. Dies Testament siegelte Athanasius und bewahrte es auf, bevor noch die Trennung unter ihnen entstanden war. Als dieselbe nun ausbrach, sie einander anathematisirten und zuletzt auch noch Schmähschriften gegen einander in die Oeffentlichkeit (δημόσιον, lamel) treten ließen, gedachte Athana-

---

*) Das öftere Erklären von griechischen Worten scheint Werk eines Ueberarbeiters oder Abschreibers zu sein.

**) Ob. cap. I.

***) ad v. testamentum (διαθήκη) fecit — ... ؟

sius das Testament abzuändern und den Conon zu enterben. Plötzlich aber starb er; und als das Testament eröffnet wurde, fand man ihn darin auf die beschriebene Weise bedacht. Da verwünschte er den Erb= lasser, und aus diesem Grunde war er in die Hauptstadt gekommen. In derselben befand sich „Johannes von Asia, d. i. von Ephesus". Da er ihn zum Zeugen aufrief, ließ ihm derselbe [also] entbieten: „Wann wirst du doch einmal bedenken und einsehen, daß du sterblich bist und offen und klar vor dem furchtbaren Richtstuhl (βῆμα, ܒܝܡ) der Gerech= tigkeit stehen wirst und man von dir verlangt, Rechenschaft zu geben dafür, daß du dich Meister (Rabbi, ܪܒܝ) nennen und deine Hände küssen läßt während der Spaltung der Kirche des lebendigen Gottes, für die er sich selbst hingegeben hat? Wozu doch verharrest du bei all diesem Unsinn, da du weißt, daß alle Diejenigen, die auf beiden Seiten, der unsrigen und der eurigen, gestanden sind, zu Gott gegangen? — Siehe! du und meine Wenigkeit (ܙܥܘܪܘܬܝ) sind übrig gelassen worden, um im Leibe lebend durch alle Wuth des Satans geprüft zu werden und anzuziehen die Friedfertigkeit und Sanftmuth Christi*), unseres Gottes, auf daß wir Beide uns in Liebe nähern und dieser Spaltung und Trennung ein Ende machen, und wie es leider (ܚܣܡܐ) [auch] in unseren Tagen und in unserer Nähe (ܥܦܝܦܘܬܐ) gewesen, so auch jetzt, so lange wir (noch) im Fleische wandeln, den Zaun der Feindschaft zertheilen und auflösen, und so nimmer das Verderben in der Kirche Gottes bleibe." — Als er das hörte, sagte er: Das will auch ich, gab aber fernerhin keine Ant= wort mehr, sondern holte sein Geld, das man ihm auch überließ, ging hinaus nach Cilicien und „ergötzte sich an seiner Härefie, wie ein Trunkener."

Capitel VIII.

Vom Betruge (ἐπίθεσις, ܐܦܠܢܘܬܐ) der Tritheïten, die mit trügerischer Schlauheit und nicht in Wahrheit vorgaben, sie wollten sich einigen.

Da nun Diejenigen, „„die Wesenheiten (Substanzen) und Naturen der Gottheiten, — ܐܠܗ̈ܐ ܡܬܚܫ̈ܒܢ ܟܝ̈ܢܐ lehren"", von Jedermann ver= abscheut und selbst von ihrem eigenen Herzen verachtet wurden, so ließen sie sich oftmals im Gewande von Lämmern sehen, bittend, man möge sie einigen mit der Kirche der Orthodoxen,**) „aus der sie wohl ausge= gangen, aber nicht aus ihr gewesen sind; denn wären sie aus ihr ge=

---

*) Col. III. 12.
**) I. Joan. II. 19.

wesen, so wären sie in ihr geblieben." Sie verdeckten den Trug ihres Herzens und sagten: Wir wollen uns einigen. Wenn sie aber kamen, um sich zu besprechen, und man von ihnen forderte, sich zu bekehren, aufzuhören und nimmer von „Substanzen (οὐσίας — ‌ܐܘܣܝܐ‌) und Naturen in der Trinität (‌ܟ̈ܝܢܐ‌)" zu reden, damit dadurch nicht eine Mehrheit von Göttern und Gottheiten*) (‌ܐܠܗܐ‌ ‌ܘܐܠܗ̈ܘܬܐ‌), wie bei den Heiden in's Christenthum hereinkäme, so flohen sie sogleich, wichen aus und sagten: Wir vermögen Zahlen von Substanzen und Naturen (‌ܟ̈ܝܢܐ‌ ‌ܘܐܘܣܝܣ‌) nicht in Abrede zu stellen (‌ܠܐ‌ ‌ܟܦܪ‌). Darauf erwiderte man ihnen**): „„Der Glaube der Kirche bekennt einen Gott, in den drei Personen des Vaters, Sohnes und hl. Geistes zu erkennen: Drei Personen, drei Namen, eine Gottheit, eine Substanz, eine Natur, eine Herrschaft und Kraft und Wille und Reich und Macht und Gewalt im Himmel und auf der Erde; Eins — drei (Unus et Trinus) und Dreieinig ohne Trennung und ohne Vermischung."" — Und doch wollt ihr, wenn ihr auch eine Zahl (numerus) von Substanzen und Naturen nicht offen bekennt, aus jenen Schaaren von Göttern, wie bei den Heiden (etwelche) in die katholische Kirche hereinbringen, da ihr euch dem Scheine nach und nicht in Wahrheit vereinigen und die Kirche durch Betrug in die Irre führen und sie mit aller möglichen Schlauheit zu eurer Häresie hinüberziehen wollt So wurden sie mit Schimpf und Schande entlassen. Das thaten sie öfters in der Hauptstadt und an anderen Orten, in trügerischer Absicht und keineswegs mit Aufrichtigkeit.

Capitel IX.
Davon, daß sie auch in Alexandria und Syrien dasselbe thaten.

Dasselbe geschah durch sie öfters auch in Alexandrien und Syrien. Da sie sahen, daß sie in der Hauptstadt ihre Verführungskunst nicht ausüben könnten, gingen sie nach Alexandria, verfaßten einen Libell (‌ܠܝܒܠܘܣ‌), worin sie ihr Bekenntniß künstlich (‌ܐܘܡܢܐܝܬ‌) niedergelegt hatten, und legten ihn dem Damian, dem Nachfolger des Petrus daselbst vor. Da auch er von ihnen verlangte, von einer „Mehrheitszahl der Naturen und Substanzen" abzugehen und auch den Johannes Grammatikus und dessen beide Schriften zu verfluchen, welche sie irregeleitet hatten, so erklärten sie, die eine, die spätere nämlich, nach welcher die

---

*) cf. cap. IX.
**) S. meine Abhandlung über die Tritheiten. —

Körper nicht auferstehen, verfluchten sie wohl; die andere aber, über den „Polytheismus," wollten sie nicht verwerfen oder verfluchen. Darauf anathematisirte er sie und entließ sie. Das thaten sie nun auch oftmals in Syrien. Endlich aber, da sie sahen, daß ihre Umtriebe nichts fruchteten, so verblieben sie bei dem Verderben der Häresie, selbst bis auf den heutigen Tag.

Capitel X.
Von der großen Schrift der Compilation*), welche die Critheïten zusammensetzten (b. stückelten) und abfaßten.

Diejenigen nämlich, die von sich glauben machen wollten, es seien Philosophen unter ihnen, den Tritheïten, setzten eine große Schrift aus dem lebendigen Leibe der Schriften der heiligen Väter zusammen, von denen sie meinten, sie bestätigten und bestärkten ihre Häresie. Das ist das, was das „Gesetz" Gottes verbietet**): „Das von Thieren zerrissene Fleisch sollt ihr nicht genießen." Aehnlich rissen auch sie todte Glieder los aus den Darstellungen (Argumenten) der heiligen Väter, um wie sie meinten, zu beweisen, daß auch Jene sämmtlich nach ihrer Weise eine Zahl von vielen Naturen der Usien d. i. viele Substanzen einführen (inducere) und lehren, wodurch dieselben, auch wenn sie nicht so dachten, beschuldigt wurden, auch eine Zahl von Gottheiten und viele Götter zu lehren und zu verkünden, wie die Heiden.

Capitel XI.
Von den Versammlungen der Bischöfe der Critheïten.

Jene nämlich, die eine Mehrheit von Göttern lehren, die Anhänger des Conon und Eugen, weihten zur Vermehrung und Verstärkung ihrer Sekte nur noch mehr Bischöfe und schickten sie nach allen Richtungen hin. Doch blieben auch in der Hauptstadt Viele von ihnen und eröffneten ansehnliche Versammlungen. Weil anfänglich Johannes von der Hauptstadt sie unterstützte, so versammelte sich mit furchtlosem Freimuthe (παῤῥησία, ܒܦܪܗܣܝܐ) viel Volk bei ihnen. Da aber Johannes gestorben, und Eutychius sein Nachfolger geworden war, so

---

*) ܦܘܠܓܐ eigentlich der „Zerstückelung;" Herr Land gibt „„Spaltungen"", faßt es aber unrichtig im Sinne von Uneinigkeiten, wie die nicht zu rechtfertigende Uebersetzung der Stelle — „welches (Buch) die Tritheïten, um zu spalten, verfaßten ꝛc. ꝛc. zeigt."
**) Lev. XXII. 8.

schickte er hin und ließ diejenigen, die sich von seiner Sekte losfagten,
nämlich: die die Auferstehung der Leiber leugnen, sämmtlich ergreifen, die
er dort antraf, nahm all ihr Geräthe (ministerium) hinweg, zerstörte und
zertrümmerte ihre Altäre, ergriff ihre Bischöfe und die übrigen und schloß
sie in Klöster ein, worin sie sich lange Zeit befanden.

Capitel XII.

**Von einem Bischofe der Tritheïten, der zu den Orthodoxen zurückkehrte,
einen Libell verfaßte und ihnen Anathema fagte.**

Ein Bischof aber, Einer aus jenen Berüchtigten, den die Cone-
niten in der Provinz Cilicien aufgestellt hatten, kehrte sich, da er das
Irrige ihrer Häresie erkannte und einsah, von ihnen ab, machte für (an)
die Orthodoxen einen Libell, anathematisirte die Cononiten und ihre
Häresie und trat der Partei der Gläubigen bei.

Capitel XIII.

**Von der Regierungszeit des siegreichen Mauricius, die des Anstandes
halber zu Anfang des Buches hätte geschrieben werden sollen, wenn es sich
nicht so träfe.**

Nach dem Hinscheiden des K. Justinianus am 14. November des
J. 876, nachdem er 39 Jahre regiert hatte, regierte sein Schwestersohn
Justin 13 Jahre weniger 40 Tage. Unterdessen, da ihn einer Krankheit heftige Heimsuchung traf, setzte er den Tiberius zum Cäsar ein,
am 7. Dezember des Jahres 886. Der Krone des Kaiserthums aber
würdigte ihn Justin (noch) bei Lebzeiten. Da er sich dem Tode nahe
sah, setzte er ihn noch bei seinen Lebzeiten zum Kaiser ein, nachdem er
in eine tödtliche Krankheit gefallen war. Er lebte aber mit Tiberius,
seitdem dieser zu regieren begonnen, noch 9 Tage und starb. Nachdem
nun Tiberius 4 Jahre Cäsar gewesen (eig. als solcher residirt hatte,
ܣܒܠ) und darnach 4 Jahre als „Selbstherrscher" (αὐτοκράτωρ, ܐܘܛܩܪܛܘܪ)
erschienen war — weniger 31 Tage, fiel er in eine schwere und tödtliche
Krankheit und setzte gezwungen gleichfalls einen Cäsar ein, den Comes
Mauricius, einen Cappadocier, am 5. August des J. 893. Derselbe
war erst vor wenigen Tagen aus der Provinz des Orients gekommen,
woselbst er Oberbefehlshaber (ܣܛܪܛܠܛܣ) über alle römischen Heere geworden war. Darüber ist von uns in den obigen Kapiteln berichtet worden.
Er nannte aber auch ihn — Tiberius. Er regierte mit ihm und gab
seine jüngere Tochter Augusta, die er auch Constantina nannte, so-

gleich ihm, dem Mauricius, zur Gattin. Er lebte mit ihnen noch acht Tage, und da er sich gedrängt sah, setzte er einen Tag vor seinem Tode dem Mauricius die Krone *) des Kaiserthums auf. Er schied aus der Welt in (bei) dem processus **) nach dem Hebdomon (حبضمون جسر?); daher brachte man ihn nach der Stadt in den Palast und begrub ihn nach den Gesetzen der Kaiser.

Capitel XIV.

Vom K. Mauricius: der Hochzeit, die er sich veranstaltete, und vom Sohne, den er nachher im Palaste zeugte u. s. w.

Der gottliebende K. Mauricius also, nachdem er den Thron des Reiches bestiegen hatte und als Selbstherrscher erschienen und kund geworden, begann die Leitung der dem Reiche zustehenden Geschäfte. Nach einiger Zeit aber, als die Trauer für den K. Tiberius vorüber war, traf er ansehnliche Zurüstungen und ordnete [bestellte] die kaiserlichen Geschäfte durch viele sinnige Einrichtungen (e. „Phantasien" فنطاسين), die dem Kaiserreiche zusagten, wovon nicht leicht Jemand ohne viele Mühe erzählen dürfte. Der Gegenstand ist auch nicht erhaben [genug] für uns werth, daß wir uns damit beschäftigen sollten; sondern wenn hie und da Etwas davon in die „Erinnerungen" aufgenommen worden sein sollte, (scil. so ist es) das, was in die Geschichten der Kirche einschlägt, wovon wir sprechen. Nach Beendigung der kaiserlichen Hochzeit, die glänzend mit vielen Geschenken und kaiserlichem Pompe gefeiert wurde, wurde das Beilager (حبط, conceptio) vollzogen und zu seiner Zeit wurde ihnen „ein Sohn auf dem Purpur" ***) geboren am 4. August des Jahres 894 und sie nannten ihn Theodosius, wegen (ܬܐܘܕܣܝ) Theodosius des Jüngeren, der aus der Familie Constantius und selbst die spätere Zeit betrachtet (ܚܕܢܝܬ), allein auf dem Purpur geboren worden war. Und weder er selbst erzeugte einen Andern

---

*) Land p. 137. Anm. 2.

**) cf. Georg. Cedreni Hist. Cpend. p. 321; Wiltsch, kirchl. Geographie und Statistik p. 158 und 415 des I. Bds. — Nach Cedr. cit. wäre er in der Proconnesischen Gruft, ἐν λάρνακι Προικοννησίῳ, begraben worden. — Er starb im „processus Hebdomri" — im Palaste des VII. Stadtviertels: πρόκενσον Ἑβδόμα — bei den Byzantinern sehr oft. Wir haben schon oben dies bemerkt. cf. Du-C. Gloss. s. h. v. — Ctp. Christ. l. II. p. 140.

***) Daß daher der Name Porphyrogenitus stammt, ist sicher. Dasselbe gibt Bar-Hebraeus in seinem Chronicon dynast. IX. p. 95 an.

auf dem Purpur, noch seine Nachfolger aus der Familie Marcian's,
Leo's, Zeno's, des Anastasius, Justin, Justinian, Justin des
Anderen und Tiberius, bis auf ihn, den Mauricius. Da demselben
nun ein Sohn geboren wurde, so freuten sich Viele darüber, besonders
weil anderen, durchaus untauglichen Personen, die dahin strebten (ܚܬ
ܐܢܘܢ ܚܘ, dieselbe Phrase und deren Gegentheil im Hebräischen) und
mit Gewalt (ܩܕܝܡ ܩ) die Herrschaft an sich zu reißen suchten, am
Tage seiner Geburt ihre Hoffnungen vereitelt und benommen wurden.
Auch im Circus (ἱππικός, ܐܪܦܘܣ) rief das Volk der Stadt ihm lobpreisend — Glückwünsche (ܩܠܐܣ — φωνός) zu, und rief: Zum Heil
(bene, ܚܠܐܬ) hat dich Gott gegeben und du hast uns von der Knecht-
schaft Vieler befreit. Sogleich aber wurden ihm von allen Vornehmen
und deren Frauen, und vom ganzen Rath u. s. w. (σύγκλητος, ܣܘܢܩܠܛܘܣ)
viele Spenden, Geschenke und Gaben dargebracht, indem Jeder sich beeiferte und den Anderen durch die Größe der von ihm mit vieler Ehr-
furcht gegebenen Geschenke zu übertreffen suchte.

Capitel XV.

**Von Denjenigen, welche die Leute unter dem Vorwande des Glaubens zu
überfallen und fremdes Eigenthum (τὰ τῶν ἄλλων — ܕܐܚܪܢܐ?) zu rauben
und zu stehlen pflegten, und unaufhörlich dem Kaiser über die Orthodoxen
berichteten.**

Seit dem Beginne der Regierung des Gottliebenden *) Mauricius
hörten die besagten Aufwiegler und Diebe nicht auf, ihn gegen die Orthodoxen aufzubringen und aufzuhetzen, indem sie viele schlimme Anklagen
und lügenhafte Verläumdungen gegen sie vorbrachten, obwohl (ܕܝܢ ܡ) er
nicht wußte, woran sie festhielten und aus welchem Grunde sie sich
von (e. gegen) einander geschieden hätten. Da sie ihn aber beständig
plagten und belästigten, wurde er zornig, ließ den Patriarchen rufen
und befahl ihm, sie ergreifen zu lassen und einzusperren, damit sie
sich versammeln könnten. Damals aber war der Patriarch Johannes
betrübt und traurig über die Thaten der Heiden, die in der Folge
durch Gottes Fügung also enthüllt, aufgedeckt und erkannt und von
einander selbst angeklagt wurden. Es wurden Akten über sie Alle aufgenommen, nicht allein über die in der Hauptstadt, sondern auch in allen
Provinzen und Städten, wie wir auch in den obigen Kapiteln weitläufig

---

*) Warum, diese Auszeichnung des Mauricius bei Johannes? — Vielleicht weil
er noch bei dessen Lebzeiten schrieb.

mitgetheilt haben.*) Die Mehrzahl der Senatoren wurde unter Jenen mitangeklagt, so daß sogar der Kaiser in Bestürzung gerieth, daß dies gleich beim Anfange seiner Regierung sich ereignete (scil. fürchtend) es möchte einer von seinen Prinzipes abgesandt werden und seinen ganzen Senat tödten und vernichten. Doch stand er in der Folge davon ab, ließ die Sache gehen und verdeckte sie, nachdem nur Wenige von ihnen gestorben waren (= hatten sterben müssen). Einige waren in die Verbannung gegangen, die Uebrigen blieben so und wurden in ihren Prinzipaten und Präfekturen belassen. — Deßhalb war der Patriarch untröstlich und traurig, da er ihm nun befahl, die Orthodoren zu verfolgen und zu ergreifen. Er antwortete mit Entrüstung also: „Gott ist doch auch barmherzig. Wir haben ja die Heiden, nachdem ihr Heidenthum entdeckt und Jedermann kund geworden war, für schuldlos erklärt und frei entlassen; jetzt aber sollen wir statt ihrer Christen verfolgen, verurtheilen und tödten, um jene gegen die Unschuld (= die Unschuldigen) zu bestärken! Sind Das die Gesetze der Gerechtigkeit? Was haben die Diacrinomenen gesagt oder gethan, daß wir sie verfolgen sollen? Es sei aber deiner Majestät (خفضكم) kund, daß die Heiden frei gesprochen und entlassen wurden. Wie kann ich da Christen verfolgen, die untadelig in ihrem Christenthum sind und noch mehr zu glauben vermeinen als wir?" — Und so verhinderte er damals die Verfolgung.

Capitel XVI.
Von der Verfolgung der „Kirche" der Arianer.

Nach kurzer Zeit aber brachten jene Aufwiegler (e. Hetzer), nachdem sie oftmals begehrt hatten, über die Versammlungen der Gläubigen herfallen zu dürfen, es ihnen aber nicht gestattet worden war, noch mehr Vorwände und Anschuldigungen über die Versammlungen der Arianer vor. Es versammelte sich ihre ganze Rotte (sphaera — اسبير) und sie gingen hin und überfielen die Kirche der Arianer, die sich außerhalb der Stadt im Atrium der Kaiserin zu versammeln pflegte. Sie überfielen dieselben, da sie gerade versammelt waren und opferten, zerstörten (e. umwerfen) die Altäre, warfen ihre Eucharistie (موبيدوس) auf die Erde und nahmen alle ihre Geräthe, ihre Schriften und alles Uebrige, was ihnen in die Hände fiel, mit sich. Sie schleppten sie umher, nahmen sie und sperrten sie ein innerhalb des Gitters in der Kirche (in can-

*) l. III. c. 27—34.

cellum — ܡܨܥ), so daß auch auf sie und die Uebrigen, die dort ein=
gesperrt wurden, das Wort unseres Herrn paßte: „Wahrlich ich sage
dir, du sollst nicht hinauskommen, bis du den letzten Quadranten be=
zahlen wirst!"*) Also verlangte man auch von diesen, den letzten Heller
ihres Lebens herzugeben: und so kamen sie hinaus.

Capitel XVII.
Von Gregor, Bischof von Antiochia, seiner Reise nach der Hauptstadt und seiner Bitte **) an den Kaiser.

Weil nämlich eine Untersuchung der Heiden vorgenommen wurde,
sowohl in der Hauptstadt, als auch in Antiochia und an allen Orten,
so wurde irgend Etwas auch über den seligen Gregorius von Antio=
chia gesagt, so daß die ganze Stadt gegen ihn aufgereizt war und ihn
verbrennen wollte (ܢܘܩܕܝܘܗܝ) und man rief: Zum Feuer mit ihm!
Einen christlichen Patriarchen für die Stadt! und noch vieles Andere.
Doch wurde die ganze Sache überall vertuscht, unterdrückt und nieder=
geschlagen — wegen angesehener und vornehmer Personen. Und so wurde
sie mit Stillschweigen bedeckt und auch Dieser blieb, obgleich das ganze
Volk über ihn aufgebracht war und sich über ihn ärgerte. Nach einiger
Zeit aber rüstete er sich, zum Kaiser hinzureisen und setzte einen großen
Schatz von Gold und Silber, von vielen prächtigen Gewändern aller
Art und von den übrigen Dingen, die zu Gaben und Ehrengeschenken
für die Vornehmeren des Senates paßten, in Bereitschaft, dessen Werth
(ܐܝܟܗ) sich auf viele Talente belief, wie erzählt wurde. Als er nun
in der Hauptstadt angelangt war, überhäufte er mit seinen Geschenken
den ganzen Senat, die Vornehmen und deren Frauen, und alle Mit=
glieder der Kirche, die auf ihn wegen des Gerüchtes des Heidenthums
erzürnt waren, beruhigte und versöhnte er durch seine Geschenke und
nebst diesen auch alle Verwandten des Patriarchen, der auf das Gerücht
seiner Reise hin beschloß, mit ihm nicht in Gemeinschaft zu treten. Weil
er aber ein Geschenk nicht annahm, so bat und beredete ihn seine Um=
gebung und er nahm ihn auf. Auch der Kaiser und der ganze Senat
nahmen ihn ehrenvoll auf, indem sie sämmtlich für ihn waren. Da ver=
mutheten Viele, daß Etwas gegen ihn in's Werk gesetzt worden und er,
um nicht mehr zu seinem Sitze zurückzukehren, aufgenommen wurde.

---

*) Matth. V. 26. Ganz nach der P'schito citirt.

**) Herr Land gibt ܒܨܕܐ mit Untersuchung; der Inhalt zeigt die Unrichtigkeit
der Uebertragung.

Alles, was er wollte, that er und wurde sehr ehrenvoll entlassen. Da gedachte er das Volk seiner Stadt zu besänftigen und zu erfreuen, und bat *) [daher] den Kaiser, ihm zu befehlen, ihnen einen Circus zu erbauen. Er gestattete ihm auch Dies und bestritt sogar die Auslagen zur Erbauung der „Kirche des Satans", worin er alle seine Wünsche und seine Wonne zur Ausführung bringen sollte. Er nahm sogar, wie man sagt, die Mimen (حصصنــا) mit sich hinab aus der Hauptstadt, was den Leuten zum Gelächter, Hohn und Spott diente. Andern aber gereichte es zur Trauer und Betrübniß, indem Alle sagten: Siehe! an diesem erfüllt sich das Wort unseres Herrn: „Wenn das Salz fade geworden ist, womit wird man salzen?" u. s. w., indem er, obschon er Haupt der Kirche Christi geworden war, (von sich) zeigte, wozu er [das] in Antiochia baue und errichte. Nachdem alle diese Häuser „der Kirche des Satans" längst vorübergegangen, bestand er eifrig und fest auf deren unverzüglicher Erbauung, wie mit Spott und Hohn erzählt wird.

Capitel XVIII.

Von den Aeltern, Geschwistern und sehr vielen Verwandten, welche der K. Mauricius zu sich in die Hauptstadt kommen ließ und zu Reichthum und Ansehen brachte.

Sogleich am Anfange seiner Regierung ließ der Kaiser seinen Vater, einen alten Mann mit Namen Paulus, seine Mutter, seinen Bruder Petrus und seine beiden Schwestern, wovon die eine Wittwe war und die andere einen Mann, Namens Philippicus hatte, zu sich kommen. — Denselben stellte er zuerst zum Comes Excubitorum (ܩܘܡܣ ܐ) auf, und nachher an seine Stelle zum Oberbefehlshaber aller römischen Heere im Orient. Er gab ihm den Oberbefehl (praefecit eum) und schickte ihn hin, um die Heere zum Kampfe gegen die Perser zu rüsten. Seinen Vater aber setzte er über den ganzen Senat als (Präsident) Princeps aller Patricier, und schenkte ihm und seinem Sohne Petrus sogleich das ganze Vermögen des Großpatriciers Marcellus, des Bruders des K. Justin, welches nicht geringer war als ein Königreich; seine Häuser und Grundstücke (ܗܘܦܟܝܐ) sein Gold, Silber und Kleiderinventar (= Garderobe ܠܒܘܫܐ vestiarium, βηστιαριον,) und gar (ܟܠܡܕܡ) Alles, was er allerorts besessen. — Er gab seinem Vater und seiner Mutter auch noch ein anderes Haus in der Nähe der Kirche und des Palastes. Auch seiner Mutter und seinem Schwager Philippicus gab er ein großes,

---

* Dieses ܒܥܘܬܐ ܡܪܝܡ ist die Bitte ܡܪܝܡ in der Ueberschrift des Kapitels.

Kirchengeschichte des Mar Johannes.   14

geräumiges Haus im westlichen Theil der Stadt, dem sg. Zeugma *) (‏ﺍﺑﺰﻭﻡ‎) Der Palast wurde auch P. des **†) ‏ﻁﺎﻟﺒﺎﺭ‎ genannt. Auch seiner anderen Schwester, der Wittwe, gab er einen neuen, sehr geräumigen Palast, der dem Patricier Petrus, mit dem Beinamen Barsumes, zugehörte, der ihn neu erbaut hatte, worin fast eine neue (ganze) Stadt lag. — Auch seinen übrigen Verwandten schenkte er andere ansehnliche und berühmte kaiserliche Paläste; er bedachte sie eifrig und brachte sie zu Ansehen und Reichthum und Einfluß (‏ﺣﻴﻼ‎), erfreute sie durch ansehnliche und namhafte Präfekturen (‏ﺣﻜﻮﻣﺎﺗﺎ‎) in der Nähe der Residenz (‏ﻣﺪﺣﺘﺎ‎) nebst Anderem, womit er sie ausstattete (die drei Worte ‏ﺍﺑﺪ ﺩﻣﺮ ﺍﻭﻣﺮﺑﺎ‎ sind unmöglich im Teutschen gut zu geben.) Das aber übergehen wir, weil der Gegenstand unserer Rede nicht davon handelt.

Capitel XIX.
Von Domitian, Metropoliten der Stadt Melitene, einem Verwandten des Kaisers.

Diesen vortrefflichen Domitian ***) hatte der K. Mauricius, da er noch Comes und von Tiberius nach dem Orient geschickt war, zum Bischof von Melitene in Cappadocien gemacht. Nachdem er nun die kurze Zeit von beiläufig zwei Jahren im Oriente gewesen war, und heraufkam und zu herrschen begann, so eilte er sogleich hin zu ihm und mit ihm (‏ﺣﻜﻴﻤﺎ ﺣﺒﻴﺒﻪ‎) seinem innigsten Vertrauten, der ihm näher stand als Alle, — seinem Rathgeber und Tröster in den harten und schweren Heimsuchungen der Kriege, nicht allein mit dem heidnischen Volke der persischen Mager, sondern auch mit den barbarischen und wilden Völkern derer, die von den Grenzen der Erde gekommen waren, der sg. Avaren (‏ﺍﻋﻮﺍﺭﻱ‎) und den andern Völkern der Slaven (‏ﺍﺳﻘﻠﺒﻲ‎) die den Kaiser von allen Seiten umringten, scil. berieth er sich. Und in all' diesem tröstete und rieth der Bischof von Melitene dem Kaiser, obwohl da er noch im Laienstande war. Er war aber im chalcedonischen Sinne und dem der Leonianer (‏ﻟﻴﻮﻧﺎ‎?) vollständig unterrichtet.

---

*) Cap. Christ. l. II. p. 180.

**) Ἀκρας-τόπος τὸ ἄστεος eine Stadt-Region, Const. Christ. l. II. p. 174. Edit. Paris.

***) Derselbe, der den berühmten Thomas von Charkel (Heraclea) wegen Heterodoxie von seinem Bischofssitze Germanicia vertrieb. So Barhebraeus bei Assem. Biblioth. Or. T. II. p. 334.

Viele wichtige Geschäfte aber, die von allen Seiten her an ihn kamen, legte er dem Kaiser vor und bat ihn, und er erledigte sie nach seinem Wunsche auf der Stelle.

Capitel XX.

Davon, daß Mauricius, als er zu regieren begann, den Palast seiner Schätze entleert fand und in Verlegenheit und Noth kam.

Der K. Tiberius nämlich, der den K. Mauricius zu seinen Nachfolger bestimmt hatte, verschwendete ohne Maß alle Schätze des K. Justin. Da er nun als Regent auftrat und erschien, so fand er unter den Schätzen Justin's, der auch ihn, den Tiberius, zum Nachfol= ger ernannt hatte, viel Geld widerrechtlich in den Schatzkammern (Θησαυροί — ܓܐܙ̈ܐ) desselben angesammelt und aufgehäuft. Als dieß Tiberius sah, kam in ihn eine Art (eigener Geist des) Eifers, und er begann es auszugeben, zu vertheilen und zu verschwenden, manch= mal mit Recht — aus Gnaden, manchmal der Gewohnheit nach zum Ergötzen des Heeres (ܒܣܝܡܘ̈ܬܐ ܠܚ̈ܝܠܐ); manchmal (aber) gab er ohne Maß und Ziel aus, und verschleuderte es wie mit der Wurfschaufel, so daß Justin's Schätze leer wurden, besonders durch die Hypateia *), die er gab und wobei er, wie er selbst sagte, 75 Talente Goldes außer dem Silber und übrigen kaiserlichen Dingen spendete, wie es kaiserliche Sitte ist, — so daß er genöthigt ward, die Schätze K. Anastasius zu öffnen, auszugeben und zu vertheilen (b. angreifen). — Da er aber aus der Welt schied und den K. Mauricius zu seinen Nachfolger be= stimmt hatte, so fand derselbe den Palast wie mit dem Besen gekehrt, und war genöthigt, Geld aufzubringen, entweder aus dem Demosion, das ihm zukam, zu nehmen und daran Hand anzulegen, oder der Armee (στρατεία ܚ̈ܝܠܘܬܐ) einen Theil (μέρος ܡܢܬܐ) zu nehmen und zurückzu= behalten und zu sagen: Ich vergeude und verschwende es ja nicht, son= dern sammle und hinterlege es nur, um es für das Wohl (v. Frieden) des Staates (πολιτεία ܡܕܝܢܬܐ) auszugeben. — Zu diesem Behufe (ܠܗܕܐ) legte er Hand an und untersagte viele Festlichkeiten (od. Gewohnheiten), so daß er von Vielen sehr verhöhnt und verspottet, ja sogar geschmäht wurde, und man ihn den Sparer (ܡܣܝܟܢܐ — ܣܝܟ constringere), Geiz=

---

*) ὑπάτειαι, ܗܘܦܛܝܐ; eine Spende der Kaiser als Consuln (ὕπατοι). So erzählt Theophanes Chronogr. von K. Justin: ⸱ ὑπάτειαν ἐποίησε καὶ ἔῤῥιψε χρήματα πολλά. Das Letztere καὶ ἔῤῥιψε erklärt das Erstere ὑπ. ἐποί. Der Lateiner gibt: Consulum more munus dedit.

hals und Verbieter nannte, der nur seine Verwandten erheben und zu
Ansehen und Reichthum bringen könne, nebst Vielem dgl., was in die
Erinnerungen der Kirchengeschichten aufgenommen worden.

Capitel XXI.

Von Denjenigen, die Andere in Unruhe setzten, verfolgten und ausplünderten, und beständig das Gehör*) des K. Mauricius und die Seinigen beläßtigten.

Obschon nämlich der Kaiser in den Heimsuchungen und Sorgen der
Kriege, die ihn von allen Seiten umgaben, sich befand, so suchten jene
Unruhestifter, die Er keineswegs in Glaubenseifer versetzt hatte, vielmehr deßhalb, um die Häuser und Besitzungen Anderer zu erbeuten,
mit aller möglichen List und Schlauheit die Erlaubniß und Vollmacht
dazu zu erhalten. Sie hörten nicht auf, das Gehör des Patriarchen und
des Kaisers zu belästigen, indem sie beständig und eifrig Verläumdungen und Anklagen und zwar besonders gegen Jene, die an der Synode
von Chalcedon Aergerniß nahmen, vorbrachten, sowie gegen viele Andere, indem sie sagten: Siehe! Alle Jene bilden ansehnliche Versammlungen, opfern und taufen mehr, als die katholische Kirche nebst allen
Sekten der Arianer, Samobatener, Tetradeiten, Montanisten, Marcio-
nisten und Uebrigen dgl., und beunruhigen und verkehren die ganze
Kirche. Ertheilt uns also Vollmacht über dieselben, sie zu ergreifen,
einzukerkern und zu mißhandeln, und alle ihre Versammlungsorte zu zerstören. Der Patriarch aber, weil er ein friedfertiger und mitleidiger
Mann war und ihre List erkannte, und daß sie nur nach Raub und
Plünderung lüstern waren, wies sie zurecht und sagte: Wenn ihr vom
rechten Eifer beseelt seid bei dem, was ihr zu thun euch bestrebt, so ist
gerecht euer Eifer; weil wir aber euer Begehren kennen, daß ihr (nur)
das Besitzthum Anderer stehlen, erbeuten und rauben wollt, so geht hin
und seid ruhig. Denn wir lassen in unseren Tagen keine Verfolgung
geschehen, sondern belehren und unterrichten, so viel es uns möglich ist.
Sie aber, weil sie nicht blos aus einer Schaar von Klerikern, sondern auch aus Laien, und nicht nur das, sondern sogar aus Solchen
bestanden, die nicht einmal rechtschaffene Christen waren, aus Aerzten

---

*) H. Land gibt wieder unrichtig: „welche den Ruf des K. M. sehr schwächten, und
seinem Uebrigen," ganz gegen den Wortlaut der Ueberschrift und den Inhalt des
Capitels. — Nach der Auffassung von ܐܐܐܡܡܡܡ als „Ohr" mußte ܐܝܬܝܕ
— sehr, und ܚܡ — schwächen heißen!

(Juden?) und Heiden, und auch deßhalb, weil sie nach Beute begehr=
ten, und um sich als Eiferer für den christlichen Glauben zu zeigen,
hörten, da sie sahen, daß der Bischof sich ihrer Schlauheit nicht füge,
nicht auf, das Gehör des gnädigen Kaisers zu belästigen. Obgleich nun
Einige von ihnen kaiserliche Aerzte waren, und des Kaisers ganzes Dich=
ten und Trachten auf die Kriege der Barbaren gerichtet war, so gab
doch nicht einmal Er ihnen Gehör und sagte: Genügen uns nicht die
äußeren Kriege, daß ihr uns auch noch in innere verwickeln wollt?
Und so wurde ihr Ungestüm zurückgehalten und ihre Absichten vernichtet
und vereitelt.

Capitel XXII.

Vom Wiederaufbau der zerstörten Stadt Arabissus in Cappadocien, woher der K. Mauricius stammte.

Als der gottliebende Mauricius zur Regierung kam, so ließ ihn
Tiberius nach seinem Namen gleichfalls T. nennen. Ihm aber gefiel
es nicht, seinen früheren von seinen Eltern erhaltenen Namen zu ver=
tauschen; vielmehr ließ er beim Prägen seiner Goldmünzen (moneta مَوَّمِيَّة)
Mauricius einprägen, und ebenso in alles Geld, das geprägt wurde.
Vor Allem aber beeiferte er sich, die Stadt Arabissus wieder auf=
zubauen, herzustellen, zu erheben und berühmt zu machen. Er schickte
(Scribones جمصريدَس)*) nach allen Richtungen hin und ließ Künstler,
tüchtig im Behauen der Steine zu Figuren (Atomen أطمَوَّا), Bau= und
Zimmerleute, Maurer, Schmiede, Mechaniker (مخحَطَا) und alle übri=
gen Handwerker zusammenkommen und setzte eine bestimmte Zahl daselbst
fest, die Alle beständig bei der Arbeit sein sollten, indem man alle Künst=
ler in jeder Art von Arbeit herbeiziehen solle. Zuvörderst ließ er die
dortige Kirche niederreißen und beträchtlich erweitern und vergrößern.
Er schickte viel goldenes und silbernes Geräthe und prächtige Gefäße
(b. Tücher) für den Altar und zum Schmucke der ganzen Kirche im
Ueberfluß hin. Auch ein großes Ciborium (مصمَو), wie die übrigen
in den Kirchen der Hauptstadt, ließ er hier von Seide herstellen und
sandte es hin, um dort angeftet (v. angehangen) zu werden. Ebenso
ließ er daselbst auch ein großes Hospital (ξενοδοχεῖον اعلِمَوم) aus
Marmorsteinen errichten und nebstdem auch, wie es bei Städten Regel
ist, ein großes Forum (δημόσιον اَمَسَما?), weite und großartige Säu=

---

*) Skribonen, σκρίβωνες s. ob!

lenhallen (Stoen — اقية) und prächtige Basiliken, einen Palaſt und
eine ſtarke Mauer. — Darüber wurde denn von Vielen geſprochen und
ſehr geklagt, indem ſie ſagten: Für die römiſchen Heere, die für den
Staat ſich abmühen und ſtreiten, ſchreit er alle Tage: ich habe kein Geld,
um es unter ſie zu vertheilen. Und jetzt ꝛc. baut er große Städte im
Orient und Occident, die jetzt (ſchon) oftmals von den Barbaren erobert
und zerſtört worden ſind, und ſchreit doch: Ich habe kein Geld, — obgleich er Talente in Menge, — man nannte eine große Zahl, die wir
aber, da wir jetzt nicht genau (mehr) wiſſen, von wie vielen man ſprach,
nicht bezeugen und aufnehmen in die Erinnerungen unſerer Geſchichten
— wie man erzählte, ausgab; alle nur, um die Stadt zu erbauen und
in die Höhe zu bringen, ohne daß Etwas dem römiſchen Staate bekannt
wurde oder übrig blieb.

Capitel XXIII.

**Von der Zerſtörung der Stadt Arabiſſus durch ein Erdbeben, unge-
fähr zwei Jahre nach ihrer Wiedererbauung.**

Als nämlich die Stadt Arabiſſus mit Eifer und vieler Sorgfalt
aufgebaut oder eigentlich noch im Bauen begriffen war, kehrte plötzlich
im zweiten Jahre ihrer Wiedererbauung ein großes, fürchterliches und
weithin fühlbares Erdbeben von Ort zu Ort wieder, das dritte im
ganzen Orient. — Und wie mit einer Art von Zorn zerſtörte es ganz
Arabiſſus und warf alle Gebäude darin um, neue und alte, ſo daß
dies Jedermann wunderte. Der K. Mauricius aber, obwohl auch
Er ſehr traurig und niedergeſchlagen wurde, da die Zerſtörung ſeiner
Stadt wie auf einen verborgenen Wink Gottes hin geſchehen war, hörte
dennoch nicht auf, ſie wieder zu erbauen und von Neuem herzuſtellen,
indem alle Handwerke, die zu ihrer Erbauung verſammelt worden waren, nach der früheren Ordnung wieder in ihr verblieben, um ſie wieder
zu erbauen und herzuſtellen.

Ende des V. Buches der Kirchengeſchichten, worin 23 Hauptſtücke
enthalten ſind.

Kapitel des sechsten Buches

der Geschichten:

Von den Kriegen, welche nur in ganz kurzen Zügen in den geschichtlichen Erinnerungen aufgezeichnet und angeführt werden. — Es sind folgende:

---

*) Schon vom vorigen Kapitel an bis c 49 defect und nur der Titel erhalten

**) Ebenso Bar-Hebraeus, Chron. Dyn. IX. p. 93. lin. 7. (حزـل مهيـكـت اهـزا حطـط) "südliches Volk, mit gekräuselten Haaren" geheißen.

Sechstes Buch
des dritten Theiles der Ekklesiastike:
von den Kriegsgeschichten, welche kurz verzeichnet werden.

I. Geschichte.
Vom Anfange des Buch's.

Es hat uns nicht unpassend oder fremdartig geschienen, mit den kirchlichen Geschichten auch eine kleine Erinnerung von den Kriegen und Treffen, der Verwüstung und dem Blutvergießen, das in unseren Tagen stattfand, beizufügen zur Kunde der Nachwelt, wenn wohl die Welt noch besteht. Wir werden es, so gut wir es vermögen, aufzeichnen und bekannt machen, und wie wir es durch Hörensagen erhalten haben. — Wir erinnern uns dadurch an das Wort und die lebensvolle Lehre unseres Erlösers, die uns belehrt, ermahnt und uns die letzte Zeit des Weltendes bezeugt, sowie auch die Zeit seiner Wiederkunft, da es besagt: Wenn ihr das Alles geschehen seht, so wisset, daß es zur Thüre gekommen. — Siehe! All' das sehen wir in unseren Tagen geschehen und in Erfüllung gehen. Und nun ziemt es sich auch, jederzeit die furchtbare Ankunft (Parusie) zu erwarten, die mit großer Macht und vieler Herrlichkeit (stattfinden wird).

II. Geschichte.
Vom Kriege des Patriciers Marcianus und dem, was ihm zuletzt zustieß.

Wir wollen nun von dem, was jetzt in den orientalischen Provinzen geschehen, einige wenige Aufzeichnungen machen, indem wir unsere Geschichten mit dem löblichen Patricier Marcianus, einem Verwandten des K. Justin, beginnen wollen. Er war einer von den Anführern, die zu dieser Zeit nach dem Orient geschickt wurden. Dieser nun versammelte, von Eifer für den christlichen Staat glühend, sein Heer, zog hinab und belagerte die Stadt Nisibis, welche die Perser noch immer behaupten. — Er griff sie kräftig an, um sie zu erobern, umgab sie mit einem Bollwerk, und weil er auch Mechaniker bei sich hatte, so errichtete er gegen sie Maschinen (μηχανήματα) von hohen Thürmen (ܒ...ܐ) und starken Mauerthürmen (ܡ...ܐ) und es kam die Stadt in Bedräng-

niß, und es verzweifelten die Einwohner der Stadt nebst dem persischen
Heere, das darin lag, an ihrem Leben, da sie dieselbe nunmehr von den
Römern fast schon eingenommen sahen. Da nun die darin bestürzt waren, die außen sich schon anschickten, die Stadt einzunehmen und zu
verheeren, und alle Römer gedachten und sich anschickten hineinzuziehen:
siehe! da langte ein wilder Mann, Namens Acacius Archelaus an,
der von K. Justin an Marcianus ohne einen gerechten Grund
gesandt worden war, um ihn seines Commando's zu entsetzen, ihm*)
seinen Gürtel (Schärpe) abzuschneiden (d. h. die Insignien abzunehmen) und
ihn aus den Provinzen des Orients wegzuschicken, und zeigte den Befehl
vor, während Marcianus mit seinem Heere gegen Nisibis stritt,
und man des andern Tags vorzurücken und die Stadt zu nehmen gedachte. Da erschrack das ganze Heer und ließ die Hände sinken, während der löbliche Marcianus sich eifrig rüstete, und der Einnahme
von Nisibis sehr nahe war. — Als er nun den Befehl vernahm, sagte
er zu Acacius: Siehe! du siehst doch, in welche Mühseligkeit wir durch
die Belagerung dieser Stadt gefallen sind. Gedulde Dich also und warte
nur noch zwei Tage, und sogleich thue dann, was Dir befohlen worden;
der Kaiser hat die Macht dazu, daß, was er befiehlt, geschehe. — Er
aber ärgerte sich über ihn, schmähte ihn und bing sich voll Zornes vor
allen Heeren an ihn, schleppte ihn hin und her, warf ihn hin und schnitt
ihm seinen Gürtel ab, indem er ihn schimpfte und ihm auch, wie man
sagte, eine Ohrfeige gab. So gerieth das ganze Heer in Aufregung
und es sanken die Hände des ganzen Heeres (exercitus — ﺍﺼﻤﺪﻫ). —
Scheltend nahmen diejenigen, die gesehen hatten, was so ungerecht geschehen war, sein Banner**) (ﺩﻀﺨﻪ), beugten es herab und drehten
es um. Und alsbald floh das ganze Heer, kehrte um und wandte der
Stadt den Rücken, trauernd und klagend über das, was seinem Feldherrn, einem braven und gläubigen Manne, begegnet war; dann darüber, daß sie, da sie schon gedacht hatten, vorzudringen und die Stadt
zu nehmen, umkehren mußten, ohne daß einer von ihren Feinden sie
verfolgt hätte, und zum Hohn und Spott für ihre Hasser wurden. Da
aber das persische Heer, welches in der Stadt lag, die Zwietracht und
plötzliche Umkehr der Römer sah und die Umkehrung des Banners des
Marcianus, staunte es, raffte sich wieder auf, bewaffnete sich, verfolgte sie, überfiel das Heer der Fußgänger, das am weitesten zurückge-

---

*) l. c.
**) βάνδον Bandum, Vexillum. „τὸ σημεῖον καὶ σύμβολον ὃ ἱερατικ. ὃ
καλοῦσι βάνδον" Du-Cange, Gloss. s. h. v.

blieben war, tödtete sie und warf Viele von ihnen nieder. — So lehrten sie spottend und höhnend über das, was bei ihnen und durch sie
den Römern begegnet, nach ihrer Stadt zurück und schrieben und erzählten sogleich das alles ihrem König, indem sie sagten: Es sei ihm
geglückt die Römer zu überwinden, weil die großen Götter, Sonne
und Feuer, sie dahin gebracht hätten, daß sie wegen eines Befehles ihres
Kaisers also miteinander zerfielen, daß sie den Marcianus mit Schimpf
entsetzten und Alle flohen und von unserer Stadt hinwegzogen.

III. Geschichte.

Von den Gründen des Zornes des Kaisers auf Marcianus, — we-gen des Mundar, Königs der Araber.

Wegen des Gegenstandes und des geordneten Verlaufes der Erzählungen nacheinander und um klar und wahrhaftig den Grund des Zornes des K. Justinus, zuerst auf Mundar Bar=Charet und dann
seinetwegen auf Marcianus, indem er ungerechter Weise und nicht
nach gerechtem Urtheile auf Beide erzürnt war, und gegen sie, — wir
wissen nicht auf welche Veranlassung hin, — Befehle erließ, anzugeben,
scil. erzählen wir Folgendes. — Auf Mundar zürnte er aus folgendem Grunde: Vor Charet, König der römischen Araber, waren
alle persischen Araber in großer Furcht und Schrecken. Als sie nun sahen, daß er todt sei, so verachteten und verspotteten sie alle seine Kinder, seine Vornehmen und sein Heer und meinten, gerade (Im) jetzt sei sein
ganzes Lager in ihre Hände gegeben. Dann versammelten sie sich,
kamen und fielen über das Gebiet der Familie Charet's her, woselbst
deren sämmtliche Heerden waren, und nahmen alle Kameelheerden mit
sich. Als dies Mundar erfuhr, ärgerte er sich sehr, entbrannte in heftigem Eifer, nahm alle seine Brüder, Söhne und Vornehme mit sich,
und sein ganzes Lager und sie überfielen sie plötzlich, da jene gar nicht
meinten, daß sie es wagen würden, ihnen zu widerstehen, und tödteten
sie und rieben sie auf. — Als nun Cabus (قـبـوس *), ihr König,
den ungestümen Sieg des Mundar und seines Heeres sah, daß sie
gekommen, die Oberhand gewonnen und fast sein ganzes Heer getödtet
hätten, ritt er fort, floh mit Wenigen und rettete nichts als das nackte
Leben. — Nun ging Mundar hin, wohnte in seinem Zelte, und hob
dessen ganzes Lager und sein Geräthe auf und alle seine Heerden. Er ergriff und fesselte auch seine Verwandten und Vornehmen. Das Uebrige

---

*) Caboses liest der Uebersetzer des Bar=Hebraeus, Dya. VIII. 90.

vernichtete und nahm er weg, ging hinüber und schlug sein Zelt im Lande des Cabus auf — drei Parasangen weit, wo die ganze Heerde und der ganze Reichthum (Herrlichkeit) der persischen Araber war, indem er dort lange Zeit lagerte. Als nun Kundschafter des Cabus kamen, und das Zelt im Lande des Cabus aufgeschlagen sahen, meinten sie, Cabus, ihr König, sei darin, gingen vertraulich hin und verbargen sich im Lager des Mundar. Man ergriff und tödtete sie und die Vornehmsten unter ihnen fesselte man; und als sie so eine beträchtliche Zeit hindurch dort waren, wie sie nur gewollt hatten, kehrten sie von da mit großer Beute an Pferden und vielen Kameelheerden, an Waffen u. s. w. zurück. Wiederum zog Cabus nach einiger Zeit aus, sammelte ein großes Heer und ließ dem Mundar entbieten: Nimm den Krieg an! Siehe! wir kommen zu Dir, wenn Du uns auch haufenweise überfallen, und man glaubt, daß Du uns besiegt hast. Siehe! wir kommen offen mit Krieg zu Dir. — Mundar aber ließ ihnen sagen: Was ärgert ihr euch; ich komme schon. Er leistete Folge, rüstete sich und vereinigte mit dem Worte die That. Er zog ihnen plötzlich in der Wüste entgegen, da sie es nicht vermutheten, überfiel sie, brachte sie in Verwirrung und tödtete die meisten von ihnen; und wieder flohen sie vor ihm. Weil aber schon bei anderen Dingen vor Zeiten von uns daran erinnert worden, so wollen wir jetzt über das berichten, was ungerechter Weise ohne billige Untersuchung geschehen, welcher Betrug gegen ihn nach all' diesen herrlichen Triumpfen und diesem ganzen großen Sirge in den zwei Kriegen angezettelt wurde. — Da der Mundar meinte, vom Kaiser angenommen und belobt zu werden, schrieb er ihm über alles, was er gethan, sowie auch von seinem ganzen Sieg. Darnach aber schrieb er ihm, er solle ihm Geld schicken, um das Heer zu bezahlen, da er meine, daß es sich ganz (πάντως, ‏مائة‎) wider ihn versammle. — Als aber Justinus hörte, daß er deshalb geschrieben, damit er ihm Geld schicke, ärgerte und erzürnte er sich sehr, schalt und bedrohte ihn heftig und gedachte ihn mit List heimlich zu tödten.

IV. Geschichte.
Von dem, was vom Kaiser an Marcianus und Mundar geschrieben wurde.

K. Justinus, von einem feindseligen Geiste erfüllt, schrieb an den Patricius Marcianus einen Brief, indem er heimlich erwartete, er werde den Mundar tödten. Er schrieb also: Siehe! ich habe dem arabischen Mundar geschrieben, daß er zu Dir kommen soll; sieh' also zu, daß er sogleich komme, schlage ihm den Kopf ab ohne Zögern und schreibe uns. Dem Munbar aber habe ich geschrieben: Wegen dringender Geschäfte habe ich dem Patricius Marcianus geschrieben, daß er sich mit Dir besprechen solle; gehe also sogleich unverzüglich zu ihm hin und besprecht die Angelegenheit. — Da wurde nun zuletzt Jedermann kund, wie durch eine Fügung Gottes die Sache verwechselt, auf den Befehl an Marcianus, dem Munbar das Haupt abzuschlagen, der Name des Munbar, und auf den an Munbar durch einen Irrthum der Name des Marcianus geschrieben wurde. Und so nahm der Magistrianus die beiden Befehle, ging hin und brachte sie den Personen, wie sie aufgeschrieben waren; und es traf sich, daß der Munbar den Befehl an Marcianus erhielt, ihm das Haupt abzuschlagen, und Marcian den an Munbar, worin er ihm schrieb: Geh' hin zu Marcianus, dem ich geschrieben, daß er sich mit Dir besprechen solle. — Als der Munbar diesen erhielt und las, erschrack er gar sehr und sagte: Für meine Mühen und Strapazen für das römische Land will man mir mit Enthauptung vergelten! Habe ich das verdient? — Und er wurde von Zorn erfüllt, versammelte sein ganzes Heer und forderte sie zu seiner Bewachung auf, indem er sagte: Wenn ihr sehet, daß vom römischen Kaiser an mich (abgesandt ist) geschickt wird, so nehmt sie fest, wenn es Wenige sind, und man soll sie außerhalb des Lagers bewachen; sind es aber Viele, so geht ihnen sogleich kräftig zum Kampf entgegen, und folgt ja nicht Dem, was von ihnen zu euch gesagt wird, und gestattet ihnen ja nicht den Zutritt in eure Lagerversammlung! — Daher standen Nacht und Tag alle Stämme der Araber bewaffnet beisammen, wachsam und zum Kampf bereit mit Jedem, der von den Römern zu ihnen kommen würde. — Als dies den Persern und ihren Arabern zu Gehör kam, und sie erkannten, daß sie jetzt von Munbar Nichts zu fürchten hätten und er nicht an Krieg für die Römer denken werde, da sie ihn hatten tödten wollen: so rüsteten sie sich zuversichtlich, um (Perser und Araber) in das römische Gebiet zu ziehen, verheerten und drangen sengend und brennend bis in's antiochenische Gebiet vor. Sie machten viele Gefangene, verheerten, zerstörten und verbrannten große und herrliche Dörfer (ܟ̈ܦܪܐ), die wie Städte waren, im antiochenischen Gebiete u. s. w., plünderten alle diese Provinzen vollständig aus und kehrten mit vieler Beute in ihre Landschaft zurück. Der Munbar aber war traurig und betrübt über die List, die an ihm versucht worden und über das Verderben, das die Feinde angerichtet und sich vom römischen Lande bereichert hatten. Er aber zog mit seinem Heere fort und hielt sich in der Wüste auf. — Allen aber, die von der Ungerechtigkeit hörten,

rie ohne Grund wider ihn anbefohlen war, mißfiel sie sehr und sie be=
klagten und tadelten das, was ohne Grund und ohne gerechtes Urtheil
anbefohlen worden war. Als dies nun der Kaiser von allen Seiten her
vernahm und auch erfuhr, daß der Mundar von aller Sorge für das rö=
mische Gebiet sich zurückgezogen habe, ließ er den Feldherrn und Befehls=
habern im Orient entbieten, sie sollten hingehen, ihn überreden und aus=
söhnen. Da nun Viele ihm entbieten ließen, sie wollten sich zu ihm be=
geben, so ließ er ihnen sämmtlich sagen: Wisset, daß ich Jedermann,
der aus dem römischen Gebiet zu mir kommt, feindlich entgegen gehe,
daß er entweder mich tödte oder ich ihn. Denn ferne sei es von mir,
mich jetzt wiederum Einem aus dem römischen Gebiete anzuvertrauen;
denn von euch und euerm Kaiser aus bin ich vogelfrei. Dessen habe ich
ja die Römer überführt! — So schrieb man zwei oder drei Jahre lang
viele Bitten an ihn; er aber gestattete den Zutritt nicht, indem er den
Befehl schickte und allen Leuten zeigte. — Auf Marcianus aber zürnte
er, weil Mundar durchkam und am Leben blieb, das Geheimniß ent=
deckt und kund geworden und der Plan nicht zur Ausführung gekommen
war. — Das jedoch wurde aller Welt offenbar, daß dies Urtheil (ἀπόφασις,
مسس) ungerechter und gewaltsamer Weise und ohne gottesfürchtige
Erwägung über ihn ausgesprochen worden war. Als nun König
Mundar so aufgereizt war und bei dieser Wachsamkeit und Vorsicht
gegen alle Anführer und Heere des römischen Reiches mit seinem ganzen
Heere ungefähr drei Jahre lang geblieben war, so bedauerte er als ein
christlicher Mann das römische Land und wurde mit Zorn auf die per=
sischen Araber erfüllt, daß sie es gewagt hatten, mit dem persischen Heere
hinüberzuziehen, bis Antiochia hin verheert, verbrannt und geplündert
hatten und in ihr Land mit vieler Beute und unzähligen Gefangenen
zurückgekehrt waren. Da ließ er sich bewegen, sich auszusöhnen, und
für den römischen Staat zu kämpfen. Beständig wurden vom Kaiser
durch Vornehme Schreiben an ihn geschickt, worin der Kaiser läugnete
und sagte: Nicht mit seinem Wissen sei über ihn geschrieben worden,
daß er sterben solle. Er aber blieb bei seinem Trotz und ließ sich nicht
überreden, die Schreiben oder Einen von den an ihn Gesandten zu em=
pfangen, zum Kampfe gegen Jeden bereit, der es wagen würde, sich
der Lagerversammlung zu nähern. — Endlich aber schickte er zum Patri=
cius Justinianus, Sohn des Germanus (جرمانس), der Ober=
feldherr über alle Befehlshaber der römischen Heere im ganzen Orient
war, und ließ ihm also melden: Ich habe zwar von Anfang an von
den römischen Tücken gehört und erfahren; jetzt aber habe ich durch
wirkliche Erfahrung die tödtliche List kennen gelernt, die für meine Mü=

ben gegen mich angezettelt war, und will mich nun nie mehr einem von den römischen Befehlshabern anvertrauen. Du aber, weil ich Dich als einen christlichen, edelmüthigen und gottesfürchtigen Mann kenne, wenn Du in das*) Kloster (oder Kirche — ــة Land pag. 152.) des seligen Herrn Sergius von Rezofo kommen willst und es mir sagen läßt, so komme ich dorthin mit meinem bewaffneten Heere. Wenn man mir friedlich begegnet, und wenn Wahrheit von Dir mit mir gesprochen wird, so kehren Ich und Du in Frieden heim; wenn ich aber Betrug merke, so hoffe ich zu Gott, an den ich glaube, daß er mich auch nicht verlassen wird. Als dies der Patricius Justinianus vernahm, freute er sich sehr und ließ ihm sagen: Zweifle nicht an mir; siehe! der Gott der Christen ist ja unter uns; komm' nur an dem und dem Tag in das Kloster des hl. Herrn Sergius, und siehe! Du wirst mich dort antreffen. Dein Heer aber plage nicht, da ich zu Gott hoffe, daß wir uns in Ruhe, Frieden und Liebe von einander entfernen werden. — Als der Mundar diesen Bescheid erhielt, begann er seine Gesinnung zu ändern und begab sich sogleich mit Wenigen hin zu ihm, und sie fanden sich Beide zumal vor dem Schreine (ـــه) der Gebeine des hl. Herrn Sergius ein. Vieles, was über die Schrift hinausgehen würde, wurde da von ihnen besprochen, indem sie gegenseitig nach Belieben das Wort verlangten und nahmen. So entließen sie nun einander voll Vertrauen, im Frieden und mit großer Freude. — Als dies dem K. Justinus und den Uebrigen vom Senate bekannt wurde, freuten auch sie sich sehr, daß der Mundar sich zur Aussöhnung hatte bereden lassen. Von beiden Seiten wurden nun Friedens- und Versöhnungsschreiben gewechselt. — Der muthige und kraftvolle K. Mundar wurde bald darauf mit Zorn über die Verwegenheit der persischen Araber erfüllt und wollte die Beute, die sie auf römischem Gebiete gemacht, wieder erobern und heimbringen. Er versammelte also in der Stille seine Brüder, seine ganze Verwandtschaft, seine Söhne und alle seine Heere, die sich sofort in Bälde rüsten, sich bewaffnet und marschfertig machen und am zweiten Tage alle bei ihm versammeln sollten. Als sie nun versammelt und

---

*) لجزف „Rasiphta urbs est Mesopotamiae, quam Syri quidem dicunt لجزف, Rosapha - Resapha (so Ptolemaeus bei Land l. c.), جزيها Rasiphta; Graeci vero Sergiopolim appellare consueverunt, ob S. Martyris Sergii fratrisque ejus Bacchi Reliquias, quae ibidem magna cum veneratione asservabantur, ut Evagr. H. E. l. 4. c. 28 und l. 6. c. 21. So Assem. B. O. T. I. p. 117 u. 118, mit der Angabe des Joh. Eph. ganz übereinstimmend.

ganz bereit waren, enthüllte er ihnen das Geheimniß und sagte: Nun, wo Keiner von uns mehr zerstreut oder abwesend ist wollen wir Alle miteinander das Hira*) des No'man (نعمان)**) im persischen Gebiete überfallen; und wegen ihres Uebermuthes und ihrer ungestümen Verwegenheit gegen die Christen wird sie Gott in unsere Hände geben. — Daher zogen sie Alle eilig fort, langten bei Hira an und überfielen es plötzlich, da dessen Bewohner ruhten und im tiefen Schlummer lagen. Sie tödteten und vernichteten nun das ganze Heer, das sich darin befand, verwüsteten, zerstörten und verbrannten es ganz, mit Ausnahme der Kirchen. Er schlug nun in dessen Mitte sein Zelt auf, wohnte fünf Tage darin, ergriff und fesselte Alle, deren er von den Arabern habhaft werden konnte. Alle Beute von Hira und die ganze Beute, die sie gemacht und aus dem römischen Gebiet mit fortgenommen hatten, nahm er mit sich; alle ihre Pferde und (Kameel) Heerden nahm er mit sich und kehrte mit großem Triumphe und herrlichem Siege in sein Land heim. Dieser Ruhm und Reichthum kam bei ihm besonders hinzu, weil er den orthodoxen Kirchen und Klöstern sowie den Armen reichlich spendete und mittheilte. So wurde er nur noch mehr gefeiert, indem die beiden Reiche sich wunderten und staunten über die hochherzige Kühnheit des Mannes und die Siege, die er errang.

V. Geschichte.

Vom Zuge des persischen Königs, der Einnahme von Dara, welche im Jahre 884 stattfand, u. s. w.

Der persische König aber langte, sobald er erfuhr, daß Marcianus gefallen und das Heer von der Stadt Nisibis geflohen sei, alsbald an mit mächtigen Heeren und fand alle Vorrichtungen und Maschinen (μάγγανον, تخليم), die vom Patricius Marcianus gegen sie errichtet worden waren. Er ging nun sofort hin und belagerte Dara, indem er alle Instrumente des Marcianus, die bei Nisibis waren, nahm, sie hinbrachte und gegen die Stadt Dara aufstellte. Von allen Instru-

---

*) معسكر; oder — Lager. — حيرة Nomen oppidi Mesopotamiae, Cufae propinqui; inde الحيرتان Cufa et Hira." Freytag Lex. Ar-Lat. I. p. 450

**) Land p. 152. — Bei Evagrius heißt er Naamanes. — Bei Bar-Hebr. Noamanes, نعمان Chron. Dyn. IX. p. 93.

menten brachte er mit sich und schickte zuerst Steinhauer u. s. w. aus, um den östlichen Hügel außerhalb der (ἀγωγή, ܠܩܝ) Wasserleitung zu durchschneiden und sie von der Stadt abzuleiten. Da fanden sie, wie man sagt, einen harten Felsen, zündeten darauf ein Feuer an, warfen Sand hinein und so konnten sie ihn zuhauen (bilden). Er stellte gegen die Stadt alle Maschinen auf, die Marcianus gegen Nisibis er= richtet hatte, belagerte es und wechselte dabei mit den Kriegswerkzeugen, um es in Zeit von sechs Monaten einzunehmen. Auch zwei Thürme er= baute er gegen dieselbe; die Römer aber legten einen Hinterhalt, griffen sie an und verbrannten sie. Die Stadt wurde nun genommen, während als Befehlshaber darin waren: Johannes, στρατηλάτης, Sohn des Soldaten Thomas, ein kriegerischer Mann, und Sergius Bar= Schofni, der gleichfalls στρατηλάτης war, u. s. w. Sergius wurde, wie man sagte, von einem Wurfspieß getroffen und starb. Der persische König aber stieg hinauf, schlug auf dem nördlichen Berge oberhalb der Stadt sein Lager auf und schaute darin wohnend Allem zu, was man im Innern derselben that. Er ließ dort auch einen Thurm bauen gegen= über dem großen Thurm, welcher höher war, als alle übrigen Thürme, und den man Hercules (ܗܪܩܠܝܣ) nannte. Innen konnten sie nichts daran machen, außen aber befestigten sie den Thurm und stellten sich gegen die Stadt auf. Vorher bereits sah er ein, wie er sich abmühe, aber die Stadt nicht einschüchtern könne; da ließ er auch eine Mauer von Ziegelsteinen außerhalb der Stadtmauer herumführen, damit, wenn die Einwohner der Stadt einmal einen Ausfall machen sollten, dieselbe sie aufhalte. Da er nun sah, daß all seine List, wie gesagt, vereitelt ward, wurde er krank und fürchtete, er möchte sterben. Er ließ nun in die Stadt sagen, man möge ihm Jemand schicken, der sich mit ihm bespreche. Es war aber daselbst ein bekannter und berühmter Dolmetscher (διερμη= νευτής, ܡܦܫܩܢܐ) der Römer und Perser, Namens*) Cometes (o. Comes — ܩܘܡܣܐ), und diesen schickten die Einwohner der Stadt zu ihm. Als derselbe Vieles mit ihm gesprochen hatte, sagte er zu ihm, er solle den Einwohnern der Stadt sagen, sie sollten ihm fünf Talente als Lösegeld für die Stadt geben, und er wolle sich von derselben entfernen. Er aber in dem Vertrauen, die Stadt werde nicht eingenommen werden, sagte ihnen das nicht, wie er ihm zuletzt versprochen hatte. Als nun

---

*) Bar=Hebräus (Chron. dyn. VIII. p. 88.) schreibt ܩܘܡܣ, was Bruns mit Puer — offenbar unrichtig — übersetzt; denn es ist ein Eigenname, wie aus un= serem Johannes zu ersehen: ܩܘܡܣܐ ܗܘܐ ܫܡܗ?

der König sah, daß die Tage vorüber waren, man ihn verachte und ihm keine Antwort gebe, so trotzte er nur noch mehr, wurde von heftigem Zorne erfüllt, griff die Stadt wiederum an und vergrößerte und ver= stärkte den Thurm, den er zuletzt errichtet hatte. Da verachteten und verspotteten ihn nun die Römer und sagten: Er schämt sich, und dergleichen. Und so vernachlässigten sie den Kampf an der Mauer, besonders wo die Kälte sehr heftig und stark war, stiegen von der Mauer herab, gingen hin und aßen und tranken in den Häusern. Als die Perser aber sahen, daß die Mauer vom römischen Heere leer war, und der Thurm den sie errichtet hatten, über die Mauer hinüberreichte, banden sie schlau Hölzer zusammen und näherten sich der Mauer; das Heer ging hinüber, erfüllte die ganze Seite der Mauer und stieg in das Innere der Stadt hinab. Da nun plötzlich das Geschrei entstand: Siehe! die Stadt ist erobert, und das persische Heer hat über das römische die Oberhand gewonnen, so staunte man und gerieth in Schrecken und Bestürzung und Alle zusammen liefen nach den Stadtthoren hin, um vor ihnen zu fliehen. Als nun die Perser deren Menge sahen, fürchteten sie sich und erschracken selbst, verbargen sich und ließen die Römer fliehen, ohne sich ihnen zu widersetzen. Die Römer liefen nämlich nach allen Thoren, nach den Schlüsseln schreiend; man suchte die Schlüssel, fand sie aber nicht, weil sie die Befehlshaber versteckt hatten. Als die Römer nun sahen, daß das persische Heer stark und die Stadt bereits damit angefüllt sei, waren sie von allen Seiten aufgehalten und gehindert und konnten nicht fliehen. Da sammelten sie sich, sei's zum Tode oder Leben, griffen das persische Heer an und mähten sie, wie Schnitter die Aehren mähen, und ebenso auch die Anderen sie. So entstand ein gewaltiger Kampf im Innern der Stadt und sie metzelten einander sieben Tage lang nieder, obgleich die Stadt schon genommen war, bis die Stadt von Leichnamen voll war und stank, und man sie hinschleppte und in der Noth in den Fluß und in die Cisternen warf. Als nun die Perser sahen, daß sie vernichtet würden und nicht hingehen könnten, um sich der Beute der Stadt zu bemächtigen, fürchteten auch sie sich, flohen vor den Römern, erstiegen die Mauer und dachten nach, wie sie sich der List bei ihnen und gegen sie bedienen könnten. Sie ließen nun listig den Römern sagen: Warum doch tödten wir uns und reiben einander auf? Kommt vielmehr, laßt uns einander das Wort geben, die Waffen beiderseits niederlegen und Frieden mit einander machen! Da das römische Heer an seinem Leben verzweifelte und sah, daß es sehr ins Gedränge gekommen, willigten sie ein, gaben und nahmen das Wort, legten die Waffen nieder und näher= ten sich nun vertrauensvoll einander, wie im Frieden. Die Römer aber trauten dem Worte und waren voll Zutrauen und furchtlos bei dem großen persischen Heere; beide Theile mischten sich unter einander, wie im Frieden, und beide Theile begannen nun mit der Plünderung der Stadt. Da aber wurde die Tücke und List der Perser kund. Sie verdrehten und verleugneten nämlich ihr Wort, ergriffen die Römer und erschlugen die Meisten von ihnen; die Uebrigen aber fesselten sie Einen nach dem Anderen und brachten sie hinaus zum König und die Edlen beiderlei Geschlechtes und die Vornehmen der Stadt mit ihnen. Er ließ sie alle ersäufen. Ferner gab er den Befehl, daß Jeder, der Geld hätte, es zu ihm bringe und Jeder, wo man Gold oder Silber finde, zu ihm komme. So brachte er viel Gold zusammen, wie man sagt, über 100 oder 200 Talente, und es wurde vor ihm aufgehäuft. Wir aber, weil wir das nicht genau erfahren haben, wollen das Falsche nicht entscheiden; sondern bedecken Das, was wir nicht genau wissen, mit Stillschweigen. Als aber der König all das Geld sah, rief er die Vornehmen der Stadt und sagte zu ihnen: Der große Gott des Himmels wird aus euren Händen das Blut all dieser Seelen fordern, die durch euch und durch uns zu Grunde gegangen sind. Hättet ihr den hundertsten Theil von all dem Gelde gegeben, das hier angehäuft ist, zum Lösegeld für eure Stadt, so hätte ich mich von ihr entfernt. Ich habe es nicht gewollt, wie ich euch auch durch Cometes habe sagen lassen; ihr aber nahmet auf mich keine Rücksicht. Als sie das hörten, schwuren sie ihm: Wir haben (sie hätten) niemals dies Wort gehört. Er ließ nun den Cometes rufen, um sie zu überführen, und sagte zu ihm: Habe ich ihnen das nicht durch Dich sagen lassen? Er sagte: Ja, Herr! Er fuhr weiter: Hast Du es ihnen auch gesagt? Er antwortete: Herr! Ich habe es ihnen aus Furcht nicht gesagt. Da beschloß er im Zorn den Tod über ihn und sagte zu ihm: Weil Du für beide Staaten gearbeitet hast, so tödte ich Dich nicht. Und er ließ ihm seine beiden Augen schminken*) (ٮٮٮٮ). So nahm er der Stadt unsäglich viele Beute ab, eroberte und entleerte sie aller ihrer Einwohner, ließ in ihr eines seiner Heere und kehrte mit unzählig vieler Beute an Silber und Gold von den Einwohnern der Stadt, von den Kirchen u. s. w. in sein Land zurück. Das Meiste von der Beute und der Gefangenschaft (den Gefangenen) nahm er aus ihr mit fort. Von der Erbauung**) derselben durch K. Anastasius bis zu ihrer Einnahme

---

*) Scheint ein Euphemismus; BarHebr. gibt dafür blenden — ٯٮٮ.
**) Ueber diese Erbauung vgl. die Fragmente aus der Kirchengeschichte des Zacharias Rhetor bei Ang. Maj. — Scriptorum Vet. Nov. Coll. T. X. p. 344 ff.

und Uebergabe in die Hände der Feinde (ܠܣܘܐ‎, Assyrii it. inimici B. B.) zählt man beiläufig zwei und siebenzig Jahre.

VI. Geschichte.

Von der Eroberung der Stadt Apamea und deren Verheerung in demselben Jahre, wo der persische König Dara belagerte.

Als der persische König die Stadt Dara noch belagerte und sah, daß ihn Niemand aufhalte, so schickte er sogleich einen Marz'ban, Namens Abarmhun,*) mit einem großen Heere hin nach der Stadt Apamea, welcher auch die Kastelle (ܣܬܪܐ‎) bezwang und große und ansehnliche Flecken zerstörte und verbrannte. Er zog nun fort und langte in Apamea an. Weil aber der Perser Antiochia eingenommen hatte, so belagerte und bedrängte er Apamea, und auch Apamea ergab sich ihm. Da erhielt es von ihm das Wort und der König zog in dasselbe ein; und da er einen Circus darin sah, so zerstörte oder verbrannte er Nichts in ihr. Weil sie nun darauf vertrauten, daß auch der, der gekommen war, ihnen nichts Böses gethan hatte, so gingen mit diesem Zutrauen die Vornehmen der Stadt und der Bischof hin und brachten ihm ein Geschenk. Er aber sagte listig zu ihnen: Weil die Stadt unser ist, so öffnet mir die Thore, damit ich hingehe und sie ansehe. Sie vertrauten ihm und nicht vermuthend, daß er ihnen etwas Böses thun werde, öffneten sie ihm. Er zog nun in die Stadt, besetzte die Thore sogleich und begann Männer und Frauen zu ergreifen und zu fesseln und die Stadt zu plündern. Man brachte alle Beute fort und stellte alles Volk außerhalb der Stadt auf; und so plünderte man die ganze Stadt Apamea aus, welche von langen Zeiten her voll von Reichthum und wohlhabender war, als viele Städte. Alles Volk derselben und alle ihre Beute schaffte man hinaus, unter ihnen auch den Bischof, dann legte man Feuer an und zündete sie an allen Enden an. So nahmen sie alle Gefangenen und alle Beute aus ihr und anderen Orten und zogen zum König hinab, während er Dara belagerte. Man zählte dem König die Gefangenen (ܫܒܝܐ‎), die man dort und sonst noch gemacht, vor — 292,000; und so wurden sie vertheilt und kamen hinüber ins persische Gebiet. Nachdem nun der König Dara eingenommen und geplündert hatte, fand er auch darin unendlichen Reichthum aus den übrigen Städten und überall her, welche man dahin als in ein unbezwingbares Kastell geflüchtet hatte. Man schleppte all die unendliche Gefangenschaft (die Gefangenen) fort; er nahm sie und kehrte damit in sein Land zurück.

---

*) S. u. die XIII. Geschichte.

VII. Geſchichte.*)

Von den zweitauſend ſchönen Jungfrauen, welche der König auswählen und den Barbaren zum Geſchenke ſchicken ließ, und von etwas Staunens- und Beklagenswerthem, das dieſe Jungfrauen in chriſtlichem Eifer thaten.

Der perſiſche König, trunken vor Stolz und aufgeblaſen wegen der Menge der Beute und der Gefangenen, die er aus dem römiſchen Ge= biete angeſammelt, ließ aus der Gefangenſchaft 2000 Jungfrauen von vollendeter Geſtalt und Schönheit auswählen. Als dieſelben dem Befehle gemäß auserwählt waren und vor ihn kamen, ließ er ſie in Allem wie Bräute ausſtatten, mit herrlichen Kleidern und ähnlichen Geſchenken, mit Gold und Silber, mit Edelſteinen und Perlen, und ſie den Bar= baren im Innern ſeines Landes, die Türken**) heißen (ܛܘܪܩܝܐ?), zum Geſchenke ſchicken, um ſich ihnen gefällig zu zeigen, ſie zu erfreuen und hinzuhalten. Als das nun, wie er befohlen, ausgeführt war und man ſie herrlich ausgeſtattet hatte, gab er ihnen ein Heer mit zwei Marz'banen bei, ließ ihnen reichliche Mahlzeiten geben und entließ ſie, indem er befahl, ſie auf dem Wege nicht fortzutreiben, ſondern ſie ruhig und fröhlich ziehen zu laſſen, damit ſie nicht abfielen und häßlich würden. Dieſe Jungfrauen aber betrübten ſich nicht blos über die Trennung von ihren Aeltern, Geſchwiſtern und allen ihren Verwandten, ſondern auch über ihre Seelen, daß ſie dem Chriſtenthum verloren gingen, und über ihre Leiber, daß ſie den wilden Händen barbariſcher Feinde überliefert würden. Als ſie das mit Weinen und bitteren Seufzern mit ihren Zun= gen wie Schweſtern einander zuſagten, ſo wünſchten ſie ſich Alle zumal

---

*) Es ſcheint keinem Zweifel zu unterliegen, daß dieſe drei Erzählungen dem ſogenannten Zacharias Rhetor (Melela — ܡܠܝܠܐ) angehören. Noch Aſſem. T. II. p. wußte nicht, wer der Autor ſei. Er fand ſie hinter dem Werke des Zacharias mit jüngerer Schrift beigeſchrieben (recentiori charactere). Auch dort ſind ſie in der= ſelben Ordnung beigeſchrieben, als ſie hier bei Jo. Eph. ſtehen, und führen dort, wie H. Land bemerkt (p. 147 und 148), denſelben Titel: ܬܫܥܝܬܐ „narrationes". Zudem zeigen dieſe Stücke, ſowie überhaupt das VI. Buch des Johannes mit den wenigen Kapiteln des Zacharias Rhetor, wie ſie uns Aſſemanus T. II. und Ang. Maj. Vet. Script. Nov. Coll. T. X. gibt, ſich ſo verwandt, daß ich keinen Anſtand nehme, ihn für den Verfaſſer zu halten. — Aehnlich lautet die Erzäh= lung von der chriſtlichen Martyrin Urſula und ihren Gefährtinnen, nur daß dieſe ſich nicht ſelbſt den Tod gaben.

**) Der Volksname fehlt im ſyriſchen Terte; ich ergänze ihn aus Bar=Hebräus und Menander (de legatt.) Er ſteht auch bei unſerem Joh. unten l. VI. cp. 12.

den Tod statt des Lebens. Und das Alles wurde durch sie anderen sy=
rischen Gefangenen, welche Männer Landsleute von ihnen und bei den
Marz'banen nebst den Uebrigen waren, welche aufgestellt worden, um sie
hinzubringen und zu bedienen, bekannt gemacht und entdeckt — als ihren
Landsleuten, wie dies zuletzt Allen kund wurde, durch eben diese Leute,
die ihre Sprache und Heimath theilten. Als sie nun fünf Parasangen
weit von diesen Völkerschaften, zu welchen sie geschickt wurden, anlangten
und erfuhren, sie seien nun in den Gegenden, wohin sie geschickt wurden,
angekommen, trafen sie einen sehr großen und breiten Strom, über den
sehr schwer zu setzen war. Es blieben also ihre Führer, welche sie in
Ruhe lassen und nicht verfolgen sollten, an diesem Strom einen Tag
lang. Sie Alle aber beriethen sich mit einander — unter Allen war be=
sonders eine höchst preiswürdig und edel — indem sie den Tod gering=
schätzend zu einander liefen, sich unter sich beriethen und zu einander sag=
ten: Wir sehen Alle mit einander ein, daß, wenn wir unsere Seelen mit
dem Heidenthum beflecken und durch Essen von unreinen Thieren, von
Blutigem und Ersticktem mit den Barbaren, wir unser Christenthum
verlieren. Zuletzt überliefert man uns Alle dem Tode, und wir kommen
endlich zum Gerichte der Qual. Und nun wollen wir Alle als Schwe=
stern, als Christinen und Töchter von Christen uns nicht von einander
trennen; sondern jetzt soll ein Verlangen, eine Seele, ein Gedanke und
ein Sinn uns Allen sein. Bevor wir unsere Leiber von den Barbaren
entweihen und unsere Seelen beflecken lassen und wir endlich den Tod
erreichen, wollen wir jetzt mit reinem Leibe unsere Seelen vor Befleckung
bewahren und für den Namen und wegen des Namens unseres Herrn
Jesus Christus ihm rein unsere Seelen und unsere Leiber opfern.
Wir wollen sofort uns dem Tode überliefern, um von den Feinden be=
freit zu werden und ewiges Leben zu leben für eine augenblickliche Qual
wegen unseres Christenthums und wegen der Bewahrung der Reinheit
unserer Seelen und Leiber. So nahmen sie alle zumal ein Wort, ein
Geheimniß und Versprechen an und schwuren einander zu; und mit ein=
ander stürzten sich in jenen Strom, ertranken mit einander und fielen
nicht in barbarische Hände. Von Allen wurde auf gleiche Weise dieser
Gedanke beifällig aufgenommen und gewählt. Da nun ihre Wächter sie
sahen und Etwas von einem Geheimniß merkten, warteten sie eine Zeit
lang zu; als aber Jene bei ihnen blieben, sagten sie zu ihnen: Wir wollen
uns, wenn ihr es gestattet, an den Ufern dieses Flusses baden. Sie aber
wollten sie ihrem Befehle gemäß gewähren lassen und erlaubten ihnen,
sich zu baden. Da sagten sie zu ihnen: Wir schämen uns, zu baden, da
ihr bei uns steht und uns seht; aber entfernt euch etwas von uns, und

so wollen wir uns baden. Daher verließen sie dieselben und entfernten sich von ihnen. Da bestärkten und ermuthigten sie Alle einander, bezeichneten sich mit dem Namen unseres Herrn Jesus Christus, stürzten sich Alle auf ein Mal in größter Eile in jenen Strom und ertranken. Als ihre Wächter nun in den Strom sahen, erblickten sie sie theils schwimmend, theils haufenweise (ﬞﻤﻮﺳ ﺳﻮ) vom Strome hergetrieben, theils untersinkend, und liefen daher nach dem Orte hin, wo sie zu baden begehrt hatten. Da sahen sie auch nicht eine mehr von ihnen am Leben und klagten Alle bitterlich, indem sie da und dorthin liefen, um auch nur eine Einzige zu retten, und konnten nicht und vermochten nicht zu fliehen. Jene aber — kräftig und stark in Christus für ihr Christenthum, übergaben so ihre Seelen in die Hände Gottes, befreit von der Beflechung und der barbarischen Wildheit an Geist und Körper.

VIII. Geschichte.

Von dem kurzen Frieden, der zu der Zeit in den syrischen Provinzen drei Jahre lang war, und vom Zuge des persischen Königs in das römische Land, nach Armenien und Cappadocien.

Nach all diesen Vorfällen begann in der Provinz Syrien Friede zu sein drei Jahre, indem man dafür drei Talente für die drei Jahre gab; in Armenien aber sollte Krieg für beide Theile bestehen. Weil aber über den Anfang der Sache, wo die Persisch-Armenier sich den Römern ergeben wollten, schon oben in den anderen, den kirchlichen Geschichten von uns eine kurze Erwähnung geschah, so wollen wir jetzt zu dem Späteren unsere Rede wenden. Der persische König war ganz eingenommen von seinem Stolze wegen der Einnahme Dara's, und dieser Hochmuth verblendete ihn. Sich darauf verlassend, daß er jetzt in den syrischen Provinzen keinen Krieg mehr habe, zog er voll Vertrauen nach Armenien, indem er sich nach Theodosiopolis auf der Grenze seines Armeniens, nach Cäsarea in Cappadocien und nach den übrigen Städten wandte. Während er nun diese Hoffnung hegte, wurde der Silentiar (ﻣﺼﻤﺮﺳﻮ, s. ob.) Theodorus mit einer Gesandtschaft zu ihm geschickt und sah, daß er zum Kriege ausziehen wolle. Er nahm ihn mit sich; und als er ihn bat er möge ihn entlassen, sagte er spöttisch zu ihm: Komme mit mir nach (Theodosiopolis) Armenien; du gehst mit mir nach Theodosiopolis, badest und erholst Dich dort, und dann will ich Dich entlassen. So führte er ihn mit sich und brachte ihn mit nach Armenien, indem er ganz sicher hoffte, ohne Mühe hinzugehen und die Stadt zu nehmen. Als dieß aber die römischen Heere erfuhren, fürchteten sie sich zwar vor dem Namen des Königs, rüsteten sich aber ordentlich gegen ihn. Als er nun die großen Heere sah, wurde er sehr bestürzt; denn man sagte, es wären mehr als 120,000. Da ihn Jene erwarteten??*) (ܪ; aus dem arabischen بكر ist Nichts dafür zu entnehmen) und sich zum Kampfe mit ihm bereit machten, fürchtete er sich und beugte von ihnen ab, um nach einer anderen Stadt zu ziehen. Daher zogen sie auch dahin nach, ihm entgegen, holten ihn ein und vertrieben ihn auch von da; und da sie nun sein Heer erreicht hatten, fühlten sie sich nur um so stärker, als er, und verachteten ihn. Als er nun nach Alle dem sah, daß es ihm nicht nach Wunsch gehe, zog er nach den nördlichen Bergen und wandte sich nach Cappadocien zu, um sich nach Cäsarea zu begeben und es zu erobern. Das sahen die römischen Heere, warfen sich ihm entgegen und kamen ihm auch nach Cappadocien zuvor. Sie warfen sich ihm entgegen, erwarteten(?) ihn in den**) Bergen Cappadociens und hielten ihn auf (oder holten ihn ein und erreichten ihn) und ließen ihn nicht hinüberziehen. So lagerten sie viele Tage einander gegenüber, ohne daß er es wagte, sich in eine offene Schlacht (δημόσιος — ܠܡܚܪܒܘ?) mit ihnen einzulassen. Da er nun sah, daß sie zahlreicher und stärker seien, als Er, und daß er sie nicht überwinden und nach Cäsarea hinziehen könne, gerieth er in die höchste Bestürzung und Furcht und suchte nun mit List, wenn möglich, durchzukommen und sich nach seinem Lande zu retten. Seine Mager aber tadelten ihn und zankten mit ihm; da kehrte er nun um und zog nach Cappadocien gegen Sebaste***) (ܣܒܣܛܐ), während Alles sich vor den römischen Heeren fürchtete. Aus Scham nun, um nicht beschimpft zu werden, weil er nichts von dem, was er dachte, hatte ausführen können, warf er sich auf Sebaste und verbrannte es mit Feuer; Beute und Gefangene nämlich traf er dort nicht, weil die ganze Provinz vor ihm geflohen?†) (ܡܕܒܪ, ein neues Wort) war. Da er nun von hier weiter ging, so

---

*) S. unten.

**) Der Text lautet: ܡܡܛܝ ܐܢܘܢ ܩܕܝܡܘܗܝ ܘܩܛܪܘ ܐܢܘܢ ܒܛܘܪ̈ܐ Var. Hebr. (oder sein Uebersetzer), der dieß las, kannte das Wort nicht mehr. Daher ganz abweichend sein Bericht: „Die Römer erreichten sie auf dem Berge Bágrava." wie Bruns übersetzt: ܐܠܘܨܐ ܦܘ? ܐܘܩܕ ܘܗܠ ܐܢܘܢ ܒܛܘܪ̈ܐ ܟܕ ܩܛܪ.

***) Sebasteia liest Land. Dieß lag aber in Isaurien; es scheint hier Sebaste in Armenien gemeint zu sein — wegen des folgenden Melitene, das in derselben Provinz lag.

†) In derselben Erzählung kommt dieß Wort bei Bar. Hebr. Chron. dyn. VIII p. 89. vor; Bruns gibt: ablatus erat.

zeigte er seinen Rückzug und wandte sich jetzt gegen Osten, um sich wo möglich nach seinem Lande zu retten. Und nun verachteten ihn die römischen Heere, indem sie sein Heer erreichten, es geringschätzten und sich darüber Herr fühlten. Da er nun sah, daß sie ihn einschlossen und sich ihm von allen Seiten her widersetzten, so fand er sich genöthigt, eilig nach dem Gebirge zu fliehen, mit Hinterlassung seines ganzen Lagers und seines Pavillons (ܦܐܦܠܝܘܢ), d. h. seines Zeltes,[*]) all seiner Geräthe, seines Schatzes an Gold, Silber und Perlen, aller seiner prächtigen kaiserlichen Gewänder — und leer zu entfliehen. Da eilten die Römer herbei, bemächtigten sich des ganzen Lagers und tödteten Alle, die sie daselbst trafen. Sie nahmen sein ganzes Geräthe, sowie das seiner Vornehmen, auch das Anbetungszelt des Feuers, welches er anbetete, seine Reit- und Lastpferde, und Manche bereicherten sich hier; so daß manche Römer, welche kaiserliche Dinge fanden und nahmen, sich erdreisteten, nahmen, was sie fanden, flohen und sich nie mehr betreffen oder sehen ließen. Diejenigen aber, die aus dem persischen Lager entflohen waren und sich gerettet hatten, gingen weinend hin zum König und sagten: Herr! die Römer haben uns überfallen, haben Viele von Deinen Knechten getödtet und unser ganzes Lager geplündert und genommen. Er aber, als er dies erfuhr, antwortete ihnen: Laßt sie gehen. Er hatte nämlich befohlen, sein ganzes Heer solle ihn umgeben und eine Mauer von Schilden ihm errichten. Er stellte sie in Reihen auf, ritt durch sie hindurch, ermahnte sie, ihnen seine weißen Haare zeigend, und sagte: Meine Brüder und Söhne! Schonet meine grauen Haare und zieht hin und streitet für das persische Reich, damit es nicht verspottet und verhöhnt werde! Siehe, wie ein Reiter, einer von Euch, streite ich mit Euch! Seine Vornehmen nämlich zankten beständig mit ihm und sagten: Einen schlimmen Namen bekommt Persien durch uns, da noch nie Einer von den persischen Königen das that, was Du gethan hast, und uns verführte, um in diesen Bergen zu sterben. Von eben Demselben erfuhren die Römer, was unter ihnen gesprochen worden. Wiederum aber versuchten es die Perser und wandten sich nach einer andern Seite, um nach einer Stadt zu fliehen. Sie zogen gegen Melitene; und wenn da der Neid und die Spaltungen der römischen Anführer gegen einander nicht gewesen wären und sie sich mit einander verglichen hätten, so würden sie dort ihn und sein ganzes Heer

---

*) Παπυλαιών, παπυλεών, papilio, tabernaculum. Dasselbe Wort an derselben Stelle hat der mehrfach citirte Bar. Hebr. l. c. — ܦܐܦܠܝܘܢ — und erklärt es ebenso wie Johannes: ܡܫܟܢܐ ܗܘ —.

aufgerieben haben. Sie gaben einander das Wort, trennten sich und um=
zingelten ihn, indem sie nach dem Patricius Justinianus, dem Sohn
des Germanus, sich umsahen. Justinianus aber fürchtete sich und
floh vor ihm, und auch seine Gefährten holten ihn nicht ein und halfen
ihm nicht. Als dies Er und sein Heer sahen, nahmen sie sich ein Herz
und ermuthigten sich, gingen hin nach Melitene und warfen Feuer hinein.

IX. Geschichte.

Vom Brande Melitene's und dem Uebrigen, was später geschah.

Da nun der Perser nach der Stadt Melitene kam, so ließ er sie
sogleich ganz in Feuer aufgehen. Während er nun wegzog, um über
den Euphrat zu setzen, indem er sich nach seinem Lande wandte, ließen
ihm die römischen Heerführer also entbieten: Das, was Du gethan hast,
daß Du gekommen bist und die Stadt verbrannt hast, ist nicht Art eines
Königs, Schaden? ($\varkappa\lambda\acute{a}\sigma\mu\alpha\tau\alpha$, ‎ܡܣܚܒܠ) anzustiften und umherzuziehen.
Denn selbst für uns, die wir (nur) Diener eines Königs sind, wäre es
sehr unziemend gewesen, wenn wir das gethan hätten, was Du gethan
hast, auch nur Einer, wie Du, der Du Dich nicht bloß für einen König,
sondern für den „König der Könige" hältst. Denn nicht schickt sich für
einen König derlei, haufenweise hinzugehen, um zu plündern, zu fliehen,
Feuer anzulegen und zu verbrennen. Vielmehr ziemt das einem König,
kräftig, zuversichtlich und königlich offen den Kampf zu bestehen; wenn
er siegt, so soll er wie ein König triumphiren, und nicht wie ein Dieb
hingehen, Schaden anrichten, stehlen und fliehen. Aber rüste Dich und
laß uns offen im Kampfe jetzt gegen einander stehen, damit Sieg und
Besiegung bei den Anderen deutlich erkannt werde. Als er das hörte,
befahl er auf den folgenden Tag eine Schlacht an im Campus (‎ܦܣܩܘܣ),
im Osten der Stadt, in einiger Entfernung von ihr. Am Morgen des
Tages waren beide Theile frühzeitig einander gegenüber gestellt, auf einem
kleinen Raume. Sie blieben in Reihen stehen und betrachteten einander
vom Morgen bis sechs Uhr, ohne daß sich ein Mann von seiner Stelle
rührte. Der König aber stand hinter seinem Heere; und sie betrachteten
einander, wer zuerst anfangen werde. Da schwuren uns Jene, die das
Alles uns erzählten, und welche Dolmetscher der Römer und Perser
waren: Endlich gaben wir — drei von uns — unseren Pferden die Sporen,
ritten aus den römischen Reihen in die Mitte beider Theile und kamen
schnell hin bis zum Eingange der persischen Reihen und kehrten ebenso
schnell zurück. Drei Mal [thaten wir das], ohne uns ihnen zu nähern,

indem wir mit der [größten] Schnelligkeit hinliefen und beide Theile uns beobachteten (ـجـر) und nach uns hinsahen; denn wir waren vorgerückt, um sie zum Kampf zu reizen. Und so rührte sich Niemand von ihnen von seiner Stelle und ging gegen uns, indem sie wie eine Mauer gereiht und aufgestellt waren, und ließen auch einander Nichts zusagen. Endlich aber ließ er sagen: Nun kann keine Schlacht heute mehr sein; die Zeit dazu ist vorbei. Daher kehrten sie von einander in die Lager zurück. Nachts aber, bevor der Morgen graute, befand sich der König und sein Heer am Fluß Euphrat, indem er sich alle Mühe gab, um über den Strom hinüberzukommen, der (hier) gegen sechs Meilen von Melitene war. Die Römer nämlich setzten ihm nach, um ihn beim Flusse einzu-zwängen und zu Grunde zu richten, was sie auch thaten. Die Perser wurden aufgehalten, und als das persische Heer sah, daß das römische ihm in den Rücken gekommen, stürzte es sich zu Pferde in den Strom und es versank und ertrank mehr als die Hälfte des Heeres. Er selbst aber und die Uebrigen retteten sich mit Noth auf den Pferden und durch Schwimmen und kamen hinüber und zogen eilig nach Römisch-Armenien. Dennoch ließ er während des eiligen Marsches, alle Ortschaften, auf welche sie trafen, verbrennen, und wandte sich so nach den hohen Bergen von Karcha*) (خـرجـ?), auf denen nie ein Weg war, und wurde genöthigt, sein Heer vorauszuschicken und sich einen Weg zu bahnen. So fällten sie alles Holz und mußten manchmal die Berge abtragen und abstechen und ihm so einen Weg machen. Und so rettete er sich bestürzt und bewegten Her-zens kaum aus den Händen der Römer und kam in sein Land nur mit größter Noth. Daher erließ er den Befehl und gab das Gesetz: „Der König soll nie mehr zum Kriege ausziehen, wenn er nicht gegen einen König selbst auszieht."

X. Geschichte.
Von dem, was den Römern zuletzt in Persisch-Armenien zustieß.

Die römischen Feldherren waren, nachdem sie die herrlichsten Siege erfochten und in vielen Schlachten gesiegt, die Mehrzahl Derjenigen, die gegen sie geschickt worden, erschlagen, alle nördlichen Völkerschaften, die den Persern unterthan waren, bezwungen und unterworfen hatten, hin-gegangen waren und bis auf viele Parasangen in den persischen Ländern

---

*) Südlich vom späteren Bagdad, nicht weit von Seleucia. Ein Bisthum .K. bei Wiltsch, Kirchl. Geogr. u. Stat. I. 224. Dies kann hier kaum gemeint sein.

hin verheert — bis auf drei Parasangen von der persischen Hauptstadt,
die Elephanten der Perser erbeutet und genommen hatten, so daß die
Elephanten Constantinopel erfüllten, und in Vielem, was über die Erzählung hinausgeht, triumphirt hatten, ganz Persien sich vor ihnen fürchtete
und der persische König endlich im Jahre 880 des Alexander in sein
Land zurückgekehrt war —: da waren nun die Römer sorglos und stolz
auf ihren Ruhm, als Leute, die gegen einen König gestritten und gestanden. Von da an lebten sie furchtlos dahin, indem sie meinten, nun befreit zu sein und ausruhen zu wollen von allen Kriegen und Kämpfen.
Alle Heere begannen nun voll Zuversicht sich der Sorglosigkeit zu überlassen, indem sie die Waffen ablegten und alle ihre Pferde auf die Weide
ließen. Und siehe! plötzlich kamen ihre σκοῦλκαι (ܣܩܘܠܩܐ),*) d. h. ihre
Spione, und sagten: Steht auf und waffnet euch, das persische Heer
kommt zu euch mit dem Marzban Tam-Cosrûn (تم خسرو);**) (sorgt
für euer Heil) gebet Acht! Als sie das hörten, verlachten und verspotteten sie dieselben und sagten: Sollten es diese wagen können und
sich bei uns sehen lassen? Und sie staunten nicht und wollten sich nicht
rüsten. Als sie das noch sprachen, traf sie schon das persische Heer, da
sie noch nicht zum Kampfe mit ihnen gerüstet waren, sondern ihnen bloß
das Antlitz zeigen wollten. Als sie aber saßen, daß sie lange Reihen
wie Mauern entfalteten und herankamen, befiel sie Alle zumal Furcht
und Entsetzen und sie geriethen in Bestürzung, da sie nicht einmal beisammen waren und sie selbst sich zerstreut hatten, um sich dem Essen
und Trinken und der Ausschweifung hinzugeben. Alle, die es sahen, erschracken und begannen zu fliehen; Andere, die Andere fliehen sahen,
fürchteten sich und flohen gleichfalls; und die Anführer, als sie sahen,
daß sie verlassen würden und das Heer ihnen entfliehe, flohen gleichfalls.
Jeder, der seine Waffen nehmen und sein Pferd holen konnte, bestieg es
und floh. Wenn Einer zu Fuß mit seinen Waffen floh und diese ihn
im Laufen aufhielten, so warf er seine Rüstung auf den Weg hin und
floh wehrlos; bestieg Einer bewaffnet sein Roß und es hinderte ihn seine
Waffe, so warf er sie weg von sich. Ermüdete das Pferd, so stieg er
ab und floh zu Fuße. So zogen die Perser ohne Eile ihnen nach, ohne
sie zu verfolgen, sondern sie verspottend, höhnend und auslachend, daß
sie 120,000 waren und ihrer nicht mehr als 30,000, und vor ihnen sich

---

*) Oder *Κούλκαι*, Sculcae - Excubiae, Vigiliae — Du Cange s. h. v. Dasselbe
Wort an derselben Stelle Bar-Hebräus.

**) Τα(ο)χοσδρώ Περσῶν στρατηγός bei Menand: Exc. de Legat. p. 172. sq.
Ed. Par.

so gefürchtet hatten und flohen, während sie vor ihrem König sich nicht gefürchtet hatten und nicht geflohen waren. So brachten zuletzt alle römische Heere mit ihren Befehlshabern sich in üblen Ruf, da die Perser nicht einmal das Schwert gegen sie gezogen, oder einen Bogen gespannt oder einen Wurfspieß auf sie abgeworfen hatten. Sie sammelten aber alle ihre Waffen und Waaren (ﺯﻋﻲ)*), Panzer, Schilder, Helme Speere, Schwerter, Lanzen, Bogen und Köcher mit unzähligen Pfeilen. Es wurde aber zuletzt gesagt und von Jedermann erzählt, daß dies über die Römer kam, weil sie Gott erzürnt hatten. Da sie nämlich in jene nördlichen Provinzen kamen, die christlich waren, und mit Priestern, Evangelien und Kreuzen ihnen entgegenzogen, hatten sie auf dieselben keine Rücksicht genommen. Zuletzt hatten die Römer in der Gottlosigkeit und im Uebermuth Knaben von einem und zwei Jahren genommen; die Einen ergriffen den Einen oder Anderen beim Fuße, zerschmetterten ihn oben, wie sie konnten; Andere fingen ihn, wenn er hinabfiel, mit Lanzen und Schwertern auf, durchbohrten sie und warfen sie den Hunden vor. Auch Mönche hatten sie beschimpft, getödtet und geplündert. Auch „Eingeschlossene" (Einsiedler. S. Cast. p. 274) führten sie aus ihrer Zurückgezogenheit auf viele Jahre heraus, alte und ehrwürdige Leute, hingen sie auf, folterten sie und schnitten ihnen die Schamtheile mit den Schwertern ab, indem sie zu ihnen sagten: Bringt Gold und Silber! Auch Nonnen mißhandelten sie also, so daß sie einem bitteren Tode überliefert wurden. Durch diese Missethaten, welche sie, wie man sagte, thaten, hatten sie Gott erzürnt und auch er machte sie zu Schanden und zerbrach sie vor ihren Feinden, so daß sie vor ihnen nicht bestehen konnten.

XI. Geschichte.
Von den persischen Armeniern, die sich den Römern ergaben.

Von dem Grunde, den die persischen Armenier hatten, zu kommen und sich den Römern zu ergeben, von der Zeit und den vielen Kriegen und der Verheerung daselbst, sowie davon, daß sie nach der Hauptstadt

---

*) Dasselbe Wort an derselben Stelle hat wiederum Abul-Pharag, Chron. Dyn. VIII p. 89. lin. ult. — ﺍﻗﻠﺎﺏ. — Der Uebersetzer Bruns giebt es mit merces. Ich setze seine Bemerkung hieher — aus der Uebersetzung Notae p. XVII.: ﺍﻗﻠﺎﺏ nisi sit Graecum σέβας —,,,res Sacra"" — vox corrupta est, quam cum Chald. ﺯﺑﻦ, „merx, quae venditur"" comparavi". — Es ist aber ζάβα, Zaba, lorica = τὸ λωρίκιον. — Du Cange Gloss. s. h. v.

sich begaben, vom Kaiser empfangen, mit ansehnlichen Präfekturen und vielen Geschenken ausgestattet wurden und über andere derlei Sachen, haben wir schon oben eine kurze Erwähnung gethan. Jetzt aber wollen wir mit unserer Rede angeben, daß unser römischer Kaiser alle diese Kämpfe mit den Persern hatte, um Jene, die zu ihm kamen und Hilfe suchten wegen des Christenthums, nicht preiszugeben. — Nachdem der Kaiser nun sozusagen alle Armenier mit Geschenken und herrlichen Gaben bereichert und ihnen auch einen Steuernachlaß auf drei Jahre bewilligt hatte, ließ ihm der Perser sagen: Gib mir meine Knechte, die sich gegen mich empört haben, zurück. — Er aber gehorchte ihm nicht. Da wurde der Perser schlau und wandte sich in Schreiben an die Armenier: Er wolle ihnen nichts Böses zufügen und der Thorheit nicht gedenken. Darauf hin fielen sie von den Römern wiederum ab, und die ganze Provinz ging hin und unterwarf sich, mit Ausnahme der Häuptlinge, die in Konstantinopel beim Kaiser waren, d. h. aber die ganze Provinz, ungefähr 20,000 fielen ab, gingen hin und ergaben sich den Persern. Er kehrte auch zurück und nahm Armenien wie früher in Besitz. Ihre Häuptlinge aber, darunter Einer, Namens Varbün (ܘܪܒܘܢ), und alle seine Begleiter nebst dem König jenes Volkes, Namens Gorgonius, mit allem seinem Volke, das sich den Römern ergeben, der gleichfalls in der Hauptstadt mit großen Ehren wohnte, — kamen und ergaben sich dem K. Justinus im fünften Jahre seiner Regierung, d. h. im Jahre 882 des Alexander; und deßhalb (ich ziehe ܣܢܬܐ herunter) bestand wiederum Krieg ihretwegen (einige) Jahre lang.

XII. Geschichte.

Von den Gesandten der Römer und Perser, die aus den beiden Reichen sich auf den Grenzen versammelten, um mit einander über Alles zu richten und zu urtheilen, wegen dessen die Kriege entbrannt waren, wie sie einander vorwarfen.

Es wurden ferner im Jahre 887 drei Senatoren mit einer Gesandtschaft nach den Grenzen geschickt: der Patricius Theodorus, Sohn des Magisters Petrus und die Consularen Joannes und Petrus aus der Familie des K. Anastasius*) nebst Zacharias, dem Oberarzte (ܪܝܫ ܐܣܝܐ) und Sophisten. Von den Persern aber kam

---

*) Dieselbe Nachricht findet sich bei **Menand. de Legat.** p. 120.

Maebodes (مابودس)*) nebst Anderen und saßen bei Dara, wel=
ches die Perser inne hatten, um miteinander über das zu rechten und
nachzuforschen, was in beiden Staaten geschehen war. Jeder Theil
erwiederte dem anderen und sagte: Ihr habt die Billigkeit über=
schritten durch diese oder jene That; und ebenso auch die Anderen.
Sie brachten aber auch andere Anklagen vor und sagten: Ihr habt den Frie=
den zwischen beiden Staaten gebrochen, seid hinübergegangen und habt
unsere Provinzen verheert. Die Anderen aber sagten: Eure Araber sind
hinübergegangen und haben bei uns verwüstet. Und so saßen sie mit
solchen wechselseitigen Anklagen, Urtheilen und Untersuchungen einander
gegenüber, bis sie zu Schmäh= und Schimpfreden kamen. Sie brachten
so sprechend und anhörend ein Jahr hin, und darüber, und jede Par=
thei berichtete ihrem König, während der gottliebende Cäsar Tibe=
rius Antwort empfing und gab, weil der K. Justinus krank war.
Obschon nun beide Parteien Frieden wollten unter sich, so bewies doch
jede derselben Trotz gegen die Andere, um sich nicht zu unterwerfen und
sich gegen die andere nicht nachgiebig zu zeigen. Der römische Cäsar
nämlich ließ den Persern sagen: Wir freuen uns sehr über den Frieden,
der mit dem Schwerte (gemacht wird). Willst Du Frieden, so weigern
wir uns nicht (نصمد); willst Du aber Krieg, so demüthigen wir uns
auch nicht vor Dir, sondern rüsten uns gegen Dich. — Der Perser aber
darauf sehend, daß ihm drei Talente gegeben worden, um auf drei
Jahre Frieden zu schließen, dachte auch hier so: wenn er mit den Rö=
mern Frieden schließen solle, so solle er jedes Jahr ein Talent erhalten.
— Als dies der Cäsar erfuhr, ließ er ihm schreiben: Du irrst Dich sehr,
wenn Du glaubst, das römische Reich gebe Dir auch nur ein Pfund
(مثنا مِنا) für den Frieden, und denkst, daß wir den Frieden um
Geld kaufen, sondern wenn Du willst, daß wir einander mit der bei=
der Reiche würdigen Ehre behandeln, so soll Friede unter uns sein;
wenn aber nicht, so nimm den Krieg hin! — Als der Perser solchen
Bescheid erhielt, wurde er nicht wenig bestürzt über diese Rede; er wil=
ligte aber auch ein, daß ein würdiger Friede ohne Geld zu Stande
komme. — Als der Cäsar auch diese Antwort vernahm, schrieb er zu=
rück: Wisse, daß das römische Reich niemals schwach war, sondern stark
und Niemanden unterthan ist; und ich weiß nicht, warum sich frühere
Kaiser herabließen, den Persern jährlich 5 Talente zu geben. Wisse aber,
daß das römische Reich nie wieder, — weder Dir, noch einem Ande=

---

*) Μεβώδης, bei den Byzantinern oft genannt. — Menand. de Legat. p. 104. ff.
(E. Par.)

ren 5 Pfunde gibt, weil Deine Gesandten bei dem barbarischen Volke der
Türken (ﺗﻮﺭﻛﺎﻳ) sich rühmten und sagten: die Römer seien Sklaven
und zahlten wie elende Sklaven Tribut. Wenn Du aber dies nicht ver-
bietest, so will ich mit Dir keinen Frieden haben. — Da nun Vieles entschieden worden, d. h. sogleich, so ertheilte er nicht bloß einfach (ﺳﻴﻤﻔﻠﻴﺴﻴﺘﺮ
simpliciter) den Befehl, sondern gewährte sogleich auch Steuernachlaß
(für die Armenier), ließ die Friedensurkunden ausfertigen und schickte
sie den Gesandten an die Grenze. — Als der Cäsar weiter sah, daß er
sich dazu herbeilasse, ließ er ihm sagen: Gib uns jetzt die Stadt Dara,
und wir wollen Frieden machen. — Als dies der Perser vernahm, gerieth
er darüber in große Bestürzung und schrieb: Dara habe ich nach dem
Kriegsgesetz genommen; Du aber hast die Länder unserer Knechte, der
Armenier, nicht im Krieg genommen und behauptest sie auch nicht
(dadurch). Gib mir Armenien, und ich gebe Dir Dara. Da nun der
Cäsar in Betreff der Armenier (sich beunruhigte) Anstand nahm, sie
preiszugeben als Christen, da sie ja auch deshalb sich dem christlichen
Reiche ergeben hatten, so kamen die Gesandten beider Parteien aus diesem Grunde in großen Streit mit einander, so daß sie sich bewaffneten,
um mit dem Schwerte aufeinander loszugehen. So gingen sie über einander erbittert auseinander, und der Friede hörte nun ganz und gar
auf, indem nun beide Reiche sich zum Kriege rüsteten. Der persische
Gesandte aber berief seine Feldherrn, machte sie aufmerksam und sagte:
Geht und bewachet die Grenzen; die Römer machen (halten?) keinen
Frieden!

XIII. Geschichte.

Von der Verheerung, welche die Perser sogleich in den (nächsten) Tagen im römischen Gebiete anrichteten.

Abarmihân*), Groß-Marzban der Perser, der mit dem römischen Gesandten den Frieden besprochen, versammelte, sobald sie entschieden, daß kein Friede mehr sei, von Zorn, daß er von den Gesandten
geschmäht worden, erbittert sogleich ein Heer, zog hin, verheerte sengend
und brennend das ganze Gebiet von Dara, Tela, Telbesme**)
und ***) Resaina (o. Rhesina oder Rhesen, ebenfalls in Meso-

---

*) ﺍﺩﺭﻣﻮﻥ — Bar-Hebr. ﺍﺩﺭﻣﻮﻥ Adarmûn, sonst Adarmônes.
**) ﺗﻠﺒﺴﻤﺎ Telbesmo pagus (ﻣﺮﺑﻊ) in Mesopotamien, Assem. T. I. p. 273.
***) Wiltsch, Kirchl. Geogr. u. St. 1 463 ff.

potamien ܡܣܓܪܐ — ܢܨܝܒ܀ — Nach Assem. T. I. p. 26. 399. war R. eine Stadt ܡܕܝܢܬܐ) große Ortschaften, Kirchen, Klöster und die ganze Landschaft. Verheerend, brennend und mordend kam er hin nach Tela und sagte zu ihnen: Uebergebt uns die Stadt, damit euch nicht geschieht, was den Darenfern geschehen, die zu Grunde gerichtet worden sind. — Wo sind nun eure Gesandten, die uns gedroht haben? Sie sollen jetzt kommen und auf uns losgehen! Die Einwohner von Tela aber antworteten ihm: Wir können sie euch jetzt nicht übergeben, weil wir Briefe erhalten haben, daß der Patricius Justinianus ausgezogen ist, um (hieher) zu kommen, und daß 60,000 Longobarden bei ihm sind. Wenn wir uns nun euch ergeben, so kommt er und vertilgt uns sofort vom Erdboden. — Daher zogen sie von ihnen weg, und verbrannten den großen und mächtigen Tempel der Gottesgebärerin außerhalb der Stadt, nebst anderen Missethaten. Sie kehrten nun nach Dara zurück, indem er die Römer verspottete und sich des Verderbens und der Verheerung rühmte, welche sie angestiftet, der Gefangenen, die sie gemacht, und der vielen Beute, die sie mit fortnahmen.

XIV. Geschichte.

Vom Comes Mauricius u. s. w. und von der Flß und der Verwüstung der Perser.

Die Anführer der römischen Heere näherten sich einander nicht und schrieben für und gegen einander an den Cäsar. Als dies der gottliebende Cäsar sah, berief er Einen von den Seinigen, Namens Mauricius, den er an seiner Statt zum Comos excubitorum ernannt hatte und der daher auch Comes genannt wurde, und befahl ihm, sich nach dem Orient als Oberbefehlshaber zu begeben. Er gab ihm die Gewalt, zu leiten, zu ordnen und zu führen alle Stratelaten und Tribune des ganzen Heeres; seinen Befehl und das Wort seines Mundes sollte ja Niemand zu übertreten wagen. Er gab ihm Vollmacht, von ihrem Dienste zu bestätigen und zu lösen, was er wolle, und entließ ihn mit vielen Talenten zum Unterhalt der Heere. Vor diesem hatte er schon einen Praefectus Praetorii, Namens Gregorius gesandt, um den Aufwand (δαπάνη ܢܦܩܬܐ;) der Heere zu überwachen und zu bestreiten; derselbe aber veranstalte mit dem Allen einen Triumph daselbst in Armenien. Der siegreiche Mauricius aber begab sich seinem Befehl und seiner Sendung gemäß zuerst nach der Provinz Cappadocien, weil er selbst ein

Cappadocier war. Er versammelte sogleich viele „Römer" und brachte
sie zum Dienste, nahm auch viele (Freubitoren und Skribonen*) und das
Heer, das sich einfand, mit sich und versammelte, und reihte auch von
den Jberern und Syrern viel Volk ein. Er ging nun hin und wohnte
zwischen Armenien und Syrien, d. h. in Citharizon, ließ alle An=
führer sich versammeln und besprach sich mit ihnen, ordnete sie, gab ih=
nen Befehle, bestärkte und entließ sie. Zwei Monate lang wohnte er
dort; sein Name verbreitete sich und es befiel Furcht vor ihm alle Per=
ser, welche sahen, daß die römischen Heere zahlreicher und stärker seien,
als sie. — Da sie nun dort waren, fiel Furcht über sie; sie gebrauch=
ten eine List, wandten sich gegen Persien nach Armenien zu und ließen
den Einwohnern von Theodosiopolis sagen: Nach drei Tagen haltet
euch bereit und nehmet Krieg an! — Als die Römer dies Mandat
(مندیل) vernahmen, ließen sie es dem Comes Mauricius melden. Da
befahl auch Er dem ganzen Heere, sich zum Kampf zu rüsten. — Die
Perser aber, sobald sie diesen Bescheid hatten entbieten lassen, suchten
die Römer mit List zu hintergehen. Sie rüsteten sich, versammelten ihr
Heer, überschritten ihr Land, kamen und zogen heimlich gegenüber von
Maipheract**) in's römische Land und begannen zu verheeren und
zu verbrennen das ganze Gebiet der Sophener, und besonders alle Kir=
chen und Klöster, und ebenso auch das ganze amidensische Gebiet und
die ganze Provinz. Sie kamen gegen Amid (آمد) zu, verbrannten alle
seine Umgebungen bis an dessen Mauer, alle herrlichen Kirchen und
Klöster, die es umgaben, und belagerten die Stadt drei Tage lang. Da
sie aber sahen, daß sie ihrer nicht Herr werden konnten, und ferner
sich fürchteten, Mauricius möchte sie mit seinem Heere erreichen, und da
sie Verheerung anrichten wollten, so verbrannten und plünderten sie die
ganze Provinz Mesopotamien aus, — durch Raub und kehrten in ihr
Land zurück. — Als nun die Römer am Termin (προθεσμία ܦܪܘܬܣܡܝܐ)
zum Krieg bereit waren, hintergingen die Perser dieselben, zogen zuletzt

---

*) Σκρίβωνες — ܐܣܩܪܝܒܘܢܐ — τῶν σωματοφυλάκων τῆ Βασιλέως ὑπερφε-
ρόμενα. Scribones ab Imperatoribus in provincias mitti solitos ad man-
data perferenda vel exequenda, legimus apud Gregorium M., — a quo viri
magnifici indigitantur. — Nach dem Biographen des H. Eutychius von Ctp.
γεννναίτατοι — Generosissimi. — Praefecti satellitii Imperatorii. - Du-Cange
Glos. s. h. v. Bulld. Act. Ss. Apr. T. I. p. 565 u. LXXV.

**) Tagrit zu Mesopotamien, welche Stadt die Syrer aber verschieden benennen: ܚܕܝܒ
Tagrit; ܡܠܦܪܩܝܢ Malpherkin; ܡܝܦܪܩܛ Maiphercat; ܡܝܦܪܩܬ — Mai-
pheracta und Martyropolis — ܡܝܦܪܩܬ ܩܪܝܬܐ. Assem. B. O. T. I., 174.

wie zu Diebstahl und Raub aus, verbrannten, verheerten und plünderten ganz Mesopotamien im Jahre 888 des Alexander, in demselben
Jahre, wo auch Mauricius aus der Hauptstadt hinabzog. Und so
nahmen sie in größter Eile die Gefangenen und Alles, was sie fanden,
und flohen in ihr Land aus Furcht vor den Römern; und nachdem sie
in 18 Tagen all' dies Unheil angestiftet hatten, kehrten sie heim.

XV. Geschichte.
Von dem, was nachher durch Mauricius ausgeführt wurde.

Als nämlich der Comes Mauricius das hörte, gerieth er in die
größte Aufregung und Zorn, versammelte sein ganzes Heer und schlug
den Weg nach Arzun*), einer reichen persischen Provinz, in der Hitze
des Zornes ein, daß er von den Persern getäuscht und verhöhnt worden, daß sie gekommen waren, verheert und große Gefangenschaft von
ihnen gemacht hatten, geflohen und bis an den Tigris (ܕܩܠܬ?) erobernd
vorgedrungen waren. Er zog nun hinab, nahm Alles gefangen, verheerte und verbrannte die ganze Provinz. Weil sie aber wahre Christen
ohne Trug waren, so zogen sie den Heeren und Heerführern mit dem
hl. Geräthe, mit Kreuzen und dem Evangelium entgegen, indem sie von
ihnen einen Schwur (ܡܘܡܬܐ) für ihr Leben verlangten und sagten: Er-
barmt euch über uns! die wir Christen sind, wie ihr; wir sind ja auch
bereit, dem christlichen Kaiser Kriegsdienste zu leisten. — Als Mauricius und die Uebrigen dies von Vielen derselben vernahmen, ließen sie
Gnade ergehen und sagten: Jeder von euch, der leben und für den
christlichen König streiten will, soll sein Eigenthum fortschaffen und alles
Vieh, das er hat, mitnehmen und mag leben, und wir tödten ihn nicht;
wenn wir ihn aber nach zwei oder drei Tagen hier treffen, so stirbt er.
So rettete sich die Mehrzahl derselben vom Verderben, floh und zog in das
römische Gebiet — die Mehrzahl der [Leute der] arzun'schen Provinz. —
Als dies dem Kaiser bekannt wurde, ließ er sie nach der Insel Cyprus schicken und in alle Ortschaften der ganzen Insel vertheilen, und
sie waren (blieben) daselbst. Die Perser aber, die sich in's römische Gebiet hin-
übergestohlen und aus Furcht vor Mauricius Brand angelegt hatten,
damit er sie nicht in der Eile erreiche, zogen sengend und brennend, soviel sie nur konnten, in 15 Tagen eilig weiter und kamen furchtsam flie-
hend in ihr Land hinüber, bevor sie Mauricius erreichte.

---

*) ܐܪܙܘܢ? ܐܪܙܢ bei Dionys. Jac. Patr. in Chron. apud Ass. B. O. T. I. p.
196. A. heißt nebstdem Arzanene, Azazene, Azanene, wie Assem. beweist.

XVI. Geschichte.

Von Mundar Bar-Charet und Mauricius, die nachher mit einander in das persische Gebiet hinüberzogen.

Ferner versammelten Mauricius und Mundar Bar-Charet, König der Araber, mit einander ihre Heere, zogen auf dem Wüsten-Wege hinüber in die persischen Provinzen, gingen hin und drangen viele Parasangen weit in den persischen Provinzen vor (ein), bis zum aramäischen Gebiete. — Da sie nun bei der großen Brücke des aramäischen Gebietes ankamen, in der Hoffnung, über dieselbe hinüberzuziehen und die vornehmsten Städte des persischen Reiches einzunehmen, fand es sich, daß die Brücke abgebrochen war, welche die Perser auf die Kunde davon hin abgebrochen hatten. — Daher sahen sie und ihre Heere (eine große) Demüthigung, besonders aber die Römer; sie kamen mit einander in Streit und kehrten um, ohne einen Vortheil errungen zu haben, ja indem sie gedemüthigt kaum sich retten, und nach dem römischen Gebiete gelangen konnten. Sie schrieben nun schlimme Anklagen gegen einander, indem Mauricius von Mundar meinte, er habe vorher den Persern es sagen und melden lassen, und sie hätten dann die Brücke abgebrochen, damit sie nicht hinüberkämen. Das war eine Lüge: der Kaiser aber hatte viele Mühe, sie mit einander auszusöhnen, und (es, gelang ihm) kaum, obgleich er es den (beiden) Anführern zusagen ließ. Zuletzt aber reiste Mauricius zum Kaiser hinauf, und es wurde nicht bekannt, ob er den Mundar verklagte.

XVII. Geschichte.

Vom persischen Marzban, der hinüberging und das Gebiet der Telenser wiederholt durch Brand verheerte, sowie das der Edessener und Haranenser (ﺣﺮﺍﻥ) u. s. w.

Da nun die Perser sahen, daß Mauricius und Mundar in ihr Land hinabgezogen seien, und bemerkten, daß die Provinz von dem Heere entblößt sei, so zog der persische Marzban, Namens Adarm'hân, mit einem zahlreichen Heere hinüber in's römische Gebiet. Er kam in das Gebiet von Tela und Rhesaina, zerstörte und verbrannte den Rest, den sie das erste Mal übrig gelassen hatten, und zog weiter in das Gebiet von Edeſſa, einer reichen Provinz. Auch über die ganze Provinz von Arzun (اَرْزَوْن') verbreiteten ſie Brand und Zerſtörung. Er kehrte nun zuverſichtlich und furchtlos heim, als ob er in ſeiner Provinz viele Tage zugebracht hätte, ohne auch nur ein Haus ſtehen zu laſſen, überall wo er durchzog, und ſpottend über das ganze römiſche Heer, daß es ihn nicht verjagen konnte. — Endlich aber, als Mauricius und Mundar aus dem perſiſchen Gebiete gedemüthigt (traurig) hinaufſtiegen, und er vernahm, daß ſie ihm entgegenziehen wollten, ließ er ihnen höhniſch ſagen: Weil ich gehört habe, daß ihr zu mir heraufkommen wollt, ſo macht euch keine Mühe zu kommen, da ihr durch die Anſtrengung des Marſches ermüdet ſeid, ſondern erholt euch, ich komme ſchon zu euch. — Und nach all' der Verheerung, Plünderung und Gefangenſchaft, die er angeſtiftet und gemacht und Alles gethan, was er wollte, als er zuletzt hörte, daß ſie ihm entgegenziehen wollten, ſo nahm er alle Beute und alle Gefangenen, die er gemacht, — floh aus dem edeſſeniſchen Gebiet und begab ſich in ſeine Provinz, ohne daß ihn Jemand dahin trieb — von den 200,000 Römern, die des Kaiſers (Speiſe) aßen; ſondern als er hinabzog, zogen ſie ihm entgegen, und da ſie ihn nicht erreichen konnten, ſagten ſie, er ſei geflohen.

XVIII. Geſchichte.

Von Mundar Bar-Charet und dem Siege, den er errang.

Bei Mundar Bar-Charet aber verſammelte ſich das ganze Heer der perſiſchen Araber, während auch das perſiſche Heer mit ihnen ſich rüſtete, um hinaufzuziehen und den Mundar zu überfallen, nachdem er aus dem perſiſchen Gebiet heimgekehrt war. — Als er das erfuhr, ſo verſammelte er als ein kriegeriſcher Mann unverzüglich ſein Heer, ſchaute ſich in der Wüſte nach ihnen um, indem er Kundſchafter ausſchickte und erfuhr, wo und wie ſie wären. Er überfiel ſie nun plötzlich, ohne daß ſie es merkten, brachte ſie in Beſtürzung und Verwirrung, tödtete und vernichtete ſie, und ergriff Andere und legte ſie in Ketten und Feſſeln, ſo daß nur Wenige von ihnen entkamen. Von da aus ſchlug er den Weg nach dem Lager derſelben ein, zerſtörte und verbrannte es und kehrte mit vieler Beute und zahlreichen Gefangenen zurück, einen herrlichen Triumph feiernd.

XIX. Geschichte.

Von dem, was von den Gefangenen, die in Antiochia gefangen faßen, geschah, das Cosrän im persischen Gebiet erbaut hatte, und darin alle Gefangenen aus dem römischen Gebiet eingeschlossen hielt, — bis auf den heutigen Tag.

Nachdem Dara und Apamea u. s. w. eingenommen waren, brachten die Perser alle Gefangenen aus denselben in das persische Gebiet, deren Zahl, als sie in Nisibis dem König vorgezählt wurden, 275,000 betrug. Die Uebrigen aber, die nicht vertheilt wurden, brachte er hin, und hielt sie in Antiochia gefangen, das von ihm erbaut worden, als er Antiochia erobert und eingenommen hatte. Er hatte dann nach dessen Namen in (seinem) Lande eine Stadt gebaut, worin er alle Gefangenen aus Antiochia und dessen Land (χώρα, ‏ܟܘܪܐ‎) einschloß, sowie auch diejenigen aus Dara und Apamea und alle andern Gefangenen, die er in der Folge machte. — Diese gaben nun auch bei der strengen Haft und Bewachung, die sie erfuhren, die Streiche nicht auf, die sie, wie sie meinten, — zu ihrer Hilfe erdachten. Sie spannen nämlich ein Geheimniß an mit einem von den Persern, welche sie und die Mauer bewachten, sammelten Drachmen und gaben ihm 500, damit er zwei von ihnen Nachts an einem Stricke hinablasse an der Stelle, wo er wachte. Eben daselbst befanden sich auch fromme Leute, arabische Mönche, wovon der Eine Benjamin hieß und der Andere, der sein Schüler war, Sámuel. Diese machten sich bereit, wenn sie davon und in Sicherheit kämen, sogleich den Weg zum römischen Kaiser einzuschlagen und ihm über die Gefangenen zu berichten, daß viele Tausende in Antiochia eingeschlossen seien. — Da ließen auch alle Gefangenen durch ihn sagen: Siehe! Wir sind mehr als 30,000 hier eingeschlossen, und der Perser, die uns bewachen, sind nicht mehr als 500 Mann. Wenn aber Einer von den römischen Feldherrn geschickt wird, und sich nur außerhalb der Stadt sehen läßt, tödten wir die Perser, gehen fort und retten uns in's römische Land. — Als dies heimlich von der ganzen Gefangenschaft mit dem Mönche besprochen worden, ließ der Perser, der die Bestechung angenommen, ihn und seine Begleiter Nachts an Stricken von der Mauer hinab, und sie flohen und retteten sich ins römische Land. Vorher theilte er es den römischen Präfekten mit, die nun ebenfalls schrieben und es dem Kaiser zuschickten. Als er nun in der Hauptstadt anlangte, kam er zu uns.*) Da er nun dies dem Magister er-

---

*) Nach Land's Uebersetzung dieser Stelle — p. 167, fiele die Schuld auf den Magister.

zählte, und dieser hinging und es dem Kaiser Tiberius berichtete, vernachläßigte er es und hielt es für nicht wahr. So wurde die Sache der Befreiung all dieser unglücklichen Gefangenen verzögert und vereitelt.

XX. Geschichte.

Vom Tode Cosrûns, Königs der Perser, seiner Regierungszeit, u. s. w.

Es dürfte nicht unziemend sein, sei's auch über einen Mager und Feind zu berichten, wenn wir von der Zeit und dem Tode Cosrûn's, des persischen Königs, erzählen. — Derselbe war, wie seine Thaten bezeugen, schlau und weise, und beständig sein ganzes Leben lang beim Studium der Philosophie. Wie man sagt, trug er Sorge, die Schriften aller Religionen zu sammeln, indem er sie las und von allen Einsicht nahm, um zu erfahren, welche wahr und weise, und welche thöricht und voll Unsinn und leere Fabeleien seien. Da er nun alle las und betrachtete, so lobte er mehr als alle die christlichen Schriften und sagte: Diese seien wahrer und verständiger als alle Religionen. — Weil er aber sie beständig las und ihren Aussprüchen glaubte, so erschien er deshalb auch nicht als Christen-Hasser; und wenn er auch von den Magern aufgereizt wurde gegen die Christen, so schien es doch nicht sehr, daß er Verfolgung gegen die Christen anbefahl. — Einst brachte nämlich der Katholikos der Nestorianer, der beständig bei ihm war, Anklagen gegen die wenigen orthodoxen Bischöfe vor, die es im persischen Gebiete gibt, weil alle Bischöfe des ganzen Perserlandes Nestorianer sind, und nur wenige Orthodoxe sich unter ihnen befinden. — Als nun der Katholikos heftige Anklagen wider sie vorbrachte, befahl der König, daß sie kämen und vor ihm miteinander über ihren Glauben disputirten, damit er selbst erfahre und beurtheile bei sich, was unter und von ihnen gesagt würde, und ihre Worte beurtheile und wisse, was daran Vernünftiges sei. — Da nun diese Orthodoxen kamen, ließ er beide Parteien, wie sie wären, versammeln und vor sich kommen. Als sie nun vor ihn kamen und beide Parteien hüben und drüben vor ihm standen, — während das Haupt der Orthodoxen ein Bischof war, ein heiliger Mann, Namens Achub'mo (ܐܚܘܕܡܗ)*), hieß sie der König mit einander disputiren und besprechen, was sie bezüglich ihres Glaubens hätten. Da nun der Katholikos und seine Begleiter sich mit den Orthodoxen zu besprechen begannen, klagten sie ihn an, und er begann

---

*) Ein Achudemes wird als erster Maphrian von Bar-Hebr. genannt bei Assem B. O. T. II. p. 414; III. II. p. XCI. Der persische König läßt ihn 576 enthaupten.

zuzuſtimmen. Dann ſprachen ſie, löſten alle ſeine Worte und brachten ihn in Verwirrung, da ſie auch (noch) den König zum Richter nahmen. Weil aber das viel iſt, was auf dem Wege der Disputation unter ihnen beſprochen wurde, und nicht leicht zu beſchreiben, ſo wollen wir es über= gehen. Hierauf nahm der K. Cosrûn das, was von den Orthodoren geſagt worden, an, lobte es und ſagte zum Katholikos: Dieſe wiſſen, was ſie ſagen, und können ihre Worte beſtätigen und beſtärken, die auch mir ſehr wahr ſcheinen; die eurigen aber ſind verwirrt und unklar und haben kein Fundament. Wie mir ſcheint, könnt ihr eure Worte nicht einmal beſtätigen und ſie ſcheinen mir auch keinen Beſtand und keine Wahrheit zu haben, wie das von Jenen Geſagte. Dadurch iſt mir kund geworden, daß ihr ſie nicht mit Recht und Billigkeit vor mir verklagt habt. Und nun, da ich (das) geſehen und gehört, befehle ich, daß ihr nie mehr zu ihnen hinübergeht oder ſie beſchädigt. Als er dies befahl, fielen alle Orthodoren nieder, erzeigten ihm ihre Verehrung, ſagten ihm Dank und ſprachen: Herr! Sie verfolgen, überfallen und plündern uns, zerſtören unſere Kirchen und Klöſter und laſſen uns darin nicht Gebete und Bit= ten zu Gott ſenden für das Beſtehen und die Bewahrung Eures Lebens und Reiches. — Darauf befahl er ihnen beſtätigend und ſagte: Geht hin und baut eure Kirchen und Klöſter, und Niemand ſoll es wieder geſtattet ſein, euch zu beſchädigen. So beteten ſie ihn an, verneigten ſich vor ihm und kehrten nach ihren Landſchaften mit großer Freude zu= rück. Und nun lebten alle Orthodoren in den perſiſchen Provinzen mit vieler Freiheit und ohne Furcht. — Und als ſie dieſen Befehl er= halten hatten, wagten ſie eine große That zu thun, nämlich, daß auch Sie durch den ſeligen Herrn Jacob, Biſchof der Orthodoren, einen*) Katholikos aufſtellten, was von da an niemals (mehr) in einer perſi= ſchen Provinz ſtattfand und geſchah. Der Katholikos der „Gläubigen" aber nahm (von ſeiner Würde) Beſitz und beſtand von da an — bis auf den heutigen Tag.

XXI. Geſchichte.

Davon, daß Cosrûn zeigte, daß der Friedensbruch zwiſchen den (bei= den) Reichen ihn ſchmerze und betrübe, und davon, daß er auch, nach= dem jene große Verheerung in beiden Staaten ſtattgefunden, Frieden zu machen wünſchte, und ſehr nachgiebig war.

Man ſoll aber nicht glauben, daß wir um den Mager zu loben, ſeine Geſchichte zur Erinnerung gebracht haben, ſondern, — weil, wie

---

*) Der Grund der Benennung iſt nach Procop. L. 2. de bello Pers. cp. 25: — quod unus universae praeest regioni. — Ueber den neſtorianiſchen Katho= likos cf. Jos. Aloys. Assem. de Cath. s. Patr. Ch. et N. Comm. Praef. §. 4

beim Räthsel des Samson*), „vom Gefräßigen Speise ausging, und vom Bitteren Süßes ausging," so auch Er sehr bitter war,
und (das an sich hatte), was von einem Heiden und Irrenden ganz
besonders zu sagen ist; wegen dessen aber, was zum Gegenstande von
Geschichten paßt, kommt es in die Aufzeichnung seiner Geschichte. —
Als nämlich der Friede auf den Grenzen aufgehoben wurde, zeigte
er, daß er sich darüber betrübte und es bedauerte. Da man nämlich, wie man sagte, die beiderseitigen Friedensurkunden zusammenbindend und gegen Himmel haltend bei seiner Ankunft zu Dara vor
ihn trat, da sagte er: Siehe großer Gott! der du es weißt, daß ich
nicht gewollt habe und nicht will all' das Verderben und Vergießen von
Menschenblut, das in beiden Staaten stattfand. — Ferner auch als sein
Tod nahe war, zeigte er, daß er nachgebe und wünsche, daß Frieden
sei, indem er jedes Jahr, wo er Frieden mache, ein Talent Goldes zu
erhalten gedachte, wie es in den drei verflossenen Jahren Brauch gewesen war. — Da aber die römischen und persischen Gesandten sich auf
den Grenzen versammelten zu einem Traktate und um den Frieden zu
besprechen, da, wie wir oben erzählten, zeigte sich der siegreiche Tiberius, da er noch Cäsar war bei Lebzeiten Justins, und alle Perser
sich vor ihm fürchteten, sehr hochherzig, erhob sich und sagte: Das römische Reich ist nicht gedemüthigt und dem persischen nicht unterworfen,
und wir geben dafür, daß Friede sein soll, kein einziges Talent. Wenn
aber der Friede nicht mit der des Reiches würdigen Ehre zu Stande
kommt, so mache ich nie mit euch Frieden. — Das bereitete dem persischen König keine geringe Bestürzung. Er versammelte auch seine Mager und sagte zu ihnen: Wir haben erfahren, daß bei den Römern Giner Cäsar geworden, der noch sehr jung und kriegerisch ist. Ich aber
bin, wie ihr seht, alt und kann nimmer mit Kriegen mich abmühen;
wollen wir also jetzt mit den Römern Frieden schließen, da wir über sie
Nichts vermögen! — Sie beriethen sich also und ließen sagen: Glaubt
nicht, daß ich nach Geld geize und das Geld mehr ehre, als den Frieden. Wir wollen nun mit der beider Reiche würdigen Ehre Frieden
schließen, und die Verheerung soll aufhören, ohne daß ich etwas verlange. — Als er das versprach, warf der siegreiche Cäsar Tiberius
wieder ein anderes Hinderniß dazwischen, indem er sagte: Denke auch
nicht, daß Du von dem Gelde, das Du bisher von den Römern erhieltest, auch nur ein Pfund wieder bekommst; denn das römische Reich
ist nicht so schwach, daß es den Persern Tribut bezahle. Der Perser

---

*) Judd. XIV., 14.

aber ließ Jenen entbieten: Das Geld, das von den früheren Kaisern gegeben worden, war bestimmt worden und Du hast es nicht festgesetzt; wisse aber, daß ich, weil mir der Friede lieber als Alles ist, auch auf diese Talente verzichte, und laß uns Frieden machen. Da nun der Cäsar sah, daß der Perser sich dazu herbeiließ und einwilligte, entbot er ihm: Wenn Du uns Dara nicht gibst, machen wir mit Dir keinen Frieden. — Darüber aber entrüsteten sich die Perser. Der Friede wurde aufgehoben, man entfernte sich mit Streit von den Grenzen, so daß man sich sogar gegen einander bewaffnete, und es begann sogleich die Verheerung in beiden Staaten. Sogleich aber zu dieser Zeit starb König Cosrûn, und es regierte sein Sohn im Jahre 890, nachdem α, wie man berechnete, 48 Jahre regiert hatte.

XXII. Geschichte.

Vom Sohne des perfischen Königs Cosrûn, der nach ihm zu regieren begann, — Namens Hormizdas.

Als nun König Cosrûn gestorben war, wurde einer seiner Söhne, Namens Hormizd, nach ihm König, der, wie seine zu besprechenden Siege und seine Thaten zeigen, ein leidenschaftlicher, wilder Jüngling „von wenig Hirn" war. Als er nun zur Regierung kam, so war er als ein hochmüthiger und verstandesloser Mensch so aufgeblasen und stolz, daß er nicht einmal nach königlicher Sitte das Symbol (Symbolum ــــــــ) der Herrschaft dem römischen Kaiser sandte, während doch der Cäsar Tiberius, obwohl beide Reiche in Streit und Kampf waren, das Symbol der Regierung, wie es Gesetz ist, nicht verweigerte, sondern, sobald er als Cäsar regierte, die Geschenke des Regierungs-Symbolums dem Cosrûn zusandte. Ebenso schickte sie auch Cosrûn, da er zu regieren begann, dem K. Justinianus, der ungefähr drei Jahre vor ihm zur Regierung gekommen war. Dieser aber sagte in seinem Unverstande und Hochmuth: Was soll ich Knechten Geschenke schicken? — und schickte sie also auch nicht. Doch nicht das allein, sondern er (verhöhnte) auch die römischen Gesandten, die an seinen Vater mit kaiserlichen Geschenken und Schreiben abgeordnet waren. Da sie in Antiochia ankamen, erfuhren sie, daß Cosrûn gestorben sei, und sein Sohn nach ihm König geworden. Als dies unsere friedfertigen römischen Kaiser vernahmen, befahlen sie den Gesandten, es dem auszurichten, der herrsche, und sich zu ihm zu begeben. —*) Er ließ sie voll Hochmuths hin-

---

*) Näher erzählt dies **Menand.** de Legg. l. vm. p. 168—170. (Ed. Par.)

überkommen, empfing sie mit Hohn, und bereitete ihnen lange Zeit hin=
durch große Drangsal, indem sie in enger Haft gehalten wurden und
nahe daran waren, ihr Leben zu verlieren und einzubüßen. Daher rie=
then ihm seine Mager, sie zu entlassen. Aber auch da ließ er sie nicht
auf dem geraden Wege gehen, sondern schickte einen Mann mit und ließ
sie hohe und steile Berge ersteigen, damit sie umkämen und stürben, so
daß sie zu ihren Führern sagten: Wenn ihr uns tödten wolltet, warum
habt ihr uns nicht sogleich öffentlich getödtet und uns hieher gebracht,
damit wir durch das Elend in diesen Bergen umkommen? — Gott aber
half ihnen; sie wurden gerettet, und das. wurde dem Kaiser und allen
Leuten erzählt, von der Bosheit und dem Unverstande desselben.

XXIII. Geschichte.

**Durch welche Ursachen von Anfang an das Unheil entstand, und der
Friede zwischen (beiden) Reichen gebrochen wurde.**

Erster Grund des Friedensbruches ist die Uebergabe der Persarme=
nier an die Römer. Ein zweiter Grund der heftigen Feindschaft ist der,
daß der römische Kaiser Gesandte zu jenen barbarischen Völkern im In=
neren der persischen Provinzen schickte, die man Türken nennt, nebst
vielen anderen Gründen, wodurch die Perser zu diesem Aerger und die=
ser Feindschaft kamen. — Der K. Justinus nämlich schickte in seinem
siebenten Regierungsjahre Gesandte zu den sogenannten Türken, —
einen vornehmen Mann, Namens Zemarchus*), während früher nie=
mals eine römische Gesandtschaft zu diesen großen und mächtigen Völ=
kern geschickt worden war. — Da dieser Gesandte nun, wie er erzählte,
nach einem ganzen Jahre in jenen Gegenden anlangte, und der König
eines dieser Völker erfuhr, — es gab nämlich noch acht andere mächtige
Könige weiter drinnen von ihm, — daß eine Gesandtschaft der Römer
zu ihnen geschickt worden, gerieth er alsbald in Staunen und (Rührung),
und fiel in heftige Trauer und bitterliches Weinen, besonders, als er
die Gesandten empfing und lange Zeit vor sich stehen sah, ohne daß die
Leute mit ihm zu sprechen wagten. Andere erzählten: Als er so bitter=
lich weinte, und keiner von seinen Vornehmen mit ihm zu sprechen wagte,
fielen wir vor ihm auf unser Angesicht nieder und sagten zu den Dol=
metschern, sie möchten zu ihm sagen: Wir fragen Dich, o König, ob
Du deshalb, weil Du uns von Deinem Bruder, dem römischen Kaiser

---

*) Einen ausführlicheren Bericht über Zemarchus und seine Gesandtschaft f. bei
Menand de Legatt. p. 148. fgg. (E. P.)

zu Dir gesandt siehst, also weinst? — Als er das hörte, weinte er nur
noch bitterlicher lange Zeit, ohne mit uns ein Wort zu sprechen, zwei
Stunden lang. Dann ließ er ein wenig mit seinen Seufzern nach und
sagte zu uns: Damit ihr den Grund meiner Trauer und meines jetzigen
Weinens erfahret, so sage ich euch: Wir haben von Generationen und
Geschlechtern her diese Ueberlieferung empfangen: Wenn ihr Gesandte von den Römern in diesen Gegenden seht, so wisset und es gelte
euch für wahr, daß die ganze Welt vergeht und aufhört, alle Reiche
aufhören, und alle Menschen sich gegenseitig umbringen, sogleich in jenen Zeiten. Deßhalb habe ich, als ich euch jetzt sah und mich daran
erinnerte, getrauert und geweint. Nachdem wir nun Vieles vor ihm gesprochen, brachten wir viele Geschenke (δῶρα ‌‌‌) an Gold und Silber, Edelsteinen und herrlichen königlichen Gewändern vor, die wir ihm
anboten. Als er sie sah, staunte er, nahm sie an und schied sogleich
jene aus, die dort für die prächtigsten und schönsten gelten. Es befanden sich aber persische Gesandte dort. Sie fragten also die römischen
Gesandten: Ist es denn wahr, was mir die Perser sagen: „der römische
Kaiser ist unser Knecht und zahlt uns Tribut wie ein Knecht." Als das
Zemarchus hörte, antwortete er ihm und sagte: das lügen sie. Viele
römische Kaiser sind hinabgezogen und haben ihre Provinzen verheert
und eingenommen, wie der römische K. Trajanus. Dieser zog hinab,
unterwarf und bezwang sie, so daß sie bis auf den heutigen Tag sich
fürchten und vor seiner Statue beben, die er sich in ihrem Lande errichtete, und Keiner von ihnen vorüberzureiten wagt. Man soll sie rufen,
und wir wollen es ihnen persönlich vorwerfen, und sie können es nicht
läugnen. Darauf ließ er sie kommen und sagte zu ihnen: Habt ihr mir
nicht gesagt, der römische Kaiser ist unser Knecht, da ihr, wie diese
sagen, dem bloßen Standbild des römischen Kaisers, welches er sich in
euerem Lande errichtet hat, bis heute unterthan seid und euch davor
fürchtet. Wie sind diese euere Knechte, da ihr doch vor der Bildsäule
des römischen Kaisers zittert und ihr unterwürfig seid? Ist das wahr?
Sie erwiederten ihm: Ja, Herr! es ist wahr, seine Statue (ἀνδριάντος
od. ἀνδριαντίσκος — אנדריאנטוס — اردويل) ist in unserem Lande.
Er aber sagte zu ihnen: Und warum habt ihr gelogen und mich getäuscht? Und er schwur: Wäre ich wie ihr, so ließe ich euch sogleich
enthaupten, und so entließ er sie zornig. Als sie nun zu ihrem König
zurückkehrten, erzählten sie ihm, sie hätten römische Gesandte dort getroffen und diese hätten ihnen wegen des Standbildes des Trajanus
Vorwürfe gemacht, und da wir es nicht läugnen konnten, erzürnte er
über uns und entließ uns zornig. Als aber der Perser das hörte, ge-

rieth er in Bestürzung und Erbitterung und ließ aus diesem Grunde die Bildsäule Trajan's umwerfen und wurde in seiner Feindschaft nur noch bestärkt. Er meinte nämlich, die Römer reizten diese Völker wider sie auf, und vermehrten so nur noch mehr den Ruhm der Römer. Und so geschah das, wie es die Gesandten erzählten, wovon wir nur Weniges aufgezeichnet haben. Die römischen Gesandten aber kehrten im zweiten Jahre zurück und erzählten viel Wunderbares von der Menge dieser Völker, der Merkwürdigkeit dieser Gegenden und der Ordnung und Festigkeit ihrer Regierung.

XXIV. Geschichte.

Von dem schändlichen (e. garstigen l̤ﺑ) Volke der sg. Avaren.

Dieses Volk nun, das nach seinen Haaren Avaren heißt, kam in den Tagen des K. Justinianus und ließ sich im römischen Lande sehen. Als er ihre Gesandten empfing, bereicherte er sie mit Gold, Silber, Gewändern, goldenen Gürteln und Sätteln, und Anderem dgl., was er ihnen gab und durch sie ihren Häuptlingen zuschickte, so daß sie sich wunderten und wieder Andere schickten; und auch ihnen gab er und bereicherte sie. Da wurden nun oftmals etwelche unter verschiedenen Vorwänden geschickt, und nicht blos das, sondern auch haufenweise (?) kamen sie, und Alle beschenkte und belud er, und sie gingen davon. Er meinte, durch sie alle seine Feinde bezwingen zu wollen, so daß sich vom ganzen Senate und der ganzen Stadt Tadel wider ihn erhob: dieser erschöpft das Reich und beschenkt die Barbaren! Als er nun aus der Welt schied, und sein Schwesterjohn Justinus Kaiser wurde, fand sich ein Haufe von ihnen ein, um der Gewohnheit nach zu holen und fortzugehen, so daß sie nach wenigen Tagen zu Justin hingingen, und zu ihm sagten: Gib uns, wie uns der Verstorbene gegeben hat, und laß uns heimzieh'n zu unserem König. — Der K. Justinus aber als Einer von denen, welche sich darüber ärgerten und es tadelten, daß sie aus dem Reiche nur holten und forttrugen, sagte zu ihnen: Ihr erhaltet Nichts mehr von dem Reiche, und könnt ohne Gewinn fortgehen; von mir erhaltet ihr Nichts mehr und könnt gehen. Und da dieselben drohten, wurde er zornig und sagte: Ihr todten Hunde wollt dem römischen Reiche drohen? Wisset, daß ich das Haar von euch Allen scheeren und euch den Kopf abschlagen lasse. Er ließ sie nun ergreifen, in Kähne werfen und aus der Stadt schaffen; und man ging hinüber und sperrte sie in Chalcedon ein, an 300 Mann. Es wurde da-

selbst ein Heer mit*) Skribonen und Scholaren**) aufgestellt, die sie 6 Monate
lang bewachten. Und so entließ er sie endlich und schickte sie fort, indem er ihnen drohte und sagte: Wenn ich hier (wieder) Einen von euch sehe
oder in meinem ganzen Staate, so lebt ihr nicht mehr. Daher fürchteten sie
sich vor ihm, hörten auf und ließen sich nicht mehr vor ihm sehen. Endlich aber schickten sie zu ihm Gesandte der Freundschaft und Unterwerfung, und was er ihnen befehle, wollten (würden) sie thun; und so
blieben sie alle seine Tage hindurch Freunde. Weil sie aber ein mächti-
ges Volk waren, reicher und mächtiger als viele nördliche Völker, die
sie unterwarfen und schlugen, so überfielen sie endlich bei einem Uebergange jenes großen Stromes, der Donau (Danubius ‏دنوبس‎?) heißt,
das andere große Volk der Gepiden, schlugen sie, erbten ihr Land, be-
wohnten es und breiteten sich in dem guten Lande aus. Zuletzt schickten
sie als Freunde Gesandte mit List an den K. Justinus, d. b. aber
deren König, und verlangten von ihm, daß er ihm Mechaniker und
Bauleute schicke, um sich einen Palast und ein Bad zu bauen; und er
schickte ihnen auch solche. Als sie nun hingingen, ihm einen Palast und
ein Bad erbaut und vollendet hatten und verlangten, entlassen zu werden und heimzukehren, da nun enthüllte er seine List und zeigte den
Trug seines Herzens. Er ergriff sie, zückte das Schwert wider sie und
sagte: Wenn ihr nicht mit euerer Kunst eine Brücke über die Donau
schlagt, damit wir nach Belieben hinüberziehen können, so lebt Keiner
von euch mehr, und ich lasse euch den Kopf sogleich abschlagen. Da er
sie nun drängte, sagten sie zu ihm: Wer kann oder könnte je eine Brücke
über den Strom schlagen, der wie ein Meer ist? Und wenn wir auch
es thun könnten, so wäre es gegen den römischen Staat, und der Kaiser würde uns tödten. Das können wir weder, wenn wir sterben müssen, noch wenn wir leben, thun. Und sofort ließ er zwei von ihnen enthaupten. Da fürchteten sich die Uebrigen vor dem Tode, und verspra-
chen: Wenn ihr uns viel großes und starkes Holz bringt, so thun wir
es und wollen nicht sterben. Da zog nun viel Volk aus, fällte viel
großes und starkes Holz, und so durch den Tod durch's Schwert gedrängt, versuchten sie es und schlugen eine sehr breite Brücke. Nachdem
nun K. Justinus 13 Jahre regiert hatte, schied er aus der Welt und
der siegreiche Tiberius, der mit ihm vier Jahre als Cäsar regierte,
erschien nach ihm als Selbstherrscher. Derselbe, sowie der ganze Staat

---

*) Hier gar ‏اسقولارس‎ geschrieben; s. o. cap. XIV.

**) ‏اسكلار‎ — σχολάριος — Custodes Palatii vel Imperatoris etc. Du-Cange
Gloss. s. h. v.

ärgerte sich nicht wenig über die That, die im dritten Jahre seiner Re=
gierung nach Justins Tod geschehen war, und suchte die Brücke auf
alle Weise abzubrechen. Er vermochte es aber nicht sogleich, sondern sie
hielten sie besetzt, indem sie von ihm verlangten, er solle ihnen entweder
die Stadt Syrmium am Uebergange jenes Flusses geben, um darin zu
wohnen, oder sie wollten mit ihm kriegen und seinen Staat verheeren.
Er aber ließ sich durchaus nicht dazu bewegen, es ihnen zu geben. Und
siehe! sie versammelten sich, warteten ob sie eine Zeit fänden, wo sie zum
Kriege gereizt würden, und bauten auch eine zweite Brücke. Was nie=
mals geschehen war, das thaten diese wiederum — zum Bösen bereit.

XXV. Geschichte.

**Von dem Volke der Slaven und der Verheerung, die sie in Thracien
anrichteten — im dritten Regierungsjahre des friedfertigen K. Tiberius.**

Im dritten*) Jahre des Todes des Kaisers Justinus und der Regierung
des siegreichen Tiberius zog das verwünschte Volk der Slaven aus,
durchzog ganz Hellas (?ß?), die thessalischen und thracischen Provinzen,
nahm viele Städte und Kastelle ein, verheerte, verbrannte, plünderte und
beherrschte das Land und wohnte darin ganz frei und ohne Furcht, wie
in seinem eigenen. Das dauerte vier Jahre lang und so lange als der
Kaiser mit dem Perserkrieg beschäftigt war und alle seine Heere nach
dem Orient schickte. Dadurch hatten sie im Lande freies Spiel, bewohn=
ten es und breiteten sich bald darin aus, bis Gott sie (hinaus) warf.
Sie verheerten, brannten und plünderten aber bis zur äußeren Mauer,
so daß sie alle kaiserlichen Heerden — viele Tausende — und die der
Uebrigen erbeuteten. Und siehe! bis auf den heutigen Tag, welches das
Jahr 895 ist, wohnen, sitzen und ruhen sie in den römischen Provinzen,
ohne Sorge und Furcht, plündernd, mordend und brennend, sind reich
geworden und besitzen Gold und Silber, Pferde=Heerden und viele Waffen
und haben gelernt, Krieg zu führen, mehr als die Römer. [Und doch
sind es] einfältige Leute, die sich außerhalb der Wälder und holzfreien
(Gegenden) nicht sehen zu lassen wagen und nicht wissen, was eine Waffe
ist, ausgenommen zwei oder drei Lonchadien (λογχάδια — ﻟـﻨـﺨـﺎ), d. h.
Wurfspieße (ﺤـﺮﺑـﻪ).

---

*) Nach Menand: de Legg. p. 124 „gegen das vierte Jahr" dieses Kaisers.

XXVI. Geschichte.

Vom Kampfe der Römer und Perser, der bei der Stadt Tela im Monat Juni des Jahres 892 also stattfand.

Nachdem die große Verheerung in beiden Staaten, dem römischen und persischen, von beiden Seiten stattgefunden, wollte man sich über den Frieden der beiden Reiche besprechen. Er wurde auch durch die Bischöfe von Nisibis und Rhesaina und durch Zacharias*), einen Sophisten aus der römischen Mauer, besprochen. Endlich erhob sich ein blinder persischer Marzban und sagte im Vertrauen auf sein Heer und stolz und hochmüthig auf seine Tapferkeit, zu seinem König: Gib den Römern nicht nach und mache mit ihnen keinen Frieden; ich will sogleich hinüberziehen und sie Alle erschlagen, unterjoche alle ihre Provinzen und errichte in Antiochia eine Stoa (ܐܘܐ). Da er nun seiner Prahlerei vertraute, so unterließ er es — selbst hochmüthig — sich über den Frieden zu besprechen; und so sammelte sich der Marzban Namens Tam=Cosrûn Heere und wandte sich gegen Tela Mauzalat**), wo sich angesehene Feldherren und Heerführer befanden, kamen hin und umgaben die Stadt. Da zogen ihm die Feldherren entgegen und besonders ein muthiger und tapferer Mann, Namens Constantinus. Dieser ergriff Tags vorher einen Spion derselben und forschte ihn aus, wie der Marzban Tam=Cosrûn aussehe, an welcher Stelle des Heeres er marschire und sich befinde. Als er es erfahren, zog er auf der einen Seite zum Kampfe aus und erblickte den Marzban in der Mitte des Heeres; er rüstete sich nun eilig, ging hin, stürzte sich mitten in das persische Heer, traf ihn mit der Lanze, warf ihn vom Pferde, drehte die Lanze um und durchbohrte ihn. Es umgaben ihn aber persische ܚ̈ܝܐ?? und tödteten auch ihn, den Constantinus, daselbst, einen christlich gläubigen und tapferen Mann. Als nun die Perser den getödtet sahen, auf den sie mehr als auf den König vertrauten, und der geprahlt hatte, er wolle sogleich die Stadt mit Sturm nehmen und darin wohnen, und daß die römischen Heere sie von allen Seiten umgäben, so begannen sie sich zurückzuziehen. Die

---

*) Und kaiserlichen Leibarzt. Ausführlich handelt davon Renaud: de Legg. p. 120 f.

**) Tela oder Constantina. Daß es den Beinamen Mauzalat oder Mauzalta trug, ist aus Dionysius Jacob Patrch. und Gregor. Bar=Hebr. zu ersehen. Der Erstere schreibt in seinem Chronicon von der Erbauung derselben Stadt und nennt sie eine Stadt Mesopotamiens: ܡܕܝܢܬܐ ܕܒܝܬ ܢܗܪ̈ܝܢ. Vgl. Assem: B. O. T. I. p. 395 und 396.

Römer und Araber setzten ihnen nach, erschlugen und warfen von ihnen
Viele nieder, wie man sagte, viele Tausende, was wir aber, weil wir es
nicht genau wissen, um eine Lüge zu vermeiden, nicht angeben, wie es
erzählt wurde. Doch ist bekannt, daß Viele von ihnen fielen. Ferner
sagte man, daß noch drei andere Anführer derselben getödtet worden, und zur
Beschämung all ihrer Prahlerei seien sie geflohen, hingegangen und hätten
sich drei Monate lang an dem Fluß aufgehalten, der Beth-Usphi[*])
(ـــڢ ـــ) heißt, indem sie zusahen und sich zum Kriege rüsteten. Da
sie aber den Römern nicht zu widerstehen vermochten, kehrten sie mit
Schande in ihr Land zurück, ohne daß das, was sie gedacht hatten, nach
ihrem Plane ausgeführt wurde, indem vielmehr Jenes geschah.

XXVII. Geschichte.
Von Mauricius, der Oberbefehlshaber aller Heere im Orient wurde.

Diesen Mauricius — wenn die Erzählung seiner auch schon oben
gedacht hat — schickte, als der Patricius Constantinus, Sohn des
Germanus, Oberbefehlshaber aller Heere im Orient, aus der Welt
geschieden und die Befehlshaber einander nicht nachgaben, der gnädige
K. Tiberius, weil er als Notar bei ihm gewesen und er ihn schon
bei seinem Regierungsantritt zu Ehren gebracht und ihm die Stelle eines
Comes Excubitorum gegeben hatte, dann als Oberfeldherrn und Oberbefehlshaber der römischen Heere, die es im ganzen Orient gab, und setzte
ihn aller Kriegsleitung vor, um aufzunehmen und zu entlassen und zu
thun, was er wolle. Als er diesen Befehl erhielt und mit einem zahlreichen Heere und Erkubitoren und Skribonen auszog und in der Provinz Cappadocien ankam, woher er auch stammte, nämlich aus der Stadt
Arabissus, so wählte er sich viele junge Leute zuvor aus der Provinz
aus und ließ sie als „Römer" dienen; und ebenso auch aus der Provinz
Hanzit[**]) (ـــ ـ) in Armenien und aus Syrien, als er dort ankam.
Er ging nun zuerst hin, schlug sein Lager bei der Stadt Kitharizon[***])
(ـــ ـ) auf, und es erschrack die ganze persische Provinz vor ihm wegen
seines früheren Rufes. Der Marzban aber, der in Persarmenien wachte,
ließ, da er sich fürchtete und unter Vorwänden vor ihm fliehen wollte,

---

*) Beth-Usfa. Nebenfluß des Tigris nördlich von Balada. K. v. Spruner
hist. XII. T. 60.

**) Der Magazei — ـــ ـ — „locus in confinio Persarum atque Armenorum".
Dionys. in Chronico ad a. Gr. 706 zählt es zu Syrien. Assem: B. O
T. I. p. 249.

***) In Armenien. Spruner, hist. Atlas Tafel 60.

den Vornehmen, die in Theodosiopolis sich aufhielten, mit List entbieten: Wie lange wollen wir denn noch dasitzen und einander beobachten? Bis in 30 Tagen wollen wir uns rüsten zum Kampfe und kämpfen und sehen, wer siegt und wer besiegt wird. Als dies ausgesprochen worden, ließen es die Vornehmen dem Comes Mauricius melden, und er befahl ihnen, ihm zu sagen: Wir sind schon bereit. Da nun die Römer auf diesen Bescheid bauten, entflohen der Marzban und sein Heer in der Nacht und zogen weg, indem sie ihr Land überschritten, in das römische Gebiet hinübergingen, gegen Maipheralt*) zu. Sie begannen nun mit Verheerung, Brand, Mord und Plünderung im ganzen sophenischen**) und amidensischen Gebiet und kamen bis nach Amid, das sie einschlossen und drei Tage belagerten. Da sie aber sahen, daß sie der Stadt nicht Herr würden, verlangten sie, daß man ihnen Geld gebe für die Auslösung der Stadt und damit sie deren Umgebungen nicht in Brand steckten. Man glaubte ihnen aber nicht, indem man dachte, sie würden sie doch verbrennen, ob sie nun etwas erhielten oder nicht. So geriethen sie in Zorn, verbrannten alle Kirchen und Klöster, große und kleine, und Sonstiges außerhalb derselben und durchzogen so Alles, wo sie nur freie Hand hatten, und kehrten nach 15tägigem Rauben und Plündern heim — mit Eile und Furcht vor den Römern. Als dies aber endlich der Comes Mauricius erfuhr, nahm er in der Erbitterung sein Heer und zog nach Syrien, indem er ihnen nachsetzte, sie aber nicht erreichte. Da warfen sich nun die römischen Heere im Zorne und in der Wuth auf die Provinzen von Arzûn, verheerten sengend und brennend, mordend und plündernd alle Provinzen und gingen hinüber ins römische Gebiet, wie wir es schon in einer obigen Geschichte erzählt haben. Alle Gefangenen aber, die von da herüberkamen, wurden auf Befehl das Kaisers nach der Insel Cypern geschickt, in Städten und Dörfern vertheilt und befinden sich dort bis heute.

XXVIII. Geschichte.

Vom Krieg in Armenien und dem Uebrigen, was dort ausgeführt und gethan wurde.

Da nun die Mehrzahl des römischen Heers gegen Persarmenien war mit zwei Feldherren, Johannes und Cyrus***) (كورس — כורש),

---

*) S. o. Cap. XIV.
**) Vgl. Wiltsch, Atlas sacer, Tab. II.
***) So liest Procopius, de bello Vandal. l. II. cap. 21. Ebenso Bar-Hebr. Chron. Dyn. IX. p. 92. lin. 1. — خوسرو

so stellte auch der Perser ein Herr gegen sie auf. Da aber, wie wir auch schon oben berichteten, spaltete sich das römische Heer und es stanzden auf einer Seite ungefähr 50,000 und sagten voll Zorn und Aufzregung: Wenn wir unseren Sold (σιτήθεια — ܣܩܘܕ̈ܐ) nicht voll (πλήρης — ܣܡܝܟܐ) erhalten und man uns nicht den Betrag (ἀριθμοι — ܐܘܫܒܐ) für einen Jeden von uns, den wir nach unserer Stellung zu erwarten haben, bekannt gibt, zieht Keiner von uns zum Kampf aus und wir kämpfen mit Niemanden. Als dies der K. Tiberius erfuhr, schickte er sogleich ohne Verzug den kaiserlichen Curator usurae (ܡܒܕ̈ܘ ܐܣܝ) dahin, Namens Hormizdas Domentiolue*) (ܕܡܢܛܝܠܘܣ), inzdem er ihm viel Geld gab, um es unter sie zu vertheilen, und sie zu versöhnen und zu beruhigen; und so rüsteten sie sich zum Krieg. Zu derselben Zeit ließen die persischen Marzbane den römischen Anführern sagen: Wozu sitzen wir doch gegen einander und beobachten uns, wie Weiber? Wir wollen ins offene Feld ziehen und mit einander kämpfen. Als dies Cyrus, der Anführer des römischen Heeres, hörte, so ließ er als ein kluger Mann, der bei dem großen Narses gewesen und mit ihm viele Schlachten in den römischen Provinzen durchgekämpft hatte, ihnen sagen: Wir können jetzt nicht kämpfen, da nicht einmal unser ganzes Heer jetzt hier ist. Wenn ihr aber zu uns kommt, so wollen wir, wie wenn unser Gott uns ein Heer gegeben, euch entgegenziehen. Als das das Volk der Mager vernahm, zogen sie mit großer Zuversichtlichkeit hin, ohne nunmehr vor den Römern zu beben und sich zu fürchten. An demselben Tage aber rüstete Cyrus in der Stille sein Heer, nur ungezfähr 20,000, und zog Nachts bei der Morgendämmerung aus. Da sie nun sorglos ruhten und friedlich schliefen, überfiel er sie wie ein Feuer, das man im Walde gelassen, und wie die Flamme eines Bergbrandes, brachte sie in Bestürzung und Verwirrung und erschlug sie bis auf Wenige, die von ihnen flohen, und ergriff und fesselte Viele derselben. Er ergriff auch einen Marzban und seinen Sohn. Und so plünderte er ihr ganzes Lager und kehrte mit großem Triumph zurück, indem er ihre Waffen und Pferde wegnahm.

---

*) Ein Johannes D. bei Menand. de Legg. pag. 148. Ein D. auch bei Prozcop. de bello Pers. l II. cap. 24.

XXIX. Geschichte.*)

Von einem persischen Betrüger, der sich für einen Sohn des Königs ausgab.

Nach dem Tode Cosrün's, des persischen Königs, ließ sein Sohn Hormisdas, der nach ihm zur Regierung kam, wie es bei den dortigen Herrschern alte Gewohnheit ist, ihre Brüder zu tödten, ebenfalls seine Brüder theils tödten, theils blenden. Einen von ihnen aber, den sein Vater, wie man sagte, zur Herrschaft bringen wollte, den aber ihr ganzer Senat verwarf und nicht anerkennen wollte, hatte ein Wort Cosrün's auf den Weg gebracht und er hatte ihn noch bei Lebzeiten fortgeschickt, indem er zu ihm sagte: Geh doch fort, mein Sohn, während ich noch lebe, und fliehe, damit Du nicht sterben mußt. Da er nun geflohen war, so gingen bezüglich seiner allerlei Sagen, und man hörte und meinte bei seinen Landsleuten von verschiedenen Orten, er befinde sich dort. Da ging ein schlauer Betrüger von den Persern, ein Jüngling, hin, brachte allerlei Gründe und Beweise vor, damit man glauben sollte, er sei der entflohene Sohn des Cosrün. Daher kam er auch zu den römischen Feldherren in Persarmenien und sagte zu ihnen, er wolle sich dem römischen Reiche ergeben. Wenn mich der römische Kaiser aufnehmen und mir ein Heer geben will, so bezwinge ich alle persischen Heere und Provinzen, bringe meinen Bruder Hormisdas, der meine Herrschaft an sich gerissen hat, gefesselt (hieher) und überliefere ihn dem römischen Kaiser. Da ihn nun die römischen Anführer Vieles ausfragten, so stellte er viele Leute auf, die von ihm bezeugen könnten, er sei der Sohn des Königs, der vor seinem Bruder geflohen. So glaubte man ihm und schrieb dem Kaiser Tiberius über ihn, über alle Fragen, die man an ihn gestellt, daß man Leute gefunden, die ihn kannten und von ihm bezeugten, daß er der Sohn des Königs sei, und (seines Reiches) beraubt worden. Als dies der siegreiche Kaiser vernahm und all das, was ihm von den Heerführern geschrieben worden, für wahr hielt, so sandte er sogleich Abgeordnete mit viel Gold und Silber, vielen prächtigen Gewändern, Pferden und Maulthieren zum Ehrengeschenke für ihn ab und befahl, daß er feierlich in allen Provinzen und Städten (empfangen) werde von allen Richtern der Provinzen und zu ihm in die Hauptstädt komme. Das geschah auch, und er durchzog mit vielem Pomp und großen Ehren die Provinzen, indem auch er wiederum all das Seine (ἅπαντα — ܘ݀ܠ ܟܠܗ)

---

*) Cf. Bar-Hebr. Chron. Dyn. IX. p. 94.

als prächtige Geschenke vertheilte. Da er nun in Chalcedon an der Grenze der Hauptstadt ankam, befahl man ihm, dort zu bleiben, indem der Kaiser ihn genau auszuforschen gedachte. Es war nämlich ein Spathar*) des persischen Königs gekommen und hatte sich ergeben, der ihn kannte, nebst Denjenigen, die er zu ihnen als Gesandte hinabgeschickt hatte. Der Kaiser hieß sie nun hinüber zu ihm gehen und sehen, ob auch sie ihn kännten, und ihn ausforschen, damit er nicht etwa ein Betrüger sei und er verhöhnt werde. Als diese nun hinübergingen und ihn ansahen, kannten sie ihn nicht. Der persische Spathar aber, da er Vieles ihn ausgefragt hatte, und er die Wahrheit nicht bestätigen konnte — auf einem erhabenen Throne, wie ein König, sitzend, packte ihn beim Haare, hob ihn auf und warf ihn mit den Worten herunter: Du, ein todesschuldiger Betrüger, sitzest auf erhabenem Throne und die Vornehmen des Reiches stehen vor Dir! Und er schlug ihn auch in den Nacken, enthüllte so seine Betrügerei und er konnte sich nicht vertheidigen und die Wahrheit von sich beweisen. Daher ließ ihn der Kaiser in ein Hospiz setzen, ohne jedoch mit ihm nach seinem Betruge zu verfahren, sondern bestritt auch noch den Aufwand für ihn und seine Begleiter, obgleich der Kaiser ihn nicht sah. Man sagte aber, mehr als drei Talente seien für ihn verausgabt worden. Endlich aber wurde er sogar noch Christ.

XXX. Geschichte.

Von Sirmium, einer großen Stadt des Gepiden-Reiches, welche die Avaren durch einen Gewaltstreich nahmen.

Da nun das barbarische Volk der Avaren sich versammelte, jene zwei Brücken, die sie errichtet, behauptete und dort Krieg und Verderben (drohend) den römischen Provinzen wohnte, so ließen sie dem Kaiser Tiberius sagen: Wenn Du uns zu Freunden haben willst, so gib uns Sirmium, damit wir darin mit Deiner Bewilligung r̓ ̔ ̓en, wenn aber nicht, so nehmen wir es wider Deinen Willen und s̕ . ̔eine Feinde. Der Kaiser aber wies sie mit verschiedenen Worten und Versprechungen zurück, indem er es ihnen durchaus nicht geben wollte, sondern insgeheim eine Gesandtschaft zum Longobardenvolke schickte, um sie zu bingen und sie diesen in den Rücken zu bringen, und ebenso andren Völkern. Da

---

**) ⌊ܣܦ ⌋ — σπαθάριος — Armiger⌋ etc.⌋ Du-C. Gl. s. h. v. Verfehlt sind zwei Anmerkungen darüber in der Uebersetzung des Bar-Hebr. von Bruns Note 108.

aber diese ihn drängten, daß er ihnen seinen Willen nicht kundthun wolle, so berieth er sich und schickte zu ihnen den Narses, kaiserlichen Groß-Spathar*), um sich mit ihnen zu besprechen und sie hinzuhalten, indem er viel Geld von dem seinigen und dem des Reiches erhielt und ihm heimlich befohlen wurde, bei seiner Ankunft nicht sehr eifrig im Austheilen zu sein; wenn aber jene Völker kämen, solle er sie empfangen, über sie herfallen und nach Möglichkeit anschreiben. Da entbot er ihnen: Siehe! wir schicken den löblichen Narses, unseren Spathar, damit er komme, sich mit euch bespreche und Frieden schließe.

XXXI. Geschichte.
Von der Fahrt des Spathar Narses.

Der löbliche Spathar Narses reiste nun von der Hauptstadt mit großem Pomp, einem zahlreichen Heere, vielem Geld und prächtigen Gewändern ab. Da er nun viele Schiffe allerlei Art damit angefüllt hatte und sich zur Fahrt auf dem fürchterlichen Meere des Pontus (ـبـنـطـس) begab, sank ein Schiff, worauf das meiste Gold und Anderes, sowie auch einer seiner Diener**) und sonstige Eunuchen desselben sich befanden, die zur Bewachung dessen, was darauf war, darin saßen, am ersten Tage ihrer Fahrt unter. Als er das erfuhr, nachdem er vom Meere hinweg bereits an die Mündungen des Donaustroms gezogen war, so fiel er aus Betrübniß darüber in eine schwere Krankheit und nach schwerem und langem Leiden erreichte ihn auch sein Ende und er starb eines bitteren Todes. So war all das Seine vergeblich, indem er gar nichts ausführte; vieles Andere aber geschah in der Folge, wie es seine Thaten verlangten.

XXXII. Geschichte.
Daß zuletzt das, was man erwartete, nicht geschah, nämlich die Stadt Sirmium diesen Barbaren übergeben wurde.

Da nun das durch Narses nicht ausgeführt wurde, und auch jene Völker sich nicht beeilten, so war der Kaiser genöthigt, einen andren Mann, den Praefectus Praetorii Kallistros, zu den Avaren zu schicken. Derselbe ging auch hin und übergab ihnen die Stadt, weil er bei sich überlegt hatte, es sei besser, als wenn sie im Kampfe und mit Gewalt genommen

---

*) Proto-Spathar.
**) ﯨﺠﯩﺬ· μισϑάριος, Söldner.

würde — nachdem sie zwei Jahre lang eine heftige Hungersnoth ausgestanden, so daß man selbst Katzen nach allem Vieh und den übrigen
Thieren in der schrecklichen Noth aß, die nicht kleiner war, als die, von
der die Schrift berichtet, sie habe einst in Samarien stattgehabt.*) Man
sagte aber, auch wegen des Mitleids, das die Barbaren den dort vom
Hunger Gequälten bewiesen (sei ihnen die Stadt übergeben worden); was
zur Bewunderung und zur Beschämung für die Christen dienen könnte,
die sich um ihre Nächsten nicht kümmern und sich nicht erbarmen über
ihr eigen Fleisch. Als diese nun hingingen und die Todesqual des dortigen Volkes sahen, erbarmten sie sich über sie und gaben ihnen Brod
zu essen und Wein zu trinken. Da sie aber wegen der Entbehrung des
Hungers während der langen zwei Jahre zu gierig aßen, so starben sie
plötzlich dahin. Daher eilten die Ueberlebenden aus der Stadt hinweg,
und es nahmen sie die Barbaren in Besitz und wohnten darin.

XXXIII. Geschichte.
Vom späteren Brande Sirmiums.

Man sagte aber, nachdem die Barbaren die christliche Stadt in Besitz
genommen und ein Jahr lang darin gewohnt hatten, sei aus welcher Veranlassung immer — Gott weiß es — Feuer in die Stadt Sirmium
gefallen und habe sie plötzlich ganz zerstört und verbrannt. Die Barbaren aber, weil sie es nicht aufzuhalten und zu löschen verstanden, flohen
leer aus ihr hinweg, und sie wurde ganz vom Feuer zerstört. Vieles
aber gäbe es in diesem Betreff, was zur Erinnerung passend wäre, aber
wegen des Umfanges der vielen Geschichten haben wir das Meiste davon
übergangen.

XXXIV. Geschichte.
Von der Erinnerung vieler Kriege und zuletzt vom Kriege des Comes Mauricius und der Eroberung (b. den Gefangenen) von Arzün.

Wir haben nun in kurzen Zügen nur Einiges von dem, was sich
in den früheren Kriegen zutrug, nach und nach aufgezeichnet, sowie wir
nach genauer Erforschung es erfahren konnten. (Wir sprachen) vom
Kriege des löblichen Patricius Marcianus bei Nisibis und dem,
was sich dort ereignete. Dann von dem Uebergang des Cosrün mit

---

*) IV. Reg. VI. 25.

feinen. Heeren in das römische Gebiet und von der Einnahme von Dara und dann auch von Apamea (der Stadt) u. f. w. Dann von dem Zuge des siegreichen Mauricius nach dem Orient mit vielem Pomp; von der Furcht, welche auf das Magervolk fiel und davon, daß er, als fie ihn heimlich zu hintergehen gedachten, er das römische Gebiet in der Gegend bei Maipheract überschritt, sengend und brennend in größter Eile in 15 Tagen ins Gebiet der Sophener hinüberzog. Sie kamen nun nach Amid, und da fie fahen, daß fie die Stadt nicht erobern könnten, warfen fie in barbarischer Weise Feuer in alle ihre Umgebungen und verbrannten fie, Kirchen, Klöster u. f. w., nahmen die Gefangenen mit und kehrten eilig in ihr Land zurück. Ferner wie der Comes Mauricius, als er es erfuhr, in heftigen Zorn gerieth, ihnen nachsetzte, fie aber nicht erreichen konnte. Er wandte sich nun eilig nach der Gegend von Arzûn sengend und brennend, nahm alles Volk der Arzuniten gefangen und schaffte fie fort, indem er fie nicht tödtete, sondern ins römische Gebiet hinüberbrachte. Sie wurden Alle nach der Insel Cypern geschickt. Er eroberte dort die Kastelle und nahm eines mit Namen Phum*) (ﺦﻮﻣ) in Besitz und legte eine römische Besatzung hinein. Auch bei einem anderen, worin Perser ihm entgegen waren, nahm er ein Lösegeld und verließ es, Namens Chelimar**) (ﺮﻤﻴﻠﺤ). Sie versammelten sich nun, machten Frieden mit einander und gaben und nahmen von einander ohne Furcht.

XXXV. Geschichte.

Von einer anderen Burg, die Mauricius dem sophenischen Gebiete gegenüber baute, Namens Samokerth.

Ebenso beeilte sich der Comes Mauricius und erbaute auf dem hohen und breiten Berge, der Samokerth heißt, eine Burg, die gleichfalls Samokerth benannt wurde. Er legte Römer hinein, bestimmte ihnen Getreide und war um dieselbe in Allem bekümmert. Dieses Samokerth aber liegt im römischen Lande. Er überließ dessen Erbauung den Mechanikern und vollendete es aus dem persischen Lande (d. h. auf dessen Kosten?).

---

*) Ohne Zweifel identisch mit: τὸ Ἀφυμῶν φρούριον, das Menand: de Legg. p. 170 nennt. Spruner (hist. Atlas T. 60) hat ein Aphumes am Nymphius, östlich von Amid.

**) In der Nähe desselben ein Chlomaron, vielleicht mit Chelimar identisch.

XXXVI. Geschichte.

Von einer anderen Burg, Namens Akba*), welche am Kalat im Perserlande liegt.

Jenseits des Flusses Kalat**) aber auf der Grenze gegen Mai-pherakt zu ist ein steiler Berg, auf dem schon von langen Zeiten her das Verderben bringende Magervolk eine Burg zu bauen gedachte, aber da er zwischen den Römern und Persern einige Meilen von der Grenze steht, nicht bauen konnten — weder Jene noch Diese, da die Römer sich ihnen widersetzten und sie nicht bauen ließen. Sie wurde auch oftmals gebaut und wieder zerstört. Einst aber fanden die Perser eine Gelegenheit, bauten ein Schloß und besetzten es. Nach einigen Jahren aber warf sich ein römisches Heer auf dasselbe und schloß es ein, d. h. aber ein Feldherr Namens Aulus (Pol). Er hielt es lange Zeit hindurch eingeschlossen und belagert, bis Diejenigen, die darin wohnten, von Hunger und Durst bedrängt wurden und nahe daran waren, aus dem diesseitigen Leben hinzuschwinden. Da sie nun diese Bedrängnisse sahen, verlangten sie, man solle ihnen das Wort geben, daß sie nicht sterben müßten, nicht ergriffen und gefangen genommen würden und nach dem römischen Gebiet hinüberkämen, so würden sie ihnen die Burg übergeben und aus ihr fortziehen. Das thaten denn auch die Anführer und gaben ihnen das Wort; und sie öffneten nun und zogen Alle herab. Da sie nun abgezogen waren und Wasser fanden und tranken, so fielen sie hin und starben sogleich, sodaß nur Wenige von ihnen davon kamen. Der Feldherr aber und sein Heer stiegen hinauf, zerstörten die ganze Burg und ließen keinen Stein auf dem anderen, ohne ihn zu zertrümmern und den Berg hinabzuwerfen. Aber auch andere Anführer und die Mehrzahl des Heeres versammelten sich dort; und so wohnten sie an verschiedenen Orten getrennt und beobachteten einander.

---

*) Albas bei Spruner, an demselben Nymphius, einem Nebenflüßchen des Tigris.
**) ܐܟܒ, ein Nebenfluß des Tigris, an dem Tagrit liegt. Der „rapidissimus fluvius K. wird erwähnt bei Assem. B. O. T. l. p. 278. Vgl. Wiltsch, Atlas sacer, T. ill.

XXXVII. Geschichte.

Von dem persischen Gesandten, der gerade zu der Zeit an unseren römischen Kaiser abgeschickt wurde.

Zu derselben Zeit nämlich, wo Alba eingenommen wurde, im Jahre 894, wurde ein persischer Gesandter zu unserem römischen Kaiser geschickt, und man begann, sich über den Frieden zu besprechen. Der Gesandte wurde in Liebe entlassen und es begann nun geschickt zu werden . . . . . . sc. öfters eine Gesandtschaft von beiden Staaten, wie die Titel der folgenden Kapitel, die allein noch erhalten sind, zeigen.

Die Tritheïten.

ܒܥܝܢ ܗܟܝܠ ܡܘܕܝܢܢ ܐܝܟ ܐܒܗܬܐ ܕܟܠ ܚܕ

ܐܠܗܐ — ܗܘ ܘ ܒܪܐ ܘܪܘܚܐ ܩܕܝܫܬܐ ܠܐ ܕܝܢ ܟܠܢܐܝܬ ܠ ܟܢ

müssen wir also nach den Vätern bekennen, daß ein Jeder (Vater,
Sohn und Geist) Gott sei, aber nicht uns den gerechten Vor-
wurf des Tritheïsmus zuziehen!" Petrus Callinic. bei
Assem. O. B. Thl. II. p. 80.

I.

Die Geschichte des Tritheïten-Streites.

Es könnte vielleicht überflüssig erscheinen, sich nochmals an die Behandlung eines Gegenstandes zu wagen, der schon längst eine — wie es
scheint — hinreichende und allseitige Darstellung gefunden. Die Tritheïten sind von Walch*) ganz umfassend und mit Benützung aller Quellen
bearbeitet worden, die seine Zeit eben kannte. Allein wir sind seitdem
um nicht wenige genuine Zeugnisse aus dem Alterthum reicher geworden,
unter denen auch Johannes, Bischof von Asien oder Ephesus, mit
dem dritten Theile seiner Kirchengeschichte sich befindet. Seine Berichte
sind für diese Häresie von unverkennbarem Werthe und unentbehrlich, indem er namentlich über den geschichtlichen Verlauf des ganzen Streites
am meisten Licht verbreitet, wie keiner von all den Schriftstellern, die
desselben gedacht haben. Eben dies war der Grund, sie zum Gegenstande dieser besonderen Abhandlung zu machen.

Der Monophysismus war in den 150 Jahren, die wir vom IV.
allgemeinen Concil bis zum Lebensende des Joh. E. ungefähr zählen
dürfen, in viele Secten auseinandergegangen, die jedoch alle in der Ver-
werfung der von ihm so oft genannten „Synode von Chalcedon" einig
waren, was ihnen gerade den Universalnamen „Diakrinomenen, Häsitan-
ten" zuzog. Ein Zweig dieses großen Stammes waren die Tritheïten.

---

*) Ketzerhistorie, Theil VIII. S. 684. ff.

Alle, die nur je mit einiger Einsicht dem Tritheism nachgegangen, sind zu diesem Resultate gekommen und haben es zum Ausgangspunkte für diese Häresie gemacht, weil eine Quelle für alle maßgebend gewesen war. Es ist das Werk des Presbyters Timotheus „an der heiligsten „„großen Kirche"" (d. h. an der Sophienkirche in Constantinopel) und Sceuophylar der hochheiligen Gottesgebärerin in den Chalcopratien" — de receptione haereticorum bei Cotelerius (Eccl. Gr. Monum. T. III. p. 377 ff.). „Nachdem die hl. Synode zu Chalcedon versammelt gewesen und Dioskorus, Bischof von Alexandrien, von derselben durch gerechten Urtheilsspruch abgesetzt worden, sagten sich seine Anhänger von der heiligen, katholischen und apostolischen Kirche los und nannten sich „Diakrinomenen" (Διακρινόμενοι — Haesitantes oder Distinguentes) — wegen ihres Zauderns, mit der katholischen Kirche Gemeinschaft zu machen — eben der gedachten Synode wegen (διὰ τὸ διακρίνεσθαι αὐτοὺς κοινωνεῖν τῇ καθ. ἐκκλ. p. 406:)... Diese sogenannten Diakrinomenen, von der hl. allgemeinen Kirche Gottes getrennt, gingen in zwölf Sekten (τμήματα) auseinander, unter denen sich auch die sogenannten Tritheiten befinden, die er in Cononiten und Philoponiaker scheidet.

Ich fand des für zweckmäßig, einem älteren Forscher folgend, zuerst die hieher gehörigen Ereignisse ins Auge zu fassen und dann erst deren Lehre näher zu betrachten.

§. 1.
Die Anfänge der Sekte.
Johannes Ascosnaghes.

Gegenüber dem einstimmigen Zeugniß der Griechen und Lateiner (ut communiter Graeci et Latini), die den Alexandrinischen Philosophen Johannes Philoponus als Tritheitarum pater nennen, läßt Asseman (Bibl. Or. T. II. p. 327 ff.) nach Barhebräus einen gewissen Johannes Ascosnaghis (اسقوسناغس) diesem die Ehre der Erfindung streitig machen. Wir müssen die Worte des Gregorius Abulpharag (Bar-Hebräus) aus dem zweiten noch unedirten Theil seines Chronicons wiederholen, um die folgende Darstellung verständlich zu machen.

„Zu eben der Zeit wurde die Ketzerei der Tritheiten bekannt durch Johannes Ascosnaghes (utris fundus — سفينة لور),..... Philosophielehrer zu Constantinopel. Er kam einst vor den Kaiser, und als er ihn über sein Bekenntniß fragte, sagte er: In Christus bekenne ich zwar eine Natur des Fleisch gewordenen Wortes; in der Trinität aber zähle ich nach der Personenzahl Naturen, Substanzen und Gottheiten. Deßhalb wurde er vom Kaiser verbannt. Joh. Asiä sagt, daß wir durch ihn sehr in Verlegenheit kamen, weil er sich zu uns, und nicht zu den Dyophysiten rechnete."

Allein von alle dem hat der uns vorliegende dritte Theil der Kirchengeschichte desselben Johannes Asiä auch nicht ein Wort, obwohl die Hälfte des fünften Buches ganz von den Tritheiten handelt. Der Ursprung wird hier offenbar als bekannt vorausgesetzt. Das beweist die Aussage des Joh. E. l. V. cp. 5. „Ueber den Irrthum und die Spaltung „„derjenigen, welche Götter lehren,"" und über die Gründe, wodurch sie dazu kamen, ist von uns in früheren Büchern mitgetheilt worden." Demnach hatte er hier nur die Absicht, schon die weitere Entwicklung der Sekte, — denn das waren die Tritheiten bereits, zu zeigen. Diese Notiz des Barhebräus wäre also einer anderen Schrift des Johannes entnommen, die wir nicht mehr besitzen. Wie vermöchten wir uns sonst den Anfang des fünften Buches zu erklären? — Natürlich der Beginn lag schon so ziemlich weit zurück; denn wir sind berechtigt, von jenem Auftreten des Joa. Ascosnaghes bis zur Erzählung am Anfang dieses Buches immerhin einige Jahre zu rechnen: vorausgesetzt, daß die Häresie wirklich zur Zeit Justinian's aufgetaucht ist.

Dies zeigt die Anlage des fünften Buches des Johannes E. Die*) cilicischen Bischöfe Conon und Eugen treten hier (Cp. 1) schon als „Häupter des Häresis" und zwar in der Hauptstadt auf. — Ihre Irrlehre scheint vielfachen Widerspruch hervorgerufen zu haben; trotzdem lassen sie sich nicht abwendig machen.

Daraus also ist des B. H. Bericht nicht zu verbessern und zu vermehren; vielmehr sind wir berechtigt, ihn als richtig anzusehen und dürfen, ohne mit den lateinischen, griechischen und der jetzigen syrischen Quelle in Conflikt zu kommen, behaupten: der Monophysit Johannes Ascosnaghes sei der Stifter dieser Häresie.

§. 2.

Athanasius, der Enkel der K. Theodora, Johannes Philoponus von Alexandrien.

Ath. tritt bereits bei B. H. als Mittelglied zwischen Ascosnaghes und Philoponus auf. Er erzählt: „Damals hatte die K. Theodora einen Tochtersohn, Namens Athanasius, der von dem edessenischen Mönch Amantius und dem früheren Patriarchen der Orthodoxen (zu Antio-

---

*) B. H. nennt nur den C. einen Cilicier.

chien) Sergius, erzogen worden war und mit den Chalcedoniten keine
Gemeinschaft machte. Dieser verfiel gleichfalls in diese Ketzerei, da er
noch ein „einfacher Bruder" war, und mit ihm hielten es Conon von
Tarsus und Eugen von Seleucia in Isaurien. Auch der Grammatiker Johannes Philoponus von Alexandrien, durch theologische
Gelehrsamkeit berühmt, neigte sich zuletzt dieser Meinung zu...... Da
Johannes Asc. dann vom großen Theodosius zurechtgewiesen wurde, und
seinen Irrthum nicht aufgab, so wurde er aus der Kirche ausgeschlossen und starb bald darauf."

So wichtig diese Nachricht ist, so erfreulich ist für uns deren Be-
stätigung und Erweiterung bei dem Syrer Joh. E. l. V. cp. 1 und 7.
Auch hier erscheint Athanasius als ein hervorragendes Mitglied der
Sekte. In wiefern? — „Nach der Absetzung und Ausschließung der beiden Bischöfe Konon und Eugen vereinigt sich Ath. der Enkel der K.
Theodora, mit ihnen zur Ausbreitung der Häresie, derselbe, der die
Sekte durch reichliche Geldspenden zu Größe und Ansehen brachte." Sein
merkwürdiges Testament werden wir unten kennen lernen. — Der
Mönch Ath. (Simplex Frater) sammelte nun nach B. H. die Ausfüh-
rungen des Ascosnaghes, der über diese Lehre eine eigene Abhandlung geschrieben und an ihn übersandt hatte, und schickte sie an Philoponus. — Doch kehren wir zu den Angaben des Johannes von Asien
zurück.

Schon cp. 1 erscheint in Verbindung mit Athanasius — Konon,
Bischof von Tarsus, der in diesem Betreff am meisten genannte Mann.
(cf. l. I. cp. 31.) Er heißt bei Joh.: „Haupt der Häresie der Tritheiten." — Schon dies führt auf den Gedanken, daß er der oberste Bischof der Sekte, ihr Haupt im eigentlichsten Sinne gewesen, daher die
Tritheiten bei Joh. E. ebenso gut, wie beim P. Timotheus Kononiten (zumal nach der Abtrennung der Athanasianer oder Philoponiaker, s. u.) heißen. Dagegen war Joh. Philoponus nur ein späte-
rer Vertheidiger dieser Lehre, und war mehr durch deren theoretische Begründung thätig. B. Hebr. bemerkt ja ausdrücklich, daß er sich zuletzt erst (لَمَّا) dieser Meinung zugewendet habe; — und es mag
wirklich die Schrift des Ascosnaghes ihn dazu veranlaßt haben.

Dagegen sehen wir eine mehr praktische Unterstützung der Sekte vor
Allem in dem Kunstgriff der beiden Sektenhäupter Konon und Eugen, indem sie viele Bischöfe weihten und überall hin aussandten. Ihr
Bestreben, sagt Joh. E., war, einen Dritten zu finden, um so nach
kanonischer Vorschrift Bischöfe weihen zu können. Sie wandten sich also
zuerst an Johannes von Ephesus, der in der Hauptstadt wohnte

und die Vermögensverwaltung aller Gemeinden der Gläubigen in ihr und allerorts hatte, und suchten ihn durch Bestechung ihrem Wunsche willfährig zu machen. Er aber ließ sich nicht dazu bewegen, sondern machte ihnen viele Vorwürfe, disputirte mit ihnen und bewies, daß sie Häretiker und viel schlechtere als die Arianer, Macedonianer, Nestorianer und übrigen Ketzer seien. — Da ihnen nun dieser Versuch mißlungen war, sahen sie sich nach einem Anderen um und zogen einen vom Patriarchen Theodosius abgesetzten Bischof, Theonas, der damals nach der Hauptstadt gekommen war, auf ihre Seite. Mit diesem weihten sie nun so viele Bischöfe, als sie nur immer konnten, indem sie Alle, die sie nur immer trafen, Jung und Alt, Weise und Unwissende, und um es kurz zu sagen, alle ihre Schüler und Notare zu Bischöfen machten, und schickten diese nach allen Richtungen hin aus. Sogar in Rom, Korinth, Athen und Afrika errichteten sie Gemeinden und versuchten selbst, den Patricius Narses in Rom zu verführen, was ihnen aber mißlang. Jedoch gewannen sie einige seiner Kammerherrn und sonstige Beamte seiner Umgebung. (Jo. E. l. V. cp. 1 und 2.)

Durch dieses Mittel hatten sich die Beiden, Konon und Eugen Anhang verschafft und schon eine Sekte (haeresis ‏لمه‎) gebildet. Sie scheinen selbst am Hofe Freunde gehabt zu haben, was sehr leicht erklärlich ist, „denn sie hatten in der Hauptstadt Viele verführt." Dort fand auch ihre Absetzung und Ausschließung statt. Sie blieben aber auch nachher noch dort, wie Joh. E. (cp. 3) es schildert, „sehr zudringlich, disputirten viel, plagten Viele und beschwerten sich selbst beim Kaiser, daß man sie bedrücke und bedränge."

Unterdessen hatte eine weitere Ursache mitgewirkt, um die Sekte auszubreiten, aber auch den allgemeinen Haß gegen sie zu erregen. Der alexandrinische Grammatiker Johannes, von seinem außerordentlichen Fleiße*) Philoponus genannt, hatte auf das Schreiben des Athanasius mit einer „Schrift des Verderbens" geantwortet, den Polytheismus behandelnd." Joh. E. nennt sie, „die erste, die da Alle verführte und gewann, an der Alle zumal hingen, die sie wie ein Evangelium herumtrugen und damit prahlten." — Vieles liege in der Mitte, wovon nur hie und da Etwas in seine Memoiren aufgenommen worden sei.

Wir werden nicht irren, wenn wir darunter die berühmte Disputation verstehen, die wir von drei Quellen, Johannes E., Photius und Bar-Hebräus bezeugt sehen.

---

*) Sophronius, Joa. Dam. und Photius heißen ihn spottend Mataeoponus.

§. 3.

Die Disputation der Tritheiten mit den Monophysiten unter K. Justinus II.

Barhebräus erzählt die Veranlassung also: Da die Tritheiten sahen, daß sie Jedermann verabscheute*), baten sie den Kaiser, mit ihren Anklägern rechten zu dürfen. Er übertrug ihre Sache dem Patriarchen der Chalcedoniten.

Damit übereinstimmend ist der Bericht des Joh. E. l. V. cp. 3. Auf die obigen Beschwerden der Tritheiten über Bedrückung „erließ der Kaiser einen Befehl an den Patriarchen der Stadt: Alle, die Feinde wären, sollten mit einander rechten; worüber von uns in anderen Büchern mitgetheilt worden." Allein diese Mittheilungen kennen wir nicht mehr. Gleichwohl ist dieser Verlust nicht hoch anzuschlagen; denn wir dürfen es als sicher annehmen, daß Barhebräus seine Notizen aus uns'rem Johannes hat, worauf seine obige Bemerkung über den Ascosnaghes unbestreitbar hindeutet. Es sei mir vergönnt, auf das in der Einleitung besprochene innige Verhältniß der beiden Monophysiten zu einander zu verweisen.

So viel ist nach Beiden sicher, daß die Disputation von den Tritheiten selbst veranlaßt worden, um dem allgemeinen Abscheu durch öffentliche Vertheidigung ihrer Sache zu entgehen.

Sie fand denn also unter dem Vorsitze des katholischen Patriarchen von Ctp., des von Joh. E. so oft als sein grimmigster Feind geschilderten Johannes von Sarmin statt. „Der Kaiser hatte zuvor (nach P. H.) den Befehl ertheilt, daß sie dabei auf keinen dyophysitischen Kirchenvater sich berufen dürfen, (demnach wurde der Streit auf dem Traditions-Gebiete verfochten) sondern nur auf Theodosius **), Severus und Anthimus***), weil ja nur Monophysiten mit einander kämpften. Der Patriarch berief darauf die Diakrinomenen, nämlich diejenigen unserer Leute, welche eine Natur in Christus unserem Herrn bekennen. Beide Parteien standen gegen einander, nämlich Konon und Eugen an der

---

*) Die Alexandriner hatten ja den Philoponus und seine Schrift verdammt.

**) Nach welchen Beiden die Monophysiten im Allgemeinen beim Presbyter Timotheus Severianer und Theodosianer heißen.

***) Der Vorgänger des Joh. E. im Episkopat der „Orthodoxen", d. h. der Monophysiten in Ctp.; nach B. H. Chron. bei Assem. B. O. T. II. p. 329, not. 1.

Spitze der Tritheïten, Joh. Asiä und Paulus, der nach Sergius Patriarch wurde, an der Spitze der Rechtgläubigen."

*)Photius „las noch die Akten einer Conferenz zwischen Tritheïten und Diakrinomenen, in Gegenwart des Johannes (damit ist der damalige katholische Patriarch von Ctp. gemeint), Bischofs der Hauptstadt, unter der Regierung Justins. Er nennt als Vertreter der Tritheïten gleichfalls Konon und Eugen, als ihre Gegner Paulus und Stephanus (Gobarus??). Letztere verlangen von Konon und Eugen das Anathema über Philoponus, was sie aber nicht thaten." Dieser Bericht weicht von dem des Abulpharag nur dadurch ab, daß Jener als Repräsentanten der Diakrinomenen den Johannes Asiä nennt, während Photius einen (sonst unbekannten) Stephanus angibt. Allein dies läßt sich sehr leicht erklären. B. H. sagt ja auch nur, daß Paulus und Johannes „an der Spitze gestanden", so daß eine stärkere Vertretung der Monophysiten insinuirt ist, unter deren Gliedern sich Johannes und Stephanus befunden haben mögen.

Die Disputation dauerte nach B. H. vier Tage. Der Patriarch Johannes erklärte die Tritheïten für besiegt, und — so kürzt Assem. aus dessen Berichten ab, — wurde dieser Häresie ein Ende gemacht. Daß dies nicht so gewesen, werden wir in Folgendem noch sehen. Die Häresie war ja nach der Erzählung des Joh. E. keineswegs so unbedeutend; war ja in der Hauptstadt Ctp., in Rom, Korinth, Athen und in Afrika durch die von Konon, Eugen und Theonas ordinirten Bischöfe ausgebreitet worden! So hatte dieselbe noch eine längere Entwicklung durchzumachen, die wir näher erwägen müssen.

§. 4.
Die Folgen der Disputation.

Wir sind hier natürlich auf den alleinigen Bericht des Johannes E. angewiesen. Er erzählt (l. V. cp. 3): „Das Rechten der Tritheïten dauerte fort, bis sich der K. Justin als heftiger Verfolger erhob und Beide, Konon und Eugen, durch einen gewissen **)Photius nach Palästina in die Verbannung schickte. Alle Uebrigen aber zogen braußen in den Provinzen von ganz Syrien, Cilicien, Isaurien und Kappadocien umher, verführten und weihten Presbyter und Diakonen an Kir-

---

*) Bibl. cod. 24.
**) Seiner gedenkt er l. I. cp. 32 etc.

chen und Klöstern, in Städten und Dörfern, so daß sie viele Landstriche ansteckten und ihre Häresie sehr verbreiteten."

Es scheint, daß gerade in den beiden Provinzen Isaurien und Cilicien mit den Hauptstädten Seleucia und Tarsus, wo Konon
und Eugen Bischöfe waren, die Tritheïten ihre Lehre auszubreiten suchten. Dahin gehen bereits (cp. 3.) deren Emissäre und Schüler, um
Propaganda zu machen (ﻣﺸﻨﺒ?), weil hier am meisten Erfolg zu hoffen
war, da die Metropoliten dieser (monophysitischen) Kirchenprovinzen
selbst die Hauptagenten waren. Konon wurde indeß aus dem Exile
auf Fürbitte seiner Freunde in Ctp. entlassen, und nun strömten alle
seine Anhänger, besonders die Cilicier und Isaurier herbei, „wie zu einem
von den Aposteln und feierten ihn." cp. 4.

So, gewinnen allmählig nach der Darstellung des Joh. E. die Tritheïten das Ansehen von Kononiten. Er, Konon, erscheint an der
Spitze derselben; er ist das „Sektenhaupt (l. l. cp. 31.)", und von ihm
ist auch bei unserem Schriftsteller mit einigem Vorzuge die Rede. Sein
Gefährte Eugenius wird schon deßhalb von ihm weniger in Betracht
gezogen, weil er frühzeitig starb. Er hatte sich zuletzt mit Konon nach
Pamphylien begeben, um die Irrlehre dort zu verbreiten, was ihnen
auch gelang. Während dieser Missionsthätigkeit erreichte ihn sein Ende.
l. V. cp. 6.

Die bisher einige. Sekte, nach Joh. E. Tritheïten geheißen, „spaltete sich in zwei Häresien, die einander feindlich entgegentraten."

§. 5.
Spaltung der Tritheïten in zwei Sekten, Kononiten oder eigentliche Tritheïten — und Philoponiaker oder Athanasianer.

Unterdeß war auf die erste Schrift des Philoponus eine zweite
gefolgt, welche die Auferstehung der Todten. zum Gegenstande hatte.
Photius las sie noch (Bibl. cod. 21.). „Sie kam zuletzt zu ihnen, den
Tritheïten, und spaltete sie in zwei Sekten, die einander an Unlauterkeit übertrafen. Die Einen von ihnen nahmen nämlich diese zweite Schrift
nicht an, sondern erhoben sich dagegen und verwünschten und verdamm-
ten sie; die Anderen aber nahmen sie an, mehr als die Schriften der
Apostel und Propheten. Und so geriethen sie in Streit, spalteten sich
und sagten sich los, baunten einander, deckten viel Schmähliches über
einander in Schriften auf, und hielten beide Häresieen fest, eine gegen
die andere."

Andrerseits setzt auch der spätere Presbyter Timotheus darein
den Unterschied zweier Sekten, die er Kononiten und Philoponia-

ler nennt. Sein Bericht erklärt uns, wer diejenigen waren, die des Philoponus zweite Schrift mit ihrer eigenthümlichen Auferstehungslehre verwarfen; es sind die Kononiten. Er erzählt von ihnen ausdrücklich, daß sie wegen dieser Lehre zuletzt den Philoponus überhaupt und seine Schriften verwarfen*). Dagegen nahmen die Anderen, die er eben deshalb Philoponiafer nennt, den Philoponus und alle seine Schriften an. Joh. E. nennt sie l. V. cp. 7. Athanasianer, ein Name, der uns sonst aus keinem der Alten bekannt ist; die Anderen aber gleichfalls Kononiten (ܩܘܢܘ)

Von Athanasius erzählt Joh. E. cp. 7: „Bevor sich die Häresie der Tritheïten in zwei theilte, die Athanasianer nämlich von den Kononiten, machte Ath. ein Testament über sein Vermögen und setzte Kaiser und Kaiserin zu Erben ein. Seine Sklaven ließ er frei (ܚܪ, die römische manumissio) und bedachte Jeden derselben, wie viele Andere, mit Legaten. Auch dem Konon hinterließ er nicht wenig Geld, damit es von ihm vertheilt würde; ihm selbst aber hinterließ er zehn Pfunde, die er aus seinem Vermögen erhalten sollte, sowie noch außerdem zwei Pfunde jedes Jahr. — Dieses Testament siegelte Ath. und bewahrte es auf, bevor die Spaltung zwischen ihnen entstand. Da sie nun einander bannten und endlich gar Schmähschriften auf einander veröffentlichten, gedachte Ath. das Testament zu ändern und den Konon zu enterben, als er plötzlich starb. Als man nun das Testament eröffnete, fand er sich darin auf die gemeldete Weise bedacht, obwohl er den Erblasser gebannt hatte.“

Zur Erhebung seiner Erbschaft kommt nun Konon nach dem Tode Eugens aus Pamphylien wiederholt nach der Hauptstadt. „Da befand sich in derselben Johannes von Asia, d. i. von Ephesus, und da er ihn als Zeugen aufrief, ließ er ihm entbieten: Er solle doch endlich einmal daran denken, daß er sterblich sei und dereinst vor dem strengen Richterstuhl werde Rechenschaft geben müssen dafür, daß er sich Meister nennen und die Hände küssen lasse, da doch eine Spaltung in der Kirche des lebendigen Gottes sei, der sein Leben für sie hingegeben. Er solle doch sich vereinigen und das Unheil mit heben helfen, u. s. w.“ Allein das Alles blieb ohne Wirkung. Konon erwiederte, es sei dies auch sein Bestreben, gab aber weiter keine Antwort mehr, sondern nahm sein Geld, ging nach Cilicien hinaus und freute sich an seiner Häresie wie ein Trunkener.

---

*) Timoth. Presb. de recept. haeret. bei Coteler. Eccl. Gr. Mon. T. III. p. 413 sq.

So erscheint denn nunmehr die Sekte der Tritheïten in Kononiten und Athanasianer oder Philoponiaker gespalten, — wie
die beiden Schriftsteller, Joh. E. und der Pr. Timotheus*) ganz
übereinstimmend bezeugen.

§. 6.

Die Vereinigungs-Versuche der Tritheïten.

Die Tritheïten hatten sich durch das gegenseitige Bannen und
durch die Schmähschriften — die allgemeine Verachtung zugezogen. So sahen sie sich zu Versuchen, wieder in die Gemeinschaft der Orthodoxen
aufgenommen zu werden, genöthigt. „Sie erschienen also oftmals im
Gewande von Lämmern und baten mit der Kirche der Orthodoxen vereinigt zu werden, „„von der sie ausgegangen, aber nicht aus ihr gewesen waren; denn wenn sie aus ihr gewesen wären, wären sie in ihr
verblieben.""**) Da zeigten sie nun die Tücke ihres Herzens,..... indem
sie sich nicht dazu verstanden, ihre Lehre aufzugeben. So wurden sie
denn mit Schimpf und Schande fortgeschickt." Joh. E. l. V. cp. 8.
Der öfters mißlungene Versuch in der Hauptstadt Ctp. führte sie
in den Patriarchat-Sprengel eines zweiten Monophysiten-Papstes zu Alexandrien. Joh. E. l. V. cp. 9. „Eben dasselbe geschah durch sie öfters
auch in Alexandrien und Syrien. Da sie nämlich sahen, daß sie die in der
Hauptstadt nicht hintergehen könnten, begaben sie sich nach Alexandria,
verfaßten einen Libell, worin sie ihr Bekenntniß künstlich aufnahmen, und
legten ihn dem Damian, Nachfolger des Petrus daselbst vor. Auch
er forderte von ihnen, ihre Lehre aufzugeben und ferner den Grammatiker Johannes und seine beiden Schriften zu verdammen, welche sie
irregeleitet hätten. Die eine, die spätere, über die Nichtauferstehung der
Leiber wollten sie bannen; die erstere aber, über den Polytheismus,
wollten sie nicht verwerfen oder verdammen."

Daraus ersehen wir, daß es Kononiten gewesen, die diesen Versuch machten. Auch Abul-Pharag***) erzählt, daß einige Tritheïten etliche
Kapitel an Damian geschickt hätten; dieser habe deren Beantwortung
dem Patriarchen Petrus von Callinicum zu Antiochien gesandt. Er
fand darin dogmatisch Anstößiges und so brach ein Zwist aus, der die
beiden Monophysitenpatriarchate zwanzig Jahre lang trennte. — Obwohl Joh. E. von Beiden so Vieles in seinem vierten Buche erzählt,

---

*) Was Niceph. davon hat (H. E. l. XVIII. cp. 47 ff.), ist aus Timotheus.
**) l. Joa. l. 19.
***) Assem. B. O. T. II. p. 332.

so gehört doch keines der dortigen Ereignisse hieher. Wir müssen daher auf Walch (Ketzer-Historie, Band VIII. S. 700. fgg.) oder noch besser auf Asseman (B. O. T. II. p. 70 sqq. p. 332) verweisen. Aus Johannes von Ephesus ist für den dogmatischen Streit zwischen Damian und Peter Nichts zu gewinnen.

Auf diese Weigerung hin sprach nun auch Damian über die Tritheïten den Bann aus. „Auch in Syrien thaten sie dasselbe zu öftern Malen, und da sie ihre Versuche überall mißlingen sahen, verblieben sie in dem Verderben der Häresie bis jetzt noch."

Von wem diese kleine Schrift herrührte, dürfte kaum zu bestimmen sein, zumal wenn es nur einige Kapitel gewesen sind, d. h. eine Art Symbolum, wie die Kirchengeschichte deren — namentlich im arianischen Streite, — so viele kennt. Es kam ja den Tritheïten nur darauf an, in die Gemeinschaft der orthodoxen Monophysiten-Kirche aufgenommen zu werden, um dann im Inneren derselben weiter wirken zu können.

Dagegen spricht Joh. E. in cp. 10 von einem großen Compilations-Werk, welches die Tritheïten verfaßten. „Diejenigen, von den Tritheïten, die von sich glaubten, es seien Philosophen unter ihnen, stückelten eine große Schrift aus dem lebendigen Leibe der Schriften der heiligen Väter zusammen, von denen sie meinten, sie bestätigten und bestärkten ihre Häresie..... Sie meinten von allen Vätern zu zeigen, daß sie ihre Lehre theilten."

Auch hier können wir nicht sagen, ob eine Schrift des Philoponus selbst gemeint sei, der doch gewiß am ehesten als Pilosoph unter ihnen genannt wurde, oder eines Anderen.

§. 7.
Weitere Nachrichten über die Tritheïten.

Von den Anhängern Konon's und Eugen's blieben auch Viele in der Hauptstadt und eröffneten ansehnliche Gemeinden, weil „Johannes von der Hauptstadt anfänglich sie unterstützte." Es versammelte sich freimüthig und furchtlos viel Volk bei ihnen. Als aber Johannes gestorben und Eutychius ihm nachgefolgt war, so ließ er Diejenigen, die sich von seiner Sekte, welche die Auferstehung der Leiber läugnet, losgesagt hatten, sämmtlich ergreifen. Er nahm alle ihre Gefäße weg, zerstörte und zertrümmerte ihre Altäre, ergriff ihre Bischöfe und die Uebrigen und sperrte sie in Klöster ein, worin sie lange Zeit waren." Joh. E. l. V. cp. 11.

Es fällt hier vor Allem die Angabe auf, Johannes von Sarmin habe die Tritheïten unterstützt. Wir vermögen dies nur so zu
erklären, daß er ihnen seine sonst so beglückende (!) Aufmerksamkeit nicht
geschenkt habe. Daß er sie frei schalten ließ, darauf deutet schon der
Umstand hin, daß Tritheïten und Diakrinomenen vor ihm als
unparteiischem Richter disputiren müssen. Zudem fand der ganze Tri-
theïtenstreit unter Monophysiten selbst statt, so daß der katholische Patriarch daran wenig Interesse haben konnte. Von der Ketzerei seines
Nachfolgers, des katholischen Patriarchen Eutychius, werden wir unten ausführlich reden. Kap. 12 gibt endlich die letzte Erzählung von den Tritheïten.
Einer von den vornehmsten Bischöfen, den die Kononiten in der Provinz Cilicien aufgestellt hatten, sah den Irrthum ihrer Häresie ein und
fiel von ihnen ab. Er machte den Orthodoxen einen Libell, verfluchte
die Kononiten und ihre Häresie und wurde zur Partei der Gläubigen hinzugethan. — Damit sind wir nun in der Geschichte der Tritheïten nach der Darstellung des Joh. E. zu Ende gekommen und sprechen nachträglich nur noch von der kleinen Sekte der Kondobauditen.

§. 8.

Die Kondobauditen.

Der öfters genannte Theodosius, Patriarch von Alexandrien[*]),
hatte eine Schrift über die Trinität herausgegeben, die von einem Theile
der Severianer nicht angenommen wurde. Sie wurden deßhalb von
ihm excommunicirt und von ihren Gegnern Kondobauditen oder
Severiten κατ' ἐξ. genannt. Der erste Name wurde ihnen von ihrem
Versammlungsorte, dem Condobaudos in Ctp. zu Theil, wie der
Presbyter Timotheus angibt: „weil sie im sg. C. in Ctp. ihre Versammlung halten und dort ihre Vorsteher zusammenkommen" (διὰ τὸ
ἐν τοῖς λεγομένοις Κονδοβαύδη ἐν Κωνσταντινουπόλει ἔχειν αὐτὰς συνα-
κτήριον κἀκεῖ συνάγεσθαι τὰς τὰ πρῶτα ἐν αὐτοῖς φέροντας.). —
Nach Niceph. (H. E. l. XVIII. 50.) hatten sie keinen Bischof.
Auch Johannes E. berichtet von ihnen das Doppelte: daß sie erst-
lich nach dem Gebäude, worin sie sich versammelten, den Namen Kondobauditen erhielten; und dann, daß sie ohne Haupt (▬▬⁴) waren und

---

[*]) Er war 537 (Pagi ad h. a.) von dort vertrieben worden. Ueber ihn, sowie über
Severus u. s. w. s. Assem. B. O. T. II. p. 89., 321 ff.

Keinen hatten, der ihnen Priester weihte (l. II. cp. 45.). „R.... sind eine Gemeinde (ﻞﺧﻋﻞ). die gegen den Sermon (ﻥﻭﻣﺩﺍ) stand, den Theodosius von Alerandrien, da er sich in der Hauptstadt gegen die beiden Häresien nämlich die Tritheiten und Sabellianer (!) befand, verfaßt hatte. Sie fanden nämlich Manches darin anstößig, und meinten von ihm, er führe gleichfalls eine Zahl von Wesenheiten und Naturen ein. Deshalb trennten sie sich und versammelten sich besonders, ohne ein Haupt oder Jemand zu haben, der ihnen Priester weihte. Diese wünschten oftmals mit den Gläubigen vereinigt zu werden. Man besprach sich auch mit ihnen, und es wurde auch ein Theil derselben vereinigt, nämlich diejenigen, die eine vernünftige Einsicht hatten; die Andern aber blieben zum Trotze also in ihrem thörichten Unverstande und ohne einen billigen Grund.“

Wie wir sehen werden, war „die Zahl von Usien und Naturen“ aber eben das Tritheiten-Dogma, und wir müssen daher wegen ihres Widerspruches gegen diesen Satz eine neuerdings noch vorgetragene Meinung verwerfen, die die Tritheiten und Konbobauditen identificirt. So bleibt das Resultat sicher: Die Konbobauditen waren eine ganz unbedeutende Monophysiten-Sekte (ﻞﺳ), zumal der von Timotheus ihnen zugeschriebene Lehrsatz, den wir unten kennen lernen werden, für ihren angeblichen Tritheismus nicht den geringsten Anhalt gewährt.

Die Aufgabe des folgenden Abschnitts wird es nun sein, den Lehrbegriff der Tritheiten (Kononiten) in genetischer Entwicklung darzulegen. Auch hier wollen wir daran erinnern, daß wir blos den aus dem Monophysismus entstandenen Tritheism im Auge haben.

II.

Die Lehre der Tritheiten.

„Μαρκίων ὁ ἀθεώτατος — ὁ πρῶτος τρεῖς θεοὺς εἰπών.“ Cyrill. Jer. Cat. XVI. — „Εἰς τρεῖς ὑποστάσεις ξένας καὶ θεότητας τρεῖς ἀλλήλων παντάπασι κεχωρισμένας διαιροῦντες τὴν ἁγίαν μονάδα.“ Dionys. Roman. bei Athanas. M. decr. Syn. Nic.

Wenn es leicht scheinen könnte, die Lehre der Tritheiten darzulegen, so wird sich bei näherer Betrachtung zeigen, daß dies durchaus nicht der Fall sei. Keine einzige Schrift von den Koryphäen der Sekte über dieſen Gegenſtand iſt uns erhalten, um mit Gewißheit ſagen zu können, Philoponus und die Kononiten hätten wirklich das gelehrt, was ihnen ihre Gegner vorwarfen. Wir beſitzen ja nur Fragmente und deren wiederum ſo wenige, daß ſie keine vollkommene Anſchauung von der Sache darbieten. Gleichwohl iſt die Frage öfters behandelt und beſtritten worden, und auch wir verſuchten es, aus der Schrift eines der Gegner der Tritheïten, des Johannes E., auch hiefür neue Aufſchlüſſe zu gewinnen.

Mit der fünften allgemeinen Synode, auf welcher der ſo oft genannte Gegner des Joh., der Patriarch Eutychius geſeſſen, kann man die theologiſche Terminologie bezüglich des Trinitäts-Dogma's für abgeſchloſſen halten. Wenn es früher einmal für unſchuldig gegolten hatte, Subſtanz und Hypoſtaſe (ουσία und ὑπόστασις) zu identificiren, ſo war dem keineswegs mehr ſo. Und doch ſehen wir in dieſen Terminen den ganzen Tritheïten-Streit ſich bewegen, ſo daß er als eine Repriſtination jener Kämpfe des dritten und vierten Jahrhunderts — innerhalb der Monophyſiten-Kirche — erſcheint, welche der katholiſchen ſo viele Mühe gemacht hatten. Gehen wir nun zur Sache ſelbſt über.

A.

Die Lehre der Tritheïten im Allgemeinen.

§. 9.

Beim Pr. *)Timotheus und bei **) Photius erſcheint als deren oberſter Grundſatz:

a) „Die heilige und weſensgleiche Trinität iſt eine Subſtanz oder Natur, eine Gottheit oder Gott (μίαν ὀσίαν ἤγεν φύσιν, καὶ μίαν θεότητα ἤγεν θεὸν τὴν ἁγίαν καὶ ὁμοόσιον τριάδα ὁμολογῶσιν)."

Auch Photius rechnet dieſe Ausdrücke mit zu den „frommen (εὐσεβεῖς)," die ſie in der Theologie haben, „nämlich, daß ſie von einer τρίας ὁμοόσιος καὶ ὁμοφυής, von einem Gott und einer Gottheit ſprechen."

b) Allein „eine Subſtanz oder Natur, nicht nach der Zahl (οὐκ ἀριθμῷ), ſondern durch unterſchiedsloſe Identität der Gottheit" (ἀλλὰ τῇ ἀπαραλλάκτῳ τῆς θεότητος ταυτότητι).

---

*) Cotel. Eccl. Gr. Mon. T. III, p. 413.
**) Bibl. cod. 24.

Das Wort *ἀπαράλλακτος*, meint Walch, soll entweder die „Un-
veränderlichkeit" anzeigen, oder „daß in Ansehung des Wesens zwischen diesen drei keine Verschiedenheit sei." Ersteres scheint mir entschieden unmöglich; denn wo die numerische Einheit des göttlichen Wesens
geläugnet wird, hat nur die zweite Auffassung einen Sinn. — Worin
liegt nun die Schwierigkeit? — Eben in dem zweideutigen Ausdruck
„Identität (*ταὐτότης*), den beide Parteien gebrauchen konnten, die
Orthodoxen so gut als die Tritheïten. Beide konnten sagen und sagten: Die heilige und gleichwesentliche Dreifaltigkeit ist ein und dasselbe
Wesen oder Natur und Gott. Daher konnte eine Abweichung vom Dogma
nur durch den Zusatz, „nicht der Zahl nach", ersehen werden. Kommt
aber der Zusatz „der Zahl nach" hinzu, so wird die Kirchenlehre ge-
wahrt; fehlt er, so ist Mißverständniß nicht zu vermeiden. Wir werden diesen Worten unten noch öfters begegnen.

c) „Vater, Sohn und hl. Geist: Jeder ist Gott in Wahrheit, nach
dem Wesen und der Natur (*θεὸς κατ' ἀλήθειαν καὶ οὐσίαν καὶ φύσιν*).
Drei Hypostasen sind die hl. Trinität und drei Personen." Daran ist,
wie ersichtlich, nicht im Geringsten etwas auszusetzen; der Satz stimmt
mit der Kirchenlehre ganz überein. Zudem liegt hier ein Gegensatz gegen Damian vor, den wir hier noch nicht betrachten wollen. Das
aber, was gerade der Häresie den Namen gegeben hat, ist die folgende
Erklärung:

d) „Sie sprechen aber noch von drei Substanzen und
Naturen, der Zahl nach; gleich ohne Verschiedenheit nach der Gottheit" (*τρεῖς τινὰς τῷ ἀριθμῷ οὐσίας καὶ φύσεις ἴσας ἀπαραλλάκτως
κατὰ τὴν θεότητα λέγοντες*). — Das ist ihre Abweichung von der Kirchenlehre und das Irrthümliche vom sg. Tritheïsmus. „Das kirchliche
Bekenntniß, sagt dagegen der Syrer Johannes E. (l. V. cp. 8.), weiß
nur von einem Gott, der in den drei Personen des Vaters, des Sohnes und des hl. Geistes erkannt wird; drei Personen, drei Namen, —
eine Gottheit und eine Wesenheit und Natur; eine Herrschaft und Kraft, und Willen und Reich, Gewalt und Macht im Himmel und auf Erden. Eins-Drei und Drei-Eins ohne Trennung
und ohne Vermischung." ܡܣܬܟܠܐ ܐܝܠܝܢ ܕܝܗ̇ܒ ܠܟ ܐܠܗܐ ܕܢ̇ܕܥܘܢ ܠܟ ܐܠܗܐ
ܬܠܝܬܝܐ ܕܐܝܬܘܗܝ ܒܩܢܘܡܐ. ܬܠܬܐ ܗܝ ܫܡܗܐ. ܚܕܐ ܐܠܗܘܬܐ ܘܚܕܐ
ܐܝܬܘܬܐ ܘܟܝܢܐ. ܚܕܐ ܡܪܘܬܐ.

Hier eine Mehrzahl zu setzen, gilt ihm so viel als die Verkündi-
gung einer Mehrheit von Göttern und Gottheiten selbst. — Und mit
Recht; hier muß die „*μοναρχία*" aufgegeben werden, da ist kein einzi-

ges göttliches Princip mehr, wo die Zahleinheit (unitas oder identitas numerica) des göttlichen Wesens schlechthin in Abrede gestellt, und statt deren die sg. Gattungs- oder Arteinheit (identitas oder unitas specifica), und zwar diese allein behauptet wird. Daß dies bei Philoponus der Fall gewesen ist, und daher der Presb. Timotheus die Lehre desselben richtig dargestellt hat, werden wir später aus den Fragmenten der Hauptschrift des Alexandriners, aus dem „Diätetes", beweisen. — Die so behauptete Mehrzahl von Substanzen und Naturen hat natürlich die Identificirung beider Ausdrücke mit dem Worte „Hypostase" zur Voraussetzung.

e) Trotzdem bekennen sie keine „drei Götter oder Gottheiten."

Die Alten legten zwar den Tritheiten diese Behauptung ausdrücklich zur Last. Bar-Hebräus läßt den Stifter der Sekte, Johannes Ascosnaghes, vor de Kaiser in derm Dreieinigkeit nach der Zahl der Personen Naturen, Wesenheiten und Gottheiten zählen." Joh. E. heißt sie gar nicht anders, als „die, welche Gottheiten und Götter lehren" in der heiligen und wesensgleichen Trinität (l. l. ep. 31); „die Häresie des Polytheism, — die Götter verkünden (l. V. cp. 2. 5. 8. 11.)," und auch Photius (Bibl. Cod. 24.) macht ihnen denselben Vorwurf, „daß sie von Naturen, Substanzen und Gottheiten sprechen."

Allein dies Alles ist nicht von dem geringsten Belang und nur eine gegnerischerseits gezogene Consequenz. — Wohl ist es wahr, die sg. Tritheiten lehrten „drei Usien und drei Naturen der Zahl nach ohne Verschiedenheit gleich", aber nicht drei Gottheiten und Götter. Daß sie das Eine thaten, ohne das Andere zu wollen, davon lag der Grund in der theologischen Terminologie selbst, — oder besser gesagt in dem Bestreben des Alexandriners, diese mit seinen philosophischen Grundsätzen zu vereinen. Wenn Philoponus in der oben berührten Identificirung von Natur, Wesenheit, mit Hypostase nicht ohne Vorgänger war und sein Verfahren demnach als Rückschritt gekennzeichnet werden muß, so ist derselbe durch Anwendung aristotelischer Principien wenigstens sehr erklärlich, und wir können uns hier mit dem äußeren Zeugniß des Theodoret (Eran. dial. 1. T. IV p. 7. sq. Sirm.) zufrieden geben. „Nach der auswärtigen (d. i. griechischen) Weisheit ist kein Unterschied zwischen Usie und Hypostase."

Betrachten wir in Kurzem die Auffassung der Gegner und deren Vorwürfe.

Mit Recht ist schon bemerkt worden, daß das wörtliche Bekenntniß von drei Göttern und Gottheiten zu jener Zeit christlichen Ohren doch zu anstößig gewesen sein würde. Im sechsten, ja siebenten Jahrhundert kann man unmöglich sich so etwas erlaubt haben, was man nie vorher in der christlichen Welt sich erlaubt hat. Jetzt, wo es nach der Erzählung des Joh. Asiä nur eines kleinen Verdachtes bedurfte, um in Constantinopel „das ganze Volk der Stadt von allen ihren Enden her" in Aufregung und zu dem Geschrei zu bringen: „Die Gebeine der Heiden und Arianer sollen ausgegraben werden, die christliche Religion soll erhöht werden!" jetzt, sage ich, durfte das gewiß Niemand wagen. Kaiser und Hof waren vor der Volkswuth nicht mehr sicher, wenn ihnen so etwas nachgeredet wurde, wie wir aus den gleichzeitigen Berichten sehen. Und jetzt soll ein Mann, der seiner Zeit so bewundert und ge= feiert war, dessen „Bündigkeit in Beweisen" einer der Alten preist, sich solchen schroffen Ausdruckes bedient haben? — Man sieht, die Sache ist schon an sich unwahrscheinlich; die Schriftsteller jener Zeit liefern uns aber positiv den Beweis, daß Philoponus nie und nimmer Das ausdrück= lich gelehrt hat, was ihm seine Gegner vorwarfen, und wir halten uns um so lieber dabei auf, als wir dadurch zugleich für unseren vierten Punkt weitere Begründung gewinnen.

Ganz deutlich sagt dies der Pr. Timotheus, dessen Zeugniß von besonderem Werthe ist und dem auch Alle, die nur je über Monophysiten= Sekten geschrieben haben, unbedingt gefolgt sind. Er erzählt nun, daß die Kononiten, die von mir oben die eigentlichen Tritheïten genannt wurden, sich weigern, von drei Göttern oder Gottheiten zu sprechen, „τρεῖς θεὺς ἢ θεότητας λέγειν παραιτοῦνται", obwohl sie der Zahl nach drei Usien oder Naturen bekennen. Bei T. tritt aber immer wieder diese Behauptung in den Vordergrund, die Dreiheit der Usien und Naturen, weil Personen, so indirekt die Richtigkeit jener Voraussetzung beweisend, daß sie φύσις und ἐσία mit ὑπόστασις identifizirten.

Tim. gibt als „δόγμα" der Tritheïten einmal an*): „sie lästern οὐσίας und φύσεις ἐπὶ τῆς ἁγίας τριάδος." — Daß dies ihre eigentliche Lehre gewesen, sagt er an einer zweiten Stelle**) ausdrücklich: „...Drei Hypostasen sind (ist) die hl. Trinität und drei Personen — sagen die Kononiten — „aber sie setzen noch bei, es seien auch drei Substanzen und Naturen der Zahl nach" — die dann „ohne Verschiedenheit gleich" sind. Dies ist also die erste Abweichung von der Kirchenlehre, die Be= hauptung einer Mehrheit von Substanzen und Naturen — gegenüber dem bereits sicheren kirchlichen Sprachgebrauche, der οὐσία, φύσις und ὑπόστασις nicht mehr identifizirte. Die zweite liegt dann

*) l. c. p. 398.
**) p. 413.

darin, daß die Einheit der göttlichen Wesenheit und Natur nicht als numerisch zu nehmen sein soll, sondern, wie man sich später ausdrückte, als „Gattungs= oder Arteinheit" (spezifische Einheit): die drei göttlichen Personen sind gleich — ταὐτότητι ἀπαραλλάκτῳ. Nicht mehr und nicht weniger behauptet Timotheus von den Tritheiten.

Auch der Bischof Johannes E. gibt Dieses als die eigentliche Lehre der Tritheiten an. Bei ihm ist es zunächst der erste Punkt, der mehr hervorgehoben wird. Konon und die Seinen lehren auch nach ihm οσίας und φύσεις (ܐܘܣܝܐ und ܟܝܢܐ), Substanzen und Naturen. Hieher gehört vornehmlich l. I. cap. 31. Konon heißt hier „das Haupt Derjenigen, die es wagen, Naturen und Usien, Gottheiten und Götter in der hl. und wesensgleichen Trinität zu zählen" (ܪܫܐ ܕܐܝܠܝܢ ܕܡܡܪܚܝܢ ܕܢܡܢܘܢ ܟܝܢܐ ܘܐܘܣܝܐ ܘܐܠܗܐ ܘܐܠܗܘܬܐ ܒܬܠܝܬܝܘܬܐ). Ist das nicht dieselbe Häresie, von der Timotheus gesprochen und sie Tritheiten genannt hat? Man beachte nur die Worte „sie zählen Usien und Naturen." Das ist doch offenbar nichts Anderes, als die Behauptung der Kononiten von „drei Substanzen und Naturen der Zahl nach." Allein sagt hier Joh. nicht ausdrücklich, daß sie auch Gottheiten und Götter gezählt hätten?

Schon die Stellung der Worte an letzterem Orte könnte von dem Glauben an die Wirklichkeit dieser Behauptung abbringen, und sie als Auffassung des Joh. erscheinen lassen. Wir sind aber im Stande, noch weitere Belege aus ihm selbst beizubringen, daß die Tritheiten nicht „von Gottheiten sprachen" (Photius).

„Als Diejenigen, die Wesenheiten und Naturen der Gottheiten lehren (ܕܡܠܦܝܢ ܐܘܣܝܐܣ ܘܟܝܢܐ ܕܐܠܗܘܬܐ), von aller Welt verachtet wurden, erzählt Joh. E. (l. V. cp. 8), so fanden sie das sehr unbehaglich, mach= ten oftmals Vereinigungsversuche und besprachen sich mit den orthodoxen (Monophysiten)." — Aber sehen wir auch nicht da die „Behauptung von Gottheiten" ihnen zur Last gelegt? — Hören wir den Johannes weiter:

„Wenn sie nun kamen (es ist von einer solchen Conferenz in Con= stantinopel die Rede) und man von ihnen verlangte: „„nicht mehr von Usien und Naturen zu reden""…. Hier sehen wir nun gewiß, was sie von der Orthodoxenkirche trennte: es ist die Behauptung einer Mehr= heit von Usien und Naturen, weil die Monophysiten an das Aufgeben derselben die Wiederaufnahme in ihre Gemeinschaft knüpften. Warum aber diese Forderung? „Damit nicht dadurch eine Mehrheit von Göttern und Gottheiten nach heidnischer Art in das Christenthum hereinkäme." Daraus vermögen wir sicherlich zu erkennen, was bloßer Vorwurf und was wirkliche Behauptung gewesen.

Eben dies ersehen wir aus dem Folgenden: Wenn man .... von ihnen das forderte, so wichen sie aus, zogen sich zurück und sagten: Wir können nicht umhin, von Zahlen der Wesenheiten und Naturen zu spre=chen." Dann erwiederte man mit der obigen symbolischen Form: „Der Glaube der Kirche bekennt u. s. w.", worin die eine Usie und eine Natur besonders betont ist. Ferner zeigt sich dasselbe in dem nochma=ligen Vorwurf des Joh.: ihre Zurückhaltung habe ihren Grund in der Absicht, „von jenen Götter=Heerden (ܚ? ܚ) in das Christenthum einzuschwärzen."

Indeß haben wir bei Johannes noch weitere Zeugnisse. Als die Tritheïten ihre Bemühungen in der Hauptstadt gescheitert sahen, ver=suchten sie dasselbe Kunststück zu öfteren Malen auch in den beiden an=deren Patriarchaten, Alexandrien und Antiochien (Joh. E: l. V. cp. 9.). Zunächst wandten sie sich nach Alexandria, wo damals ihr eifrigster Geg=ner, Damian, als Patriarch saß. „Sie faßten also einen Libell ab, worin sie ihr Bekenntniß künstlich niederlegten und legten ihm denselben vor. Allein auch er verlangte von ihnen, „„von einer Mehrzahl der Naturen und Wesen abzugehen"" (ܚ? ܚ ܚ ܚ ܚ ܚ), sowie beide Schriften des Johannes Grammatikus und ihn selbst zu anathematisiren." Wie wir oben sahen, ließen sie sich dazu nicht herbei und wurde nun selbst mit dem Bann heimgeschickt.

Sonach hätten wir nun eine Bestätigung für die Behauptung des Timotheus aus der an beiden Orten an sie gestellten Forderung; und hier wie dort wurde als das die Tritheïten von den „Orthodoxen" Trennende die Behauptung „einer Mehrzahl von Usien und Naturen" angesehen. So der Syrer. Allein er bringt noch einen Beleg für das Bestreben dieser Häretiker bei. In der großen Schrift, welche diejenigen, „die der Secte philosophischen Ruhm bereiten wollten", verfaßten (Joh. E. l. V. cp. 10), wollen sie zeigen, „daß alle Väter — wie sie — eine Zahl der Naturen und Usien, d. h. vieler Wesenheiten einführen (ܚ ܚ ܚ ܚ ܚ ܚ ܚ) und lehren." Deßhalb sei ihnen, auch wenn sie es nicht erwarteten, der Vorwurf ge=macht worden (ܚ), auch eine Zahl von Gottheiten und Göttern wie die Heiden zu lehren und zu verkünden."

Das sind nun sämmtliche Angaben des Johannes von Asien über die Tritheïten. — Zweierlei ist im Ganzen aus ihnen klar zu erkennen: Das, was die Tritheïten behaupteten und eingestanden — eine Mehrzahl von Substanzen und Naturen in der Trinität, andererseits auch der Vor=wurf der Gegner, nämlich die Annahme auch einer Mehrheit von Göttern und Gottheiten, von ihnen perhorrescirt. So kommen diese beiden Quellen

Johannes E. und Timotheus Pr. dahin überein, daß T. den Tritheiten eine zweifache Abweichung von dem kirchlichen Glauben vorwirft, wie wir sie oben angaben, während bei Joh. nur die erste hervortritt.

Aus dem Gesagten ergibt sich klar, was von dem zweimaligen Vorwurf des Photius (Bibl. cod. 24 und 75) zu halten, daß Philoponus Substanzen und Naturen, Gottheiten und Götter erdichte, von Gottheiten spreche: Das Eine ist wahr und von Allen bezeugt, das Andere schiebt er ihnen zu.

Wenn dem also ist: wenn Philoponus und die Tritheiten von drei Usien und Naturen gesprochen, wie ist nun die Einheit des göttlichen Wesens, der göttlichen Natur wiederherzustellen? Denn daß die Trinität eine Substanz und Natur, Gottheit und Gott sei, behaupteten sie ausdrücklich und mußten es behaupten, um noch christlich heißen zu können. Welches ist nun das Verhältniß der drei Personen zu dem einen göttlichen Wesen?

Doch da müssen wir auf einige Fragmente aus dem berühmten Werke des alexandrinischen Philosophen, dem Diätetes (arbiter), selbst eingehen, wie sie uns in der Schrift des hl. Johannes Dam. de haeresibus erhalten sind (bei Coteler. Eccl. Gr. Monum. T. I. p. 278 sq.).

B.

Des Philoponus Entwicklung der aristotelischen Lehre von der Natur und den Individuen; deren Uebertragung auf das Trinitäts-Dogma.

§. 10.

a. Was ist Natur (φύσις)?

Auf diese Frage antwortet Ph*): „Wenn auch der allgemeine Begriff (κοινὸς λόγος) der (Menschen-) Natur an sich nur einer ist (καθ᾽ ἑαυτὸν εἷς), so wird er doch vervielfältigt, insoferne er in vielen Subjekten existirt (ἐν πολλοῖς ὑποκειμένοις γινόμενος πολλὰ γίνεται), ganz und nicht (bloß) theilweise in einem jeden subsistirend (ὁλοκλήρως ἐν ἑκάστῳ καὶ οὐκ ἀπὸ μέρους ὑπάρχων). Als Beispiel dazu führt er dann den Begriff (λόγος) eines Schiffes im Verstande des Schiffbaumeisters und Schiffe in der Wirklichkeit, den Satz (θεώρημα) im Geiste des Lehrers und in dem seiner Schüler, die Form (τύπος) eines Ringes und deren Abdrücke an. So gibt es nun viele Schiffe, viele Menschen u. f. w. Diese sind in den Individuen viele der Zahl nach von einan-

---

*) l. c. p. 309.

der getrennt und nicht vereinigt (τοῖς μὲν ἀτόμοις πλείονα τυγχάνει κατὰ τὸν ἀριθμὸν, καὶ ταῦτα διῃρημένα ἐστὶ καὶ οὐχ' ἡνωμένα); nach der gemeinsamen Gestalt (κοινῷ εἴδει) aber sind die vielen Menschen ein Mensch — die vielen Schiffe ein Schiff. So sind diese Dinge also nach der einen Beziehung viele und von einander geschieden; nach der anderen aber vereinigt und eins." (p. 310.)

Mit Recht ist bemerkt worden, daß Ph. dem Worte „Natur — φύσις" eine doppelte Bedeutung unterlege, daß er es bald in abstracto, bald in concreto nehme. Hier träfen wir also eine Behauptung, die dem später in der theologischen Schule so lange fortgeführten Streite zwischen Nominalismus und Realismus um ein halbes Jahrtausend vorausläuft: immerhin interessant, diese Bewegung, die von Platon ausgegangen, durch Aristoteles fortgeführt ward, bei einem Manne beobachten zu können, der von Allen als ein tüchtiger Schüler des großen Meisters, der im Mittelalter für den Philosophen κ. ἑξ. gegolten, gepriesen wird.

Auch er kennt also die allgemeinen Begriffe (Universalien, κοινὸς λόγος) — und als solche gelten ihm: Mensch, Schiff, Ring ꝛc. Diese erscheinen, existiren nur in concreto (universalia in re), in dem und dem Menschen, in diesem und jenem Schiff ꝛc., mit anderen Worten — sie sind nur real in den Individuen (ἀτόμοις), die dann wiederum ihre Einheit haben — im Begriff, der Gattung, der „Natur" (εἴδει). Insofern bilden die vielen Menschen einen Menschen, eine Einheit. Wenn dies die wahre Meinung des Johannes ist — und sie ist es — so bleibt es keinem Zweifel unterworfen, daß er sie aus der peripatetischen Schule überkommen und daß er Nominalist sei. Er selbst sagt, daß die „Individuen" daher stammen, und wenn wir dem Berichte des Nicephorus trauen dürfen, so fand er die Uebertragung dieser Prinzipien auf die Trinität für ganz unbedenklich und gerieth so in die Irre, wie wir unten noch weiter sehen werden.

Davor hat sich der bessere Theil der Schule wohl gehütet. Auch sie sagt, wenn wir den hl. Thomas*) als Repräsentanten hier anführen dürfen: „Unitas s. communitas humanae naturae non est secundum rem sed solum secundum considerationem" — die Einheit der menschlichen Natur ist keine reelle, wie die aller genera**), sondern nur eine begriffliche, ideelle, abstrakte. Allein weiter geht die Schule nicht; Gott ist hier kein Genus mehr, und daher lehrt sie: Deus s. divina

---

*) Summ. l. q. 39. a. 4.
**) Dargestellt, wie Th. sagt, in einem nomen collectivum.

essentia est una et communis secundum rem: die göttliche Wesenheit
ist reell eine, so daß „der gezeugte Gott numerisch dieselbe
Natur empfängt, die der zeugende hat." (Deus genitus eam-
dem naturam numero accipit, quam generans habet).*) Allerdings
nimmt auch sie dieselben Analogien hin, um sich diese transcendenten Verhältnisse irgendwie denken zu können; aber sie fühlt auch das Ueber-
schwengliche, das in Gott und seinen immanenten Beziehungen liegt, und
bleibt bei einem gewissen Punkte stehen, wo sie nicht mehr positiv und
thetisch vorgeht, sondern mehr abweisend und negirend verfährt — der
altpatristischen Spekulation folgend, von der dies ein neuerer Denker so
trefflich nachgewiesen hat.

Philoponus fährt nun anderswo (p. 313) weiter: „Also wird
das Wort „Natur" nicht in einem, sondern in einem zweifachen Sinne
genommen, einmal wenn wir die gemeinschaftliche Beschaffenheit, den allgemeinen Begriff jeder Natur an sich betrachten (ὁ κοινὸς ἑκάστης φύσεως
λόγος αὐτὸς ἐφ᾽ ἑαυτῷ θεωρούμενος), wie er in keinem Individuum
existirt (ἐν ὀυδενὶ τῷ ἀτόμῳ γινομ.) z. B. des Menschen, des Pferdes;
dann aber wie die gemeinsame Natur (κοινὴ φύσις) in den Individuen
existirt und in jedem derselben ganz besondere Subsistenz gewinnt (μερι-
κωτάτην λαμβάνουσα ὕπαρξιν)." — Diese Stellen zusammengenommen liefern den Beweis für das oben Gesagte: Ph. lehrt die Unterscheidung
von „Natur" in abstracto und concreto; unter ersterer versteht er den
„allgemeinen Begriff, die allgemeine Beschaffenheit — κοινὸς λόγος, communis ratio — εἶδος — Gattung" — und sie kann nach seiner philosophischen Argumentation**) nur in den Individuen existiren oder
real sein (γίνεσθαι). Das wäre nun, wie bemerkt, theilweise richtig
und unverfänglich, und darum zu allen Zeiten angewandt. Aber das
Gefährliche lag in der Uebertragung auf die göttliche Natur und die
göttlichen Personen, insoferne dadurch die Einheit des göttlichen Wesens
alterirt und zerrissen wird, wie wir noch sehen werden. Und hier ging
Ph. ebenso gut fehl, wie Roscellin —.im Widerspruche mit dem Glau-
benssatz der Kirche — neque substantiam separantes.

b. Natur im christlichen Lehrbegriff.

„Ich halte es für nothwendig, zu erklären, was im christlichen
Lehrbegriff die Namen Natur, Person und Hypostase zu bedeuten
haben."

---

*) a. 5. ad 2.
**) S. u. den Satz, daß die Gattungen und Arten außer den Individuen nicht existiren,
keine Realität haben.

„Natur" ift, was Allen, die einerlei Wefen (ὀσία) haben, gemein=
fchaftlich ift (κοινὸς λόγος). So ift es die Natur eines Menfchen, daß
er ein „„verftändiges, fterbliches und für Vernunft und Wiffen empfäng=
liches lebendes Wefen"" ift (τὸ ζῶον λογικὸν, Θνητὸν καὶ νῦ καὶ ἐπιστήμης
δεκτικὸν), weil hierin kein Menfch von dem anderen verfchieden ift.
Wefen und Natur find dann Ein und dasfelbe (ὀσίαν καὶ φύσιν εἰς
ταὐτὸν ἄγειν)."

Es ift für uns von Wichtigkeit, auf diefe Auseinanderfetzung hin=
gewiefen zu haben, wegen des Folgenden. Natur an fich (in abstr.)
ift ihm ein Begriff oder eine Idee, Gattung oder Art (λόγος, γένος,
εἶδος), die natürlich dann nur in den Individuen zum Dafein kommt,
oder exiftirt. Das fteht ihm feft. Er conftruirt nun ebenfo feine Defi=
nition, um dann weiter gehen zu können. Uns ift feine ganze Weife, —
vielleicht nicht mit Unrecht, wie ein Syllogismus vorgekommen, der fich
fo geben ließe:

Propositio Major: Natur ift der allgemeine Begriff; Perfon ift diefe
Natur, wie fie im Individuum exiftirt und fubfiftirt (γίνεται καὶ ὑπάρχει).

Minor: Atqui — Gott ift Natur, ift dreiperfönlich:

Conclusio: Alfo ift die göttliche Natur nur ein folcher allgemeiner
Begriff; alfo kann man von drei Naturen und Subftanzen reden. Doch
greifen wir ihm nicht vor; was ift nun bei ihm „Hypoftafe?"

„Hypoftafe oder Perfon ift das Dafein oder der Beftand einer jeden
Natur für fich, im Einzelnen (ἰδιοσύστατος τῆς ἑκάστης φύσεως ὑπάρξις),
oder fo zu fagen: Die Beftimmung oder Umfchreibung (περιγραφή) der
Natur aus gewiffen zu Grunde liegenden Eigenthümlichkeiten, nach denen
fich die an derfelben Natur Theilhabenden unterfcheiden; und um es
kurz zu fagen: was eben die Peripatetifer Individuum (ἄτομον) nennen,
worin das Auseinandergehen (διαίρεσις) der allgemeinen Gattungen und
Arten (τῶν κοινῶν γενῶν καὶ εἰδῶν) fich abfchließt (ἀποτελευτᾷ)."

Diefe Ausdrücke find von der Art, daß fie kaum einer weiteren Er=
läuterung bedürfen; fie laffen fich kurz fo geben:

Hypoftafe*) oder Perfon ift die Natur in concreto, das Einzel=
Subfiftiren der Natur (ἰδικὴ καὶ ἄτομος ἑκάστε ὕπαρξις).

Perfon ift gleich dem ariftotelifchen Individuum (ἄτομον).

Hypoftafe ift die Natur, nur mit beftimmten Eigenthümlichkeiten; oder:
H. ift der allgemeine Begriff, die allgemeine Befchaffenheit, die Na=
tur an fich, — mit beftimmten Eigenthümlichkeiten. Von letzteren zwei
Punkten aus, die identifch find, müffen wir die Sache weiter verfolgen.

---

*) p. 311.

Sie sind die eigentlich maßgebenden und können uns allein Antwort auf die Frage geben: Wie kam Ph. dazu, von mehreren Wesenheiten (Substanzen) und Naturen in der Trinität zu sprechen?

C. Diese Definitionen, sagt Philoponus, sind die kirchlichen.

„Diese Einzeldinge (ἄτομα) haben die Kirchenlehrer Hypostasen und manchmal auch Personen genannt." Damit war die völlige und unbedingte Uebertragung der endlichen Verhältnisse und Analogien auf die Trinität geschehen. Daher seine Beispiele: die göttlichen Personen sind das, was Peter und Paul unter den Menschen, Michael und Gabriel unter den Engeln sind, d. h. ein Individuum, das nach der Kirchenlehre Hypostase heißt, weil darin die Gattungen und Arten ihr Bestehen erhalten (διότι ἐν τότοις τὰ γένη καὶ τὰ εἴδη λαμβάνει τὴν ὑπαρξιν). Und weiter unten sagt er, „daß diese außer den Individuen nicht bestehen!" — Daher aber auch sein Irrthum hinsichtlich der Einheit des göttlichen Wesens, der göttlichen Natur. Wenn er bei der Analogie von Menschen, der Menschen=Natur stehen bleibt; wenn „er die göttliche Natur wie die menschliche theilet (Niceph. H. E. l. XVIII. cp. 48), sie den Individuen beilegt und sie so an die Hypostasen der überwesentlichen Natur (ὑπερούσιος φύσις s. u.) vertheilet, — mit anderen Worten: Wenn er P. S. und G. ganz in demselben Sinne Personen nennt, wie drei Menschen, wenn er sie als abgesonderte Individuen einer Gattung betrachtet, und das that er, so konnte er nimmermehr auf kirchlichem Boden stehen. — Nun kann es freilich keine numerische Einheit der Natur geben, sondern diese Einheit ist nur eine Gattungs=Einheit, eine specifische gegenüber „dem gewöhnlichen und symbolischen Lehrbegriff, von welchem hier der Mittelpunkt war, daß die Einheit Gottes nicht als Gattung, sondern als Zahl anzusehen, — mithin die Homousie der Personen keine identitatem specificam, sondern numericam bestimme." — So Walch.

Um nun für seine Auseinanderlegung einen Anhalt zu gewinnen, beruft er sich auf das kirchliche Bekenntniß der Monophysiten und fährt dann, nachdem er die doppelte Bedeutung (p. 313) von „Natur" gezeigt, also fort: „Daß dies der Sinn der Kirchenlehre sei, wenn sie von Natur und Hypostasen redet, ist daraus ersichtlich, daß wir zwar eine Natur des V. S. und hl. G. bekennen, aber drei Hypostasen derselben (τούτων) oder Personen, von denen jede durch irgend eine Eigenthümlichkeit von den Uebrigen unterschieden wird." — Was hat man nun unter der „einen Natur" der drei göttlichen Personen zu verstehen?

9. Die Einheit der göttlichen Natur.

„Was soll die eine Natur der Gottheit anders sein, als der all= gemeine Begriff der göttlichen Natur an sich betrachtet und durch die Betrachtung von der Eigenthümlichkeit jeder Natur abgetrennt?" Τί γὲ ἄν εἴη μία φύσις θεότητος, ἢ ὁ κοινὸς τῆς θείας φύσεως λόγος αὐτὸς καθ' ἑαυτὸν θεωρούμενος καὶ τῇ ἐπινοίᾳ τῆς ἑκάστης ὑποστάσεως ἰδιότητος κεχωρισμένος.

Das ist also die Beantwortung der „berühmten Frage, die sich Philoponus gestellt: Πόσα ἓν σημαίνει*) — Was das Eins bedeute, die er ins Kleinliche gezogen hat (σμικρολογῶν)", und eine fernere Abwei= chung.

So erscheint bei ihm die eine göttliche Natur als Gattung oder Art, als allgemeiner Begriff, die' göttlichen Personen als Individuen (ἄτομοι). Und wahrlich darin muß die Spitze des ganzen Trinitäts=Dogma's gesetzt werden; denn zuletzt drängt sich immer dem denkenden Geist die Frage auf, welche Einheit der göttlichen Natur im kirchlichen Bekenntniß insinuirt sei, ob numerische oder spezifische? — Solche Irrungen können daher nie ausbleiben und sind auch niemals ausgeblieben, und wir finden daher auch in der Neuzeit, „die alte Be= hauptung von drei Wesenheiten", wie sie Ph. vorgetragen; allein die Kirche und die Wissenschaft haben hier bereits gerichtet und wir kön= nen, — Gott sei es gedankt! — ruhig zusehen, wie die „„Todten ihre Todten begraben."" — Es ist ja das Eigenthümliche an der dogmati= schen Theologie, daß nach ihrer negativen Seite, d. h. in ihren Abwe= gen, stetig dasselbe wiederkehrt, und wir wissen, daß im eilften Jahr= hundert Roscellin als Nominalist eben dahin kam, wo Ph. im sechs= ten angelangt war.

Von diesem Standpunkte aus können wir uns erklären, wie das göttliche Wesen in drei Personen subsistirend, sozusagen auseinanderge= rissen wurde, und wie das „Sonderbestehen der göttlichen Natur" (ἰδιοσύ= στατος τῆς φύσεως ὕπαρξις) bei Ph. einen ganz eigenen Sinn hat, — und wie daher die drei Personen von ihm drei Naturen genannt werden wollten.

Daß die Alten ebenfalls in der Leugnung der numerischen Einheit der göttlichen Natur das Hauptverbrechen des Ph. erkannten, ist aus dem oben angeführten Bericht des Pr. Timotheus erinnerlich: „Eine Usie oder Natur, und eine Gottheit oder Gott nennen sie (die Kononi=

---

*) Phot. Bibl. cod. 75.

19*

ten), die heilige und wesensgleiche Trinität, nicht der Zahl nach, sondern nach „„„der unterschiedslosen Identität der Gottheit.""" — Wir müssen bei letzterem Ausdruck einen Augenblick verweilen, um einem augenscheinlichen Mißverständniß zu begegnen.

Walch führt nach Tim. unter den Gegnern der Tritheiten auch die Petriten und Damianiten an. Die beiden Stifter spielen im vierten Buch des Joannes E. keine kleine Rolle, und die Nachrichten, die sich hier über sie finden, sind eine recht interessante Erweiterung dessen, was Assemani im zweiten Band seiner orient. Bibliothek mitgetheilt hat. — Jedoch betrifft dies mehr geschichtliche Verhältnisse und keineswegs diese dogmatischen Fragen, so daß wir auf die Uebersetzung selbst verweisen, da wir das dort Gesagte kaum kurz wiedergeben könnten. — Kehren wir nun zu den Petriten zurück.

Tim. legt ihnen dieselbe Ansicht bei, wie den Kononiten oder Tritheiten. „Sie bekennen, B. S. und G.; Jeder sei Gott in Wahrheit, Wesenheit und Natur; ebenso bekennen sie drei Hypostasen und drei Personen, und jede Hypostase sei der Wahrheit, Wesenheit und Natur nach Gott. — Einen Gott, eine Substanz und Natur, nennen sie B. S. und G. nicht der Zahl nach, sondern nach der vollkommenen Gleichheit (οὐκ ἀριθμῷ, ἀλλὰ τῇ ἀπαραλλάκτῳ ἰσότητι)."

Walch bemerkt nun (K. H. B. VIII. S. 752.) weiter: „Kann dies wohl anders übersetzt werden, als: docent, P. F. et Sp. s. esse unum Deum, unam divinam naturam non specifice (wie Ph. die Einheit verstand), sed perfectissima aequalitate, welches unsere identitas numerica ist?" — Oben hat W. selbst aus Timoth. dieselben Worte als Lehre der Kononiten angeführt und jetzt will er aus eben denselben einen Gegensatz zu Ph. herausbringen. Es mag sein; die ἀπαρ. ἰσ. ist nach älteren Uebersetzern treffend mit perfectissima aequalitas gegeben; aber ebenso unrichtig ist es, daß dies unsere numerische Identität sei, sowie daß οὐκ ἀριθμῷ die spezifische negire. W. suchte, wie gesagt, darin einen dogmatischen Unterschied der Lehre des Petrus von Kallinikum von der der Kononiten; offenbar mit Unrecht. Wenn die Petriten das wirklich gelehrt hätten, warum hießen sie denn ihre Gegner die Damianiten, gerade „Tritheiten?" Entweder können diese Worte des Timoth. auch nur dasselbe bedeuten, wie hier bei den Petriten; — warum dann solche langweilige Exposition über das Abweichen des aleranbrinischen Philosophen vom symbolischen Lehrbegriff? Oder sie sind so zu geben, wie wir sie auffaßten, und dann erklärt sich die Sache viel einfacher und ungekünstelter. Vielmehr ist nach Timotheus ein ganz anderer dogmatischer Gegensatz gemeint. Die Petriten traten ja, soviel wir wissen, dem Tritheïsmus gar nicht entgegen, sondern nur als Damian dies gethan, erhob sich Petrus von Antiochien gegen ihn, nicht gegen die Tritheïten. Daher müssen wir Petriten und Damianiten einander gegenüber halten, wie Timoth. dies selbst thut, nicht Petriten und Tritheïten, um die obige Lehre der Ersteren recht zu verstehen: „V. S. und hl. Geist sei Gott in Wahrheit, Wesenheit und Natur.“

Dagegen aber sagen die Damianiten, „ein Anderer sei zwar der V., ein Anderer der S. und G., aber Keiner ist Gott an sich (θεὸς καθ᾽ ἑαυτόν), der Natur nach, sondern sie haben einen gemeinsamen Gott (ἔχειν κοινὸν θεόν) oder Gottheit, die einerstirt (ἐνύπαρκτος); durch die ungetheilte Theilnahme daran sei Jeder Gott.“ Jetzt wissen wir, warum Tim. das betont hat: wegen des Gegensatzes der Damianiten. Wegen der Annahme des κοινὸς θεὸς heißen sie daher auch bei den Petriten — „Tetraditen.“ — Wir sahen, daß Phil. gerade die entgegengesetzte Lehre vorgetragen: „Jede Hypostase ist das gesonderte Bestehen der Natur (ἰδιοσύστατος τῆς φύσεως ὕπαρξις).“

Aber auch nur so kann es uns jetzt gelingen, eine Stelle bei Leontius Byz. zu würdigen, die mit den anderen Schriftstellern nicht wohl zu harmoniren scheint. Er schreibt nämlich (de Sect. act. V.): Aristoteles habe den Ph. veranlaßt, „in der hl. Dreieinigkeit drei Naturen zu bekennen, denn dieser lehrte, daß die Individuen sowohl eigene Substanzen sind, als eine gemeinschaftliche. So sagte also Ph., sind in der hl. Dreieinigkeit drei Substanzen und eine gemeinschaftliche.“

Würde man diese Behauptung nehmen, wie sie steht, so hätte man ihn gerade so gut einen Tetraditen nennen können, wie einen Tritheïten — wie einen Neuerer nach der Stelle des Leont. wirklich noch meint, „Ph. sei wohl im Grunde ein Tetradit gewesen, da er nach Aristotelischem Kalkul außer den drei gesonderten göttlichen Substanzen in den drei göttlichen Personen auch eine diesen gemeinsame Substanz annehmen mußte.“

Allein wir sind im Stande, nach den obigen Citaten aus Ph. selbst zu bemessen, was mit „der gemeinsamen Substanz“ gemeint sei. Auch Leont. sagt, daß er die Ausdrücke Substanz und Natur und Person für gleich genommen, und so ist die Lösung der Schwierigkeiten nicht

---

*) l. c. p. 412.

schwer: wenn wir uns erinnern wollen, daß Ph. unter der göttlichen
Natur sich auch nicht mehr gedacht hat, als einen Gattungsbegriff, der
nur in den Individuen reell existirt, daß daher auch die göttlichen Personen insoferne ein Wesen sind, als das Wesen der einen Person von der nämlichen Art ist, wie das der Anderen.

Nach diesen Bemerkungen wird es jetzt wohl am rechten Orte sein,
auch die Lehre der Kondobauditen hier kurz zu berühren. Timotheus läßt auch sie um die obigen merkwürdigen Worte sich bewegen
und sagt*): „Sie bekennen, daß ein Gott sei — der Zahl nach,
nicht aber nach der vollkommenen Gleichheit." Wir sehen, daß dies das
gerade Gegentheil von der Behauptung der Kononiten sei, und
daß sie überhaupt dem Tritheismus ganz ferne standen. Wir vermögen
darin keine dogmatische Abweichung zu erkennen — zumal sie keinen Namen führen, der auf eine solche schließen ließe, sowie etwa die Kononiten — Tritheïten, die Damianiten — Tetraditen hießen. Und
dann wird eine derlei Annahme durch die Bemerkung des Joh. E. (l. II
cp. 45) schlechthin abgeschnitten, daß sie eben von Theodosius von
Alexandria sich lossagten, weil sie ihn des Tritheismus für ver-
dächtig hielten: „sie meinten von ihm, er führe gleichfalls eine Zahl von
Wesenheiten und Naturen ein."

In dem ganzen Streit, das sehen wir klar, wo doch von numeri-
scher Einheit so vielfach die Rede gewesen, hat Niemand an die in neue-
ster Zeit so glücklich hervorgehobene Unterscheidung von Einheit Gottes oder
der göttlichen Trinität, und Einheit der göttlichen Natur gedacht.**)

c. Die göttliche Hypostase.

„Daß wir***) das Wort „Natur" noch in einem engeren Sinne
(ἰδιώτερον) brauchen, wenn wir den allgemeinen Begriff der Natur
(τὸν κοινὸν λόγον τῆς φύσεως) betrachten, wie er in einem jeden Individuum oder auch in jeder Hypostase eigens existirt (ἴδιον γινόμενον)
lernen wir aus der Vereinigung zweier Naturen in Christus, der Gottheit und der Menschheit." „In dieser Bedeutung sollte das Wort
„„Natur"" und das Wort „„Hypostase"" einerlei sein, nur daß wir
unter dem letzteren noch eines jeden Eigenthümlichkeiten mitbegreifen
und ihn von den übrigen unterscheiden." Vergessen wir nur den Grund-
satz des Ph. von „der Zahl nach drei vollkommen gleichen Wesen und

---

*) l. c. p. 410.
**) Kuhn, Dogmatik. Bd. II. S. 445. Auch ich habe den Ausdruck numerisch
nicht anders genommen als K., wie die ganze Darstellung zeigt.
***) Coteler. E. Gr. M. T. I. p. 314.

Naturen" nicht; er ſetzte, bemerkten wir oben, die Identität von Sub=
ſtanz (Natur) und Hypoſtaſe voraus, und können dies durch das aus=
drückliche Zeugniß des Leontius erhärten: „Sie behaupteten — aller=
dings wären Natur und Perſon einerlei."

Es fragt ſich nun weiter: wodurch Ph. zu dieſer Identifizirung ge=
kommen?

Auch hier iſt die Erzählung des byzantiniſchen Advokaten, des Leon=
tius, die beſte Quelle. „Als Ph. der Kirche den Einwand machte, daß,
wenn ſie zwei Naturen in Chriſtus lehre, ſie nothwendig auch bekennen
müſſe, daß in ihm zwei Perſonen ſind, ſo antwortete die Kirche: Ja,
wenn Natur und Hypoſtaſe eins wären, müſſe man auch nothwendig ein
Individuum bekennen. Wenn aber Natur und Hypoſtaſe verſchieden ſind,
welche Conſequenz zwinge da die Dyophyſiten, auch zwei Hypoſtaſen
zu bekennen? — Die Ketzer antworteten: Natur und Hypoſtaſe ſei wirk=
lich Einunddaſſelbe. Darauf erwiederte die Kirche: Wenn dem ſo ſei,
ſo müſſe man auch von drei Naturen in der hl. Dreieinigkeit ſprechen,
da ſie ja nach dem Bekenntniß drei Hypoſtaſen habe. Auf dieſen Ein=
wurf der Kirche antwortete Ph., es ſei zuläſſig, drei Naturen in der
hochhl. Dreieinigkeit zu bekennen."

Nach dieſer Erzählung, die durch die obige Deduktion des Ph. ſelbſt
beſtätigt wird, wäre der Ausgangspunkt für den Tritheismus im Mo=
nophyſismus gelegen! Alle Seiten und Richtungen waren vom Mono=
phyſismus in Betracht gezogen worden, vom einfachen Eutychianismus
bis zum Syſtem der Agnoëten: die eine fehlte noch, die Rückkehr der
Häreſie vom Sohne Gottes zur Trinität an ſich. Sie iſt durch Ph.
vollzogen worden, und mußte es, denn die Häreſie hat ihre Conſequenz,
wie das Dogma und die kirchliche Wiſſenſchaft.

Doch wollen wir den Ph. ſelbſt weiter vernehmen, um aus ſeinen
eigenen Worten zu erfahren, daß er vom Dogma der Diakrinomenen,
„der einen Natur des fleiſchgewordenen Wortes" aus zu ſei=
ner Lehre gekommen. Er begründet die erwähnte Darlegung von Natur
und Hypoſtaſe in folgender Weiſe: „Wir ſagen*) ja auch nicht, daß die
Gottheit, wie ſie als der hl. Dreieinigkeit gemeinſchaftlich betrachtet wird,
Fleiſch geworden, ſonſt müßten wir ja auch eine Menſchwerdung des
Vaters und hl. Geiſtes lehren (vor derſelben Folgerung wollte ſich auch
Roscellin hüten); ebenſowenig ſagen wir, daß die**) Menſchennatur,

---

*) Cotel. l. p. 304.
**) Anſelmus hielt ſeinem Gegner Roscellin gerade das Gegentheil als Argu=
ment gegen deſſen Nominalismus vor: „Wenn das Menſchliche nur als beſtimmte
Perſon Realität hat, wie ließe ſich dann begreifen, daß der göttliche Logos Menſch ge=

welche (Allen) gemeinschaftlich ist (*ὁ κοινὸς τῆς ἀνθρωπείας φύσεως λόγος*), mit dem *θεὸς λόγος* vereinigt worden, sonst würde man mit Recht sagen, daß der göttliche Logos mit Allen, die vor seiner Ankunft (*ἐπιδημία*) geboren wurden, oder noch nach ihm existiren werden, sich vereinigt habe. Es ist also klar, daß wir hier unter göttlicher Natur die gemeinsame göttliche, in des Wortes Hypostase, verstehen. Wir be= kennen ja, daß allein die Natur des Wortes (Gottes) Fleisch geworden (*μίαν φύσιν τῦ θεῦ λόγυ σεσαρκωμένην ὁμολογῦμεν*), und unterscheiden sie durch den Zusatz *λόγος* von der Natur des Vaters und des hl. Geistes u. s. w.

Unverkennbar ist darin eine Trennung und Zerreißung des göttlichen Wesens gegeben, wie sie sich in dem Wort „Individuen, *ἄτομοι*" für die göttlichen Hypostasen ausspricht. Daher finden wir bei Photius (Bibl. Cod. 24) den sonderbar scheinenden Vorwurf, Ph. lehre: Vater, Sohn und Geist sind Theil=Hypostasen (*μερικὰς ὑποστάσεις*), eigene Gott= heiten, weil — eigene Naturen. Eben damit stimmt Joh. Damasc.[*]) überein, der sie Theil=Wesen (*μερικὰς οὐσίας*) lehren läßt; sowie Ni= ceph. mit seiner Angabe: Philoponus theile die untheilbare Dreieinig= keit, wie die Menschen=Natur, in mehrere Personen, die er theile und einzeln (*κατὰ μόνην*) den Individuen beilege, und so unter die Hypostasen der „überwesentlichen Natur" (*ὑπερούσιος φύσις*) vertheile.

Schwierig ist der letzte Ausdruck des Niceph.: *ὑπερούσιος φύσις*. Der Uebersetzer gibt es mit supersubstantialis natura; vielleicht wäre „metaphy= sisch" oder „transcendent" am entsprechendsten. Walch meint, das sei „ein artiger Ausdruck, der vermuthlich das sagen soll, was ich hier erinnert habe." Was er aber erinnert, zu entdecken, ist bis jetzt mir noch nicht gelungen.

So hätten wir denn die Lehre des großen Alexandriners von der Trinität im Großen und Ganzen verfolgt und das Prinzip seines Sy= stems, die Annahme dreier Naturen in der göttlichen Dreieinigkeit, die ihm gerade den Namen des „Vaters der Tritheiten" erworben, in lo= gisch richtiger Entwicklung der Monophysiten=Lehre gefunden. Zwei von den Quellen, sowie seine eigenen Worte bestätigen es uns, das Aristo= teles, der durch ihn vom Neuen zu Ehren gebracht wurde, ihm dazu die Veranlassung geworden, durch seine Lehre von den „Individuen und der gemeinsamen Natur". Innerhalb des Monophysismus, das dürfen wir nie vergessen, wurde der ganze Streit geführt; unter Verhält=

---

worden: nicht durch Annahme einer menschlichen Persönlichkeit, sondern der menschlichen Natur?"

[*]) l. c. p. 309.

niſſen, wie ſie der Monophyſiten=Biſchof Johannes von Epheſus
am beſten darſtellt: der Tritheïsmus iſt eine der letzten Conſequenzen der
gemeinſamen Oppoſition der Diafrinomenen gegen die Synode von
Kalchedon.

Viele Fragen, wir geſtehen es gerne zu, ſind von uns abſichtlich
außer Acht gelaſſen worden. Der ganze dogmatiſche Streit zwiſchen
Peter von Kallinikum und Damian, den zwei Monophyſiten=
„Päpſten" von Antiochia und Alexandria, das Verhältniß der Seve=
riten zu den Dyophyſiten im Allgemeinen, die Beziehungen der
monophyſitiſchen Patriarchate zu einander und Aehnliches iſt ſo ziemlich
unberührt geblieben. Die dieſem Theil der Abhandlung zugewieſene Auf=
gabe war nur die geweſen, einige Punkte, wofür wir bei Joh. E. die
Belege ſelbſt fanden, zu beſprechen. Ob und wie es uns gelungen, ihn
auch in dieſer Beziehung als achtenswerthen Zeugen für ſeine Zeit dar=
zuſtellen, geben wir gütiger Beurtheilung anheim.

III.
Die Lehre der Athanaſianer oder Philoponiaker.

§. 11.
Der Auferſtehungsſtreit. Der Patriarch Eutychius von Ctp. nach Joh. E. und Gregorius d. Gr.

Nachdem wir ſchon oben von dem Entſtehen dieſer Sekte durch Los=
trennung von den Kononiten geſprochen und gezeigt haben, wie dieſe
Spaltung durch die von Johannes E. ſogenannte zweite Schrift des
Joh. Philoponus hervorgerufen worden, erübrigt uns noch, auch die
Lehre der Partei uns näher anzuſehen. Auch hier haben wir den jün=
geren Walch zum Vorarbeiter und er hat die Sache ſo ziemlich gut be=
handelt; allein wir finden es für nicht überflüſſig, hier wenigſtens einige
Nachträge zu liefern, wozu uns wiederum Joh. E. angeregt und theil=
weiſe den Stoff geliefert hat.

Der Quellen, die Walch benützte, ſind drei: der Presbyter Timo=
theus, Nicephorus und Photius, d. h. eigentlich zwei, denn Ni=
cephorus gibt (II. E. l. XVIII. cp. 47 und 49) die Berichte des Erſten
dem Inhalt nach unverändert und blos abgekürzt wieder. Wir können
dieſen zwei Andere beifügen: Joh. E. und Gregorius d. Gr.

Johannes erzählt nämlich vom Patriarchen Eutychius von
Ctp., der, wie bekannt, wegen ſeiner Oppoſition gegen die Lehre des K.
Juſtinian von der Unverweslichkeit des Leibes Chriſti zwölf Jahre

lang in der Verbannung zubringen mußte und dann im Oktober 577 unter Justin II. zurückberufen wurde, daß „er sich zur keherischen Meinung der Athanasianer wandte (Joh. E. l. II. cp. 36.), nachdem er vorher seiner Art nach zur Häresie der Sambatener*) gehört hatte." Dieselbe eigenthümliche Bekehrung wird weiter unten (l. II. cp. 51.) wiederholt.

Wir haben nun eine ausführliche Biographie des Eutychius von seinem Schüler (ταπεινὸς μαθητής) dem Presb. Eustachius (man findet auch Eustratius und Eustathius citirt) bei den Bollandisten unterm 5. April. „Der andächtige Verfasser, meint H. Land, schweigt aus leicht begreiflichen Ursachen von des Heiligen Ketzerei." Indeß ist diese Anklage doch bei Eust. cp. 88 und 89 erwähnt. Er erzählt, daß Eutychius, seinem Ende entgegensehend, täglich über die Trennung von Seele und Leib philosophirt habe, daß man aber auch seine Orthodorie hinsichtlich seiner Anschauung von der Auferstehung in Zweifel zog, „da doch die dummen Leute nicht einsahen, was er behauptete, noch worüber er sprach." Daß er wirklich hierin irrte, und wie, erzählt der h. Gregor d. Gr. (In Job. l. XIV. cp. 31 ff.), der damals als Kardinal=Diakon Apokrisiar in Ctp. war, und sein Bericht mit dem des Joh. E. verglichen, liefert einen interessanten Beitrag für die Geschichte der Athanasianer oder Philoponiaker.

Als Eutychius, erzählt Joh. E. l. II. cp. 51. es umsonst versucht hatte, durch seine große Schrift über „die getheilte Lehre

---

bezüglich der zwei Naturen" die Vornehmen und Senatoren, Männer und Frauen zu belehren, hörte er nach kurzer Zeit (c. 578) von
„der Sekte des Athanasius, welcher sich der Häresie derer, die
Uscen zählen, d. h. Wesenheiten und Naturen, zum Haupte und Verstärker (ــمصـــ), protector) gemacht hatte, den Irrthum des Grammatikers Johannes von Alexandrien theilte und sagte u. s. w. Durch
diesen heidnischen und manichäischen Unsinn entstand unter ihnen (den
Tritheïten) eine Spaltung" ꝛc. ꝛc. „Als dies der Patr. Eutychius
erfuhr, trat er sogleich ihnen bei, unterrichtete sich bei ihnen und wurde
Einer von ihnen. — Er begann nun die Lehre darüber niederzulegen,
und in Schriften zu veröffentlichen, bis seine Bischöfe und Kleriker sich
wider ihn erhoben...... — Er nahm nun seine Schrift zurück, gab aber
den Irrthum nicht auf." Ebendasselbe sagte er l. II. cp. 36., „daß er
seine Lehre nicht einfach vorgetragen, sondern auch in Schriften veröffentlicht habe, und beständig darüber disputirte. Deßhalb sei denn
auch Unruhe und Erbitterung, Schmähung und Lästerung in der ganzen
Stadt gegen ihn entstanden und besonders bei den Seinigen und seinen
Glaubensgenossen. Sie hätten zu ihm gesagt: Wenn Du diese Lehre
nicht aufgibst, bannen wir Dich Alle. Es vermochte ihn nichts von seiner Meinung abzubringen, so daß ihn Jedermann für einen Häretiker
hielt, wenn er auch aufhörte, das zu lehren."

Dieser Auferstehungsstreit wird auch von Gregor d. Gr. a. a. L.
erwähnt. Er erzählt seine Disputation „mit dem Bischof Eutychius
von der Stadt Cst.; er habe ihn zum Schweigen gebracht, so daß er
beizustimmen versprach, aber dennoch seine Meinung nicht aufgab. Und
so berichtet er weiter, gingen wir Beide in der heftigsten Entrüstung auseinander (l. XIV. in Job. cp. 32.). Da berief uns heimlich der K. Tiberius Constantinus seligen Andenkens und erkannte, welcher Zwiespalt unter uns sei. Er erwog die beiderseitigen Gründe (allegatio) und
entschied, daß man das Buch, welches er über die Auferstehung geschrieben hatte, den Flammen übergeben solle. Nach unserer Entfernung befiel mich eine heftige Krankheit, den Eutychius aber eine
Krankheit, auf die der Tod alsbald folgte (er starb 5. April 582.). Nach
seinem Tode stand ich von einer Verfolgung des Angefangenen ab, um
meine Worte nicht umsonst zu gebrauchen, da fast Niemand seinen
Worten anhing."

Dieß stimmt nun ganz und gar mit uns'rem Joh. E. überein.
Auch er sagt ja, daß besonders „seine Glaubensgenossen" sich darüber
aufhielten und ihm mit dem Anathema drohten: Beweis genug, daß
dessen Vertreter, der Apokrisiar des Papstes, darunter zu begreifen sei.

— Derselbe Gregor erzählt weiter, daß der nahe Tod ihn von seiner Meinung, die er nach beiden Schriftstellern hartnäckig festhielt, geheilt habe. „Da er aber noch lebte, und ich am heftigsten Fieber darniederlag, so nahm er vor den Augen aller meiner Bekannten, die sich nur immer zu ihm begaben, um ihn zu begrüßen, (wie ich durch deren Bericht erfuhr) die Haut seiner Hand und sagte: Ich bekenne, daß wir Alle in diesem Fleisch auferstehen, was er vorher durchaus zu läugnen pflegte."

Athanasius und seine Partei hatten die zwei Schriften des Joh. Philoponus, sowohl die erste „über den Polytheismus," als die zweite über die „Nicht-Auferstehung der Leiber," unbedingt angenommen. Die Kononiten dagegen thaten dieß nicht, sondern nahmen nur die erste an, widerstritten ihm, lästerten und bannten ihn sammt seinen Schriften, während die Andern sie annahmen — mehr noch als die Schriften der Propheten und Apostel (Joa. E. l. V. cp. 5.). Daher mag es kommen, daß sie allein „Philoponiaker" heißen*), während den eigentlichen Tritheïten der Name „Kononiten" blieb. Die Benennung „Athanasianer" ist dem Joh. E. eigenthümlich. — Natürlich bannten sie zuletzt den Konon, obgleich sie mit ihm in der Trinitäts-Lehre übereinstimmten, weil er den Phil. und seine Schriften verworfen.**)

Wer der Bischof Georgius sei, den sie mit seinen Schriften annahmen, vermögen wir nicht zu bestimmen. — Der einzige Gegner derselben unter den Katholiken, der sie schriftlich bekämpfte, war ein Mönch, Namens Theodosius. (Phot. Bibl. cod. 27.)

§. 12.
Die Lehrsätze der Sekte nach Photius und Johannes von Ephesus.

Am allerwenigsten ist aus des Photius Bericht (Bibl. cod. 21.) zu entnehmen: „Ich las des Joh. Philoponus Buch von der Auferstehung in.... (die Zahl lesen wir nicht mehr) Tomen, worin er die Auferstehung der Leiber aufhebt" (ἐν οἷς τὴν τῶν σωμάτων ἀνάστασιν ἀναιρεῖ). Damit ähnlich und ebenso unbestimmt wäre eine Angabe des Joh. E., wo er die Athanasianer einfach die „Auferstehung läugnen" läßt. Wir müssen uns daher nach anderen Belegstellen umsehen.

---

*) Timoth. Presb. bei Coteler: Eccl. Gr. Mon. T. III. p. 414.

**) l. c. p. 416.

Aus solchen erhalten wir nach Joh. E. die folgenden Lehrsätze der Athanasianer oder Philoponiaker:

I. Diese Leiber stehen nicht auf (ܠܐ ܩܝܡܝܢ ܗܠܝܢ ܦܓܪ̈ܐ); diese Leiber der Menschen kommen nicht zur Auferstehung (ܗܠܝܢ ܦܓܪ̈ܐ ܕܒܢܝ̈ܢܫܐ ܠܩܝܡܬܐ ܠܐ ܐܬܝܢ);" Joh. E. II. 36. — So die Athanasianer.

„Diese Leiber der Menschen erstehen nicht bei der Auferstehung der Todten; II. 36; III. 17; — es ist keine Auferstehung dieser Leiber" — V. 5. So Philoponus.

„Dieser Leib ersteht nicht;" III. 17. So der Patr. Eutychius.

II. „Sondern andere stehen statt ihrer auf — (ܐܠܐ ܐܚܪ̈ܢܐ ܚܠܦܝܗܘܢ ܩܝܡܝܢ) II. 36; andere entstehen und kommen zur Auferstehung (ܐܚܪ̈ܢܐ ܗܘܝܢ ܘܐܬܝܢ ܠܩܝܡܬܐ)" II. 51. — Eutychius.

„Andere, die neu geschaffen werden, (ܐܚܪ̈ܢܐ ܕܡܚܕܬܐܝܬ ܡܬܒܪܝܢ) stehen auf bei der Auferweckung (ܠܢܘܚܡܐ);" II. 36. — Athanasius.

„Andere stehen statt ihrer auf;" vielleicht zu lesen (ܘܡܩܝܡܝܢ) — „entstehen und erstehen" — III. 17. Ein and'rer Leib entsteht und steht auf statt desselben; ibid. Philoponus und Eut.

H. Land meint (p. 124.): „nur falsche Consequenzmacherei würde folgern, daß Athanasius ein völlig neues Schaffen, Philoponus aber eine Entwicklung der neuen Leiber aus den alten gemeint hätte." Die Bemerkung ist nicht unwichtig, und wir haben deshalb so unterschieden, um die Sache mehr hervortreten zu lassen. Ath. kann kaum anders gelehrt haben, als Phil., da er ja durch dessen Schrift erst zu dieser Lehre gebracht worden war.

Mehr also können wir aus Joh. E. nicht entnehmen, als die wenigen Sätze: Diese Leiber stehen nicht auf, sondern andere entstehen statt ihrer, werden neu geschaffen und diese stehen auf. Sonach haben wir uns zu den ausführlicheren Berichten des Pr. Timotheus zu wenden, um für diese kurzen Andeutungen weitere Aufschlüsse zu gewinnen. Er weicht insoferne von Joh. E. ab, als er auch die Lehre vom Weltende hereinzieht.

§. 13.

Die Lehre des Johannes Philoponus von der Auferstehung und dem Weltende nach dem Presb. Timotheus.

Bei ihm nimmt die Frage einen etwas größeren Umfang an, indem er einerseits von den die Behauptung des Philoponus veranlassenden

Grundsätzen spricht, andrerseits aber auch über die Auferstehung der Todten
hinausgeht und dessen Ansicht von *Κόσμος ὁ μέλλων* vorträgt.

Nachdem er von den Kononiten erzählt, daß sie zuletzt den Ph.
und seine Werke verwarfen, fährt er (Cotel. III. p. 414) also fort: Der
besagte Johannes der Grammatiker habe sowohl in seinen Schriften
gegen die Heiden, als auch in seinen anderen — es ist gewiß die
von Joh. E. sg. zweite mitgemeint — das gelehrt: „Alle diese sinnen=
fälligen Körper (*σώματα — αἰςθητὰ καὶ ὁρώμενα*) sind von Gott nach
Materie und Form (*καθ᾽ ὕλην καὶ εἶδος*) aus dem Nichtsein zum Sein
gebracht worden (*ἐκ τᾶ μὴ ὄντος εἰς τὸ εἶναι παραχθῆναι*)", wie auch
die Kononiten dies behaupteten. Obgleich er nicht wie die Peripatetiker die
Ewigkeit der Welt lehrt, so finden wir doch, daß er das aristotelische *μὴ ὢ*
annimmt, wie Aristoteles einst die Hyle aus dem Zustand der Beraubung
der Negation (*μὴ ὄν — στέρησις*) zur Form entwickelt werden ließ. Die
meisten Väter lehren dagegen (nach II. Macc. VII. 28) eine Schöpfung aus
dem *οὐκ ὄν* (Hermas bei Iren. nicht). Auch Niceph. (H. E. l. XVIII.
cp. 47) scheint die Lehre des Phil. auf Aristoteles zurückzuführen.

Sie sind aber verweslich geschaffen (*φθαρτά*)*); also verwesen sie auch
nach Form und Materie: ein Fehlschluß, den die Kononiten sogleich nicht
anerkannten.

Mit Recht erinnert Walch (K. H. VIII. 771), daß II. Petr. III,
10—13 hier zu Grunde liege, die Hauptstelle für das Weltende, natürlich
unrichtig aufgefaßt. Seinen Grund hat dies in dem dortigen Ausdruck
vom „Vorübergehen, Vergehen" (*παρελεύσονται*) der Himmel, dem Ver=
brennen der Erde und der Elemente, sowie in der aristotelischen An=
schauung von der unzertrennlichen Verbindung zwischen Materie und
Form in den Körpern. Wir sehen daher auch die biblischen Ausdrücke
συντέλεια τᾶ κόσμᾳ — ἤγᵉⁿ παρέλευσις bei ihm in Anwendung kom=
men, aber ebenso die philosophischen *ὕλη* und *εἶδος*, wobei wir aller=
dings nicht vergessen dürfen, daß er gegen die Heiden (*Ἕλληνες*)
schreibend (Timoth.) seine Sache immer nur philosophisch vertheidigen
konnte. Daher bemerken wir, daß bei ihm diese Weise der Begründung
vorherrscht, während hinsichtlich dieser Fragen zwischen dem Patriarchen
Eutychius und dem hl. Gregor durchaus nur der theologische Stand=
punkt maßgebend ist. Eine Verbindung beider Wege gibt der hl. Joh.
Dam. (*Ἱερὰ Παραλλ.* Tit. 73). Eben dadurch wird die Beschuldigung
des Photius erklärlich, Philoponus verhöhne in seiner Schrift von

---

*) Athenag. (lega. IV.) nennt die ganze Materie *γεννητὸς καὶ φθαρτός*.

der Auferstehung die seligen und heiligen Väter, d. h. zunächst: er verläßt den traditionellen Standpunkt.

Eine Bemerkung Walch's (l. c. p. 772) scheint mir in gedachter Hinsicht ganz falsch zu sein. Er findet nämlich in den obigen Worten des Ph. den Satz ausgesprochen: „Es gibt keine φθορά, keinen Tod als eine gänzliche Zernichtung des Körpers nach Materie und Form." Und doch sagt er weiter unten, daß die Auferstehung der Todten bei Ph. eine Neuschaffung sei. Wir können Beides wirklich nicht vereinen. Zudem sagte ja Johannes Ph. ausdrücklich (Tim. l. c. p. 414.): die Körper verwesen nach Materie und Form (φθείρεσθαι καθ' ὕλην καὶ εἶδος). Wenn ferner in der Behauptung des Ph. etwas Anziehendes gelegen war, was Anderes konnte dies sein, als die anscheinende Konsequenz, die darin zwischen Schöpfung und deren Widerspiel, der φθορά, lag?

Die Schrift kennt allerdings die „Verwesung" in dem Sinne der „gänzlichen Zernichtung" nicht, sondern nach ihr schuf Gott Alles, „damit es sei", d. h. kein Geschöpf hört je wieder auf, zu sein, und von diesem Standpunkte aus traten die Orthodoxen der Häresie entgegen. Im Sinne der hl. Schrift heißt und ist diese „Verwesung" ein Prozeß, bei dem das Substrat bleibt und die Form allein vergeht: Praeterit figura (τὸ σχῆμα) huius mundi.

Woher und wie so dann endlich der Gegensatz der Kononiten zu Ph. in diesem Punkte? — „Konon aber und seine Anhänger, obgleich sie früher seine Schriften, in denen er diese Dogmen vortrug (ἐδογμάτιζε), annahmen und den Phil. bei seinen Lebzeiten und nach seinem Tode schriftlich und mündlich gefeiert hatten (μακαρίζοντες), verwarfen doch zuletzt (τελευταῖον) ihn selbst und seine Schriften. Sie gaben nämlich Schriften heraus, in denen sie sagen: Diese sinnenfälligen Körper verwesen nach der Materie nicht, sondern bleiben dieselben, sinnenfällig und unverweslich (ὁρώμενα καὶ μὴ φθειρόμενα); nur der Form nach verwesen sie." Demnach gingen sie insoferne von ihm ab, als sie die Form allein vergehen (φθείρεσθαι) ließen, während bei ihm auch die Materie oder Substanz dasselbe Schicksal hat.

Die Schriften, welche Timotheus hier (l. c. p. 445.) den Kononiten beilegt, liest Photius (Bibl. Cod. 23); sie sind von Konon, seinem Kollegen Eugen und dem Stifter der Agnoëten, Themistius. Einer Mißdeutung fähig ist der Ausdruck des Tim., als ob des Ph. Lehre erst nach seinem Tode diesen Widerspruch von den Kononiten erfahren. Wir wissen nun, daß der Auferstehungsstreit mit dem Jahre 582 aufhörte, so daß der hl. Gregor es nicht mehr der Mühe werth hielt, in Rom dagegen Schritte zu thun. Zwar berichtet auch Joh. E., daß die zweite Schrift des Ph. zuletzt zu den Tritheïten gekommen sei; allein nach seiner Erzählung muß dies immerhin vor dem Tode des Eutychius (582) stattgefunden haben. Zudem starb Eugen, der eine Schrift dagegen verfaßte, auch schon vorher. Dies ist aber immerhin ein Punkt, welcher der gewöhnlichen Ansicht von dem so hohen Alter des alexandrinischen Grammatikers (man will ihn sogar bis 640 leben lassen. Walch. l. c. p. 706 ff.) nicht wenig zu schaffen machen dürfte. Doch verfolgen wir seine Lehre in ihrer Entwicklung weiter.

Statt dieser Körper (ἀντὶ τούτων) werden andere von Gott gebildet (δημιουργεῖσθαι).

Dieser Ausdruck — δημιουργεῖσθαι — könnte leicht zur Vermuthung Anlaß geben, Ph. habe gar keine Neuschaffung der Körper gelehrt, wäre er so speziell zu fassen, wie ihn z. B. Tat. c. Graec. V. nimmt, und dem göttlichen Logos das δημιεργεῖν der Hyle zuschreibt. Allein andere Berichte lassen klar und deutlich erkennen, was darunter gemeint sei, und daß es der Lateiner' richtig mit creari ausdrückt. Erinnern wir uns nunmehr vor Allem an Joh. E., wie er stets betont, daß die Häresie diesen Körpern die Auferstehung abgesprochen; wie er dann weiter sagt, sie behaupteten: andere Körper entstünden statt dieser und diese kämen zur Auferstehung; und wie er endlich bemerkt, daß dieses neuzuschaffende Körper seien. Und diese stehen auf — ja, das ist der richtige Zusatz, den wir hier machen können — und müssen darnach jede Deutung von „diese" oder „andere" im Sinne qualitativer Identität und Verschiedenheit ein für alle Mal zurückzuweisen.

In eben dieser Weise haben wir den Vorwurf zu erklären, „Ph. habe die Auferstehung geleugnet." Man denke nur an das lateinische resurrectio, die numerische Identität des auferstehenden Leibes mit dem „gefallenen" insinuirend, wie das griechische ἀνάστασις und das syrische ܩܝܡܬܐ. „Nec enim resurrectio dici potest, ubi non resurgit, quod cecidit." So Greg. d. Gr. Und in diesem Sinne war die Auferstehung von Ph. wirklich geleugnet.

Bemerken wir auch hier den von den Kononiten entgegengestellten Satz: Dieselbe Materie (Hyle = Substanz) werde (nur) wiederum umgewandelt (πάλιν ἀναμορφᾶσθαι); denn die Materie, bekennen sie, bleibe immer dieselbe.

Dem gegenüber erscheint beim P. Eutychius die Sache in einem ganz anderen Lichte. Nach der Erzählung des hl. Gregor d. Gr. drehte sich sein Streit mit demselben um diese Frage: In welchem (qualis) Leibe, wie werden wir auferstehen? So scheint die ganze These verrückt werden zu wollen und von vorneherein darauf gar keine Rücksicht

genommen zu sein, was nach Timotheus die Hauptlehre des Philo=
ponus und der Athanasianer gewesen. Ein zweiter Punkt, der
— wie schon oben bemerkt — eine Verschiedenheit vom Berichte des
Timoth. darstellt, ist der, daß bei Gregor — wie bei Joh. E. —
Eutychius nur mit der Lehre von der Auferstehung des Leibes beschäf=
tigt erscheint, ohne daß von dem Weltende, was bei Tim. damit ver=
bunden ist, irgendwie die Rede wäre. Es dürfte kaum überflüssig sein,
die Disputation des hl. Gregor mit Eutychius hier einzuflechten. (S.
Greg. M. in Job l. XIV. cp. 31 sqq.)

Nachdem er das Daß der Auferstehung demonstrirt, will er auch
das Wie wissen und fährt nun unter dem Terte Job. XIX. 26 „Et rursus circumdabor pelle mea" fort:

„Der Bischof von Ctp., Eutycius, schrieb: „„Unser Leib wird in
der Herrlichkeit der Auferstehung untastbar (impalpabile) und feiner
als die Winde und die Luft fein"" (ventis aëreque sublilius)." Gr. weist
diesen Spiritualismus zurück und sagt: „Ja, unser Leib wird dann fein
fein — durch die Wirkung geistiger Macht, aber tastbar nach der Wahr=
heit oder Wirklichkeit der Natur (subtile quidem per effectum spiritalis
potentiae, sed palpabile per veritatem naturae). Daher hat auch unser
Erlöser den an seiner Auferstehung zweifelnden Jüngern Hände und
Seite gezeigt, sie Fleisch und Bein berühren lassen und gesagt: Tastet
und sehet, denn ein Geist hat nicht Fleisch und Bein, wie ihr mich haben
sehet (Luc. XXIV. 39)."

Als ich während meines Aufenthaltes in der Stadt Ctp. dem Eu=
tycius dies Zeugniß evangelischer Wahrheit vorgetragen hatte, erwie=
derte er:

Eut.: „Der Herr hat dies deßhalb gethan, um den Zweifel an seine
Auferstehung aus den Herzen seiner Schüler zu entfernen."

Gr.: „Eine sehr seltsame Sache, die Du da behauptest: daß uns
dadurch ein Zweifel entstehen soll, wodurch die Herzen der Schüler vom
Zweifel geheilt wurden. Denn was könnte man Ungereimteres sagen,
als daß uns das zum Zweifel an seinem wirklichen Fleische (vera caro)
werden soll, wodurch seine Schüler von allem Zweifel hinweg zum
Glauben geführt wurden? Wenn nämlich das nicht behauptet wird
(astruitur), was Er gezeigt hat, so wird durch dasselbe, wodurch seinen
Schülern der Glaube bestärkt worden, der unsrige zerstört (destruitur)."

Eut.: „Er hat allerdings einen tastbaren Körper gehabt, den er ge=
zeigt hat; allein nachdem die Herzen der Tastenden bestärkt waren, ist
alles das, was am Herrn betastet werden konnte, zu einer gewissen Fein=
heit zurückgeführt worden (post confirmata corda palpuntium — omno

illud in Domino, quod palpari potuit, in subtilitatem est aliquam redactum)." —

Gr. „Es steht aber geschrieben: „„Der von den Todten auferstandene Christus stirbt nun nicht mehr; der Tod wird fernerhin keine Gewalt mehr über ihn haben"" (Rom. VI. 9.). Wenn also nach der Auferstehung an seinem Leibe Etwas verändert werden (immutari = φθορᾶ = „Tod") könnte, so ist der Herr gegen die wahre Meinung des Paulus in den Tod zurückgekehrt. Welcher Thor nur könnte sich herausnehmen, so Etwas zu sagen, außer wer die wahre Auferstehung seines Fleisches ablengnet?" —

Eut.: „Da geschrieben ist: Fleisch und Blut können das Reich Gottes nicht besitzen; wie kann man da glauben, daß das Fleisch wahrhaft erstehe?" —

Gr.: „In der hl. Schrift wird das „Fleisch" einerseits nach der Natur (juxta naturam) so genannt, andrerseits nach der Schuld oder Verderbtheit (j. culpam vel corruptionem). So heißt es vom Fleisch in erster Beziehung: Das ist nun Bein von meinem Gebeine und Fleisch von meinem Fleische (Gen. II. 23.) — Dann: das Wort ist Fleisch geworden und hat in uns gewohnt (Joa. I. 14.) — Vom Fleische nach der Schuld aber ist geschrieben: Nicht soll mein Geist in diesen Menschen verbleiben, denn sie sind Fleisch (Gen. VI. 3.). — Und wie der Psalmist sagt (Ps. LXXVII. 39.): Er hat Dessen gedacht, daß sie Fleisch sind: ein Hauch, der dahinzieht und nimmer wiederkehrt. Daher sagte Paulus zu seinen Schülern: Ihr aber seid nicht im Fleische, sondern im Geist. — In jener Glorie des Himmelreiches wird also das Fleisch bestehen nach der Natur; aber nach dem Begehren der Leidenschaften wird es nicht sein: weil es, nachdem der Stachel des Todes überwunden ist, in ewiger Unverderbtheit (in incorruptione) regieren wird." —

Cap. 32. Auf diese Rede hin antwortete derselbe Eutycius, er stimme für die Folge überein, leugnete aber doch noch, daß ein tastbarer Leib auferstehen könne. Auch hatte er in dem Libell, denn er über die Auferstehung geschrieben hatte, das Zeugniß des Apostels Paulus (I. Cor. XV. 36.) eingefügt: „Was du säest, das wird nicht belebt werden, wenn es nicht zuvor stirbt, ... in der Absicht, zu zeigen, daß das Fleisch entweder untastbar oder selbst gar nicht mehr sein wird (ostendere festinans, quia caro vel impalpabilis vel ipsa non erit) ꝛc." —

Hier scheint wirklich die Frage einen ganz anderen Charakter angenommen zu haben, so daß es bei Eutychius sich lediglich darum handelte, von welcher Beschaffenheit der künftige Leib sein werde, ohne die Voraussetzung zu berühren, ob der auferstehende Leib mit dem „abgelegten" der Zahl nach identisch sei. —

Allein es finden sich doch bei Gregor Andeutungen, die es wahrscheinlich machen, daß in dem Streite Jenes nicht umgangen worden sei, obwohl wir darauf verzichten, einen strikten Beweis liefern zu wollen. Zu diesen zählen wir, daß der Gegner des Eut. hervorhebt: daß wir nicht in einem anderen Körper auferstehen werden, daß es dann nicht mehr Wir sein würden, die auferstehen, daß wir in dem Leibe, in welchem wir sterben (eo quo moriar) auferstehen werden und daß der auferstehende Leib derjenige sein muß, der „gefallen" ist (quod cecidit). Und mit Recht knüpft er an diesen Text an: Rursus circumdabor pelle mea: daß der Mensch mit seinem eigenen Leibe auferstehen muß, in demselben, in dem er verdient und verschuldet, wie Dies die Väter im Allgemeinen und besonders Joh. Damascenus ausführen. Er legt auch noch unten (cap. 33.) den Nachdruck darauf, daß wenn der Körper nach der Auferstehung nicht tastbar sein würde *), ein Anderer auferstünde, als Der, welcher stirbt (alius surgit, quam qui moritur). —

Man kann nun Dem wohl entgehen, wenn man die Identität und Verschiedenheit qualitativ fassen will, allein der Zusammenhang mit der Lehre des Philoponus dürfte hier doch die gegentheilige Voraussetzung wagen lassen. Und so ist dem Schlußsatz des hl. Kirchenlehrers als dem Dogma der Kirche selbst die Anerkennung nicht zu versagen: „Wir bekennen — von unserem Heiland nach der Auferstehung einen tastbaren Leib glaubend, daß unser Fleisch nach der Auferstehung identisch und verschieden zumal sein wird: identisch nach der Natur, verschieden nach der Glorie; identisch nach der Wahrheit (Wirklichkeit), verschieden nach der Macht (potentia). Es wird also geistig, weil unverweslich, d. h. nach der Schuld (culpa) sein; es wird tastbar sein, weil es das Wesen seiner wahren Natur nicht verlieren wird (erit itaque spiritalis, quia et incorruptibilis; erit palpabilis, quia non amittet essentiam veracis naturae).

Dieselben Anschauungen gibt der hl. Joh. Dam. in seinen „hl. Parallelen" tit. 73. de terrib. resurr., sie durch dieselben theologischen Gründe, sowie auch philosophisch (gegen den Islam) stützend, wie sie schon vor Beiden Aug. ep. CCV. ad Consent. vorgetragen hatte.

Sonach liefern die drei Quellen, Timotheus, Johannes E. und Gregor d. G. ein recht anschauliches Bild von dem Streite. Mög-

---

*) d. h. nach einer andern Stelle in demselben Kapitel: „unsichtbar sein — obgleich die Substanz des Fleisches es nicht ist."

lich, daß Eutychius eine Neuschaffung der Leiber nicht lehrte: die gewöhnliche Ansicht, daß Philoponus und die Philoponianer (Athanasianer) es thaten, bleibt zu Recht bestehen.

Als weiteren Lehrsatz der Philoponianer gibt der Presb. Timotheus*) an:

„Jene neuen Körper werden vorzüglicher, als diese sinnenfälligen (κρείττονα τέτων τῶν ὁρωμένων), unverweslich und ewig (ἄφθαρτα καὶ αἰώνια) sein." — Da dieser Punkt biblisch und kirchlich ist, so sehen wir auch die Kononiten damit übereinstimmen: „Die Körper, deren Materie geblieben ist, erhalten durch ihre Umwandlung (ἀναμορφοῦσθαι) eine bessere, unverwesliche, ewige Form" (p. 415. κρεῖττον εἶδος — ἄφθαρτον καὶ αἰώνιον). — Es stellt sich sonach bei ihnen als Lehre das Doppelte heraus, den allgemeinen Begriff „besser" explizirend: die Unverweslichkeit — gegenüber jener φθορά, mit der sie anfänglich geschaffen worden, nach Materie und Form, oder nach letzterer allein, je nachdem wir die eine oder die andere Partei in's Auge fassen; und die „Ewigkeit." Was weiter unter dieser Unverweslichkeit verstanden worden, läßt sich nicht sagen. Täuschen wir uns nicht, so liegt darin, daß die Philoponianer von einem Vorzug vor „diesem sichtbaren" (= sinnenfällig, materiell) Körper sprachen, ein Wink, daß auch sie eine derartige Vergeistigung oder Feinheit des Auferstehungsleibes annahmen, wie Eutychius. Es ist dieß eine Vermuthung, welcher die Fragen des nicht viel späteren Tritheiten (?) Stephanus Gobarus, die darauf Bezug nehmen, einigen Halt verleihen dürften. — Photius hat sie in seiner Bibliothek, Cod. 232.

Diese Meinung ist maßgebend für die Lehre vom Weltende — und diese ist demnach bei Beiden verschieden, als anderes Glied des obigen zweiten Satzes. — „Die Kononiten, erzählt Timotheus (p. 415.), sagen: Die Entstehung (γένεσις) dieser sichtbaren Welt sei nach Materie und Form geschehen; der Untergang und das Vergehen derselben betreffe aber blos die Form (φθορὰ καὶ παρέλευσις κατὰ μόνον τὸ εἶδος); denn sie bekennen, daß die Materie immer dieselbe bleibe." Dagegen dehnt Philoponus jene Neuschaffung, die er von den auferstehenden Leibern der Menschen behauptet, nach Materie und Form auf das Ende und Vorübergehen der sichtbaren Welt und die Entstehung einer neuen aus (συντέλειαν λέγων τῦ ὁρωμένυ κόσμυ ἤγυν παρέλευσιν καὶ καινῦ κόσμυ γένεσιν). Umgekehrt dürfen wir sagen, daß die Lehre vom Weltanfang und Weltende bei Ph. das Frühere und Prinzipielle

*) Coteler. M. E. G. III. 414.

gewesen und darnach die Lehre von der Auferstehung bestimmt worden sei. Insoferne erhielten wir aus Timotheus die Voraussetzungen zu den von Joh. E. den Athanasianern zugeschriebenen Behauptungen. Nur so konnte der ganze Streit zum Verständniß gebracht werden und man darin eine Entwicklung aus philosophischen Prinzipien erkennen. Inwieferne Aristoteles dabei den Hauptfaktor gespielt, wollten wir von Anfang an nur kurz berühren.

Timotheus beantwortet daher auch zuletzt erst die Frage: Wie definiren beide Partheien die Auferstehung? — Dieß die Schlußfrage, wobei es denn auch am allerdeutlichsten erscheint, daß Philoponus eine Neuschaffung der Körper wollte. Ph., sagt er, definirt: „die Auferstehung sei „„die unauflösliche Verbindung der vernünftigen Seelen mit einem unverweslichen Leibe;"" ἀνάστασιν νεκρῶν ὁρίζεται εἶναι τὴν τῶν λογικῶν ψυχῶν πρὸς σῶμα ἄφθαρτον ἕνωσιν ἀδιάλυτον. Absichtlich steht hier vor σῶμα der Artikel nicht, um die Abstreitung der (numerischen) Identität des auferstehenden Leibes mit dem jetzigen zu zeigen. Wir sehen Dies ganz klar aus der Gegendefinition der Kononiten: Die Auferstehung der Todten ist die unauflösliche zweite Vereinigung dieses Leibes mit der vernünftigen Seele (τὴν τῦ σώματος τότε πρὸς τὴν λογικὴν ψυχὴν δευτέραν ἕνωσιν ἀδιάλυτον). Daß sie grundwesentlich von der obigen verschieden sei, leuchtet von selbst ein und ergibt sich leicht aus folgenden Momenten:

Beide Theile sind darin einig, daß die Auferstehung eine Vereinigung vernünftiger Seelen mit unverweslichen Körpern sei. — Allein bei Phil. tritt jetzt insoferne eine Abweichung hervor, als er unter dem Leib nicht denjenigen versteht, den der Mensch hienieden getragen (το σῶμα τῦτο), sondern einen erst „neu zu schaffenden" (Joh. Eph.). Daher lehren die Kononiten ihm entgegen: Dieser Leib sei es, der zur Auferstehung komme; derselbe Leib, der schon zuerst einmal von Gott mit der vernünftigen Seele vereinigt worden, werde jetzt zum zweiten Male wiederum mit derselben Seele unauflöslich vereinigt (δευτέρα ἕνωσις). Die Auferstehung ist also bei ihnen Wieder-Vereinigung, welchen Character sie bei Ph. nicht hat. Dies in letzter Ausdehnung der Irrthum („error" St. Greg. M) des Philoponus und der Philoponiaker oder Athanasianer.

Aus diesem Streite zwischen Kononiten und Philoponiakern heben wir endlich noch einige Punkte hervor, die deren Polemik gegen einander betreffen.

§. 34.
Korollarien.

Um allen Anforderungen gerecht zu werden, sind noch zum Schluße die Vorwürfe, der „unartige Keßer-Parallelismus," deſſen ſich beide Theile ſchuldig gemacht, und der eben durch jene Lehren veranlaßt worden zu betrachten. Nachdem Pr. Timotheus[*]) hießen nämlich die Kononiten die Philoponiaker Sadducäer, Simonianer, Heiden, Valentinianer, Marcioniſten und Manichäer. Auch Joh. E. nennt die Lehre des Philoponus einen heidniſchen und manichäiſchen Unſinn, l. II. cap 51. — Hinwieder belegen die Philoponiaker ihre Gegner mit denſelben Keßernamen und nennen ſie „Heiden (Ἕλληνας), Manichäer, Simonianer, Valentinianer, Marcioniſten und Hermogeniaſten." — Wir brauchen hier keine Vermuthung zu wagen, wie Walch, da Tim. dieſe Beſchuldigungen ganz deutlich erklärt. Er ſagt: die Philoponiaker nennen ihre Gegner ſo, weil ſie den Heiden (Platon!) ähnlich den Stoff dieſer Welt für unendlich hielten (ὕλη ἀτελεύτητος) d. h. für ewig. Da nun die Kononiten, wie wir ſahen, die Materie immer bleiben ließen, ſo lag der Vergleich mit den Heiden und Gnoſtikern nicht ferne; wir dürfen ja nur an Hermogenes denken.

Die Kononiten aber brauchen dieſelben Namen von den Philoponiakern, weil dieſe die Auferſtehung dieſer Leiber nicht zugeſtehen. Wir ſahen ſchon oben, daß man in der Leugnung der numeriſchen Identität des Auferſtehungs-Leibes mit dem jeßigen eine Leugnung der Auferſtehung ſelbſt fand; daher das Schimpfwort Sadducäer.

Wichtiger oder wenigſtens intereſſanter iſt die Nachricht deſſelben Tim., beide Parteien hätten ſich Origeniſten genannt. „Da ſie, nämlich die Philoponiaker, fanden, daß Origenes ſage: „„Dieſelbe Materie wird in der künftigen Welt umgewandelt und deßhalb findet eine Auferſtehung derſelben Leiber ſtatt,"" ſo nannten ſie die Kononiten — Origeniſten. Die Kononiten aber fanden, daß Origenes von der Auferſtehung anderer Körper ſpreche, und nannten deßwegen die Philoponiaker — Origeniſten." Wären wir noch nicht davon überzeugt, daß Ph. eine Neuſchaffung behauptet habe, dieſe Stellen würden uns noch dieß Geſtändniß abnöthigen. Beide konnten aber ihre Anſichten in ſeinen Schriften finden, denn Origenes, ſagt Tim. iſt ein „ſehr veränderlicher Mann, παλίμβολος ὁ ἀνήρ!" Daraus folgt allerdings, daß die Monophyſiten es damals für ſchimpflich anſahen, mit

---

*) l. c. p. 416 u. 417.

Origenes zusammengehalten zu werden. Weit merkwürdiger ist der Vorwurf insoferne, als er schließen läßt, daß das Verhältniß der Monophysiten zum V. allgemeinen Konzil ein ganz anderes gewesen, als zur „Synode von Chalcedon und dem Tomos des Leon."

Doch wir gehen über das uns gesteckte Ziel hinaus. Es war, um es wiederholt zu sagen, einfach das gewesen, dem Johannes von Ephesus unter den Schriftstellern dieser Zeit ein Plätzchen zu vindiciren. Daß wir es gerade durch Darstellung dieser zwei τμήματα der großen Monophysiten-Familie thaten: dazu veranlaßte uns derselbe Johannes E., da er hievon mit ziemlicher Ausführlichkeit spricht, sowie andrerseits die Wahrnehmung, daß die Sekte, die man so vag und allgemein „Tritheïten" geheißen, sich bei näherer Anschauung doch ganz anders zeigt, als die gangbare Meinung will. — Wir fürchten daher keineswegs den Vorwurf einer überflüssigen Arbeit, — wenn es uns gelungen wäre, den Monophysismus in zwei seiner letzten Sektenbildungen als immerhin consequent verfahrend zu zeigen und durch die vorgeführten Argumente den Beweis zu liefern, daß der Syrer wenigstens theilweise mit Recht die Beschuldigung zurückweist, „er habe mit Parteisucht geschrieben" — ‏ܡܪܚ‎ ‏ܟܬܒ ܠܗܘܢ ܥܡ ܚܒܝܒܗ‎ (Joa. E. l. 30).